Caro aluno, seja bem-vindo!

A partir de agora, você tem a oportunidade de estudar com uma coleção didática da SM que integra um conjunto de recursos educacionais impressos e digitais desenhados especialmente para auxiliar os seus estudos.

Para acessar os recursos digitais integrantes deste projeto, cadastre-se no *site* da SM e ative sua conta.

Veja como ativar sua conta SM:

1. Acesse o *site* <**www.edicoessm.com.br**>.
2. Se você não possui um cadastro, basta clicar em "Login/Cadastre-se" e, depois, clicar em "Quero me cadastrar" e seguir as instruções.
3. Se você já possui um cadastro, digite seu *e-mail* e sua senha para acessar.
4. Após acessar o *site* da SM, entre na área "Ativar recursos digitais" e insira o código indicado abaixo:

BEMTH - ZJHQV - WBJBP

Você terá acesso aos recursos digitais por 36 meses, a partir da data de ativação desse código.

Ressaltamos que o código de ativação somente poderá ser utilizado uma vez, conforme descrito no "Termo de Responsabilidade do Usuário dos Recursos Digitais SM", localizado na área de ativação do código no *site* da SM.

Em caso de dúvida, entre em contato com nosso **Atendimento**, pelo telefone **0800 72 54876** ou pelo *e-mail* **atendimento@grupo-sm.com** ou pela internet <**www.edicoessm.com.br**>.

Desejamos muito sucesso nos seus estudos!

Requisitos mínimos recomendados para uso dos conteúdos digitais SM

Computador	Tablet	Navegador
PC Windows • Windows XP ou superior • Processador dual-core • 1 GB de memória RAM **PC Linux** • Ubuntu 9.x, Fedora Core 12 ou OpenSUSE 11.x • 1 GB de memória RAM **Macintosh** • MAC OS 10.x • Processador dual-core • 1 GB de memória RAM	**Tablet IPAD IOS** • IOS versão 7.x ou mais recente • Armazenamento mínimo: 8GB • Tela com tamanho de 10" **Outros fabricantes** • Sistema operacional Android versão 3.0 (Honeycomb) ou mais recente • Armazenamento mínimo: 8GB • 512 MB de memória RAM • Processador dual-core	*Internet Explorer 10* *Google Chrome 20* ou mais recente *Mozilla Firefox 20* ou mais recente Recomendado o uso do Google Chrome Você precisará ter o programa Adobe Acrobat instalado, *kit* multimídia e conexão à internet com, no mínimo, 1Mb

VOLUME ÚNICO

espanhol

ensino médio

Ludmila Coimbra
Licenciada em Letras – Espanhol pela Universidade Federal de Minas Gerais (UFMG).
Mestra em Letras – Estudos Literários pela UFMG. Professora de Espanhol no Departamento de Letras e Artes da Universidade Estadual de Santa Cruz (Uesc-BA).
Pesquisadora da área de Linguística Aplicada ao Ensino de Língua Estrangeira.

Luiza Santana Chaves
Licenciada em Letras – Espanhol pela UFMG. Mestra em Letras – Estudos Literários pela UFMG.
Professora de Espanhol no curso de Língua Estrangeira do Centro Pedagógico da UFMG.
Professora de Educação de Jovens e Adultos e do Ensino Fundamental, Médio e Superior.

Pedro Luis Barcia
Doutor em Letras pela Universidad Nacional de La Plata.
Presidente da Academia Argentina de Letras e da Academia Nacional de Educação.
Membro correspondente da RAE e das academias de língua espanhola dos Estados Unidos, Uruguai e República Dominicana.

Organizadora **Edições SM**
Obra coletiva concebida, desenvolvida e produzida por Edições SM.

Editor responsável **Cleber Ferreira de João**
Bacharel e Licenciado em Letras pela Universidade de São Paulo (USP).
Pós-graduado em Ensino de Espanhol como Língua Estrangeira pela *Universidad de Alcalá*, Espanha. Professor do Instituto Cervantes e da Pontifícia Universidade Católica de São Paulo (PUC-SP).

São Paulo,
1ª edição 2014

Cercanía Joven — Volume único
© Edições SM Ltda.
Todos os direitos reservados

Direção editorial	Juliane Matsubara Barroso
Gerência editorial	Angelo Stefanovits
Gerência de processos editoriais	Rosimeire Tada da Cunha
Coordenação de área	Ana Paula Landi
Edição	Cleber Ferreira de João
Consultoria	Alessandra Gomes da Silva, Carlos Roberto Lima Campos, Ellen Alixandrino da Silva
Assistência de produção editorial	Alzira Aparecida Bertholim Meana, Flávia R. R. Chaluppe, Silvana Siqueira
Preparação e revisão	Cláudia Rodrigues do Espírito Santo (Coord.), Ana Carolina Ribeiro, Fernanda Oliveira Souza, Izilda de Oliveira Pereira, Maíra de Freitas Cammarano, Rosinei Aparecida Rodrigues Araujo, Valéria Cristina Borsanelli, Marco Aurélio Feltran (apoio de equipe)
Coordenação de *design*	Erika Tiemi Yamauchi Asato
Coordenação de arte	Ulisses Pires
Edição de arte	Felipe Repiso, Keila Grandis
Projeto gráfico	Erika Tiemi Yamauchi Asato, Catherine Ishihara
Capa	Alysson Ribeiro, Erika Tiemi Yamauchi Asato e Adilson Casarotti sobre ilustração de NiD-Pi
Iconografia	Priscila Ferraz, Bianca Fanelli, Josiane Laurentino
Tratamento de imagem	Marcelo Casaro, Robson Mereu, Claudia Fidelis
Editoração eletrônica	Equipe SM
Fabricação	Alexander Maeda
Impressão	Lis Gráfica

Dados Internacionais de Catalogação na Publicação (CIP)
(Câmara Brasileira do Livro, SP, Brasil)

Coimbra, Ludmila
   Cercanía joven : espanhol : ensino médio, volume único / Ludmila Coimbra, Luiza Santana Chaves, Pedro Luis Barcia. Organizadora Edições SM; editor responsável Cleber Ferreira de João — 1. ed. — São Paulo : Edições SM, 2014. — (Cercanía joven)

"Língua estrangeira moderna."
Bibliografia.
ISBN 978-85-418-0595-7 (aluno)
ISBN 978-85-418-0596-4 (professor)

   1. Espanhol (Ensino médio) I. Chaves, Luiza Santana. II. Barcia, Pedro Luis. III. João, Cleber Ferreira de. IV. Título. V. Série.

14-06761   CDD-460.7

Índices para catálogo sistemático:
1. Espanhol : Ensino médio 460.7

1ª edição, 2014

Edições SM Ltda.
Rua Tenente Lycurgo Lopes da Cruz, 55
Água Branca   05036-120   São Paulo   SP   Brasil
Tel. 11 2111-7400
edicoessm@grupo-sm.com
www.edicoessm.com.br

Presentación

Estimado(a) alumno(a):

Este libro te brinda la oportunidad de conocer el mundo hispánico desde varias miradas, reflexionando sobre temáticas actuales y necesarias a tu formación como ciudadano crítico y consciente.

¿Sabías que el español es una de las lenguas más habladas en el mundo y es lengua oficial de la mayoría de los países vecinos de Brasil? Esta cercanía es una de las razones que te llevan a aprender y aprehender la lengua española: culturas, costumbres, hábitos, creencias, lenguajes...

En este libro, comprender el español y expresarte en esa lengua es, entre otras cosas:

- conocer un poco de la pluralidad lingüística de los países donde se habla español;
- conocer el léxico de nacionalidades, datos personales, medios de transporte, alimentos, familia, prendas de vestir, colores, expresiones idiomáticas, además de palabras originarias de lenguas precolombinas y africanas;
- enterarte de la función de documentos como la cédula de identidad, el pasaporte y la visa para hacer viajes internacionales;
- escribir postales, con expresiones de saludos y despedidas;
- leer y oír entrevistas a deportistas hispánicos famosos, como Lionel Messi, Diego Maradona y Blanca Manchón;
- escuchar canciones originalmente grabadas por cantantes, cantautores y bandas del mundo hispánico: Los Coyotes, Juan Luis Guerra, Pablo Milanés, etc.;
- enterarte de cómo se organiza la argumentación en artículos de opinión sobre alimentación;
- escribir recomendaciones de obras literarias hispanoamericanas y brasileñas;
- emocionarte con lienzos de pintores como Diego Velázquez, Frida Kahlo, Fernando Botero, Salvador Dalí y Cándido López;
- reflexionar sobre el consumo consciente, la obsolescencia programada y el papel de las tecnologías en la sociedad actual;
- escribir viñetas, argumentarios y folletos educativos sobre temas importantes como el prejuicio racial, de género o hacia los inmigrantes y las personas con discapacidad;
- organizar proyectos de antologías, catálogos y teatro con base en textos literarios de grandes autores clásicos y contemporáneos.

En fin, es tener acceso a un mundo más amplio e interconectado. Este viaje está hecho para quienes tienen sed de conocimiento y placer.

¡Bienvenido(a) al mundo hispanohablante!

Los autores

Estructura de la obra

INICIO DE UNIDAD
En los apartados **En esta unidad**, **Transversalidad**, **Interdisciplinaridad** y **¡Para empezar!** se presentan los contenidos abordados en relación con otras asignaturas del currículo escolar y con temas como la salud, el medio ambiente, el consumo, etc. El libro contiene nueve unidades con dos capítulos cada una.

LAS CUATRO HABILIDADES
Las secciones **Lectura**, **Escritura**, **Escucha** y **Habla** se organizan en etapas de preparación, desarrollo y ampliación con vistas a la interacción en español.

Lectura

Almacén de ideas
Información y reflexión previas sobre el texto y su temática.

Red (con)textual
Consolidación de los objetivos de escritura.

Tejiendo la comprensión
Actividades de interpretación y discusión de los temas abordados.

Habla

Lluvia de ideas
Ideas sobre el tema y el contexto de habla.

Rueda viva: comunicándose
Contextos cotidianos para la práctica del español hablado.

¡A concluir!
Actividades de reflexión poshabla y de ampliación del contenido.

Escritura

Conociendo el género
Características del género de la producción escrita.

Planeando las ideas
Etapa de planificación del texto.

Taller de escritura
Momento de la producción en español.

(Re)escritura
Perfeccionamiento y revisión del texto para posterior publicación.

Escucha

¿Qué voy a escuchar?
Etapa de preparación estructural, contextual y temática para la audición.

Escuchando la diversidad de voces
Actividades de comprensión intensiva, extensiva y selectiva.

Comprendiendo la voz del otro
Propuestas de reflexión sobre lo escuchado y ampliación de los temas.

Oído perspicaz: el español suena de maneras diferentes
Pronunciación, ortografía y contacto con las variedades del español.

Gramática y vocabulario en las cuatro habilidades

Gramática en uso
Propuestas para la comprensión de los elementos lingüísticos por medio de textos orales y escritos.

Vocabulario en contexto
Actividades para aprender sinónimos, antónimos, expresiones idiomáticas y ampliar el vocabulario en español.

CUADROS DE APOYO

Vocabulario de apoyo
Palabras que te apoyarán en la construcción del sentido.

¡Ojo!
Informaciones importantes a la hora de escribir o de hablar.

A quien no lo sepa
Información complementaria sobre escritores, cantantes, personalidades del mundo hispano sobre los temas.

El español alrededor del mundo
Acercamiento a la diversidad de palabras, sonidos, contenidos gramaticales y expresiones culturales que hay en español.

LA LECTURA EN LAS SELECTIVIDADES
Al final de cada unidad se incluyen exámenes de ingreso a la universidad con distintos formatos y estilos de preguntas y temas.

CHULETA LINGÜÍSTICA: ¡NO TE VAN A PILLAR!
Aclaración de dudas y actividades para la práctica de temas gramaticales.

PROYECTOS
Cada tres unidades se propone un trabajo interdisciplinario que integra la literatura y las otras asignaturas del currículo.

OTROS RECURSOS

En las últimas páginas del volumen hay un **glosario bilingüe** y enlaces a **sitios electrónicos para información, estudio e investigación**. El **DVD** contiene las pistas de audio para la realización de las actividades de la sección **Escucha**, canciones, propuestas de actividades extras y objetos digitales educativos para la práctica y la ampliación de los temas abordados en el libro.

5

Sumario

Unidad 1 — El mundo hispanohablante: ¡viva la pluralidad!　10

Transversalidad – Pluralidad cultural
Interdisciplinaridad – Geografía

Capítulo 1 Cultura latina: ¡hacia la diversidad!　12

- **Escucha** – Género: Letra de canción sobre el mundo latino　12
  Objetivo – Identificar los países hispanohablantes
  Oído perspicaz – El alfabeto　16
  Vocabulario en contexto – Países y nacionalidades　17
  Gramática en uso – Verbos *ser* y *estar* y presente de indicativo　18
- **Escritura** – Género: Postal　20
  Objetivo – Mandar noticias y comentar un viaje
  Vocabulario en contexto – Saludos y despedidas; abreviaciones　21
  Gramática en uso – Verbos *haber*, *estar* y *tener*　22

Capítulo 2 Turismo hispánico: ¡convivamos con las diferencias!　25

- **Lectura** – Géneros: Cédula de identidad, pasaporte, visa y letra de canción　25
  Objetivo – Identificar los datos personales que se piden en los documentos
  Vocabulario en contexto – Los meses del año　31
  Gramática en uso – Los numerales; presente de indicativo　32
- **Habla** – Género: Entrevista en la aduana　35
  Objetivo – Hacer un curso de español en España
  Gramática en uso – Pronombres interrogativos　36
  Vocabulario en contexto – Medios de transporte　37
- **La lectura en las selectividades**　38

Unidad 2 — El arte de los deportes: ¡salud en acción!　42

Transversalidad – Salud: deportes y drogas
Interdisciplinaridad – Educación Física

Capítulo 3 Vivir bien: ¡sí al deporte, no a las drogas!　44

- **Lectura** – Género: Entrevista periodística sobre deportes　44
  Objetivo – Identificar el título de la entrevista
  Vocabulario en contexto – Expresiones *echar de menos*, *cien por cien*, *¡qué va!*, *llevar en la sangre*, *¡qué raro!*, etc.　49
  Gramática en uso – Pretéritos perfecto simple, perfecto compuesto e imperfecto de indicativo　50
- **Escritura** – Género: Entrevista periodística sobre deportes y drogas　53
  Objetivo – Crear preguntas para una entrevista
  Gramática en uso – La raya y las comillas　53
  Vocabulario en contexto – Sustancias químicas　55

Capítulo 4 Mundo futbolero: ¡fanáticos desde la cuna!　57

- **Escucha** – Género: Entrevista televisiva a un astro del fútbol　57
  Objetivo – Comprender los asuntos principales de la entrevista
  Oído perspicaz – El dígrafo *ll* y la letra *y*　60
  Vocabulario en contexto – Posiciones del fútbol　61
  Gramática en uso – Pretérito perfecto simple de indicativo　62
- **Habla** – Género: Invitación　65
  Objetivo – Invitar al compañero a ver un partido
  Vocabulario en contexto – Tipos de deportes　65
  Gramática en uso – La hora　67
- **La lectura en las selectividades**　70

Unidad 3 — El mundo es político: ¡que también sea ético!　72

Transversalidad – Ética y ciudadanía
Interdisciplinaridad – Historia

Capítulo 5 Discurso: ¡con mis palabras entraré en la historia!　74

- **Lectura** – Género: Discurso político sobre el golpe militar en Chile　74
  Objetivo – Identificar a quiénes se dirige Allende
  Vocabulario en contexto – Frases de protesta　80
  Gramática en uso – Futuro imperfecto de indicativo　81
- **Escritura** – Género: Infográfico sobre la dictadura chilena　85
  Objetivo – Informar sobre los hechos de la dictadura chilena
  Gramática en uso – Cuantificadores *muy/mucho*　87
  Vocabulario en contexto – Diferencia entre *dictadura* y *régimen*　88

Capítulo 6 Movimientos populares: ¡participemos en la política!　90

- **Escucha** – Géneros: Invitación y noticia sobre las desapariciones en la dictadura argentina　90
  Objetivo – Identificar datos específicos de una invitación y de una noticia
  Vocabulario en contexto – Familia　95
  Oído perspicaz – La *z*, la *s*, la *c* + *e/i*　96
  Gramática en uso – Todavía, aún　97
- **Habla** – Género: Debate sobre el voto obligatorio　98
  Objetivo – Debatir las diferencias entre los regímenes electorales
  Vocabulario en contexto – Voto voluntario o voto obligatorio　100
  Gramática en uso – Comparativos de igualdad, superioridad e inferioridad　101
- **La lectura en las selectividades**　104

Proyecto 1 Literatura y fútbol: los pies que inspiran las manos; producción de una antología ilustrada　106

Unidad 4 Mosaico hispánico: ¿qué colores hay en la diversidad?   116

Transversalidad – Pluralidad cultural
Interdisciplinaridad – Historia, Lenguas y Literatura

Capítulo 7 Lenguas del mundo: ¿qué idiomas conoces?   118

- **Lectura** – Género: Reportaje sobre turismo y cultura............ 118
  Objetivo – Explicar por qué el país del reportaje está al mismo tiempo cerca y lejos de Brasil
  Gramática en uso – Elementos cohesivos: los pronombres personales, los posesivos y los demostrativos 125
  Vocabulario en contexto – Palabras originarias del pueblo precolombino; lenguas diversas 128
- **Habla** – Género: Presentación 132
  Objetivo – Hacer una traducción para interlocutores extranjeros
  Vocabulario en contexto – Espacios turísticos en la ciudad 133
  Gramática en uso – Adverbios de lugar / expresiones que indican localización 134

Capítulo 8 Lengua y literatura: ¿qué libro quieres leer? 136

- **Escucha** – Género: Entrevista sobre la poesía escrita en lengua bubi...... 136
  Objetivo – Entender por qué se escribió el libro de poesía
  Oído perspicaz – La *d*, la *t* y el dígrafo *ch* 138
  Vocabulario en contexto – Palabras originarias de lenguas africanas 139
  Gramática en uso – Sufijos *-dad* y *-tad* en la formación de los sustantivos...... 140
- **Escritura** – Género: Sinopsis literaria...... 142
  Objetivo – Recomendar un libro literario
  Vocabulario en contexto – Palabras del campo semántico de la literatura 145
  Gramática en uso – Adjetivos 146
- **La lectura en las selectividades** 148

Unidad 5 Consumo consciente: ¿te sientes persuadido a comprar?   150

Transversalidad – Consumo
Interdisciplinaridad – Sociología

Capítulo 9 Publicidad en foco: ¿qué estrategias se pueden usar?   152

- **Lectura** – Género: Anuncio publicitario y campaña institucional sobre el consumo 152
  Objetivo – Descubrir qué se vende
  Vocabulario en contexto – Prendas de vestir 156
  Gramática en uso – El imperativo (afirmativo y negativo) 157
- **Escritura** – Género: Campaña institucional 160
  Objetivo – Vender una idea
  Vocabulario en contexto – Portadores de textos publicitarios 162
  Gramática en uso – Verbos reflexivos 162

Capítulo 10 Patrones de belleza: ¿hay uno ideal?...... 164

- **Escucha** – Género: Letra de canción sobre la belleza "Antes muerta que sencilla", de María Isabel 164
  Objetivo – Identificar vocabulario de moda y belleza y organizar la letra
  Gramática en uso – Verbo *gustar* 167
  Vocabulario en contexto – Productos y accesorios 170
  Oído perspicaz – La *r* y el dígrafo *rr* 171
- **Habla** – Género: Diálogo de compra y venta 172
  Objetivo – Comprar, intercambiar y vender prendas de vestir
  Vocabulario en contexto – Ropa y complementos 173
  Gramática en uso – Expresiones para describir a alguien 174
- **La lectura en las selectividades** 175

Unidad 6 Sabores y olores: ¿comes bien?   178

Transversalidad – Temas locales
Interdisciplinaridad – Biología y Química

Capítulo 11 Alimentos transgénicos, *fast-food*, comida sana: ¿sí o no?...... 180

- **Lectura** – Género: Artículo de opinión sobre los alimentos transgénicos 180
  Objetivo –Identificar si se está a favor o en contra de algo
  Gramática en uso – Organizadores del texto o marcadores textuales 185
  Vocabulario en contexto – Reinos de la biología; mamíferos 188
- **Escritura** – Género: Artículo de opinión sobre la comida sana en la merienda escolar 189
  Objetivo – Defender un punto de vista
  Gramática en uso – Organizadores del discurso o marcadores textuales 190
  Vocabulario en contexto – Alimentos industrializados y alimentos naturales 191

Capítulo 12 Tienditas y supermercados: ¿dónde comprar?...... 193

- **Escucha** – Género: Reportaje sobre el futuro de las tienditas frente a los supermercados 193
  Objetivo – Observar las ventajas y desventajas de las tienditas
  Vocabulario en contexto – Alimentos en la lista de compras; medidas 195
  Oído perspicaz – La *g* y la *j* 196
  Gramática en uso – Marcadores conversacionales 197
- **Habla** – Género: Encuesta mercadillos × supermercados 198
  Objetivo – Saber la opinión de los clientes
  Vocabulario en contexto – Composición química de las frutas........ 199
  Gramática en uso – Conectores copulativos y disyuntivos 199
- **La lectura en las selectividades** 200

Proyecto 2 Literatura y globalización: Don Quijote y la actualidad; producción de catálogo comentado con obras que hacen referencia al clásico español...... 202

Sumario

Unidad 7 — Conéctate con la innovación: a reflexionar sobre los desarrollos tecnológicos — 210

Transversalidad – Medio ambiente y consumo
Interdisciplinaridad – Física, Química y Geografía

Capítulo 13 Tecnologías: a usarlas conscientemente — 212

- **Escucha** – Género: *Spot* de campaña sobre el medio ambiente y la sostenibilidad — 212
  Objetivo – Comprender detalles del *spot* de la campaña
  Gramática en uso – El condicional simple — 214
  Vocabulario en contexto – Aparatos eléctricos y electrónicos — 217
  Oído perspicaz – Sonidos de *v* y *b* — 218
- **Escritura** – Género: Viñetas sobre internet y las redes sociales — 219
  Objetivo – Producir una viñeta crítica
  Vocabulario en contexto – Significados de la palabra *viñeta* — 220
  Gramática en uso – El artículo neutro *lo* — 222

Capítulo 14 Información y comunicación: la tecnología también es diversión — 224

- **Lectura** – Género: Editorial sobre los jóvenes y los videojuegos — 224
  Objetivo – Identificar y analizar los argumentos usados para defender el punto de vista del autor y/o del medio de circulación del texto
  Vocabulario en contexto – Significado de *ciberpatología* y *ludopatía* — 227
  Gramática en uso – Los adjetivos — 228
- **Habla** – Género: Llamada telefónica a un amigo — 230
  Objetivo – Sacar dudas sobre la programación de una feria de ciencias
  Vocabulario en contexto – Los pequeños y grandes inventos — 232
  Gramática en uso – Llamar por teléfono — 233
- **La lectura en las selectividades** — 235

Unidad 8 — Mundo laboral: mercados, voluntariado, prejuicios y desafíos — 238

Transversalidad – Trabajo y ciudadanía
Interdisciplinaridad – Sociología y Filosofía

Capítulo 15 Las profesiones: el mercado y el voluntariado — 240

- **Escucha** – Género: Charla de orientación vocacional — 240
  Objetivo – Identificar vocabulario de profesiones y palabras intrusas
  Vocabulario en contexto – Áreas de estudio — 243
  Gramática en uso – Presente de subjuntivo — 243
  Oído perspicaz – Las consonantes nasales — 247
- **Habla** – Género: Invitación de trabajo voluntario — 248
  Objetivo – Convencer a un amigo de que realice un trabajo voluntario
  Vocabulario en contexto – Expresiones que significan ayudar a alguien, como *echar una mano* — 249
  Gramática en uso – Expresiones de opinión y juicio de valor con presente de subjuntivo — 250

Capítulo 16 Mercado laboral: en contra de los prejuicios — 251

- **Lectura** – Género: Argumentario sobre los prejuicios en el mercado de trabajo — 251
  Objetivo – Encajar las frases que faltan en el lugar adecuado
  Gramática en uso – Adverbios de modo — 257
  Vocabulario en contexto – Profesiones y símbolos — 259
- **Escritura** – Género: Argumentario sobre personas con discapacidad en el mundo laboral — 260
  Objetivo – Eliminar prejuicios
  Vocabulario en contexto – Símbolos que representan tipos de discapacidad — 261
  Gramática en uso – Expresiones de cita: *según*, *de acuerdo con*, *conforme* — 262
- **La lectura en las selectividades** — 263

Unidad 9 — Sexualidad en discusión: diálogo y (auto)conocimiento — 266

Transversalidad – Sexualidad
Interdisciplinaridad – Sociología y Biología

Capítulo 17 Educación contra el sexismo: que se acabe la violencia — 268

- **Lectura** – Género: Crónica periodística sobre educación no sexista — 268
  Objetivo – Comprender y averiguar por qué se considera la crónica periodística "periodismo literario" y observar los puntos de vista de la autora acerca del tema
  Gramática en uso – Sufijos diminutivos y aumentativos — 276
  Vocabulario en contexto – Juegos y juguetes — 278
- **Escritura** – Género: Folleto educativo contra la violencia a la mujer y la familia — 280
  Objetivo – Concienciar a los ciudadanos sobre la violencia de género
  Vocabulario en contexto – Verbos del campo semántico de la violencia — 283
  Gramática en uso – Las oraciones de relativo — 284

Capítulo 18 Información para todos y todas: cuánto más sepamos, mejor — 288

- **Escucha** – Género: Charla entre padre de alumno, directora y profesora de un colegio sobre Educación Sexual — 288
  Objetivo – Notar las diferentes opiniones sobre Educación Sexual
  Vocabulario en contexto – Métodos anticonceptivos; infecciones de transmisión sexual (ITS) — 292
  Gramática en uso – Pronombres complemento objeto directo e indirecto — 293
  Oído perspicaz – Los sonidos de la *x* — 297
- **Habla** – Género: Presentación oral y relato sobre cambios físicos y en el estado de ánimo — 298
  Objetivo – Relatar los cambios en la adolescencia
  Vocabulario en contexto – Partes del cuerpo — 298
  Gramática en uso – Verbos de cambio — 299
- **La lectura en las selectividades** — 301

Proyecto 3 Literatura, teatro y cine: un lugar al sol en la selva de piedra; producción de una dramatización — 304

8

Chuleta lingüística: ¡no te van a pillar!

- Pronombres personales sujeto 318
- Artículos 318
- Numerales cardinales y ordinales 319
- Presente de indicativo 322
- Verbos pronominales 323
- *Por qué / por que / porqué / porque* 324
- *Dónde / donde / adónde / adonde* 324
- Los pasados (1) 324
- Signos de puntuación 326
- Los pasados (2) 326
- Las horas 327
- Estar + gerundio 327
- Futuro imperfecto de indicativo 327
- Ir + a + infinitivo 328
- Apócope (*mucho/muy*; *tanto/tan*; *grande/gran*) 328
- Adverbios de tiempo 329
- Los comparativos 330
- Los superlativos 330
- Los demostrativos 331
- Las preposiciones *de* y *a* 331
- El plural (sustantivos y adjetivos) 332
- Los heterogenéricos 332
- El imperativo 333
- Acentuación 335
- Verbos con el pronombre *se* 335
- Verbos para expresar gustos y disgustos 336
- Pronombres de complemento directo 337
- Organizadores del texto o marcadores textuales 338
- *Si* + presente de indicativo 340
- Marcadores conversacionales 340
- Condicional simple 341
- Condicional compuesto 341
- Artículo neutro *lo* 342
- Adjetivos calificativos 343
- Contestar el teléfono: entonación 344
- Irregularidades del presente de subjuntivo y otros usos 344
- Pretéritos del subjuntivo 345
- Adverbios de modo 347
- Oraciones concesivas: indicativo o subjuntivo 347
- Sufijos aumentativo, diminutivo y otros sufijos 348
- Oraciones de relativo 349
- Pronombres de complemento directo y de complemento indirecto 350
- Estilo directo y estilo indirecto 351

- **Glosario** 353
- **Sitios electrónicos para información, estudio e investigación** 363
- **Referencias bibliográficas** 365

UNIDAD

1 El mundo hispanohablante: ¡viva la pluralidad!

En esta unidad:

- conocerás los países hispanohablantes y reflexionarás sobre su cultura;
- escucharás las canciones "300 kilos" y "Visa para un sueño";
- aprenderás a usar el presente de indicativo (regular e irregular) en español, los numerales y los pronombres interrogativos;
- usarás el vocabulario de nombres, apellidos y apodos y también de medios de transporte;
- aprenderás el nombre de las letras y algunos sonidos del español.

- **Transversalidad:** Pluralidad cultural
- **Interdisciplinaridad:** Geografía

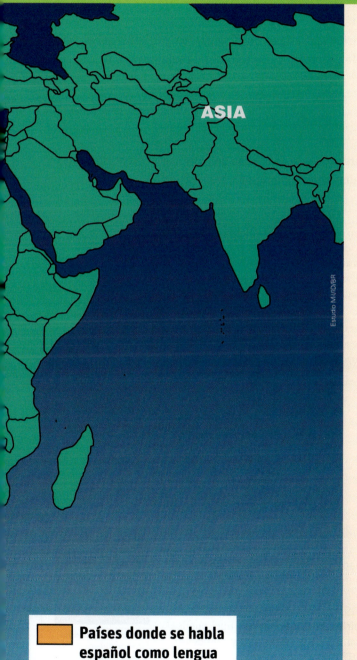

Países donde se habla español como lengua oficial.

¡Para empezar!

1. Échale un vistazo al mapa y observa los países donde se habla español como lengua oficial. Contesta oralmente:

   a) ¿En qué continentes se ubican estos países?

   b) ¿Qué países hispánicos pertenecen a:
   - América del Sur?
   - América Central?
   - Europa?
   - África?
   - América del Norte?

2. El español, por diversas razones, ha ganado espacio. ¿Cuáles son tus intereses en el estudio del español? Marca por qué es importante para ti aprenderlo y coméntalo oralmente con tus compañeros.

   ( ) Hablar con hispanohablantes y hacer nuevos amigos.

   ( ) Leer periódicos, páginas *web*, poesía, cómics y otros textos en español.

   ( ) Viajar por los países donde el español es el único idioma oficial o uno de ellos.

   ( ) Escuchar canciones y comprenderlas.

   ( ) Ver películas sin subtítulos.

   ( ) Conocer y reflexionar sobre otras culturas.

   ( ) Acercarse a las costumbres y a los paisajes de los países vecinos.

   ( ) Comunicarse con hispanohablantes por teléfono, correo electrónico, chat o personalmente.

11

CAPÍTULO 1

Cultura latina: ¡hacia la diversidad!

- **Género textual:** Letra de la canción "300 kilos"
- **Objetivo de escucha:** Identificar los países hispanohablantes
- **Tema:** El mundo latino

› Escucha

› ¿Qué voy a escuchar?

1. El título de la canción que vas a escuchar es "300 kilos". ¿Por qué? Formula hipótesis.

   _____
   _____

2. La versión original de esta canción la cantaban Los Coyotes, un grupo de *rock* español exitoso en los años ochenta. ¿Te acuerdas de otros grupos o cantantes que tengan el español como lengua materna?

   _____
   _____

3. ¿Qué significa la palabra **coyote**? Lee esta definición de diccionario y contesta: ¿por qué se habrá elegido esta palabra para nombrar a un grupo de *rock*?

   > **coyote**
   >
   > **1 nombre masculino.** Mamífero cánido parecido al lobo, pero de menor tamaño, orejas más largas, hocico agudo y pelaje gris castaño (blancuzco en las partes inferiores); es muy veloz, se alimenta de roedores y pequeños animales que caza de noche, y vive salvaje en las praderas y estepas del norte y el centro de América: *los coyotes son animales muy fecundos, con partos de hasta catorce cachorros.*
   >
   > **2 nombre común** *Méx.* Persona que se dedica a ejercer como intermediario para acelerar trámites o sortear escollos legales: *desde Tijuana puedes cruzar la frontera con la ayuda de un coyote.*
   >
   > Vox. *Diccionario general de la lengua española.* 2. ed. Barcelona: Larousse, 2009.

   _____
   _____
   _____

> Los Coyotes son un grupo de *rock* español que tuvo verdadero éxito a finales de los años setenta y principios de los ochenta, en la época de la llamada Movida Madrileña, movimiento de cambio y liberación cultural e ideológica surgido tras el gobierno dictatorial de Francisco Franco en España. Produjeron y vendieron muchos discos, entre ellos *Aquí estoy de nuevo* (1983), en el que está incluida la canción "300 kilos". Si quieres oírla cantada por este grupo, puedes acceder al sitio: <http://lafonoteca.net/discos/aqui-estoy-de-nuevo>. Acceso el 29 de noviembre de 2013.

Carátula del CD *Aquí estoy de nuevo*, de Los Coyotes. GASA, 1983.

> **Escuchando la diversidad de voces**

1. En la letra de la canción aparecen los nombres de 12 países hispanohablantes. ¡Jugaremos al bingo! ¿Quién acertará más? Escribe con bolígrafo en la tarjeta qué países crees que se nombran en la canción:

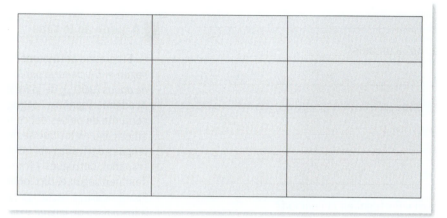

2. 🔘1 Escucha la canción y señala en tu tarjeta de bingo los países que se nombran.

3. Para verificar quién ha ganado el bingo, escucha la canción una vez más y completa los espacios con los nombres de los países que faltan.

300 kilos

Esto es
una canción
que va dedicada
a todos los países
que entran dentro
del área
de lo que se ha dado
en llamar
la cultura latina…
Países como _____,
_____, _____,
_____,¡_____!
300 kilos de pueblos latinos
todos pueblos hermanos,
todos sudamericanos
Recordamos a _____,
Portugal, Brasil, _____,
_____, México
Distrito Federal, _____,
¡_____!

300 kilos de pueblos latinos
todos pueblos hermanos,
todos sudamericanos
También queremos recordar a
_____, _____,
_____, _____
Quito, a todos los centros latinos
de Nueva York,
al centro venezolano de Estocolmo,
al centro gallego de Buenos Aires…
300 kilos de pueblos latinos
todos pueblos hermanos
todos sudamericanos
300 kilos de pueblos hermanos
todos sudamericanos,
todos pueblos latinos.

Disponible en: <http://www.coveralia.com/letras/los-coyotes---300-kilos-la-edad-de-oro-del-pop-espanol.php>.
Acceso el 12 de mayo de 2014.

VOCABULARIO DE APOYO

Gallego: persona natural de Galicia. En Argentina, Colombia y Uruguay, se refiere a alguien que nació en España.

Latino: se refiere a la lengua y cultura latinas, a los que pertenecen o son de países cuya lengua proviene del latín. En la canción se destacan principalmente los países que comparten semejanzas culturales con los pueblos de lengua española.

Sudamericano: persona que nació en algún país de América del Sur. El uso de este término en la canción es una licencia poética.

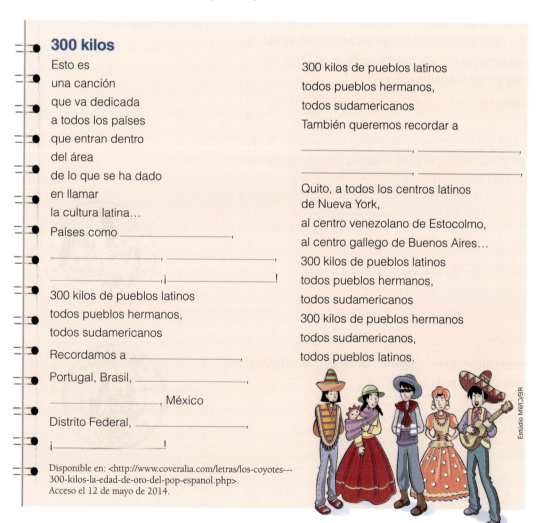

13

> ## Comprendiendo la voz del otro

1. La canción se titula "300 kilos". Tras escuchar el audio, responde: ¿qué significa la palabra **kilos** en el contexto de la canción?

   _____
   _____

2. ¿Qué significa llamar "latino" a un país?

   _____
   _____
   _____
   _____

3. ¿Por qué se incluye a Brasil y Portugal en la canción?

   _____
   _____
   _____

4. Guatemala, Honduras, Cuba, Portugal, El Salvador, México, Nicaragua y Puerto Rico, entre otros lugares citados en la canción, no se ubican geográficamente en América del Sur. Sin embargo, el yo lírico los incluye en ese grupo en los siguientes versos:

   "300 kilos de pueblos latinos / todos pueblos hermanos, / todos sudamericanos".

   ¿Tendría el yo poético alguna intención al utilizar la expresión "todos sudamericanos" en el estribillo? ¿Te parece que es un uso ingénuo y/o equivocado del término "sudamericano"?

   _____
   _____
   _____
   _____
   _____
   _____

5. En la canción se especifican algunos centros latinos. ¿Cuáles? ¿Qué papel cumplen estos centros en la canción?

   _____
   _____
   _____
   _____

> ### A quien no lo sepa

El término **Latinoamérica**, según el *Diccionario panhispánico de dudas* (2005), de la Real Academia Española, "engloba el conjunto de países del continente americano en los que se hablan lenguas derivadas del latín (español, portugués y francés)". También según el diccionario, "para referirse exclusivamente a los países de lengua española es más propio usar el término específico **Hispanoamérica**, o, si se incluye Brasil, país de habla portuguesa, el término **Iberoamérica**".

Disponible en: <http://lema.rae.es/dpd/?key=latinoamerica>. Acceso el 31 de octubre de 2013.

6. Encuentra en la sopa de letras las palabras correspondientes a estas definiciones:
   - persona que llega a un lugar para establecerse en él
   - relativo a la América del Sur
   - proveniente de Venezuela
   - nación, región o territorio que constituye una unidad cultural o política
   - traer algo a la memoria, no olvidar

7. En la letra de la canción, aparece el verbo **recordar** en dos versos:

   "**Recordamos** a Cuba, Portugal, Brasil…"

   "También queremos **recordar** a Puerto Rico, Venezuela, Colombia…"

   a) Si se lo cambiara por el verbo **citar**, ¿el sentido sería igual? Justifica tu respuesta.

   _____
   _____
   _____

   b) Señala la opción en la que aparece un sinónimo del verbo **recordar**:

   I. olvidar   II. acordarse   III. omitir   IV. despertarse

8. ¿Qué otros nombres de países podríamos recordar en la canción? ¿Por qué?

   _____
   _____

> ## Oído perspicaz: el español suena de maneras diferentes

1. 🔊 2 ¿Sabías que en español todas las letras son femeninas? Escucha el audio y repite el nombre de cada letra del alfabeto español.

Letras del abecedario	Nombre de la letra
A	(la) a
B	(la) be
C	(la) ce
D	(la) de
E	(la) e
F	(la) efe
G	(la) ge
H	(la) hache
I	(la) i
J	(la) jota
K	(la) ka
L	(la) ele
M	(la) eme
N	(la) ene

Letras del abecedario	Nombre de la letra
Ñ	(la) eñe
O	(la) o
P	(la) pe
Q	(la) cu
R	(la) erre
S	(la) ese
T	(la) te
U	(la) u
V	(la) uve
W	(la) uve doble
X	(la) equis
Y	(la) ye
Z	(la) zeta

> **A quien no lo sepa**
>
> ¿Sabías que algunas letras reciben más de un nombre?
> **B:** be, be larga, be grande, be alta
> **V:** uve, ve, ve corta, ve chica, ve pequeña, ve baja
> **W:** uve doble, doble ve, ve doble, doble u, doble uve
> **Y:** ye o i griega
> **I:** i, i latina
> **R:** erre, ere

a) ¿Qué letra del alfabeto español no existe en portugués?

_____

b) 🔊 3 Ahora escucha estas palabras fijándote en el sonido de la letra **ñ**:

año – cariño – señor – uña – ñoqui

¿Hay algún sonido semejante en portugués? ¿Cuál(es)?

_____
_____

2. ¡Deletreando! Estás hablando con un hispanohablante por teléfono, pero él no comprende tu nombre. Deletréaselo como en el ejemplo siguiente:

Pedro: pe – e – d – erre – o

3. ¡Para repasar! Deletrea las palabras a continuación:

México – Chile – España – Venezuela

4. Escribe la letra junto a su nombre. Ejemplo: cu → q
   a) equis → _____
   b) ye → _____
   c) uve → _____
   d) uve doble → _____
   e) hache → _____
   f) zeta → _____

Vocabulario en contexto

1. Estos son algunos de los países que se citan en la canción. Relaciónalos con los gentilicios correspondientes:

   1. Perú   ( ) puertorriqueño, puertorriqueña
   2. Guatemala   ( ) salvadoreño, salvadoreña
   3. Honduras   ( ) nicaragüense
   4. Chile   ( ) peruano, peruana
   5. Cuba   ( ) ecuatoriano, ecuatoriana
   6. El Salvador   ( ) guatemalteco, guatemalteca
   7. México   ( ) colombiano, colombiana
   8. Nicaragua   ( ) chileno, chilena
   9. Ecuador   ( ) venezolano, venezolana
   10. Puerto Rico   ( ) cubano, cubana
   11. Venezuela   ( ) hondureño, hondureña
   12. Colombia   ( ) brasileño, brasileña
   13. Portugal   ( ) mexicano, mexicana
   14. Brasil   ( ) portugués, portuguesa

2. Busca en la sopa de letras las nacionalidades de los siguientes países: China, Costa Rica y Estados Unidos.

J	I	O	P	G	H	J	I	E	A	X	T	Y	U	G	I	C	A
E	S	T	A	D	O	U	N	I	D	E	N	S	E	I	A	H	L
M	J	H	A	G	E	W	X	P	O	L	U	I	O	V	J	I	K
M	N	I	U	T	R	W	D	F	Z	A	G	F	N	X	O	N	P
Q	A	A	V	T	U	I	P	L	K	M	F	G	I	U	Q	O	P
J	U	I	T	R	E	R	E	D	G	N	H	J	O	P	O	L	A
H	C	O	S	T	A	R	R	I	C	E	N	S	E	O	P	L	T

El español alrededor del mundo

En español, antes del siglo XIX, muchas palabras que hoy en día se escriben con **j** se escribían con **x**. Pero en 1815, la ortografía académica decidió eliminar el uso de la letra **x** en las palabras que actualmente suenan como **j**. Pocos casos siguen admitidos con las dos letras, como México/Méjico y Texas/Tejas. Sin embargo, hay que pronunciarlas siempre como se pronuncia la **j** en español, jamás con el sonido de /ks/. Según el *Diccionario panhispánico de dudas* (2005), de la Real Academia Española, se recomienda que el nombre del país se escriba con **x**, por ser esta la grafía empleada en México.

17

Gramática en uso

El presente de indicativo y los verbos *ser* y *estar*

1. En la letra de la canción aparecen cinco verbos en presente de indicativo.

a) Identifícalos y escríbelos a continuación.

b) El compositor de la letra de la canción eligió usar los verbos en presente de indicativo. Si hubiera empleado los verbos en pasado (Esto **fue** una canción...) o futuro (Esto **será** una canción...), ¿el efecto de sentido hubiera sido el mismo? Justifica tu respuesta.

c) En el primer verso de la canción ("Esto es...") se usa el verbo **ser** para hacer referencia a:

( ) un estado pasajero.   ( ) una característica que se considera fija.

d) Lee las siguientes frases:

1. Somos latinos.   2. Estamos latinos.

¿Qué frase expresa la idea de que un grupo de personas, en determinado momento, adquirió características latinas? ¿Qué marca lingüística determina eso?

2. El verbo **ser**, dependiendo del contexto, puede expresar cosas diferentes. Por tus conocimientos lingüísticos del portugués y de mundo, intenta relacionar los ejemplos con los usos de este verbo:

a) **Ser** + origen   ( ) ¿No me reconoces? **Soy** yo, Marina.

b) **Ser** + profesión   ( ) ¿**Sos** profesora?

c) **Ser** + pertenencia   ( ) **Somos** cinco hermanos.

d) **Ser** + número   ( ) Mañana **es** domingo.

e) **Ser** + lugar   ( ) ¿La fiesta **es** en el club?

f) **Ser** + identidad   ( ) ¿**Eres** de Colombia?

g) **Ser** + fecha   ( ) Esta casa **es** mía.

¡Ojo!

Se puede usar también el verbo **estar** con fechas, lugares y profesiones:

- **Estar + fecha** – nos sitúa temporalmente en una fecha exacta:

    *¡**Estamos** en enero!*

- **Estar + lugar** – expresa el lugar donde se localiza algo o alguien:

    *Todos ya **están** en el cine.*

    Distinto de **ser + lugar**, que da las coordenadas espaciales de un suceso o acontecimiento:

    *El accidente **fue** en la calle Callao.*

- **Estar + profesión** – indica que la persona está temporariamente realizando aquella labor:

    ***Estoy** de profesor sustituto hasta que Pablo vuelva de las vacaciones.*

1 ▪ El mundo hispanohablante: ¡viva la pluraridad!

3. Fíjate en la siguiente tabla:

Pronombres / Verbos	Yo	Tú/Vos	Él, Ella, Usted	Nosotros(as)	Vosotros(as)	Ellos, Ellas, Ustedes
Ser	soy	eres/sos	es	somos	sois	son
Estar	estoy	estás/estás	está	estamos	estáis	están

En la *Chuleta Lingüística*, p. 318, se amplía esta sección con explicaciones y actividades sobre los usos de los pronombres sujeto en lengua española.

¡Ojo!

En español hay formas distintas de tratamiento:
- en el tratamiento formal se usa **usted** (singular) y **ustedes** (plural) en todos los países hispanohablantes, pero se puede usar la forma **usted** en ámbito familiar o de amistad en algunos países de América, como en ciertas zonas de Chile o de Colombia;
- en el tratamiento informal, en España se usa **tú** (singular) y **vosotros** (plural). Actualmente, **vosotros** no se utiliza en Hispanoamérica;
- en Hispanoamérica, el tratamiento informal puede ser expresado por **tú** (singular) y **ustedes** (plural) o por **vos** (singular) y **ustedes** (plural), según el país o zona. La conjugación de los verbos con el pronombre **vos** varía dependiendo de la región.

Ahora, completa los huecos con el verbo **ser** o **estar** en la forma adecuada.

a) María _____ una niña muy engreída. Pero con esta gripe _____ mucho más engreída e insoportable.

b) No sé quiénes _____ los autores de este libro. Es que las primeras páginas _____ rotas y no se pueden leer.

c) Me llamo Juan, _____ dentista y amo mi profesión.

d) Y vos, ¿_____ argentino?

e) Nosotros _____ Pablo y Ramón. Y vosotros, ¿quiénes _____?

f) ¡_____ muy pálido! ¿Qué te pasa, hombre?

g) _____ muy cansado, hoy no me apetece ir a ningún sitio.

> Escritura

> Conociendo el género

Observa las imágenes de la página y contesta:

- **Género textual:** Postal
- **Objetivo de escritura:** Mandar noticias y comentar un viaje
- **Tema:** Viaje a países hispanohablantes
- **Tipo de producción:** Individual
- **Lectores:** Un amigo que recibirá la postal

1. ¿Has enviado o recibido una tarjeta postal alguna vez? En caso afirmativo, ¿de qué lugar era la postal? ¿Te la envió alguien o la enviaste tú? ¿Era impresa o virtual?

   _____

2. ¿Para qué sirven las tarjetas postales?

   _____
   _____

3. Fíjate en estas dos postales y señala las características que observas:

   (   ) El texto suele ser corto y sencillo.
   (   ) El texto debe ser siempre largo, con muchos detalles.
   (   ) Siempre se envía en un sobre.
   (   ) Para enviar la postal por correo, hay que ponerle un sello.

   (   ) Se puede escribir la dirección en ella si va sin sobre.
   (   ) Se envía durante los viajes.
   (   ) Se envía después de los viajes.
   (   ) El texto puede guardar relación con la imagen que aparece en una de sus caras.

> Planeando las ideas

Estas actividades te ayudarán a reflexionar sobre cómo saludar, despedirte, escribir bien la dirección y el contenido de tu postal. ¡A empezar!

Vocabulario en contexto

1. A continuación hay una lista de abreviaturas muy corrientes que te pueden servir para ahorrar espacio a la hora de escribir una postal. Relaciona correctamente las dos columnas, observando cómo se escriben las palabras.

   1. c/   ( ) número
   2. avda.   ( ) derecha
   3. p.º   ( ) calle
   4. pza.   ( ) izquierda
   5. n.º   ( ) avenida
   6. izqda.   ( ) plaza
   7. dcha.   ( ) paseo

2. En una postal suele haber saludos y despedidas. Escribe (S) para los saludos y (D) para las despedidas.

   ( ) Un beso.   ( ) Besitos de tu hija.   ( ) Amigo Renato: ( ) Un abrazo.

   ( ) ¡Hola amiga! ¿Qué tal?   ( ) Amor de mi vida: ( ) Estimada Julia: ( ) ¡Hasta luego!

   ( ) Queridos padres: ( ) Nos vemos pronto.

Haz aquí un borrador de la dirección que vas a poner en tu tarjeta. Para ello, fíjate en la estructura básica del formato de dirección postal según los correos de España y escríbela en este orden en tu tarjeta postal:

- Identidad del destinatario (nombre y apellidos)
- Tipo de vía (nombre de vía – número – piso – escalera)
- Código postal – localidad
- Provincia/país

Fuente: Correos. Disponible en: <http://www.correos.es/contenido/08-AtencionCliente/081302-Direccion.asp>. Acceso el 19 de septiembre de 2012.

Gramática en uso

¿Qué hay? ¿Dónde está? ¿Qué tiene?

1. Antes de concluir la escritura de la postal, vamos a estudiar los verbos **haber**, **estar** y **tener**. Reflexiona sobre el uso de los verbos destacados y relaciona los ejemplos con lo que expresan:

I. ¿Sabes dónde **hay** una farmacia?	( ) Se expresa la localización de algo en el espacio
II. La escuela **está** al lado del ayuntamiento.	( ) Se introduce en el contexto algo aún no mencionado, referente a la existencia de algo

El verbo **haber (hay)** introduce un tema en el discurso y comunica la existencia de algo. Se combina con sustantivos en singular o plural, normalmente sin artículo definido. También se puede combinar con un sustantivo introducido por artículo indefinido (un, una, unos, unas) o cuantificadores (algún, alguna, algunos(as), ningún, ninguna, ningunos(as), mucho(s), mucha(s), etc.). No suele ir precedido de artículo definido (el, la, los, las), ya que la idea que se expresa mediante el uso de haber es de indeterminación.

2. Relaciona los ejemplos con sus respectivas oraciones:

I. **haber** + sustantivos	( ) Hay basura por todas partes en el centro de la ciudad.
II. **haber** + sustantivo introducido por artículo indefinido	( ) Hay pocos edificios altos en aquella ciudad.
III. **haber** + cuantificadores	( ) Hay una iglesia muy bonita en la Plaza Mayor.

Por otro lado, el verbo **estar** expresa la localización de algo y presupone siempre la existencia de un sujeto gramatical. No es indeterminado. Se suele usar con sustantivos propios (nombres de personas, lugares, etc.), artículos definidos (el, la, los, las), pronombres personales (yo, tú, vos, él, ella, usted(es), nosostros(as), vosotros(as), ellos(as)), demostrativos (esta(s), este(os), aquella(s), etc.) y posesivos (mi(s), tu(s), su(s), etc.).

3. Relaciona los ejemplos con sus respectivas oraciones:

I. pronombre personal + verbo **estar**	( ) Juanjo está cerca del centro comercial.
II. verbo **estar** + artículo definido	( ) ¿Está aquí tu ordenador?
III. sustantivo propio + verbo **estar**	( ) La mesa todavía está en mi habitación.
IV. verbo **estar** + posesivo	( ) ¿Dónde están aquellos libros que me prestaste ayer?
V. verbo **estar** + demostrativo	( ) Ellos están hospedados en el Hotel Mirasol.

4. Observa ahora algunas frases en las que se usa el verbo **tener** y di qué expresan:

I. ¿Cuántos libros de español tienes?   (   ) Evidencia la existencia de algo.

II. María tiene el pelo largo y rizado.   (   ) Expresa característica física o moral.

III. Mi ciudad tiene playas bellísimas.   (   ) Expresa posesión.

5. Como pudiste notar, existe un contexto de uso semejante de los verbos **tener** y **haber**: referirse a la existencia de algo. Observa las siguientes frases e intenta formular una regla.

I. La plaza de la ciudad **tiene** árboles increíbles.

II. En la plaza de la ciudad **hay** árboles increíbles. / **Hay** árboles increíbles en la plaza de la ciudad.

En el uso de los verbos **tener** y **haber** para comunicar sentido de existencia, es importante observar que se usa el verbo:

(   ) tener   (   ) haber → cuando el sujeto está explícito en la oración o podemos saberlo por la terminación del verbo.

(   ) tener   (   ) haber → cuando la oración no tiene sujeto gramatical.

(   ) tener   (   ) haber → cuando aparece una preposición, locución prepositiva o grupos sintácticos adverbiales formados por adverbios de lugar o de tiempo.

Además, si usado para expresar existencia:

el verbo (   ) **tener** (   ) **haber** no va al plural.

el verbo (   ) **tener** (   ) **haber** concuerda con el sujeto.

6. Subraya la forma verbal correcta en cada frase:

a) ¿Qué está/hay debajo de la cama?

b) La farmacia está/hay a tres cuadras.

c) La ciudad tiene/hay unas plazas muy hermosas.

d) En la ciudad tiene/hay unas plazas muy hermosas.

> En la *Chuleta Lingüística*, p. 318, se amplía esta sección con explicaciones y actividades sobre los artículos determinados e indeterminados en lengua española. Además, se enseñan las contracciones **al** y **del**.

e) En Buenos Aires están/hay librerías de montón.

f) ¿Dónde tiene/está el aeropuerto?

g) Mi edificio tiene/hay solo dos apartamentos en venta. Hay/Están en el último piso.

7. Completa las frases con **el, los, la, las, un, unos, una, unas** o escribe **Ø**.

a) ¿Dónde está _____ quiosco?

b) Ana, ¿es verdad que no hay _____ clase hoy?

c) ¿Sabes si hay _____ hospital en ese barrio?

d) En la calle Corrientes están _____ mejores teatros de Buenos Aires.

e) ¿Dónde están _____ frutas que dejé aquí?

> **Taller de escritura**

Imagina que estás en una ciudad del mundo hispánico. Escribe una postal a un amigo hispanohablante que vive en Brasil explicándole cómo es el país donde estás. No te olvides de poner el nombre y la dirección. Usa los verbos **estar**, **tener** y **haber** en presente de indicativo para decir qué cosas hay en la ciudad, dónde están localizadas y qué tiene la ciudad para ofrecerle al turista.

Si quieres hacer una postal virtual, en la página *web* <http://www.tuparada.com> (acceso el 29 de noviembre de 2013) se pueden escribir y enviar postales y tarjetas virtuales con varias temáticas (fechas conmemorativas, cumpleaños, etc.).

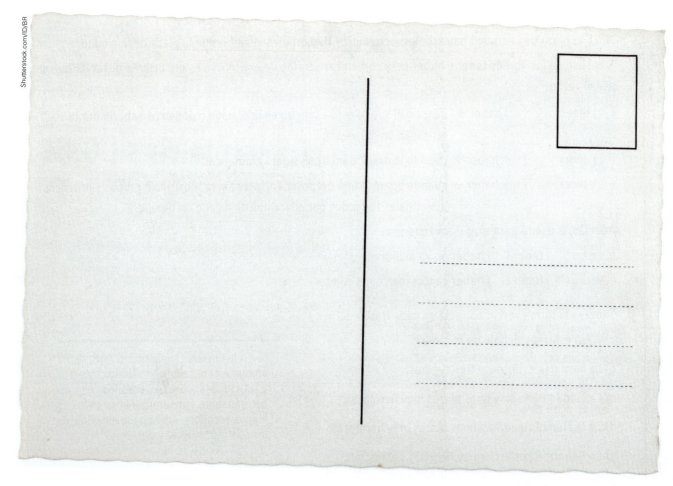

> **(Re)escritura**

Vuelve a tu tarjeta postal y verifica si has incluido:

( ) la dirección;

( ) la fecha;

( ) el destinatario;

( ) el saludo inicial;

( ) la despedida;

( ) la firma o rúbrica.

Turismo hispánico: ¡convivamos con las diferencias!

CAPÍTULO 2

▶ Lectura

› Almacén de ideas

- **Género textual:** Identidad/Pasaporte/Visa
- **Objetivo de lectura:** Identificar los datos personales que se piden en los documentos
- **Tema:** Los viajes de paseo y de inmigración

1. ¿Para qué sirven los documentos personales?

   _____
   _____
   _____

2. ¿Cuáles de estos documentos extranjeros conoces? Señálalos.
   - ( ) DNI (Documento Nacional de Identidad), tarjeta, cédula o carné de identidad nacional
   - ( ) NIF (Número de Identificación Fiscal de Personas Físicas)
   - ( ) Certificado, acta o partida de nacimiento
   - ( ) Licencia de conducir, tarjeta o carné de conducir, permiso de manejar
   - ( ) Pasaporte
   - ( ) Visa o visado
   - ( ) Cédula del elector o credencial para votar
   - ( ) Partida de matrimonio

3. ¿Se puede salir de casa o viajar a otra ciudad o país sin documentación? ¿Por qué?

   _____
   _____
   _____

> Red (con)textual

Vas a leer atentamente tres documentos. Tu objetivo es observar qué datos personales se informan en cada uno.

> **Tejiendo la comprensión**

1. ¿Qué datos se encuentran en los documentos? Complétalos en la tabla. Los que no figuran, déjalos en blanco.

Documentos	I. Cédula de Identidad (Chile)	II. Visa (Estados Unidos)	III. Pasaporte (Colombia)
Nombre			
Apellidos			
Fecha de nacimiento			
País de nacionalidad			
Lugar de nacimiento			
Destino			
Sexo			
Número del documento			
Fecha de expedición			
Fecha de vencimiento			

2. Entre los documentos leídos:

   a) ¿Cuál es específico para identificación en el país de nacimiento?

   _____

   b) ¿Cuál(es) se usa(n) para viajar a otra ciudad o país?

   _____
   _____
   _____

El español alrededor del mundo

La cédula de identidad tiene otros nombres dependiendo del país. En **Argentina**, **España** y **Perú** se llama Documento Nacional de Identidad (DNI); en **Bolivia**, **Costa Rica**, **Nicaragua**, **Uruguay** y **Venezuela** reciben el nombre de Cédula de Identidad (CI); en **Chile**, además de cédula, también se lo conoce como Carnet o Carné de Identidad (CI). En **Colombia** y **Ecuador** se utiliza la denominación Cédula de Ciudadanía (CC); en **El Salvador**, Documento Único de Identidad (DUI); en **Guatemala**, Documento Personal de Identificación (DPI); en **Panamá**, Cédula de Identidad Personal (CIP), y en el **Paraguay**, Cédula de Identidad Civil. En **Honduras** se lo conoce simplemente como Tarjeta de Identidad, mientras que en **México** recibe un nombre muy distinto al de los demás países, Clave Única de Registro de Población (CURP), y en la **República Dominicana** se llama Cédula de Identidad y Electoral (CIE), porque también sirve para votar.

3. Escucha la siguiente canción cuyo título es "Visa para un sueño", de Juan Luis Guerra. Luego haz las actividades que se te proponen:

Visa para un sueño

Eran las cinco de la mañana
un seminarista, un obrero
con mil papeles de solvencia
que no les dan para ser sinceros

Eran las siete de la mañana
y uno por uno al matadero
pues cada cual tiene su precio
buscando visa para un sueño

El sol quemándoles la entraña, ¡uf!
un formulario de consuelo
con una foto dos por cuatro
que se derrite en el silencio

Eran las nueve de la mañana
Santo Domingo, ocho de enero
con la paciencia que se acaba
pues ya no hay visa para un sueño

¡Oh! oh...
Buscando visa para un sueño
buscando visa para un sueño
Buscando visa de cemento y cal
y en el asfalto quién me va a encontrar

Buscando visa para un sueño ¡oh!
buscando visa para un sueño
Buscando visa, la razón de ser
buscando visa para no volver

Buscando visa para un sueño ¡oh!
buscando visa para un sueño

Buscando visa, la necesidad
buscando visa, qué rabia me da
buscando visa, golpe de poder
buscando visa, qué más puedo hacer

Buscando visa, para naufragar
buscando visa, carne de la mar
buscando visa, la razón de ser
buscando visa, para no volver

GUERRA, Juan Luis. Visa para un sueño. *Grandes éxitos*. Estados Unidos: Karen Records, 1996.

Juan Luis Guerra (1957) es un cantautor y productor dominicano considerado uno de los principales íconos de la música latina. Es un artista que no se limita a un solo estilo musical y forman parte de su repertorio el merengue, la bachata y la salsa, entre otros estilos.

El dominicano Juan Luis Guerra, en 2012.

a) En la canción, el seminarista y el obrero buscan la visa. ¿Para qué la quieren?

b) ¿Qué efecto de sentido provoca el uso de las expresiones "Eran las cinco", "Eran las siete" y "Eran las nueve" en la canción?

c) Relee la segunda estrofa y contesta:

I. ¿Qué significa la palabra **matadero** en el contexto de la canción?

(   ) Lugar donde se mata y deshuesa el ganado.

(   ) Órgano público donde se consigue la visa.

II. ¿Por qué se usó la palabra **matadero** en lugar de **consulado**?

d) Al final, ¿el seminarista y el obrero consiguen la visa? Subraya el verso que justifica tu respuesta.

e) En la canción, ¿cuál es la salida para aquellos que no consiguen la visa? ¿Qué riesgos hay?

f) ¿Conoces a personas que salieron de Brasil y necesitaron "una visa para un sueño"?

4. Lee la siguiente historieta sobre Burocracia, la mascota tortuga de Mafalda:

QUINO. *Toda Mafalda*. Buenos Aires: Ediciones de La Flor, 1998. p. 380.

a) En la primera viñeta, Miguelito le pregunta a Mafalda qué nombre le había puesto a la tortuga. ¿A él le gustó el nombre Burocracia? ¿Por qué? Investiga el significado de esta palabra y explica tu respuesta.

___
___
___
___

b) En la segunda viñeta, Mafalda le contesta a Miguelito que la tortuga está encerrada. ¿Qué elemento visual lo comprueba?

___

c) Al final, Miguelito no se enteró del nombre de la tortuga de Mafalda. ¿Por qué?

_____

_____

_____

d) El dibujante Quino hace una crítica a la burocracia en los órganos de atención al ciudadano. ¿Cómo se construye el humor en la viñeta a partir del significado de ese término?

_____

_____

_____

e) ¿Has pasado alguna vez por una situación burocrática referente a documentación? Cuéntales a tus compañeros qué pasó.

_____

_____

Vocabulario en contexto

Para decir la fecha de nacimiento, es necesario saber los nombres de los meses del año en español. Completa el criptograma. Las vocales A, E, O ya se conocen. Los meses del año aparecen en orden.

A	B	C	D	E	F	G	H	I	J	K	L	M	N	O	P	Q	R	S	T	U	V	W	X	Y	Z
15			2										10												

E   E   O   E   E   O   A   O

2   4   2   3   10   12   2   9   3   2   3   10   25   15   3   26   10

A   A   O   O

15   9   3   17   20   25   15   21   10   23   24   4   17   10

O   A   O   O

23   24   20   17   10   15   22   10   16   7   10

E   E   E   O   E

16   2   8   7   17   2   25   9   3   2   10   18   7   24   9   3   2

O   E   E   E   E

4   10   19   17   2   25   9   3   2   13   17   18   17   2   25   9   3   2

Gramática en uso

Los numerales

1. 🔊 5 ¿Notaste que los numerales están presentes en gran parte de nuestra vida cotidiana? En los documentos, en las matrículas de coche, en los relojes, en el dinero… ¡A aprenderlos en lengua española! Escucha y repite en voz alta.

0 – cero	16 – dieciséis	32 – treinta y dos	
1 – uno	17 – diecisiete	33 – treinta y tres	
2 – dos	18 – dieciocho	34 – treinta y cuatro	
3 – tres	19 – diecinueve	35 – treinta y cinco	
4 – cuatro	20 – veinte	36 – treinta y seis	
5 – cinco	21 – veintiuno	37 – treinta y siete	
6 – seis	22 – veintidós	38 – treinta y ocho	
7 – siete	23 – veintitrés	39 – treinta y nueve	
8 – ocho	24 – veinticuatro	40 – cuarenta	
9 – nueve	25 – veinticinco	50 – cincuenta	
10 – diez	26 – veintiséis	60 – sesenta	
11 – once	27 – veintisiete	70 – setenta	
12 – doce	28 – veintiocho	80 – ochenta	
13 – trece	29 – veintinueve	90 – noventa	
14 – catorce	30 – treinta	100 – cien	
15 – quince	31 – treinta y uno		

En la *Chuleta Lingüística*, p. 319, se amplía esta sección con explicaciones y actividades sobre los numerales cardinales y ordinales. Además, se estudian los porcentajes.

¡Ojo!

A partir del 30 (treinta), se usa **y** entre decena y unidad. Ejemplo: cuarenta **y** uno, cincuenta **y** dos, sesenta **y** tres… Sin embargo, actualmente también se aceptan a partir de treinta las formas **treintaicinco, cuarentaitrés, cincuentaiuno, sesentaidós…**

2. ¡A jugar al bingo! Escribe los números que quieras en los espacios en blanco del siguiente cartón:

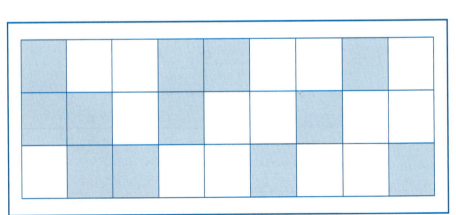

32

3. ¡A practicar los números oralmente! En parejas, ustedes se preguntarán la edad de algunos parientes. Las estructuras son las siguientes:

¿Cuántos años tienes?

¿Cuántos años tienen las personas con las que vives (tu padre o padrastro, tu madre o madrastra, tus tíos, primos, abuelos, hermanos...)?

¿Quiénes son tus mejores amigos? ¿Cuántos años tienen?

Presente de indicativo

4. Contesta según tus datos personales y fíjate en los verbos usados:

a) ¿Cómo te llamas? Me llamo _____.

b) ¿Cuáles son tus apellidos? Mis apellidos son _____.

c) ¿De dónde eres? Soy de _____.

d) ¿Dónde vives? Vivo en _____.

e) ¿Cuántos años tienes? Tengo _____ años.

f) ¿Qué lenguas hablas? Yo hablo _____.

g) ¿Cuál es tu apodo? ( ) Mi apodo es _____. ( ) No tengo.

5. ¿Qué verbos has utilizado para dar y pedir datos personales? ¿A qué tiempo y modo verbal pertenecen?

_____

_____

6. Mira la siguiente tabla de conjugación de verbos en el presente de indicativo:

Pronombres / Verbos	Hablar	Llamarse	Tener	Vivir
Yo	hablo	**me** llamo	tengo	vivo
Tú/Vos	hablas/hablás	**te** llamas/te llamás	tienes/tenés	vives/vivís
Él, Ella, Usted	habla	**se** llama	tiene	vive
Nosotros(as)	hablamos	**nos** llamamos	tenemos	vivimos
Vosotros(as)	habláis	**os** llamáis	tenéis	vivís
Ellos, Ellas, Ustedes	hablan	**se** llaman	tienen	viven

a) En la tabla hay un verbo pronominal. ¿Cuál?

_____

b) ¿Crees que el verbo **tener** es regular o irregular en el presente de indicativo?

_____

_____

_____

> En la *Chuleta Lingüística*, p. 322, se amplía esta sección con explicaciones y actividades sobre el uso y la forma de los verbos regulares e irregulares en presente de indicativo. Además, se explican los verbos pronominales y de rutina.

7. Ahora, intenta formular preguntas y respuestas con el objetivo de solicitar e informar datos personales (tales como: nombre, apellidos, nacionalidad, edad, profesión o estudios, dirección, número de teléfono y correo electrónico). La primera ya está como ejemplo:

Datos personales	En tú	En vos	En usted
Nombre	¿Cómo te llamas? Me llamo...	¿Cómo te llamás? Me llamo...	¿Cómo se llama usted? Me llamo...
Nacionalidad			
Edad			
Profesión o estudios			
Dirección			
Teléfono			
Correo electrónico			

8. Reordena la siguiente conversación:

— Yo, Pablo. ¿Eres española? (   )

— Hola, ¿cómo te llamas? (   )

— Laura, ¿y tú? (   )

— Sí, pero vivo en Brasil con mis padres. (   )

9. Relaciona las preguntas con las respuestas:

Profesora
a) ¿Cómo te llamas?
b) ¿De dónde eres?
c) ¿Cuál es tu profesión?
d) ¿Cuál es tu número de móvil?
e) ¿Cuál es tu correo electrónico?
f) ¿Cuántos años tienes?
g) ¿Cuántos idiomas hablas?

Alicia
(   ) Dos: español y guaraní.
(   ) Tengo quince años.
(   ) Me llamo Alicia.
(   ) alicia.15@español.com.py
(   ) Soy del Paraguay.
(   ) Soy estudiante.
(   ) Es el 85655995.

10. ¿Sabías que en internet hay varios sitios en los que se pueden hacer actividades gramaticales para practicar la forma de los verbos? En el sitio Cajón de sastre hay 5 series de 20 actividades cada para rellenar los huecos con verbos regulares en presente de indicativo. Accede a la dirección electrónica a continuación y haz los ejercicios: <http://cajondesastre.juegos.free.fr/Ejercicios/gramatica/Presentedeindicativo_1a.htm> (acceso el 31 de octubre de 2013).

› **Habla**

> **Lluvia de ideas**

- **Género textual:** Entrevista
- **Objetivo de habla:** Hacer un curso de español en España
- **Tema:** Viajes de estudios
- **Tipo de producción:** Parejas
- **Oyentes:** Un policía que trabaja en el aeropuerto

1. Vas a hacer un intercambio a España para estudiar español. Pero, antes, tienes que pasar por la entrevista en la aduana e inmigración. Reflexiona sobre este contexto. ¿Cómo se tratarán?

   ( ) formalmente ( ) informalmente

2. ¿Conoces las sutilezas del **usted** y del **tú/vos**? Observa:

   > ¿**Cómo está?** es la opción para saludar a una persona mayor o a nuestro jefe, pero ¿**Cómo estás?** es la alternativa para dirigirnos a nuestros amigos o a personas jóvenes.

   Ahora, infiere la regla de uso y escribe **vos**, **tú** o **usted**:

   > El pronombre de tratamiento formal es _____
   > y el de tratamiento informal es _____ o _____ .

3. Los funcionarios de la aduana van a hacerte las siguientes preguntas sobre ti y tus objetivos de querer estudiar español en España. Estas preguntas están en un contexto informal. ¿Cómo serían en registros más formales? A reflexionar sobre eso. En España, ¿qué pronombre se usa en contextos formales?

   a) ¿Cómo te llamas?
   _____

   b) ¿De dónde eres?
   _____

   c) ¿Cuántos años tienes?
   _____

   d) ¿A qué te dedicas?
   _____

   e) ¿Por qué/Para qué quieres estudiar español?
   _____

   f) ¿Estudias otros idiomas, además del español?
   _____

   g) ¿Esperas algo más del curso, además de aprender el idioma?
   _____

Gramática en uso

Pronombres interrogativos

Hay preguntas que requieren más que una simple respuesta del tipo sí/no, pues indagan sobre informaciones sobre las cuales el hablante quiere expresar duda o desconocimiento (que puede ser real o fingido, según el contexto). También se pueden usar para confirmar una información o compartir un problema.

Los operadores que se usan en estas preguntas son los pronombres interrogativos: cuánto/a(s), quién(es), qué, cuál(es), cómo, dónde, cuándo.

- **Cuánto/a(s)** se usa para preguntar sobre la cantidad o el precio.
- **Quién(es)** se usa para hacer preguntas referentes a personas.
- **Qué** se usa para preguntar algo sobre cosas concretas o abstratas.
- **Cuál(es)** pide una selección o la elección en una lista real o imaginaria.
- **Cómo** indaga sobre la manera o el modo de alguna cosa.
- **Dónde** se usa para indagar el local en que ocurre algo o en que alguien está.
- **Cuándo** se emplea cuando se quiere saber el momento en que ocurre algo.
- **Adónde** se emplea cuando el verbo implica movimiento, para indicar destino.

1. Completa las oraciones con los pronombres interrogativos que faltan.

a) ¿_____ es tu profesión?

b) ¿_____ hora es?

c) ¿Con _____ vas a la fiesta?

d) ¿_____ vas a estas horas?

e) ¿_____ vale este?

f) ¿De _____ es ese pasaporte?

g) ¿_____ veces has estado en España?

h) ¿De _____ de ellos estás hablando?

i) ¿_____ son tus colores favoritos?

j) ¿_____ viven tus padres?

k) ¿_____ se dice *rua* en español?

l) ¿Por _____ quieres aprender la lengua española?

m) ¿_____ vienes a mi casa?

2. Ahora que ya conoces los pronombres interrogativos, úsalos para formular otras preguntas que el funcionario de la aduana podrá hacerte a la hora de la entrevista.

_____

_____

> ### ¡Ojo!
>
> No te olvides de que los pronombres interrogativos en lengua española llevan tilde (´). Además, la marca de la pregunta directa es el símbolo "¿" al inicio y "?" al final de la interrogación.
>
> Otra cuestión muy importante es la entonación, pues hay que marcar la intensidad ya en el pronombre interrogativo que inicia la pregunta.

> En la *Chuleta Lingüística*, p. 324, se amplía esta sección con explicaciones y actividades sobre la diferencia entre **por qué/ por que** y **porqué/porque** y entre **dónde/donde** y **adónde/adonde**.

1 ▪ El mundo hispanohablante: ¡viva la pluraridad!

Vocabulario en contexto

En los viajes, usamos varios medios de transporte. Mira las imágenes y relaciónalas con el medio de transporte al que se refieren:

( ) el autobús, el ómnibus, la guagua...
( ) el tren
( ) el avión
( ) el taxi
( ) la bicicleta
( ) el barco, el navío
( ) el coche, el auto o el carro
( ) la moto
( ) el metro o el subte

¡Ojo!

Para medios de transporte se usa el verbo **ir** + preposición:
- ir + a = ir **a** pie, **a** caballo
- ir + en = ir **en** autobús, **en** avión, **en** bici, **en** coche...

Fíjate en la diferencia entre el portugués y el español en relación con las preposiciones que se usan con los medios de transportes. En Brasil, se dice "*vou de táxi*", pero en español se dice "voy **en** taxi".

El español alrededor del mundo

El medio de transporte colectivo público urbano, **autobús**, recibe nombres distintos en los varios países hispánicos: **guagua** (Cuba), **colectivo** (Argentina y Bolivia), **micro** (Chile), **buseta** (Colombia), **camioneta** (Guatemala), **camión** (México), **ómnibus** (Uruguay), etc. Pero cada uno de esos medios de transporte tiene su particularidad que se relaciona con las costumbres y hábitos de cada comunidad que las usa.

> Rueda viva: comunicándose

¡A comunicarse! Tu compañero será el funcionario de la aduana en España y tú serás un estudiante que va a hacer un curso en ese país. Luego, cambiarán los roles y volverán a simular la situación.

> ¡A concluir!

En la entrevista, ¿qué preguntas te hizo el funcionario de la aduana? Coméntalo entre todos.

La lectura en las selectividades

¿Sabías que la temática de los viajes y el turismo está presente en textos de exámenes de acceso a diversas universidades en Brasil? Conocer las características culturales de los países hispanohablantes y también sus relaciones políticas y comerciales, como las que se establecen por medio del Mercosur, es tener conocimiento previo para comprender bien los textos y leerlos con más destreza.

> Cómo prepararse para superar los exámenes

¿Sabes qué es el *vestibular seriado*? También conocido como Processo Seletivo Seriado (PSS), es un método de selección que difiere del *vestibular* tradicional, pues se realiza mientras el estudiante todavía cursa la enseñanza media. Algunas universidades (públicas y privadas) adoptan dicho sistema, que consiste en la realización de pruebas durante los tres años de la enseñanza media y la suma de las calificaciones al final. Los modelos de pruebas que tienes a continuación son ejemplos entresacados de universidades que implementaron el *vestibular seriado*. Los modelos 1 y 2 son del SAEM (Sistema de Avaliação do Ensino Médio), que se instauró a partir de 1998 en la UFSC (Universidade Federal de Santa Catarina); el modelo de prueba 3 pertenece al PAS (Programa de Acesso Seriado) de la UFSJ (Universidade Federal de São João del-Rei). Se incluyen también al final algunos textos y preguntas entresacados del Enem.

A continuación encontrarás modelos de pruebas de selectividad seriada y preguntas del Enem.

Modelo de Prueba 1

Universidade Federal de Santa Catarina (UFSC), 2000.
Disponible en: <http://antiga.coperve.ufsc.br/provas_ant/2000-2B.pdf>.
Acceso el 29 de noviembre de 2013.

Latinoamericano

Yo entiendo por latinoamericano el hecho de que, por detrás de las diferencias perceptibles que hay entre los países de América Latina – el color de la piel, las diferencias idiomáticas creadas por la existencia subterránea de las lenguas indígenas detrás del español –, al pasearme por ellos siempre he tenido un sentimiento de unidad profunda, de unidad por debajo. Hay una América Latina a pesar de todas las tentativas artificiales que se han hecho siempre para separarnos: el viejo principio de dividir para reinar, que Washington aplica implacablemente, los nacionalismos locales fomentados casi siempre por gobiernos de tipo militar – la famosa cuestión de si los argentinos son, finalmente, mejores que los chilenos o los chilenos mejores que los ecuatorianos –.

Pese a todo eso, yo siento una unidad que no puedo explicar racionalmente. Y la vivo. Es decir en cualquier país de América Latina yo estoy tan en mi casa como en la Argentina: si vivo en La Habana o en Panamá es exactamente como si viviera en Buenos Aires. Pero la verdadera diferencia empieza cuando desembarco en París o en Estocolmo.

Cortázar insiste:

—No es una unidad por encima, voluntaria, de intelectuales, sino por debajo. Yo creo que es algo que tiene que ver con lo telúrico, con la desmesura geográfica, con la historia común: la conquista, la independencia. Y, finalmente, hay esa unidad idiomática en la que no se piensa lo suficiente: hablamos todos español. Claro, está el Brasil ahí.

Pero así como yo en Portugal no entiendo una palabra, en São Paulo o en Río de Janeiro entiendo el portugués perfectamente. Y con España también estamos muy cerca, después de las diferencias radicales del principio, cuando la Independencia.

Creo que latinoamericanos y españoles tenemos divergencias mentales con frecuencia, distintas maneras de ver cosas, pero no es nada que nos separe: al contrario, es materia de discusión: un buen antagonismo intelectual. Las diferencias, en los últimos tiempos, han sido artificiales. Pero, por ejemplo, cuando después de la guerra española vino a América Latina ese otro gran éxodo, el contacto fue fabuloso.

Entrevista de Julio Cortázar, Cambio 16, 13/4/1981.

Escribe la suma de las proposiciones verdaderas.

1. De acuerdo con el texto "Latinoamericano", se puede afirmar que:

   01. históricamente los Estados Unidos contribuyeron a la unidad de América Latina.

   02. la diferencia racial no es un factor de división en América Latina.

   04. existe una unidad entre los latinoamericanos que está por encima de los nacionalismos exacerbados.

   08. solamente los intelectuales, por su carácter cosmopolita, sienten una unidad entre los países latinoamericanos.

2. Señala la(s) proposición(es) donde la palabra subrayada esté **correcta**.

   01. Brasil es tan grande, que hay que ir de una ciudad a otra siempre <u>de</u> avión.

---

1 ▪ El mundo hispanohablante: ¡viva la pluraridad!

02. En Florianópolis no hay metro, así que hay que ir <u>en</u> autobús a la Universidad.

04. Los niños que viven en el campo van a la escuela <u>en</u> bicicleta.

08. En los pueblos, las personas suelen ir al trabajo <u>a</u> pie.

16. En las grandes capitales, lo mejor es moverse <u>de</u> coche.

3. De acuerdo con el entrevistado, Julio Cortázar, **lo latinoamericano**:

01. es algo real, que se siente y se vive, aunque no es fácil explicarlo.

02. es pura ilusión, puesto que lo que divide es más fuerte que lo que une.

04. se manifiesta en la unidad lingüística, ya que el portugués de Brasil no impide la comprensión.

08. es un sentimiento que no ha podido desarrollarse debido a injerencias de potencias extranjeras.

16. se aplica tan solo a las naciones hispanohablantes, no a otras, como Brasil, que hablan otras lenguas.

32. es una vivencia que deriva de una historia y un territorio compartidos, no resultado de acuerdos de alto nivel.

4. Relaciona la columna de la izquierda con la columna de la derecha y señala la proposición con la secuencia **correcta**:

(a) telúrico   (   ) propio de la nación

(b) antagónico   (   ) migración

(c) fomentar   (   ) contrario

(d) nacionalismo   (   ) estimular

(e) éxodo   (   ) relativo a la tierra

01. a – c – b – d – e.

02. d – e – b – c – a.

04. d – b – c – a – e.

08. b – c – d – e – a.

16. a – d – b – c – e.

Modelo de Prueba 2

Universidade Federal de Santa Catarina (UFSC), 2005.
Disponible en: <http://antiga.coperve.ufsc.br/provas_ant/2005-2-verde.pdf>. Acceso el 19 de octubre de 2012.

En medio de roces comerciales, Brasil y Argentina analizan el relanzamiento del Mercosur

Los equipos económicos de Argentina y Brasil están reunidos en Brasilia para analizar un proyecto que busca el "relanzamiento" del Mercosur. El encuentro tiene dos objetivos: limar las asperezas en temas puntuales y hablar de los vínculos comerciales entre los socios mayores del Mercosur.

Las relaciones comerciales entre Brasil y Argentina están complicadas desde hace varios meses. Hoy buscan llegar al fondo del problema, y ver cómo solucionan las diferencias al tener escalas y políticas industriales tan diferentes.

Las diferencias se dan en los sectores de electrodomésticos y el automotriz. Hace unos meses, con los electrodomésticos, Argentina había trancado el ingreso desde Brasil, por protestas de los fabricantes locales. Con respecto a los autos, el presidente Kirchner decidió ayer que seguirá unos años más con el sistema de intercambio regulado de autos con Brasil. Esta medida sorprendió porque habían quedado que en el 2006 se iba a desregular el mercado dentro del Mercosur. Pero Argentina ayer dio marcha atrás y dijo que primero tiene que desarrollar el mercado de autopartes.

Argentina quiere evitar que cada vez que se quiere hacer un acuerdo comercial en el Mercosur sea un desgaste para el bloque, y se termine resolviendo con una cumbre de ministros. También propone redefinir los objetivos del Mercosur, como carta de presentación hacia el exterior. Argentina también quiere integrar sus cadenas productivas con Brasil, en lo que son medicamentos, automóviles, software, como madera y los muebles o calzados.

Con respecto a los acuerdos comerciales del Mercosur con la Unión Europea, ayer Uruguay también entabló contactos con Brasil para tratar el tema.

El Mercosur está negociando un acuerdo de libre comercio con la UE pero las conversaciones se han complicado porque el bloque del viejo continente no quiere mejorar su propuesta de acceso a mercados y persiste en restringir los productos lácteos y las carnes avícola y bovina.

Por Uruguay habló ayer el canciller Didier Opertti. Reconoció que la solución no estará en el corto plazo. El acuerdo se tendría que firmar el 31 de octubre. Opertti dice que cómo van las cosas, los ojos de Uruguay están puestos en otro lado.

"En este momento los ojos están más puestos en Doha, más puestos en la negociación mundial que en la interregional. Por ahí va la cosa...", reconoció el canciller.

Disponible en: <http://www.UruguayTotal.com>. Acceso el 9 de septiembre de 2004.

La lectura en las selectividades

Señala la(s) proposición(es) correcta(s).

5. La palabra **roces** del título se puede traducir por:
   - 01. relações.
   - 02. perigos.
   - 04. conflitos.
   - 08. acordos.
   - 16. contratos.
   - 32. cláusulas.

6. Sobre el segundo y tercer párrafo son apropiadas las siguientes afirmaciones:
   - 01. Argentina y Brasil están desistiendo del Mercosur.
   - 02. Argentina y Brasil tratan de superar sus divergencias.
   - 04. Argentina y Brasil pretenden juntarse para controlar el Mercosur.
   - 08. Argentina y Brasil pelean por el petróleo.
   - 16. Los dos sectores que más problemas presentan son la industria de electrodomésticos y la industria automotriz.
   - 32. Argentina y Brasil van a consultar Uruguay y Paraguay antes de tomar cualquier decisión.

7. En el cuarto párrafo se dice que Argentina pretende:
   - 01. resolver los puntos conflictivos con Brasil.
   - 02. integrar otros países al Mercosur.
   - 04. importar vino brasileño.
   - 08. separar las cadenas productivas de Argentina y Brasil.
   - 16. mejorar el comercio del Mercosur con Nigeria.
   - 32. redefinir el Mercosur.

8. En los últimos cuatro párrafos, se habla de las negociaciones entre el Mercosur y la Unión Europea. A este respecto, señala la(s) proposición(es) **correcta(s)**.
   - 01. Uruguay buscó a Brasil para tratar el asunto.
   - 02. La Unión Europea quiere exportar más productos agrícolas al Mercosur.
   - 04. La Unión Europea quiere seguir limitando la importación de leche y carne.
   - 08. El canciller uruguayo dice que el país está más interesado en los negocios con China.
   - 16. El acuerdo del Mercosur con la Unión Europea será firmado en diciembre de este año.
   - 32. El canciller uruguayo cree que todo se va a resolver a corto plazo.

Modelo de Prueba 3

Universidade Federal de São João del-Rei (UFSJ), 2011-2012.
Disponible en: <www.ufsj.edu.br/portal2-repositorio/File/vestibular/PAS/ED2011_2/M1/area00_t2.pdf>. Acceso el 29 de noviembre de 2013.

Las cuestiones se refieren a los anuncios de abajo.

Disponible en: <http://klap-agencia.blogspot.com/2010_09_01_archive.html>. Acceso el 29 de noviembre 2013.

9. El objetivo de estos anuncios es:
   a) valorar al Perú y su creatividad nacional a través de Inca Kola.
   b) vender el producto Inca Kola a varios países del mundo.
   c) informar que Inca Kola es una bebida internacional.
   d) mostrar que Inca Kola combina con cualquier comida.

10. En el eslogan publicitario de Inca Kola, presente en los dos primeros anuncios, "**Nuestra** creatividad conquista el mundo", el posesivo destacado se refiere a la creatividad:

a) peruana.

b) japonesa.

c) india.

d) china.

Modelo de Prueba 4

Exame Nacional do Ensino Médio (Enem), 2011.
Disponible en: <http://download.uol.com.br/educacao/enem2011/05_AMARELO.pdf>. Acceso el 29 de noviembre de 2013.

'Desmachupizar' el turismo

Es ya un lugar común escuchar aquello de que hay que desmachupizar el turismo en Perú y buscar visitantes en las demás atracciones (y son muchas) que tiene el país, naturales y arqueológicas, pero la ciudadela inca tiene un imán innegable. La Cámara Nacional de Turismo considera que Machu Picchu significa el 70 % de los ingresos por turismo en Perú, ya que cada turista que tiene como primer destino la ciudadela inca visita entre tres y cinco lugares más (la ciudad de Cuzco, la de Arequipa, las líneas de Nazca, el Lago Titicaca y la selva) y deja en el país un promedio de 2.200 dólares (unos 1.538 euros).

Carlos Canales, presidente da Canatur, señaló que la ciudadela tiene capacidad para recibir más visitantes que en la actualidad (un máximo de 3.000) con un sistema planificado de horarios y rutas, pero no quiso avanzar una cifra. Sin embargo, la Unesco ha advertido en varias ocasiones que el monumento se encuentra cercano al punto de saturación y el Gobierno no debe emprender ninguna política de captación de nuevos visitantes, algo con lo que coincide el viceministro Roca Rey.

Disponível em: http://www.elpais.com. Acesso em: 21 jun. 2011

11. A reportagem do jornal espanhol mostra a preocupação diante de um problema no Peru, que pode ser resumido pelo vocábulo "desmachupizar", referindo-se:

a) à escassez de turistas no país.

b) ao difícil acesso ao lago Titicaca.

c) à destruição da arqueologia no país.

d) ao excesso de turistas na terra dos incas.

e) à falta de atrativos turísticos em Arequipa.

Exame Nacional do Ensino Médio (Enem), 2013.
Disponible en: <http://educacao.globo.com/provas/enem-2013/questoes/95-espanhol.html>. Acceso el 29 de noviembre de 2013.

Pensar la lengua del siglo XXI

Aceptada la dicotomía entre "español general" académico y "español periférico" americano, la capacidad financiera de la Real Academia, apoyada por la corona y las grandes empresas transnacionales españolas, no promueve la conservación de la unidad, sino la unificación del español, dirigida e impuesta desde España (la Fundación Español Urgente: Fundeu). Unidad y unificación no son lo mismo: la unidad ha existido siempre y con ella la variedad de la lengua, riqueza suprema de nuestras culturas nacionales; la unificación lleva a la pérdida de las diferencias culturales, que nutren al ser humano y son tan importantes como la diversidad biológica de la Tierra.

Culturas nacionales: desde que nacieron los primeros criollos, mestizos y mulatos en el continente hispanoamericano, las diferencias de colonización, las improntas que dejaron en las nacientes sociedades americanas los pueblos aborígenes, la explotación de las riquezas naturales, las redes comerciales coloniales fueron creando culturas propias, diferentes entre sí, aunque con el fondo común de la tradición española. Después de las independencias, cuando se instituyeron nuestras naciones, bajo diferentes influencias, ya francesas, ya inglesas; cuando los inmigrantes italianos, sobre todo, dieron su pauta a Argentina, Uruguay o Venezuela, esas culturas nacionales se consolidaron y con ellas su español, pues la lengua es, ante todo, constituyente. Así, el español actual de España no es sino una más de las lenguas nacionales del mundo hispánico. El español actual es el conjunto de veintidós españoles nacionales, que tienen sus propias características; ninguno vale más que otro. La lengua del siglo XXI es, por eso, una lengua pluricéntrica.

LARA, L.F. Disponível em: www.revistaenie.clarin.com. Acesso em: 25 fev. 2013.

12. O texto aborda a questão da língua espanhola no século XXI e tem como função apontar que:

a) as especificidades culturais rompem com a unidade hispânica.

b) as variedades do espanhol têm igual relevância linguística e cultural.

c) a unidade linguística do espanhol fortalece a identidade cultural hispânica.

d) a consolidação das diferenças da língua prejudica sua projeção mundial.

e) a unificação da língua enriquece a competência linguística dos falantes.

UNIDAD 2

El arte de los deportes: ¡salud en acción!

El ciclista Lance Armstrong en diferentes momentos de su carrera.

En esta unidad:

- estudiarás el vocabulario referente a los deportes;
- reflexionarás sobre la adicción y el combate a las drogas;
- escucharás una entrevista a un famoso jugador de fútbol;
- aprenderás el pretérito perfecto simple, el pretérito perfecto compuesto y el pretérito imperfecto y a usar las comillas y las rayas;
- aprenderás a decir la hora;
- conocerás los sonidos del dígrafo ll y de la letra y;
- aprenderás qué significa "echar de menos" y otras expresiones de la lengua española.

- **Transversalidad:** Salud: deportes y drogas
- **Interdisciplinaridad:** Educación Física

¡Para empezar!

Observa atentamente las imágenes de al lado y contesta:

1. ¿Conoces a Lance Armstrong? Durante muchos años, lo consideraron el mejor ciclista de la historia. Mira las imágenes y observa la diferencia entre ellas. Descríbelas.

2. ¿Cómo se llama el acto de potenciar el rendimiento del atleta con sustancias prohibidas? Si no lo sabes en lengua española, búscalo en el diccionario.

3. Entre 1999 y 2005, Lance Armstrong, estadounidense de Texas, había ganado el *Tour de Francia*. Siete veces campeón, se convirtió en una leyenda del ciclismo mundial. Sin embargo, en 2012, siete años tras su última victoria, fue acusado de dopaje sistemático por la Agencia Antidopaje de Estados Unidos (USADA). La Unión Ciclista Internacional (UCI), tras comprobaciones, le retiró sus siete victorias e incluso lo suspendió del ciclismo de por vida. ¿Estás de acuerdo con la decisión de la UCI? Justifica tu respuesta.

4. En el mundo deportivo, muchos atletas solo han tenido éxito, pero otros también han vivido momentos negativos en sus carreras a causa del dopaje o del uso del alcohol u otras drogas en su vida personal. ¿Te acuerdas de algún caso?

43

CAPÍTULO 3
Vivir bien: ¡sí al deporte, no a las drogas!

- **Género textual:** Entrevista
- **Objetivo de lectura:** Identificar el título de la entrevista
- **Tema:** Deporte

> Lectura

> Almacén de ideas

1. Vas a leer dos entrevistas a Blanca Manchón, una famosa deportista del mundo hispánico. Observa la fotografía de al lado:

   a) ¿Qué deporte imaginas que practica?

   b) ¿Cuál debe de ser su nacionalidad?

   c) ¿Crees que ha ganado la competición? ¿Por qué?

2. ¿Sabías que hay muchos deportes que se practican en el mar? Relaciónalos con su definición:

1 Surf

Consiste en realizar saltos y giros intrépidos usando una tabla, con la que se enfrenta a las olas formadas por la embarcación. (   )

2 Windsurf

Consiste en surfear una ola grande, poniéndose de pie en una tabla. (   )

3 Kitesurf

Consiste en deslizarse con una tabla sobre el agua sostenido por una cometa. (   )

4 Wakeboard

Consiste en surfear con ayuda del viento en una tabla de surf con una vela que la impulse. (   )

3. Blanca Manchón es considerada una de las mejores windsurfistas del mundo. ¿Qué esperas leer en las dos entrevistas? ¿Qué tipo de preguntas le harías si fueras tú el entrevistador?

> Red (con)textual

Vas a leer dos entrevistas a esta deportista. Intenta descubrir cuál de estos títulos pertenece a cada una de ellas. Fíjate en que hay un título intruso que no pertenece a ninguna.

> "Sé ganar y también perder, hay vida después de los Juegos"
> "Solo he ido a Matalascañas de bebé"
> "Sevilla tiene mucho arte y eso se lleva en la sangre al competir"

A quien no lo sepa

Podemos leer entrevistas en varias revistas y periódicos. Las que presentamos aquí se encuentran en los sitios electrónicos de dos periódicos españoles: <http://www.20minutos.es> y <http://www.larazon.es>. Accesos el 20 de junio de 2014.

Entrevista 1

FCO. PELAYO. 14.09.2010 - 08.12h

BIO
Sevillana de 23 años. Mide 165 cm y pesa 59 kg. Dos veces campeona mundial (2005 y 2010). También ha ganado dos Copas del Mundo (2009 y 2010).

A principios de septiembre, la sevillana se proclamó en Dinamarca campeona del mundo de RS:X, la modalidad olímpica del *windsurf*, redondeando así un año perfecto, donde también conquistó la Copa del Mundo. Su próximo reto ya tiene fecha: Londres 2012.

A sus 23 años es ya una coleccionista de títulos, ¿cómo logra mantener la motivación?
Amo el deporte y desde que era pequeña siempre he querido y soñado con una medalla de oro olímpica. Ese sueño es el que me motiva cada día para entrenar y luchar contra todos los problemas.

¿Qué significan para usted los Juegos de 2012 en Londres?
Es un sueño y una realidad cada vez más cercanos.

Proviene de una familia de deportistas, ¿qué parte de responsabilidad tienen de sus éxitos?
Siempre han apoyado en los buenos momentos y en los malos. Si no fuese por ellos, no estaría donde estoy.

¿Ha sacrificado muchas cosas para estar en la élite?
Tengo la suerte de que mi familia y mi novio me acompañan a varios campeonatos al año y los veo a menudo, pero, claro, dejas atrás a tus amigos y tu casa… ¡¡¡y mis animales!!!

Explíqueme algo, ¿por qué hay tan buenas windsurfistas en Sevilla si no hay playa?
Porque Sevilla tiene mucho arte y eso también se lleva en la sangre al competir.

El mar también es peligroso, ¿ha vivido alguna situación límite?
Cuando te pasas tantas horas en el mar te vas acostumbrando, pero lo más peligroso que me ha pasado fue un día de tormenta y temporal en Cádiz que caían rayos enormes, ¡y yo con mi palo de carbono!

¿Admira a algún deportista español?
A Rafa Nadal. Me parecen impresionantes su fuerza, su carácter y su saber estar.

¿Suele firmar autógrafos?
¡Qué va!

¿A quién le pediría uno?
A los protagonistas de la saga Crepúsculo.

¿Cómo sería su día perfecto?
Playa, sol, un biquini… y olitas para surfear.

¿Cuál es su rincón favorito de Sevilla?
El barrio de El Arenal, que es donde vivo en Sevilla.

¿Qué aficiones tiene fuera del agua?
Soy capaz de ir al cine tres veces a la semana, me encantan también la fotografía, la moda y los animales.

VOCABULARIO DE APOYO

A menudo: con frecuencia.
Palo de carbono: un palo es un trozo de madera; palo de carbono es una referencia a la tabla de surf.
Rincón: lugar.

PELAYO, F. Sevilla tiene mucho arte y eso se lleva en la sangre al competir. *20 Minutos*. Madrid, 14.9.2010. Deportes. Disponible en: <http://www.20minutos.es/noticia/813227/0/manchon/sevilla/sangre/>. Acceso el 20 de junio de 2014.

Entrevista 2

Blanca Manchón • Campeona de vela y embajadora andaluza

Se siente una "privilegiada" al poder vivir de un deporte aún minoritario como es el windsurf. No descarta participar en las Olimpiadas de Londres, aunque dependerá de lo que suceda en el Europeo de Madeira

7 Enero 12 – Pedro Gracía

La Razon. Disponible en: <http://www.larazon.es/detalle_hemeroteca/noticias/LA_RAZON_424989/2047-blanca-manchon-se-ganar-y-tambien-perder-hay-vida-despues-de-los-juegos#.UV24j1v47OU>. Acceso el 4 abril de 2013.

SEVILLA – Blanca María Manchón Domínguez (6 de marzo de 1987, Sevilla) es una de las mejores windsurfistas del mundo. Su especialidad es la clase RS:X, de hecho, ha sido campeona mundial en 2005 y 2010 y en 2011 renovaba por tercer año consecutivo su título en la Copa del Mundo para mantenerse como número 1 del *ranking* internacional. Tras conseguir un diploma olímpico en Atenas con solo 17 años, persigue el sueño de estar en Londres y colgarse una medalla. Pero detrás de esta deportista andaluza cien por cien hay mucho más... La palabra fracaso no va con ella.

—**2012 es un año especial para todo deportista...**
—Cualquier año olímpico es importante para un deportista que practica una disciplina olímpica, sobre todo, si ve que tiene opciones de medalla o solamente acude con la suerte de vivir esa experiencia.

—**¿Tanto se ha complicado su presencia en Londres? ¿Qué tiene que pasar? ¿Cuál es la fecha clave?**
—Todos los deportistas de élite tenemos años buenos, años peores o años en los que simplemente no te sale nada. Creo que estos meses atrás he trabajado mucho para estar en lo más alto pero, por cosas que no se pueden controlar, los resultados no han sido lo bueno que esperábamos. Pero me considero una deportista y una mujer que sabe ganar y perder, que sabe que siempre hay momentos buenos y malos y hay que saber afrontarlos y superarlos. Prácticamente, la selección

para los Juegos Olímpicos sigue abierta hasta el 1 de marzo, que es cuando terminamos el Europeo de Madeira (Portugal), así que habrá que esperar a lo que suceda allí, donde Marina Alabau parte con ventaja tras haber quedado delante de mí en las otras dos regatas selectivas.

—Resulta increíble que una campeona del mundo se pueda quedar sin beca por no estar en los Juegos Olímpicos, siendo a día de hoy de las mejores windsurfistas del circuito.

—El deporte de la vela es así, uno por país en los Juegos y punto. Pasa en muchos países en los que hay dos chicos o chicas que están en el *top* y son buenísimos, pero que no van a ir a Londres. Es injusto que pueda ir una chica de Singapur que queda la cincuenta en un Mundial y yo no, pero por eso los Juegos Olímpicos en vela están muy sobrevalorados. Pero, claro, una medalla en unos Juegos es una medalla y a todas nos gustaría tener una...

—La búsqueda de patrocinios resultará fundamental y en la situación económica actual, ¿cómo los engancha? ¿A quién recurre?

—Ahora mismo me siento afortunada por tener lo que tengo, tal y como están las cosas en el país, no me quejo. Pero al deporte también le está afectando la crisis, y más a las empresas, que lo primero que recortan es en *marketing* y publicidad. Me encantaría tener un gran patrocinador fuerte que me apoyara económicamente para que me permitiera viajar por el mundo y entrenarme en los mejores sitios en las temporadas de invierno y verano, dándome también la opción de comprarme más material, etc. ¡Sería como soñar despierta!

—¿Se puede hacer alguien rico con el *windsurf*?

—No, pero puedes permitirte trabajar en algo que te gusta y si eres la número uno, hacerte con becas que te permitan seguir pudiendo vivir de ello.

—¿Ha practicado otros deportes? ¿Qué soñó ser?

—De pequeña hice mucha gimnasia deportiva y me enganché muchísimo. Luego fui creciendo siempre con el deporte a mi alrededor y eso me llevó a elegir mi camino. Soñaba con ser campeona del mundo...

—Aunque Blanca vive para el *windsurf*, detrás de la deportista hay más.

—Siempre he dicho que el deporte es una parte de mi vida, pero que después tengo mi vida en pareja y con mi familia. Siempre he intentando no mezclar una cosa con la otra y disfrutar de las dos partes de mí misma. Aparte, tengo mis proyectos fuera del deporte, ya que soy por ejemplo socia de una empresa familiar de turismo y sueño con formar mi propia familia.

—Zoido la nombró el pasado verano embajadora de Sevilla y lleva a gala su condición de andaluza por todo el mundo.

—Sí. La verdad es que fue un momento muy emotivo para mí. Tanto el alcalde como Sevilla se han volcado conmigo en todo momento y siempre recibo mucho cariño de las personas y apoyo cuando estoy fuera compitiendo. Llevar el nombre de mi ciudad y de Andalucía por todo el mundo es todo un orgullo y un privilegio.

—También ha hecho sus pinitos en la moda...

—Se me presentó en su día la oportunidad de hacer cositas con diferentes revistas hace tiempo y me encantó la experiencia. Estos últimos años ya me he acostumbrado a hacer sesiones de fotos para mi patrocinador Nike o para distintos medios y me encanta ese mundo de la fotografía, la moda, el maquillaje... Es importante ver que las mujeres deportistas también podemos tener nuestro lado *sexy* y femenino.

—Ha viajado por todo el mundo y pasa largas temporadas fuera de su casa. ¿Qué echa de menos y por qué lugar cambiaría Andalucía?

—Lo que más echo de menos cuando no estoy en casa es el estilo de vida, los horarios y la comida. También llevo mal el tener la ropa en la maleta tanto tiempo... ¡Me gustan los armarios!

—Cuéntenos alguno de sus proyectos.

—Por suerte tengo varias cosas en cartera que no puedo desvelar pero que son muy interesantes. Ya he colaborado en algún que otro programa solidario y en el futuro siempre estaré abierta a seguir ayudando con mi imagen en todo lo que pueda. En este sentido, a pesar de practicar un deporte minoritario, me considero una privilegiada de poder vivir de él, de sentirme reconocida mediáticamente. Todo esto me hace verlo claro: por suerte, hay vida después de los Juegos.

GRACÍA, Pedro. Sé ganar y también perder, hay vida después de los juegos. *La Razón*. Sevilla, 7.1.2012. Disponible en: <http://www.larazon.es/noticia/2047-blanca-manchon-se-ganar-y-tambien-perder-hay-vida-despues-de-los-juegos>. Acceso el 20 de junio de 2014.

VOCABULARIO DE APOYO

Beca: ayuda económica.

Enganchar: conseguir, agarrar, coger.

Alcalde: persona que preside el Ayuntamiento.

Pinito: primeros pasos.

> **Tejiendo la comprensión**

1. Ahora comprueba si los títulos que le has puesto a cada entrevista están correctos.

2. Los títulos de las entrevistas son "Sevilla tiene mucho arte y eso se lleva en la sangre al competir" y "Sé ganar y también perder, hay vida después de los Juegos". ¿Qué se puede notar en estas afirmaciones?

_____

3. ¿Cuál es la fecha de la entrevista 1? ¿Y de la entrevista 2? ¿De qué forma las fechas interfieren en el contenido de la entrevista?

_____
_____
_____

4. En las dos entrevistas, Blanca habla sobre los Juegos Olímpicos. ¿Qué dice en la primera? ¿Y en la segunda? ¿Hay algún cambio de opinión?

_____
_____
_____

5. ¿En cuál de las dos entrevistas Blanca se demuestra más volcada al deporte que a la vida personal? ¿Por qué? ¿Por qué cambia de perspectiva?

_____
_____

6. ¿A qué deportista admira Blanca? ¿Por qué?

_____

7. ¿Cómo la crisis ha afectado al deporte, según la windsurfista?

_____
_____

8. ¿Qué papel tuvo la familia en los éxitos de Blanca?

_____

_____

9. En enero de 2012, ¿cuáles fueron los proyectos de Blanca fuera del agua?

_____

_____

10. Blanca prioriza en su día a día las relaciones humanas, la solidaridad y la familia. ¿Qué valores defiende como más importantes que el deporte por sí solo?

_____

_____

_____

_____

Vocabulario en contexto

1. En las entrevistas a Blanca Manchón aparecen algunas expresiones muy usadas en lengua española. Reléelas en su contexto de uso:

> I. ¿Suele firmar autógrafos?
> **¡Qué va!**
>
> II. Porque Sevilla tiene mucho arte y eso también **se lleva en la sangre** al competir.
>
> III. Pero detrás de esta deportista andaluza **cien por cien** hay mucho más... La palabra fracaso no va con ella.
>
> IV. ¿Qué **echa de menos** y por qué lugar cambiaría Andalucía?
> Lo que más **echo de menos** cuando no estoy en casa es el estilo de vida, los horarios y la comida.

Escribe la expresión al lado de su significado:

a) De manera burlona, significa "no": _____

b) Vivir intensamente algo, con pasión: _____

c) Sentir la falta de alguien o algo: _____

d) Ser perfecto(a) en su totalidad: _____

2. Señala la opción en la que la expresión destacada **no** adquiere el mismo significado de la expresión "echar de menos":

a) Hace una semana que sigo viajando y no veo a mis hijos. Los **extraño mucho.**

b) Siempre que me acuerdo de mi niñez, es con felicidad. ¡Cómo **añoro** ese tiempo!

c) Hacía más de cinco años que no veía a Juan y ha cambiado mucho. ¡**Qué raro** está!

Gramática en uso

Tres tiempos pasados del modo indicativo: pretérito perfecto simple, pretérito perfecto compuesto y pretérito imperfecto

Al inicio de las entrevistas, podemos identificar que las entradas (o *leads*) hacen una retrospectiva de la vida profesional de Blanca Manchón:

"A principios de septiembre, la sevillana se (1) **proclamó** en Dinamarca campeona del mundo de RS:X, la modalidad olímpica del *windsurf*, redondeando así un año perfecto, donde también (2) **conquistó** la Copa del Mundo."

"Su especialidad es la clase RS:X, de hecho, (3) **ha sido** campeona mundial en 2005 y 2010 y en 2011 (4) **renovaba** por tercer año consecutivo su título en la Copa del Mundo para mantenerse como número 1 del *ranking* internacional."

También en muchos momentos de su habla, la entrevistada remite a hechos que ocurrieron en el pasado. Fíjate:

"[...] desde que (5) **era** pequeña siempre (6) **he querido** y soñado con una medalla de oro olímpica."

"[...] lo más peligroso que me (7) **ha pasado** (8) **fue** un día de tormenta y temporal en Cádiz que (9) **caían** rayos enormes, ¡y yo con mi palo de carbono!"

"Creo que estos meses atrás (10) **he trabajado** mucho para estar en lo más alto pero, por cosas que no se pueden controlar, los resultados no (11) **han sido** lo bueno que esperábamos."

"De pequeña hice mucha gimnasia deportiva y me (12) **enganché** muchísimo. Luego fui creciendo siempre con el deporte a mi alrededor y eso me (13) **llevó** a elegir mi camino. (14) **Soñaba** con ser campeona del mundo…"

"Siempre (15) **he dicho** que el deporte es una parte de mi vida, pero que después tengo mi vida en pareja y con mi familia."

Ahora, observa las siguientes tablas de conjugación de verbos regulares. Vamos a utilizarlas para identificar a qué tiempo verbal pertenecen los verbos resaltados y entresacados de las entrevistas de Blanca Manchón.

Pretérito perfecto simple

Verbos / Pronombres	Cantar	Aprender	Vivir
Yo	cant**é**	aprend**í**	viv**í**
Tú/Vos	cant**aste**	aprend**iste**	viv**iste**
Él, Ella, Usted	cant**ó**	aprend**ió**	viv**ió**
Nosotros(as)	cant**amos**	aprend**imos**	viv**imos**
Vosotros(as)	cant**asteis**	aprend**isteis**	viv**isteis**
Ellos, Ellas, Ustedes	cant**aron**	aprend**ieron**	viv**ieron**

Pretérito perfecto compuesto			
Verbos / Pronombres	Cantar	Aprender	Vivir
Yo	he cant**ado**	he aprend**ido**	he viv**ido**
Tú/Vos	has cant**ado**	has aprend**ido**	has viv**ido**
Él, Ella, Usted	ha cant**ado**	ha aprend**ido**	ha viv**ido**
Nosotros(as)	hemos cant**ado**	hemos aprend**ido**	hemos viv**ido**
Vosotros(as)	habéis cant**ado**	habéis aprend**ido**	habéis viv**ido**
Ellos, Ellas, Ustedes	han cant**ado**	han aprend**ido**	han viv**ido**

Pretérito imperfecto			
Verbos / Pronombres	Cantar	Aprender	Vivir
Yo	cant**aba**	aprend**ía**	viv**ía**
Tú/Vos	cant**abas**	aprend**ías**	viv**ías**
Él, Ella, Usted	cant**aba**	aprend**ía**	viv**ía**
Nosotros(as)	cant**ábamos**	aprend**íamos**	viv**íamos**
Vosotros(as)	cant**abais**	aprend**íais**	viv**íais**
Ellos, Ellas, Ustedes	cant**aban**	aprend**ían**	viv**ían**

¡Ojo!

1. El verbo **ser** es irregular en el **pretérito perfecto simple** y en el **pretérito imperfecto de indicativo**.

   Observa:

   "[...] desde que **era** pequeña [...]": pretérito imperfecto

   "[...] lo más peligroso que me ha pasado **fue** un día de tormenta y temporal [...]": pretérito perfecto simple

2. Las formas del verbo **ser** son iguales a las del verbo **ir** en el **pretérito perfecto simple**:

   fui / fuiste / fue / fuimos / fuisteis / fueron

3. Algunos verbos con raíz irregular en el **pretérito perfecto simple** son:

   saber: sup- / tener: tuv- / conducir: conduj- / hacer: hic-, hiz- / traer: traj- / haber: hub-

4. Todos estos verbos irregulares tienen una terminación especial en el **pretérito perfecto simple**:

   -e / -iste / -o / -imos / -isteis / -ieron (-eron, cuando la raíz irregular termina en **j**)

   Observa: "De pequeña hic**e** mucha gimnasia deportiva [...]"

   Yo hic**e** / Tú hic**iste** / Él hiz**o** / Nosotros hic**imos** / Vosotros hic**isteis** / Ellos hic**ieron**

5. Algunos verbos tienen participio irregular:

   escribir – escrito / decir – dicho / poner – puesto / romper – roto / soltar – suelto

1. Intenta clasificar, en la tabla, los verbos entresacados de la entrevista: ¿a qué tiempo del pretérito se refiere cada verbo? Puedes volver a las tablas de conjugación para consultarlas si hace falta.

Pretérito perfecto simple	Pretérito perfecto compuesto	Pretérito imperfecto

2. Lee los fragmentos a continuación:

"A principios de septiembre, la sevillana se **proclamó** en Dinamarca campeona del mundo de RS:X."

"Creo que estos meses atrás **he trabajado** mucho para estar en lo más alto pero, por cosas que no se pueden controlar, los resultados no **han sido** lo bueno que **esperábamos**."

Reflexiona: ¿a qué momento del tiempo pasado corresponde cada acción?
Para contestarlo, enumera la primera columna de acuerdo con la segunda:

Columna I	Columna II
1. Pretérito perfecto simple (proclamó)	( ) Algo que ocurre (a veces de forma durativa) en el pasado y que guarda relación con el presente.
2. Pretérito perfecto compuesto (he trabajado / han sido)	( ) Acción pasada y terminada sin relación con el tiempo actual.
3. Pretérito imperfecto (esperábamos)	( ) Acción repetida y habitual en el pasado.

En la *Chuleta Lingüística*, p. 324, se puede ampliar esta sección con explicaciones y actividades de contraste de uso de estos tres tiempos verbales pretéritos del indicativo. Además, se trabajarán expresiones temporales para referirse al pasado.

› **Escritura**

› **Conociendo el género**

Vuelve a las entrevistas de Blanca Manchón y observa cómo se estructuran. Luego, con un compañero, intenten contestar oralmente a estas preguntas:

a) ¿Cómo se titulan las dos entrevistas?

b) ¿Cómo comienzan las entrevistas?

c) ¿Cómo se forma el cuerpo de las entrevistas?

d) ¿Cómo es el cierre de la entrevista?

e) ¿El entrevistador tenía algún conocimiento previo de la entrevistada?

> - **Género textual:** Entrevista
> - **Objetivo de escritura:** Crear preguntas para una entrevista
> - **Tema:** Deporte y drogas
> - **Tipo de producción:** Individual
> - **Lectores:** Hinchas de Maradona

Gramática en uso

De los signos de puntuación, has aprendido el signo de interrogación. En las preguntas de la entrevista podrás usarlos, ¿verdad? A aprender otros dos signos: la raya y las comillas.

La raya

El signo que representa la raya es el trazo horizontal (—). En diálogos, como es el caso de la entrevista, la raya precede al habla de cada uno de los interlocutores, en este caso, el entrevistador y el entrevistado.

Vuelve a la entrevista 2 a Blanca Manchón y observa el uso de las rayas.

Ahora contesta: ¿hay espacio entre la raya y el comienzo de cada una de las intervenciones?

Las comillas

El signo que representa las comillas es (" "). Se escriben pegadas al primer y al último carácter del período que enmarcan, y van separadas por un espacio del elemento que las precede o las sigue. Sin embargo, si lo que se escribe después de la comilla de cierre es un punto, no se deja espacio entre ellos.

¿Te has fijado en el uso de las comillas en las entrevistas a Blanca Manchón? En el título, se emplearon para destacar una frase muy importante, que probablemente llamará la atención del lector al seguir leyendo la entrevista. ¡A conocer otros usos de las comillas!

Relaciona el ejemplo con el uso:

a) Che Guevara dijo: "Hay que endurecerse, pero sin perder la ternura jamás".

b) Se siente una "privilegiada" al poder vivir de un deporte aún minoritario como es el *windsurf*.

c) El programa "La noche del diez" es muy interesante.

( ) Para citar los títulos o nombres de programas, exposiciones, ponencias, etc.

( ) Para reproducir las palabras que corresponden a alguien distinto del emisor.

( ) Para marcar el carácter especial o de relieve de palabras o expresiones.

> En la *Chuleta Lingüística*, p. 326, se amplía esta sección con explicaciones y actividades sobre los signos de puntuación: coma, punto y coma, punto final, dos puntos, puntos suspensivos, exclamación e interrogación.

A quien no lo sepa

- En el caso de las entrevistas, se pueden utilizar otros recursos además de las rayas, como, por ejemplo, la inclusión del nombre o de las iniciales del entrevistador y del entrevistado, las letras P (pregunta) y R (respuesta), etc.
- En lengua española, existen tres tipos de comillas: latinas o españolas (« »), comillas inglesas (" ") y comillas simples (' '). Podemos iniciar una cita utilizando comillas latinas o comillas inglesas. Cuando hay una cita dentro de otra, esta va introducida por comillas simples si antes se utilizaron las comillas inglesas o por comillas simples o inglesas si antes se utilizaron las comillas latinas.

› Planeando las ideas

Lee atentamente esta noticia sobre Maradona y contesta a las preguntas:

Espectáculos Farándula
Maradona habla de su vida y las drogas

Por: Agencia
Fuente: AP

En su programa "La noche del 10", el exfutbolista Diego Armando Maradona se auto entrevista y confiesa haber sufrido a causa de las drogas

Diego Armando Maradona, en 2010.

BUENOS AIRES, Argentina, oct. 18, 2005. Usando un juego perfecto de compaginación de imágenes y hablando en plural, Diego Armando Maradona se auto entrevistó en su programa de televisión "La noche del 10". Donde se arrancó confesiones sobre su adicción a la cocaína y la afirmación de que hace año y medio "no nos drogamos".

Al comenzar el bloque del programa, se vio a un Maradona-entrevistador elegantemente vestido y afeitado, que recibía a un Maradona-entrevistado, con una sombra de barba y vestimenta informal.

La nota a sí mismo fue grabada el sábado anterior y por eso la diferencia entre los dos "Maradonas".

Sentados ambos en una mesa, el Maradona-entrevistador le preguntó a su invitado:

¿De qué te arrepentís por haber usado droga?, por lo que el entrevistado respondió.

"Vos lo sabés bien, Diego". Respondió el otro Maradona. "Me perdí el crecimiento de las nenas (sus dos hijas), lamento haber faltado a algún cumpleaños de ellas, haber hecho sufrir a mis viejos (padres) y a mis hermanos", expresó el Maradona-entrevistado.

Y dejó ver con sus palabras la crisis que le hicieron pasar las drogas: "nos drogábamos, no dormíamos, y después teníamos que salir a la cancha. Yo no saqué ventaja deportiva, yo le di ventaja deportiva al rival", agregó el Diego-entrevistado.

Las drogas, controladas por células de poder

Maradona criticó que existen esquemas de poder que permiten que se mantenga el negocio ilegal de los estupefacientes.

"A la droga no se le gana nunca, salimos de este estudio y en la puerta hay droga. Mientras haya dirigencia política que se hace rica con la droga, va a seguir habiendo chicos con ese problema", sostuvo el exfutbolista.

Por el uso de drogas, Maradona sufrió sanciones deportivas, entre ellas su exclusión de la Copa Mundial de USA 94.

Igualmente por ese tema, combinado con otras enfermedades, ha estado al borde de la muerte en dos ocasiones.

El famoso exjugador del Boca Juniors también habló de la ruptura con su exesposa Claudia Villafañe, quien a pesar de todo le maneja sus intereses y forma parte de la producción de su programa.

"Me equivoqué y pagué un alto precio ya que perdí el amor de mi vida", enfatizó Diego Armando Maradona.

Disponible en: <http://www.esmas.com/espectaculos/farandula/483183.html>. Acceso el 20 de junio de 2014.

a) ¿De qué trata la noticia?

_____

_____

_____

b) ¿El lenguaje entre Maradona entrevistador y Maradona entrevistado es formal o informal?

_____

_____

_____

Vocabulario en contexto

¿Sabías que el uso de ciertas sustancias químicas no está permitido en los deportes de élite? El Comité Olímpico Internacional considera como *doping* (dopaje) algunas sustancias. ¡A conocerlas! Intenta relacionar las siguientes sustancias dopantes con sus objetivos:

Sustancias	Objetivos
a) Estimulantes	( ) Favorecer la diuresis.
b) Narcóticos analgésicos	( ) Evitar deficiencia hormonal.
c) Beta bloqueadores	( ) Estimular la capacidad motora y cognitiva.
d) Diuréticos	( ) Controlar la presión arterial.
e) Hormonas	( ) Calmar el dolor.

> **Taller de escritura**

Ahora, relee la noticia sobre Maradona. Tendrás que reescribirla en el formato estándar de una entrevista, esto es, con título, entrada o *lead*, preguntas y respuestas y con los elementos estructurales que has visto en la etapa *Conociendo el género*. Utiliza estas líneas para escribir un borrador de tu texto:

> **(Re)escritura**

Vuelve a tu entrevista a Diego Maradona y observa si:
- hay un título que nombre o remita al entrevistado;
- hay una introducción con una pequeña presentación del entrevistado;
- el cuerpo de la entrevista está compuesto por preguntas y respuestas apareadas;
- la última pregunta funciona como cierre de la entrevista;
- las preguntas tienen una secuencia lógica y pertinente a la organización del texto;
- has puesto la tilde en los pronombres interrogativos y los signos de interrogación (¿?) al inicio y al final de las preguntas;
- has usado correctamente las comillas y las rayas.

Además, relee tu texto y verifica si los tiempos verbales están correctos y si has conjugado el verbo usando el pronombre **vos**.

¡Listo! Puedes publicar tu entrevista en el mural de tu escuela.

Mundo futbolero: ¡fanáticos desde la cuna!

CAPÍTULO 4

› Escucha

- **Género textual:** Entrevista
- **Objetivo de escucha:** Comprender los asuntos principales de la entrevista
- **Tema:** Fútbol

› ¿Qué voy a escuchar?

1. Observa la portada de una revista argentina llamada *El Gráfico*, de junio de 2012, cuyo reportaje principal es sobre los talentos argentinos. Luego, lee lo que se escribe sobre un exitoso jugador en sus páginas:

   > "Aunque no pudo alzarse con los trofeos más deseados a nivel colectivo, el genio rosarino pulverizó sus propias marcas anteriores y pisoteó récords históricos. De aquí en más tendrá que luchar contra el fantasma de su propia grandeza."
   >
   > Revista *El Gráfico*, n. 4423, junio 2012, p. 32.

   a) ¿Quién crees que es este jugador rosarino? Escribe su nombre en el espacio a continuación, en el que se informan algunos de sus datos biográficos:

   _____ nació en Rosario, Santa Fe, Argentina, el 20 de junio de 1987. Con el sueño de ser jugador profesional, llegó al Fútbol Club Barcelona, España, con 13 años y allí firmó contrato. Como delantero, ya ganó los premios de Mejor Jugador del Mundo de la FIFA y el Balón de Oro. Desde niño hace maravillas con el balón. Es conocido como Leo o Pulga.

   b) ¿Qué otras informaciones sabes sobre este exitoso futbolista?

   _____
   _____
   _____

   c) ¿Por qué crees que a Messi también le dicen Pulga?

   _____
   _____
   _____

2. A los 16 años, Messi le concedió una entrevista al Canal Barça. Formula hipótesis: ¿qué preguntas imaginas que le hicieron?

   _____
   _____

A quien no lo sepa

- En español, no se usan dos eses. **Messi** es un apellido italiano. Muchos argentinos (así como muchos brasileños) tienen apellidos provenientes de Italia a causa de la inmigración italiana en los siglos XIX y XX.

- Barça TV es un canal de televisión propio del Barcelona. Actualmente, emite 24 horas del día una programación específica con partidos históricos del club, informaciones y entretenimiento, además de emisión en directo de los partidos de la cantera en todas las categorías. Puedes acceder al canal en: <http://barcatv.fcbarcelona.es/>. Acceso el 20 de junio de 2014.

> **Escuchando la diversidad de voces**

🔊 **6** Vas a escuchar una entrevista que Lionel Messi le concedió al canal Barça TV cuando tenía solo 16 años. Fíjate en los asuntos principales de la entrevista y señálalos.
(Disponible en: <http://www.youtube.com/watch?v=8H6frkPQSXw&feature=related>. Acceso el 31 de octubre de 2013.)

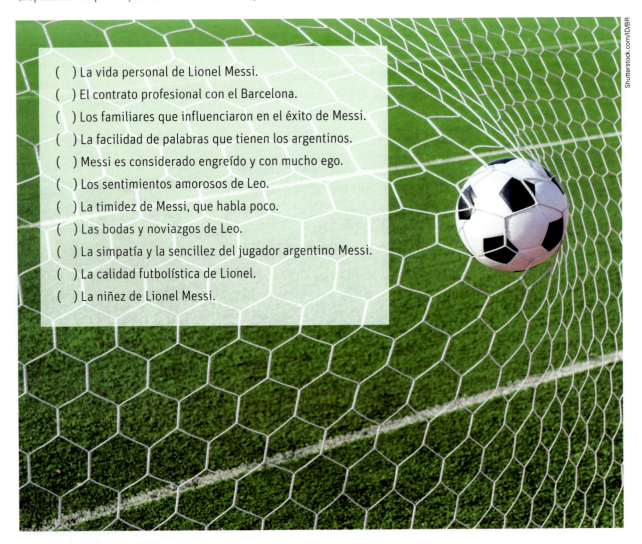

( ) La vida personal de Lionel Messi.
( ) El contrato profesional con el Barcelona.
( ) Los familiares que influenciaron en el éxito de Messi.
( ) La facilidad de palabras que tienen los argentinos.
( ) Messi es considerado engreído y con mucho ego.
( ) Los sentimientos amorosos de Leo.
( ) La timidez de Messi, que habla poco.
( ) Las bodas y noviazgos de Leo.
( ) La simpatía y la sencillez del jugador argentino Messi.
( ) La calidad futbolística de Lionel.
( ) La niñez de Lionel Messi.

> **Comprendiendo la voz del otro**

1. Messi afirma: "Nosotros somos una familia, todos futboleros". ¿Cuál es la diferencia entre futbolero y futbolista?

_____
_____
_____

2. ¿Qué aspecto de la entrevista te pareció más interesante?

_____
_____

VOCABULARIO DE APOYO

Engreído: *convencido*, en portugués.
A la cantera: "origen", "lugar de procedencia". En otros contextos, cantera puede significar "talento" o "capacidad".

3. Lee el gráfico a continuación.

El Gráfico, n. 4423, Buenos Aires, junio de 2012, p. 23.

a) ¿Cuántos goles marcó Messi hasta la fecha de la revista? _____

b) ¿En qué campeonato marcó más goles? _____

c) ¿Y en qué campeonato marcó menos goles? _____

d) ¿Cuántos años tiene Messi hoy en día? _____

4. Lee el trozo de la entrevista en el que el entrevistador comenta las pocas palabras de Messi:

> "Pero bueno, también, a lo mejor hablas menos, pero, pero juegas más, ¿no? A ti lo que te gusta es hablar en el terreno del juego."

a) ¿A ti te parece un defecto que una persona hable poco?

_____
_____
_____

b) ¿La timidez de Messi es algo positivo o negativo para la prensa? Explica tu respuesta.

_____
_____

59

> Oído perspicaz: el español suena de maneras diferentes

El dígrafo *ll* y la letra *y*

¿Prestaste atención en cómo Messi pronuncia el dígrafo **ll** y la letra **y**? ¿Y cómo lo pronuncia el entrevistador? Aunque hablen la misma lengua, ten en cuenta que los dos son de lugares distintos: Messi es de Rosario, Argentina, en América del Sur, y el entrevistador es de Barcelona, España, en Europa.

1. 🔘**7** Escucha las siguientes palabras de la entrevista:

Messi	
El dígrafo **ll**	**ll**amaron – a**ll**á – **ll**evaba – e**ll**os
La letra **y**	**y**a – **y**o

Entrevistador	
El dígrafo **ll**	desarro**ll**as – **ll**evas – senci**ll**a – **ll**egar – deta**ll**es
La letra **y**	**y**endo – **y**a – **y**o

a) ¿Existe alguna diferencia de pronunciación del dígrafo **ll** y de la letra **y** en el habla de Messi? ¿Es igual o distinta?

_____

b) ¿Existe alguna diferencia de pronunciación del dígrafo **ll** y de la letra **y** en el habla del entrevistador? ¿Es igual o distinta?

_____

c) ¿Existe alguna diferencia entre la pronunciación de Messi y la del entrevistador en lo que se refiere al dígrafo **ll** y la letra **y**?

_____

_____

_____

2. Lee las siguientes palabras escritas con el dígrafo **ll** y la letra **y**. Pero, primero, pronúncialas como si fueras el rosarino Messi. Después, como si fueras el entrevistador catalán.

llavero – cebolla – toalla – payaso – yuca – leyes

3. Seguro que has notado que el sonido del dígrafo **ll** y de la letra **y** es igual en la pronunciación de Messi, por ejemplo. Consulta en un diccionario las siguientes palabras y di si se escriben con **ll** o **y**. Después, pronúncialas:

a) ani____o

b) antea____er

c) ____ogur

d) calzonci____o

e) ____aves

f) a____er

g) ____amar

h) si____a

i) ca____e

j) tra____ecto

k) a____udar

l) panta____a

m) ____ema

n) ____erno

ñ) a____unar

o) ____uvia

Vocabulario en contexto

Si eres uno de esos aficionados que todos los fines de semana frecuentan los estadios de fútbol y acompañan los campeonatos regionales, nacionales e internacionales, además del Mundial, por supuesto sabes montar un equipo brillante, ¿no? Visualiza la selección ideal de Alberto Márcico, un exitoso futbolista argentino. Tu objetivo es conocer el vocabulario relacionado con ese deporte. Subraya en el texto cómo se dice en español cada una de las posiciones de la cancha:

El Gráfico, n. 4423, Buenos Aires, junio de 2012, p. 10.

El español alrededor del mundo

La palabra **arquero** en el mundo hispánico también es conocida como **portero** (el que defiende la portería), **guardameta** (el que guarda la meta), **guardavalla** (el que guarda la valla) y **golero** (que protege el gol). Lo que en portugués llamamos *bola*, en español generalmente lleva el nombre de **balón**, **pelota**, **globo** o incluso **bola**, como en Venezuela, por ejemplo.

Gramática en uso

1. 🔊 6 Escucha una vez más la entrevista a Messi y completa la transcripción con los verbos en pasado:

Lionel Messi en 2003.

Entrevistador: Leo, ¿qué tal? ¿Cómo estás?

Leo Messi: Hola, buenas tardes.

Entrevistador: Supongo que contento por la temporada que estás haciendo, por como te están yendo las cosas este año, ¿no?

Leo Messi: Sí, muy, muy contento. Gracias a Dios, las cosas el año pasado _____ bien y ahora también siguen bien. Pero que siga así hasta el final.

Entrevistador: Mucha gente está empezando a conocer a Leo Messi, porque _____ incluso en la prensa que tú _____ ya un contrato profesional con el Fútbol Club Barcelona. Explícanos un poco esto.

Leo Messi: Sí, bueno. Hace una semana atrás me _____ y me _____ que me iban a hacer profesional y que tenía que firmar y la verdad que es una alegría enorme.

Entrevistador: Tú tienes solo 16 años.

Leo Messi: 16.

Entrevistador: Y eso, ¿cómo... cómo se lleva? Bueno, quizás estás más acostumbrado, porque en Argentina es normal ver a chicos de tu edad ya en la primera división, pero aquí no es muy corriente que con dieciséis añitos ya uno ya sea profesional.

Leo Messi: Sí, acá, acá muchos no, hasta los 18, 19, no saltan y…, pero allá en Argentina sí que a los 16, 17 años ya están jugando en primera división porque no hay mucho dinero, entonces tienen que sacar al chico de la cantera.

Entrevistador: ¿Te ha felicitado mucha gente?

Leo Messi: Sí, sí, mucha.

Entrevistador: Sobre todo compañeros, amigos, supongo que la gente se alegra, se alegra por ti, ¿no? Había mucha gente que pensaba: "después de lo de Cesc, que se _____ a Inglaterra, que no se nos escape ahora Leo Messi".

Leo Messi: No, sí, todos pensaban, pero no. Yo estoy muy bien aquí en el Barça y me gustaría quedarme para siempre aquí.

Entrevistador: O sea, que tú estás tranquilo aquí y ahora más con este contrato supongo que… a dedicarte a jugar y todo lo demás te olvidas un poquito, ¿no?

Leo Messi: Sí, sí. […] Estoy aquí para jugar y divertirme y todo llegará poco a poco.

Entrevistador: Además, hay que explicar que Leo Messi ya, si no me equivoco, cumple su cuarta temporada en el Barça y _____, _____ mala suerte, te _____, después la siguiente temporada no podías jugar con el equipo, por tanto, no lo has tenido fácil para ser lo que eres ahora, ¿no? Un jugador muy, muy querido y respetado.

Leo Messi: Sí, la primera temporada la _____ muy mal, porque no podía jugar. Al principio no podía jugar, _____ 6 meses sin jugar porque no tenía los papeles. Luego, cuando empecé a jugar, el primer partido me _____ , _____ dos meses más parado y después al siguiente año ya recién _____ volver a empezar y las cosas _____ bien.

Entrevistador: Ha cambiado mucho ese Leo Messi que _____ aquí muy jovencito. Yo diría que incluso tímido, al principio supongo que te _____ un poquito adaptarte aquí, el cambio de país, el cambio de ciudad, cambio de compañeros, estas dificultades, ¿cómo lo vivías entonces?

Leo Messi: En el principio era medio feo, porque con los compañeros me llevaba bien, pero no tenía mucha, demasiada confianza…, era poca conversación entre ellos. Y costaba, costaba porque estaba ahí en el vestuario, entraba, no hablaba y al principio costó, pero después los compañeros se me abrieron todos y me agarré confianza con todos y ya a partir de ahí, muy bien.

Entrevistador: Normalmente se piensa en un argentino como una persona que habla mucho, que conversa mucho, que tiene mucha facilidad de palabra. Tú quizás rompes un poquito ese molde, ¿no? Eres hombre de… o chico, en este caso, de pocas palabras, ¿no?

Leo Messi: Sí, todos, todos me dicen lo mismo, que hablo poco y… pero bueno.

Entrevistador: Pero bueno, también, a lo mejor hablas menos, pero, pero juegas más, ¿no? A ti lo que te gusta es hablar en el terreno de juego. Ahí es donde yo te veo siempre más suelto, más a gusto y donde desarrollas todo… todo lo que llevas dentro, ¿no?

Leo Messi: Sí, sí, es así, cuando entro al campo me olvido de todo y ahí sí que me gusta hablar. [...]

Entrevistador: Tú ya desde pequeñito te _____ esto de jugar al fútbol, del balón, como decís a veces los argentinos, ¿amabas tú el balón ya desde la cuna?

Leo Messi: Sí, cuando tenía… yo _____ cuando tenía 3 años. Nosotros somos una familia, todos futboleros, nos gusta el fútbol a todos: jugaban al fútbol mis hermanos, mis primos, jugaban todos. Y yo desde los 5 años empecé a jugar y me encantaba ya desde los 5 años.

[...]

Entrevistador: [...] Muchas gracias, Leo, por estar aquí, sabemos que eres un jugador que, además de tu calidad futbolística, nadie habla mal de ti. Hay muchos futbolistas que a veces son muy buenos y generan odio, son engreídos, tienen mucho ego. Nos gusta como eres, en este sentido de ser una persona sencilla, no cambies, y nos tienes que prometer una cosa: cuando llegues al primer equipo, estoy seguro de que vas a llegar, tienes que venir aquí también, al canal Barça, al "Tot Barça" y nos lo explicas, nos explicas todos los detalles y nos das el honor de que seamos los primeros en felicitarte.

Leo Messi: Muchas gracias. Sí, sí, por supuesto que voy a venir.

Entrevistador: Muchas gracias, Leo.

Disponible en: <http://www.youtube.com/watch?v=8H6frkPQSXw&feature=related>. Acceso el 26 de junio de 2014.

2. ¿Qué tiempo verbal del pasado se usó para rellenar los huecos de la entrevista? Marca la respuesta correcta.

( ) pretérito perfecto compuesto

( ) pretérito imperfecto

( ) pretérito perfecto simple

3. ¿Por qué se eligió usar ese tiempo verbal en la entrevista? ¿Qué función tiene?

( ) Hablar sobre acciones pasadas y puntuales en el pasado.

( ) Hablar sobre acciones no terminadas en el pasado.

4. Completa la siguiente tabla. Tus objetivos son:

a) pasar el verbo al infinitivo;

b) escribir a qué persona del singular o del plural se refiere;

c) señalar si es un verbo regular o irregular en este tiempo del pasado.

El primero está puesto como ejemplo:

Verbo en pasado	Infinitivo	Persona	Regular	Irregular
salieron	salir	3ª plural	X	
salió				
llamaron				
dijeron				
marchó				
pasé				
lesioné				
tuve				
pude				
fueron				
llegó				
costó				
abrieron				
agarré				
gustó				
empecé				
lesionaste				
firmaste				
llegaste				
tuviste				

› Habla

› Lluvia de ideas

Imagina que estás en las Olimpíadas. ¿Te gustaría ir a ver algún deporte? Vas a invitar a un compañero de la escuela. Pero antes, ¡a conocer otros deportes y a otros deportistas!

- **Género textual:** Invitación
- **Objetivo de habla:** Invitar al compañero a ver un partido
- **Tema:** Los deportes
- **Oyentes:** Compañeros de clase

Vocabulario en contexto

1. Mira las fotos a continuación e intenta identificar cómo se llama cada deporte.

carrera – natación – fútbol – baloncesto – balonmano – tenis – balonvolea – lucha

Nombre: Mary Laura Meza
Nacionalidad: Costarricense
Deporte: _____

Nombre: Loco Abreu
Nacionalidad: Uruguaya
Deporte: _____

Nombre: Daniela Canessa
Nacionalidad: Chilena
Deporte: _____

Nombre: Jaciel Antonio Paulino
Nacionalidad: Brasileña
Deporte: _____

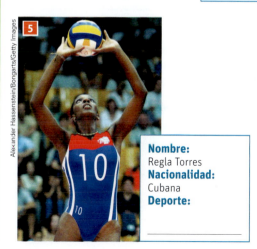

Nombre: Regla Torres
Nacionalidad: Cubana
Deporte: _____

Nombre: Rafael Nadal
Nacionalidad: Española
Deporte: _____

65

Nombre: Manu Ginóbili
Nacionalidad: Argentina
Deporte: _____

Nombre: Kina Malpartida
Nacionalidad: Peruana
Deporte: _____

2. Cada cuatro años, atletas del Comité Olímpico Internacional (COI) definen la inclusión o exclusión de determinada modalidad. En 2012 se excluyó el *windsurf* para la entrada del *kitesurf*, en Río de Janeiro, 2016. Investiga: ¿qué deportes forman parte de las Olimpíadas de 2016? Te damos una pista: son 28 modalidades. Escríbelas a continuación en español:

_____
_____
_____
_____
_____

3. ¿A qué deportistas brasileños conoces? Escribe el nombre de un deportista representante de cada deporte:

Natación: _____

Fútbol: _____

Baloncesto: _____

Lucha: _____

Balonvolea: _____

El español alrededor del mundo

Al **balonvolea** y al **baloncesto** se los conoce por otros nombres, respectivamente: **vóley** y **voleibol**; **básquet** y **basquetbol**.

Gramática en uso

¿Qué hora es? ¿A qué hora quedamos?

1. Observa la hora que da cada reloj y marca con una **X** las reglas para decir la hora en español:

Es la una.

Son las doce y cinco.

> En la *Chuleta Lingüística*, p. 327, se amplía esta sección con más explicaciones sobre cómo preguntar y contestar la hora. Además, se trabaja la estructura **estar + gerundio**.

Son las doce y media.

Es la una menos cuarto.

a) Se dice la hora usando el verbo ( ) *ser* / ( ) *estar* y el artículo ( ) *indefinido* / ( ) *definido*.

b) Normalmente se usa ( ) "*Es la*" / ( ) "*Son las*", pero con "la una" se dice ( ) "*Son las*" / ( ) "*Es la*".

¡Ojo!

- Son las doce.
- Son las doce del día/del mediodía/ de la tarde./Es mediodía.
- Son las doce de la noche./Es medianoche.
- Son las doce en punto.

2. Fíjate en el reloj a continuación:

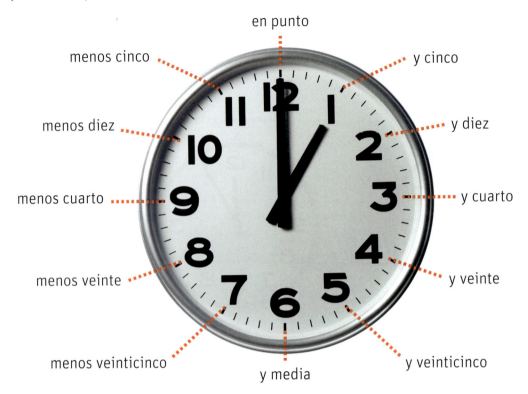

a) Hasta la media hora inclusive, se ( ) suman/( ) restan los minutos a la hora precedente.

Ejemplo: Son las seis y veinte./Son las ocho y media.

b) A partir de la media hora, se ( ) suman/( ) restan minutos a la hora siguiente.

Ejemplo: Son las cinco menos veinte./Son las nueve menos cuarto.

c) Se usa "menos cuarto" o "y cuarto" para referirse a menos o más ( ) quince/( ) diez minutos, pues se divide la hora en cuatro partes.

Ejemplo: Es la una y cuarto./Son las dos menos cuarto.

> **El español alrededor del mundo**
>
> Hay muchas maneras de decir las horas en español, y muchas de ellas coinciden en portugués: también es posible decir **quince** en lugar de **cuarto**, **treinta** en lugar de **media** y "Faltan… para las…" en lugar de "Son las… menos…". Además, en algunos lugares, para saber la hora, se puede preguntar "¿Qué horas son?", aunque se recomienda el uso de la expresión "¿Qué hora es?" o de formas con el verbo **tener**, como "¿Qué hora tiene?", "¿Qué hora tienes?" o "¿Qué hora tenés?".

3. Lee el siguiente diálogo y contesta oralmente: ¿Adónde quieren ir los amigos? ¿Dónde quedan? ¿Cuándo quedan? ¿A qué hora quedan?

- Miguel: Ya que estamos de intercambio en Madrid, me gustaría mucho conocer el Estadio Santiago Bernabéu. ¿Te apetece quedar conmigo mañana por la tarde para ir al estadio?
- Laura: Lo siento. Mañana no puedo. Es que tengo un examen de lengua española a las tres en punto. Mejor pasado mañana.
- Miguel: Perfecto, de acuerdo. El domingo es mucho mejor: van a jugar el Real Madrid y el Barcelona. ¿Dónde quedamos?

- Laura: ¿Te parece bien en la plaza Mayor, cerca del reloj?
- Miguel: Muy bien, después vamos al estadio en autobús. Pero, ¿a qué hora quedamos? ¿Te va bien a las seis de la tarde?
- Laura: A las seis no es bueno porque el partido empieza a las seis y media, ¿verdad? Mejor a las cinco, así no llegamos tarde.
- Miguel: ¡Vale! Nos vemos allí a las cinco en punto. Soy fanático del Real, ¿y tú?
- Laura: Bien, me gusta más el Barça... Pero, por ti puedo quedarme en la otra hinchada. Solo esta vez, ¿vale?
- Miguel: ¡Eres un ángel! Suerte en tu examen y hasta el domingo.

> Rueda viva: comunicándose

Ahora sí: organícense en parejas. Uno va a invitar al otro a asistir a un evento deportivo.

¿Qué deporte van a ver? ¿Cuándo? ¿A qué hora? A continuación hay algunas sugerencias de cómo hacer la invitación:

- Para invitar a alguien, antes se puede hacer un sondeo con las siguientes preguntas:
  ¿Qué vas a hacer el viernes?
  ¿Qué planes tienes para el domingo?

- Para invitar a alguien a ir a un partido:
  ¿Te gustaría ver el partido de balonvolea?
  Te invito a ver un partido de baloncesto el sábado por la noche. ¿Quieres?

- Para rechazar la invitación y proponer otro día:
  Eres muy amable, pero el sábado no puedo. ¿Qué tal el domingo?
  Lo siento. Es que ese día ya tengo un compromiso. ¿Por qué no vamos el lunes?

- Para aceptar la invitación:
  De acuerdo, es una buena idea.
  Por supuesto. ¡Me encantan las carreras de valla!

¡Ojo!

- ¿Qué tipo de lenguaje usarás? ¿Formal o informal? Para definirlo, es importante preguntarse **con quién voy a hablar**: ¿con un amigo, con alguien que conozco o con un desconocido?

- Los días de la semana en español (domingo, lunes, martes, miércoles, jueves, viernes y sábado) son masculinos, por lo que se usan los artículos **el** y **los** antes de ellos en las frases.
  Ejemplos: ¿Qué vas a hacer **el** sábado?/Yo viajo todos **los** domingos.

- No usamos la preposición **en** cuando nos referimos a los días de la semana o del mes.
  ¿Qué vas a hacer **el** lunes?
  ¿Qué vas a hacer **el** día 25?

- Antes del día del mes solo usamos la preposición **a** para formular las preguntas "**¿A** cuánto estamos?" o "**¿A** qué día estamos?" y para contestarlas:
  —**¿A** qué día estamos?/**¿A** cuánto estamos?
  —**A** diecinueve.

> ¡A concluir!

Ahora que todos ya hicieron las invitaciones, se puede hacer una encuesta. ¿Cuál es el deporte que más le interesa al grupo? ¿Dónde quedaron? ¿Qué deporte olímpico van a ver? ¿Cuándo? ¿A qué hora?

La lectura en las selectividades

¿Sabías que la temática de las drogas y de los deportes se hace presente en textos de diversos exámenes de selectividad en Brasil? Así que tener este conocimiento previo es importante para comprender bien los textos y leerlos con más destreza.

> Cómo prepararse para superar los exámenes

> Además del *vestibular* y del Enem, un profesional necesita hacer algunas pruebas de selección en su vida, con varios objetivos: ingresar en una empresa, ejercer una función pública, acceder a un cargo más alto, etc.
>
> Antes que nada, hay que recordar que no existen píldoras mágicas para aprobación. Todo requiere un esfuerzo personal. Por eso, la preparación para un examen debe comenzar lo antes posible, esto es, desde que se inician las clases o cuando se tiene alguna (aunque sea mínima) pretensión de hacer la prueba. Esta actitud es la base para garantizar tiempo y tranquilidad de aprendizaje y la posibilidad de un repaso efectivo de los contenidos del examen. Además, es una manera de adquirir más seguridad y perder el miedo a quedarse en blanco.

A continuación encontrarás dos modelos de pruebas de selectividad.

Modelo de Prueba 1

Universidade Federal do Rio Grande do Norte (UFRN), 2011.

Disponible en: <http://www.comperve.ufrn.br/conteudo/provas/2011/dia3hum2E.pdf>. Acceso el 11 de noviembre de 2013.

Esplendor en la hierba

Una excepcional selección española hace historia en el Mundial de fútbol de Sudáfrica

12/07/2010 EDITORIAL

Llevábamos mucho tiempo esperándolo. Al menos desde que en 1950 en Río de Janeiro, España quedó entre los cuatro finalistas que lucharon por el triunfo en el campeonato del mundo. Entonces no pudo ser, pese a la pundonorosa prestación española, pero una luz de esperanza se encendió en el ánimo del aficionado que ahora ha vuelto a lucir en Sudáfrica. El deporte español ha vivido 30 años gloriosos. El progreso en tenis, ciclismo, baloncesto, automovilismo o motociclismo ha sido impresionante. El fútbol, sin embargo, parecía condenado al papel de infortunado aspirante, al que todo se le volvía en contra. Los árbitros, los penaltis, las parcas del deporte hacían horas extraordinarias para aplazar cada cuatro años esa esperanza.

El fútbol español de club, aun con los refuerzos que solo el dinero puede comprar, alcanzaba las más altas cotas de la competición y tanto Real Madrid como Barcelona eran envidiados en el mundo entero por sus victorias. Pero, por fin, 11 – o 23 – excepcionales pares de botas han puesto fin en Sudáfrica a lo que fuese: maleficio, trauma colectivo, conspiración del zodiaco. España se hallaba donde muchos creían con razón que le correspondía. Un campeonato mundial comenzado con el anticlímax de la derrota ante la modesta Suiza, pero en absoluto con mal juego, se había ido convirtiendo, jornada a jornada, en un modelo para armar de precisión, clase, temperamento y fe en sí mismos de los jugadores, hasta redondear esa andadura de siete partidos – los que ha empleado Rafael Nadal para ganar Wimbledon – con la majestuosa, peleadísima también, pero más que justificada victoria sobre una sólida y dura Holanda, que fue dignísima subcampeona.

El campeonato parece que es mucho más que un éxito solo deportivo. Unas acreditadísimas siglas económicas aseguran que el vencedor puede sumar hasta un 0,25% al PIB por el entusiasmo que el triunfo genere entre los consumidores. Y bien está que así sea, aparte de por la mucha falta que hace, porque la victoria ha sido un empeño colectivo de 23 jugadores que subliman un concepto de equipo. España entera vio anoche cómo se materializaba el sueño de toda una vida.

Disponible en: <http://www.elpais.com/articulo/opinion/Esplendor/hierba/elpepiopi/20100712elpepiopi_1/Tes>. Acceso el 4 de agosto de 2010. Adaptado.

1. O primeiro parágrafo do texto estabelece um contraste entre os esportes na Espanha. Em que consiste esse contraste?

_____

_____

_____

_____

_____

_____

_____

2. Em relação à participação da Espanha na Copa da África do Sul, responda:

a) A que fazem referência os números na expressão "11 – o 23 –"?

_____

_____

_____

_____

_____

_____

_____

_____

b) Que outros benefícios a vitória no Mundial pode trazer ao referido país?

_____

_____

_____

_____

_____

_____

_____

_____

Modelo de Prueba 2

Universidade Federal de Minas Gerais (UFMG), 2008 – 2ª etapa.

Disponible en: <http://download.uol.com.br/vestibular2/prova/ufmg08_esp_2f.pdf>. Acceso el 11 de noviembre de 2013.

3. Lea los testimonios que siguen:

Roberto Fontanarrosa, dibujante y escritor argentino, oriundo de la ciudad de Rosario, Argentina, uno de los más brillantes cartunistas iberoamericanos y conocido fanático del fútbol, hincha de Rosario Central, dice:

"Dudo que exista un programa superior a ir a jugar al fútbol. Mirá que yo me rompí la rodilla y tuve reemplazo de cadera, pero no colgué los botines... Es algo muy difícil de reemplazar. Creo que lo fundamental es que en la cancha descargás todo. Vas, pateás, gritás, volvés cansado... Te limpia el bocho. Es tan lindo que no me resigno a perderlo."

Disponible en: <http://www.clarin.com/diario/2006/04/16/sociedad/s-01178315.htm>. Acceso el 12 de mayo de 2007.

Testimonio de un bloguero:

"Vaya deporte extremo. Este mundo cada día está más loco, resulta que ahora se practica el Extreme Ironing que es un "deporte" que consiste en PLANCHAR en las condiciones y posiciones más raras y locas que existen. Seré sincero, no me gustan los deportes, ninguno, nunca me gustarán así que será en vano discutir sobre eso pero, imagínense, si no me gustan los deportes menos uno donde además tenga que planchar."

Disponible en: <http://cgfit.com/blog/extreme-ironing/>. Acceso el 12 de mayo de 2007.

Otros testimonios de chicos en un blog:

Daniel Ponce: "Soy de Chile, practico basquetball en sillas de ruedas y es lo mejor que me ha pasado en mi vida, tengo 21 años y me encanta practicar en el grupo círculo de lisiados de Rancagua..."

Paco: "Hola, yo practico básket sobre silla, soy de Tamaulipas México y tengo 18 años, es fascinante el practicar el deporte sobre silla y me gustaría compartir experiencias con personas como yo."

Disponible en: <http://www.temueves.com/reportaje.asp?codi=1548>.

Acceso el 12 de mayo de 2007. Adaptado.

A partir de esa lectura, escriba un texto contando sus experiencias personales con los deportes.

Si nunca los ha practicado, cuente lo que siente al respecto.

Atención:

- Su texto debe tener entre 80 y 90 palabras.
- En caso de que escriba más o menos palabras que el número solicitado, su cuestión será **anulada**.
- No se olvide de ponerle un título a su texto.

UNIDAD 3
El mundo es político: ¡que también sea ético!

Charles Chaplin en escena de la película *El gran dictador*.

En esta unidad:

- estudiarás un período histórico reciente en Latinoamérica: las dictaduras militares;
- reflexionarás sobre la importancia de luchar por nuestros derechos y por la libertad;
- escucharás canciones sobre los derechos de los ciudadanos a la libertad;
- aprenderás a usar y a conjugar los verbos en futuro imperfecto;
- sabrás usar los adverbios **todavía** y **aún**;
- conocerás el vocabulario relacionado con la familia;
- aprenderás los sonidos de la *z*, la *s* y la *c + e/i*.

- Transversalidad: Ética y ciudadanía
- Interdisciplinaridad: Historia

¡Para empezar!

Las imágenes que observas son parte de la película estadounidense *El gran dictador*, dirigida y protagonizada por Charles Chaplin en 1940.

> **Charles Spencer Chaplin** (1889-1977) fue un director, productor y actor inglés, famoso por sus películas cómicas realizadas para el cine mudo. Es considerado el símbolo del humorismo y de la comedia crítica e inteligente. Su personaje más conocido e imitado es "el vagabundo", nombrado Charlot (en Europa) y Carlitos (en Suramérica).

1. ¿Qué objeto tiene en las manos el personaje Hynkel?

_____

2. Observa a Hynkel en esta secuencia de imágenes. ¿Qué crees que está haciendo con ese objeto?

_____
_____

3. En la película, este personaje es el gran dictador. Por tus conocimientos previos y del mundo, formula hipótesis: ¿qué referencia histórica está presente en la imagen?

_____
_____
_____

4. ¿Qué ocurre con el globo en la última imagen? ¿Qué puede significar esta escena?

_____
_____
_____

CAPÍTULO

5

Discurso: ¡con mis palabras entraré en la historia!

- **Género textual:** Discurso político
- **Objetivo de lectura:** Identificar a quiénes se dirige Allende
- **Tema:** Dictadura chilena

> Lectura

> Almacén de ideas

1. Observa las fotos de tres famosos políticos de Latinoamérica que gobernaron sus países en épocas distintas e históricamente recientes:

Lula, en São Bernardo do Campo, Brasil, 13 de mayo de 1979. Presidente de Brasil (2003-2011).

Fidel Castro, en el campamento militar de Columbia, Cuba, 8 de enero de 1959. Presidente de Cuba (1976-2008).

Cristina Kirchner, en Rosario, Argentina, 27 de febrero de 2012. Presidenta de Argentina (2007-2015).

3 ■ El mundo es político: ¡que también sea ético!

a) ¿Qué objeto aparece cerca de la boca de cada político? ¿Qué hacen en el momento de las fotos?

_____
_____
_____
_____

b) ¿Dónde crees que están estos políticos?

_____
_____
_____
_____
_____
_____

2. ¿Has escuchado un discurso alguna vez? ¿De qué tipo? ¿Dónde? ¿En la tele? ¿En la radio? ¿En las plazas? ¿En la cámara de diputados? Cuéntales a todos esta experiencia.

_____
_____
_____
_____

3. Vas a leer el discurso que pronunció en 1973 el entonces presidente de Chile, Salvador Allende, el día que se instituyó en el país una dictadura militar. ¿Lo conoces? Lee sus informaciones biográficas:

Salvador Allende (1908-1973) fue un político socialista chileno. Gobernó su país entre el 4 de noviembre de 1970 y el 11 de septiembre de 1973.

¿Sabías que existen varios tipos de discurso político? Formula hipótesis: ¿qué tipo de discurso crees que hizo Allende el día 11 de septiembre de 1973 en el Palacio de la Moneda, en Santiago de Chile?

a) Discurso de posesión.

b) Discurso de campaña.

c) Discurso de despedida.

d) Discurso de renuncia.

> ### A quien no lo sepa
>
> En la historia, hay algunos discursos muy famosos: Simón Bolívar, en diciembre de 1830, proclama la libertad en Colombia; Martin Luther King, en agosto de 1963, en Estados Unidos, entró para la historia con la frase "Yo tengo un sueño..."; Fidel Castro tiene la fama de pronunciar los más largos discursos de la historia. En 1968, habló durante 12 horas.
>
>
>
> Simón Bolívar
>
>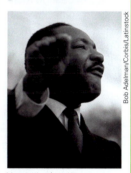
>
> Martin Luther King

> Red (con)textual

Salvador Allende se dirige a determinados grupos en su discurso en Radio Magallanes, el 11 de septiembre de 1973. Tu objetivo de lectura es encerrar en un círculo en el texto a quiénes Allende dirige la palabra.

9:10 a.m. Radio Magallanes

Esta será seguramente la última oportunidad en que me pueda dirigir a ustedes. La Fuerza Aérea ha bombardeado las torres de radio Portales y radio Magallanes. Mis palabras no tienen amargura sino decepción, y serán ellas el castigo moral para los que han traicionado su juramento que hicieron como soldados de Chile, comandantes en jefe titulares… El almirante Merino, que se ha autodesignado comandante de la Armada… Más el señor Mendoza, general rastrero que solo ayer manifestara su fidelidad y lealtad al gobierno, también se ha denominado director general de carabineros.

Ante estos hechos, solo me cabe decirles a los trabajadores: ¡Yo no voy a renunciar!

Colocado en un tránsito histórico, pagaré con mi vida la lealtad al pueblo. Y les digo que tengo la certeza de que la semilla que entregáramos a la conciencia digna de miles y miles de chilenos, no podrá ser segada definitivamente.

Tienen la fuerza, podrán avasallarnos, pero no se detienen los procesos sociales ni con el crimen ni con la fuerza. La historia es nuestra y la hacen los pueblos.

Trabajadores de mi patria: quiero agradecerles la lealtad que siempre tuvieron, la confianza que depositaron en un hombre que solo fue intérprete de grandes anhelos de justicia, que empeñó su palabra en que respetaría la Constitución y la Ley, y así lo hizo. En este momento definitivo, el último tal vez en que yo pueda dirigirme a ustedes, quiero que aprovechen la lección: el capital foráneo, el imperialismo, unidos a la reacción crearon el clima para que las Fuerzas Armadas rompieran su tradición, la que les enseñara el general Schneider y reafirmara el comandante Araya, víctimas del mismo sector social que hoy estará en sus casas, esperando reconquistar el poder por mano ajena, para seguir defendiendo sus granjerías y sus privilegios.

Salvador Allende, el 11 de septiembre de 1973.

Me dirijo sobre todo a la modesta mujer de nuestra tierra, a la campesina que creyó en nosotros, a la obrera que trabajó más, a la madre que supo de nuestra preocupación por los niños. Me dirijo a los profesionales de la patria, a los profesionales patriotas, a los que desde hace días estuvieron trabajando contra la sedición auspiciada por los colegios profesionales, colegios clase para defender también las ventajas que una sociedad capitalista les da a unos pocos.

Me dirijo a la juventud, a aquellos que cantaron, que entregaron su alegría y su espíritu de lucha. Me dirijo al hombre de Chile, al obrero, al campesino, al intelectual, a aquellos que serán perseguidos. Porque en nuestro país el fascismo ya estuvo hace muchas horas presente, en los atentados terroristas, volando los puentes, cortando la línea férrea, destruyendo los oleoductos y los gaseoductos, frente al silencio de los que tenían la obligación de custodiar los bienes del Estado… La historia los juzgará.

Seguramente, Radio Magallanes será acallada y el metal tranquilo de mi voz ya no llegará a ustedes. No importa; me seguirán oyendo. Siempre estaré junto a ustedes. Por lo menos mi recuerdo será el de un hombre digno, que fue leal a la lealtad del pueblo. El pueblo debe defenderse, pero no sacrificarse; el pueblo no debe dejarse arrasar ni acribillar, pero tampoco puede entregarse.

Trabajadores de mi patria: tengo fe en Chile y su destino. Superarán otros hombres este momento gris y amargo donde la traición pretende imponerse. Sigan ustedes sabiendo que mucho más temprano que tarde de nuevo abrirán las grandes alamedas por donde pase el hombre libre para construir una sociedad mejor.

¡Viva Chile!

¡Viva el pueblo!

¡Vivan los trabajadores!

Estas son mis últimas palabras. Tengo la certeza de que mi sacrificio no será en vano, tengo la certeza de que, por lo menos, habrá una lección moral que castigará la felonía, la cobardía y la traición.

Disponible en: <http://elperiodistaonline.cl/la-voz-de/admin/un-recuento-oportuno-los-ultimos-discursos-que-allende-nunca-pronuncio/>. Acceso el 11 de noviembre de 2013.

VOCABULARIO DE APOYO

Armada: conjunto de las fuerzas navales de una nación.

Campesina(o): persona que trabaja en el campo, en la zona rural.

Carabinero: policía, en Chile. Lleva este nombre debido a que los soldados usaban la carabina, que es una forma de fusil o rifle, arma larga de fuego.

Felonía: deslealtad, acción fea.

> Tejiendo la comprensión

1. ¡A chequear las hipótesis! ¿De qué tipo es el discurso de Allende?

2. Relaciona las columnas. De un lado, a quiénes se dirige Allende. Del otro, qué significa cada grupo para el presidente chileno.

(I) Trabajadores	( ) Quienes serán perseguidos.
(II) Mujeres	( ) Los que tienen espíritu de lucha.
(III) Profesionales	( ) Los que le tuvieron lealtad y confianza.
(IV) Juventud	( ) Quienes creyeron en las palabras de Allende.
(V) Hombres	( ) Quienes trabajaron en contra de los colegios capitalistas.

3. En su discurso, ¿a qué grupo Allende dirige sus palabras más de una vez? ¿Por qué crees que lo hace?

4. ¿Qué sentimiento expresa Allende al pronunciar su discurso respecto al almirante Merino y al general Mendoza? ¿Qué acontecimientos menciona para justificarlo?

5. ¿Qué significa la palabra **autodesignar** en el primer párrafo del discurso? ¿Qué sentido adquiere en el texto?

6. Allende, al hablar del general Mendoza, usa un adjetivo para calificarlo. ¿De qué adjetivo se trata? Infiere su significado.

7. Allende no afirma de manera directa que las Fuerzas Armadas armaron un golpe contra su gobierno. ¿Qué palabras utiliza para ello?

8. El texto que leíste es la transcripción del discurso de Allende. ¿A través de qué medio de comunicación hizo Allende su discurso?

9. Lee una parte del testimonio de Hernán Barahona, destacado periodista chileno que trabajaba en Radio Magallanes el 11 de septiembre de 1973, día del golpe. Fue él quien rescató la cinta magnetofónica con la última alocución del presidente Salvador Allende:

Cómo se salvaron las últimas palabras de Allende

[...]

Después, Allende volvió a hablar, por segunda vez. A nosotros nos llamaban, nos amenazaban con que nos iban a silenciar. Nosotros decíamos: "Radio Magallanes transmitirá hasta el final"... qué sé yo. Todo era muy nervioso para nosotros. Teníamos la idea de que nos allanarían y que nos matarían. Así estaba el clima. Cerca de La Moneda, escuchábamos los bombardeos, los vuelos rasantes, todo. Seguimos en eso hasta que, finalmente, nos silenciaron. Antes, nos interfirieron. Logramos transmitir las últimas palabras de Allende. Nos mantuvimos al aire. Los golpistas bombardearon las plantas transmisoras y no sé por qué nosotros quedamos para el final. Otros dicen que se equivocaron y creyendo haber bombardeado la nuestra, bombardearon otras. Ocurrió que fuimos la última radio en permanecer al aire.

El Palacio de La Moneda bombardeado el 11 de septiembre de 1973.

Eso nos permitió transmitir el último discurso, con Radio Magallanes interferida, técnicamente muy descompuesta. Por eso la calidad de la grabación no es muy buena, pero así salíamos al aire en ese momento. Allende dijo sus últimas palabras y estuvimos un ratito más al aire, bombardearon la planta transmisora y se acabó... [...]

Disponible en: <http://www.archivochile.com/Experiencias/exp_popu/EXPpopulares0012.pdf>. Acceso el 11 de noviembre de 2013.

a) Según las palabras de Hernán, ¿cuál era el clima en Radio Magallanes?

b) ¿De qué manera Radio Magallanes logró transmitir el discurso de Allende hasta el final?

Vocabulario en contexto

1. En el discurso de Allende, aparecen las siguientes frases:

   "¡Viva Chile!

   ¡Viva el pueblo!

   ¡Vivan los trabajadores!"

   ¿Qué expresan?

   ( ) Reclamación

   ( ) Exaltación

   ( ) Exigencia

2. Muchos discursos ocurren en las calles como forma de protestar frente a diversos problemas de orden social o de reivindicar derechos. Lee las siguientes frases de protestas y selecciona las que te parezcan más impactantes. Después, en parejas, di en qué situaciones usarías las frases seleccionadas.

   ( ) "El pueblo unido jamás será vencido."

   ( ) "No hay caminos para la paz. La paz es el camino."

   ( ) "Nunca más."

   ( ) "Si no nos dejáis soñar, no os dejaremos dormir."

   ( ) "No somos antisistema, el sistema es antinosotros."

   ( ) "Sin pan no habrá paz."

   ( ) "¡Basta!"

   ( ) "Pueblo, escucha: métete a la lucha."

   ( ) "La tierra no es herencia de nuestros padres, sino un préstamo de nuestros hijos."

   ( ) "Fuerza, compañeros, que la lucha es dura pero venceremos."

   ( ) "La paz no se logra con la guerra."

   ( ) "Lo más atroz de la gente mala, es el silencio de la gente buena."

A quien no lo sepa

La palabra **protesta** tiene varios sinónimos que pueden utilizarse según la intención del hablante y el contexto: reclamación, exigencia, petición, demanda, alboroto, tumulto.

Gramática en uso

El futuro imperfecto de indicativo o futuro simple

Verbos regulares

1. Relee siete fragmentos del texto de Allende. Observa el tiempo verbal que él usa con frecuencia en su discurso.

I. "Esta **será** seguramente la última oportunidad en que me pueda dirigir a ustedes."

II. "Colocado en un tránsito histórico, **pagaré** con mi vida la lealtad al pueblo. Y les digo que tengo la certeza de que la semilla que entregáramos a la conciencia digna de miles y miles de chilenos, no **podrá** ser segada definitivamente. Tienen la fuerza, **podrán** avasallarnos, pero no se detienen los procesos sociales ni con el crimen ni con la fuerza."

III. "[...] el general Schneider y que reafirmara el comandante Araya, víctimas del mismo sector social que hoy **estará** en sus casas, esperando reconquistar el poder por mano ajena, para seguir defendiendo sus granjerías y sus privilegios."

IV. "La historia los **juzgará**."

V. "Seguramente Radio Magallanes **será** acallada y el metal tranquilo de mi voz ya no **llegará** a ustedes. No importa; me **seguirán** oyendo. Siempre **estaré** junto a ustedes. Por lo menos mi recuerdo **será** el de un hombre digno, que fue leal a la lealtad del pueblo."

VI. "**Superarán** otros hombres este momento gris y amargo donde que la traición pretende imponerse. Sigan ustedes sabiendo que, mucho más temprano que tarde, de nuevo **abrirán** las grandes alamedas por donde pase el hombre libre para construir una sociedad mejor."

VII. "Estas son mis últimas palabras y tengo la certeza de que mi sacrificio no **será** en vano, tengo la certeza de que, por lo menos, **será** una lección moral que castigará la felonía, la cobardía y la traición."

a) ¿Qué tiempo se destaca en estas citas? Marca la respuesta correcta:

( ) Presente

( ) Pasado

( ) Futuro

81

b) Desde el punto de vista temporal, ¿qué expresa este tiempo verbal en las palabras de Allende? A continuación hay cuatro posibilidades de respuesta. Marca la que te parezca más adecuada al contexto y explica por qué la elegiste y por qué no puedes considerar correctas las otras opciones:

(   ) Duda sobre la vida futura.

(   ) Incredulidad ante el futuro.

(   ) Previsión de acciones futuras.

(   ) Rechazo de los tiempos futuros.

Explicación:

_____

_____

_____

_____

_____

¡A estudiar la forma! ¿Sabes cómo se conjugan los verbos en el futuro imperfecto de indicativo? ¡Es muy simple! A los verbos regulares basta añadirles las terminaciones **-é**, **-ás**, **-á**, **-emos**, **-éis**, **-án** cuando terminan en **-ar**, **-er**, **-ir**:

Pronombres / Verbos	Amar	Ser	Abrir
Yo	amar**é**	ser**é**	abrir**é**
Tú/Vos	amar**ás**	ser**ás**	abrir**ás**
Él, Ella, Usted	amar**á**	ser**á**	abrir**á**
Nosotros(as)	amar**emos**	ser**emos**	abrir**emos**
Vosotros(as)	amar**éis**	ser**éis**	abrir**éis**
Ellos, Ellas, Ustedes	amar**án**	ser**án**	abrir**án**

2. En el discurso de Allende, aparecen los siguientes verbos en el futuro imperfecto:

> será – pagaré – podrá – estará – juzgará – llegará –
> seguirán – estaré – superarán – abrirán – podrán

¿Cuál es el verbo irregular? Para descubrirlo, basta con pasar todos los verbos al infinitivo y verificar si hubo algún cambio en la raíz.

_____

_____

_____

_____

Verbos irregulares

Algunos verbos tienen, en el futuro simple, una raíz irregular, pero mantienen las mismas terminaciones.

querer → querr-	saber → sabr-	tener → tendr-
decir → dir-	poder → podr-	salir → saldr-
hacer → har-	poner → pondr-	caber → cabr-
haber → habr-	venir → vendr-	

Los verbos derivados tienen las mismas irregularidades: rehacer → **rehar**-; detener → **detendr**-.

3. Relaciona las formas conjugadas en futuro simple con las personas. Luego, escribe los verbos en infinitivo. El primero está puesto como ejemplo.

	Personas	Verbo en futuro	Infinitivo
a)	yo	(b) tendrás	tener
b)	tú	( ) podrá	
c)	vos	( ) diré	
d)	usted	( ) sabrán	
e)	nosotros	( ) saldréis	
f)	vosotros	( ) cabrás	
g)	ustedes	( ) pondremos	

4. Escribe el futuro simple de los siguientes verbos:

a) querer (1ª persona singular): _____

b) decir (1ª persona plural): _____

c) hacer (2ª persona singular, **tú**): _____

d) haber (3ª persona singular): _____

e) saber (2ª persona plural, **vosotros**): _____

f) poder (3ª persona singular): _____

g) poner (2ª persona singular, **vos**): _____

h) venir (3ª persona plural): _____

> En la *Chuleta Lingüística*, p. 327 y 328, se puede ampliar esta sección, con explicaciones sobre el uso de la perífrasis **ir a + infinitivo** y la posición de los pronombres átonos. Además, hay más informaciones y actividades sobre el futuro imperfecto de indicativo.

5. **8** Escucharás la versión de una canción ícono de la resistencia al golpe militar. Compuesta por Pablo Milanés, la letra predice, de manera poética, el futuro en Santiago de Chile después del período de dictadura. Tu objetivo es rellenar los huecos con los verbos en futuro imperfecto.

Yo pisaré las calles nuevamente

Yo pisaré las calles nuevamente
de lo que fue Santiago ensangrentada,
y en una hermosa plaza liberada

me _____ a llorar por los
    ausentes.

Yo _____ del desierto calcinante

y _____ de los bosques y los
    lagos,

y _____ en un cerro de
    Santiago

a mis hermanos que murieron antes.

Yo unido al que hizo mucho y poco
al que quiere la patria liberada

_____ las primeras balas
más temprano que tarde, sin reposo.

_____ los libros, las canciones
que quemaron las manos asesinas.

_____ mi pueblo de su ruina

y _____ su culpa los traidores.

Un niño _____ en una alameda

y _____ con sus amigos nuevos,

y ese canto _____ el canto del
    suelo
a una vida segada en La Moneda.

Yo _____ las calles nuevamente
de lo que fue Santiago ensangrentada,
y en una hermosa plaza liberada

me _____ a llorar por los ausentes.

Disponible en: <http://letras.mus.br/pablo-milanes/227187/?domain_redirect=1>. Acceso el 12 de mayo de 2014.

Pablo Milanés, cantautor cubano, nació el 24 de febrero de 1943 en Bayamo, Cuba. Es uno de los fundadores de la Nueva Trova Cubana, un importante movimiento musical y cultural de Cuba generado a finales de los años 1960 y principios de los 1970.

› Escritura

› Conociendo el género

En Latinoamérica, hubo muchas dictaduras en el siglo XX. Hay varias maneras de documentar hechos históricos: fotos, libros, artículos, reportajes, documentales, testimonios…

Elegimos trabajar con el infográfico. ¿Sabes qué es? Es un género del periodismo que presenta un mensaje informativo, en forma autónoma. Pero no lo encontramos solamente en los periódicos, pues también puede tener una función didáctica, la de explicar algún acontecimiento histórico, por ejemplo, en la escuela.

Observa este infográfico que nos cuenta la historia de la última dictadura militar de Argentina:

1. ¿Qué tipo de texto hay en el infográfico?

   ( ) solo verbal   ( ) solo visual   ( ) verbal y visual

2. Como puedes notar, lo visual también comunica. ¿Qué tipo de imágenes aparecen en este infográfico específico?

- **Género textual:** Infográfico
- **Objetivo de escritura:** Informar sobre los hechos de la dictadura chilena
- **Tema:** Dictadura chilena
- **Tipo de producción:** En grupos de cuatro
- **Lectores:** Interesados en Historia

3. Observa que en una de las fotos hay un pie de foto. ¿Qué informaciones se incluyen en ellos?

_____

_____

4. ¿Hay algún título? Si lo hay, ¿cuál es?

_____

_____

5. Vuelve a leer atentamente el fragmento a continuación:

> Argentina conmemora el 35 aniversario del golpe que dio paso a la última dictadura militar, en momentos en que su jerarcas cumplen prisión perpetua y el grueso de las causas por crímenes de lesa humanidad están en etapa de instrucción.

¿Qué función tiene este elemento en el infográfico? ¿Cómo se presenta la información que contiene?

_____

_____

_____

6. Si observas bien, el infográfico se organiza por grupos de informaciones, cada uno con sus subtítulos. Léelos:

El golpe

Junta Militar

"Leyes del perdón"

Juicios

Víctimas

a) ¿Qué clase de palabra aparece con más frecuencia en los subtítulos?

( ) verbos ( ) preposiciones

( ) sustantivos ( ) adverbios

b) Ahora, señala la respuesta más adecuada. Los subtítulos:

( ) describen un tema ( ) fundamentan una tesis

( ) narran una acción ( ) ordenan un acontecimiento

Gramática en uso

Cuantificadores: *muy/mucho*

En el *Taller de escritura*, producirás junto con tres compañeros(as) un infográfico sobre la dictadura chilena. Para ello, ustedes podrán hacer uso de los cuantificadores **muy** y **mucho** para intensificar adjetivos, adverbios, sustantivos y verbos. Observa los ejemplos:

I. Las dictaduras latinoamericanas fueron **muy** traumáticas.
II. Las dictaduras, todavía, están **muy** cerca históricamente.
III. Los familiares de detenidos desaparecidos han luchado **mucho**.
IV. **Muchas** películas latinoamericanas tienen como tema las dictaduras.

Tras observar el uso de **muy/mucho** y las palabras que intensifican, intenta formular la regla de cómo se utilizan. Señala la respuesta correcta:

a) **Muy** se usa delante de:

( ) adjetivos

( ) adverbios

( ) sustantivos

( ) verbos

> En la *Chuleta Lingüística*, p. 328, se amplía esta sección con actividades relacionadas al uso de **muy** y **mucho**. Además, hay explicaciones sobre el uso de **gran/grande** y **tan/tanto**.

b) **Mucho(s), mucha(s)** se usan delante:

( ) adjetivos

( ) adverbios

( ) sustantivos

( ) verbos

¡Ojo!

> El cuantificador **muy** se usa delante de adjetivos y adverbios. Sin embargo, hay algunas excepciones. Delante de **mayor, menor, mejor** y **peor**, así como delante de **más, menos, antes** y **después**, se usa **mucho**: mucho mayor, mucho menor, mucho mejor, mucho peor, mucho más, mucho menos, mucho antes y mucho después.

c) **Mucho** (invariable) se usa con:

( ) adjetivos

( ) adverbios

( ) sustantivos

( ) verbos

> Planeando las ideas

Como ustedes saben, la temática del infográfico que ustedes producirán es la dictadura chilena. Para hacer un buen trabajo, hace falta planear y organizar bien las ideas, ¿verdad? Organícense en grupos de cuatro para empezar. Consulten libros y revistas de Historia, enciclopedias y sitios confiables de internet. Estas preguntas les serán útiles durante la recogida de datos:

1. ¿Cuándo se inicia y finaliza la dictadura militar chilena?

2. ¿Quién fue Salvador Allende? ¿Qué representa para la historia?

3. ¿Quién fue Augusto Pinochet? ¿Qué representa para la historia?

4. ¿Quién es Víctor Jara? ¿Qué representa para la cultura de Chile?

5. ¿Qué representan los siguientes lugares en el período de la dictadura: Estadio Nacional de Chile, Villa Grimaldi, Isla Quiriquina?

Vocabulario en contexto

1. Lee algunas entradas de tres vocablos en español:

---

dictadura.

(Del lat. *dictatūra*).

1. f. Dignidad y cargo de dictador.

2. f. Tiempo que dura.

3. f. Gobierno que, bajo condiciones excepcionales, prescinde de una parte, mayor o menor, del ordenamiento jurídico para ejercer la autoridad en un país.

4. f. Gobierno que en un país impone su autoridad violando la legislación anteriormente vigente.

5. f. País con esta forma de gobierno.

6. f. Predominio, fuerza dominante. *La dictadura de la moda.*

Disponible en: <http://buscon.rae.es/drae/?type=3&val=dictadura&val_aux=&origen=REDRAE>. Acceso el 2 de diciembre de 2013.

---

régimen.

(Del lat. *regĭmen*).

1. m. Conjunto de normas que gobiernan o rigen una cosa o una actividad.

2. m. Sistema político por el que se rige una nación.

Disponible en: <http://buscon.rae.es/drae/?type=3&val=dictadura&val_aux=&origen=REDRAE>. Acceso el 2 de diciembre de 2013.

---

militar.

(Del lat. *militāris*).

1. adj. Perteneciente o relativo a la milicia o a la guerra, por contraposición a *civil*.

2. adj. Se decía del vestido seglar de casaca.

Disponible en: <http://buscon.rae.es/drae/?type=3&val=dictadura&val_aux=&origen=REDRAE>. Acceso el 2 de diciembre de 2013.

Ahora reflexiona: si tuvieses que escribir un libro de Historia sobre el período en que Pinochet gobernó Chile, ¿cómo nombrarías ese período histórico? Señala la opción que te parezca mejor y justifícala:

(   ) dictadura militar

(   ) régimen militar

Justificación:

_____

_____

_____

_____

2. Las palabras del siguiente recuadro se escucharon muchísimo en el período de las dictaduras en Latinoamérica. Encuéntralas en la sopa de letras:

> democracia – abuso – manifestación – censura – cárcel – utopia – protesta – tiranía – represión – déspota – izquierdas – derechas

a	I	ñ	p	g	h	j	i	e	a	b	u	s	o	n	n	ñ
c	g	a	g	t	l	e	ñ	o	r	t	y	a	d	s	i	i
m	a	n	i	f	e	s	t	a	c	i	ó	n	r	n	a	z
m	n	i	u	t	g	c	d	f	z	r	g	a	n	c	i	q
q	a	a	v	t	u	á	d	l	k	a	f	í	i	r	d	u
c	u	i	t	r	e	r	e	d	e	n	h	n	o	e	i	i
e	c	d	e	m	o	c	r	a	c	i	a	a	y	p	a	e
n	u	i	t	r	e	e	e	d	ñ	a	i	r	o	r	o	r
s	g	a	g	t	l	l	c	o	r	h	y	i	d	e	i	d
u	t	o	p	i	a	j	h	e	p	r	o	t	e	s	t	a
r	n	i	u	t	g	r	a	f	z	a	g	f	n	i	c	s
a	g	a	ñ	d	d	é	s	p	o	t	a	a	d	ó	u	e
j	u	i	t	r	e	r	g	d	e	n	h	j	o	n	g	c

El español alrededor del mundo

La palabra **cárcel** tiene muchos sinónimos: **prisión**, **penal**, **presidio**… cada una con su especial significado. Se observa en el lenguaje coloquial juvenil el uso de **trena**. En Chile, así como en la Argentina, Uruguay, Colombia, Bolivia y Perú, en el lenguaje coloquial se le dice también **cana**.

> Taller de escritura

En la escritura del infográfico, habrá algunas "reglas visuales": tienen que usar por lo menos 1 mapa, 1 gráfico, 3 fotos y otro texto visual distinto (el grupo lo elige).

Los invitamos a pensar en la estructura del infográfico. Pueden distribuir lo visual y lo verbal de la manera que quieran. Lo pueden hacer en la computadora o en un cartel. El objetivo es colgarlo en el mural de la escuela para que todos puedan leerlo.

> (Re)escritura

Vuelvan al infográfico y verifiquen estos aspectos:

- ¿Lleva título? ¿Lo consideran llamativo e informativo?
- ¿La introducción revela las informaciones más importantes sobre el tema?
- ¿Hay subtítulos en los grupos de información?
- ¿Los pies de foto describen las imágenes de manera satisfactoria?
- ¿Se presentan colores y formas variados para llamar la atención del lector?
- ¿Usaron los cuantificadores **muy/mucho**? Observen si los emplearon de forma adecuada.

CAPÍTULO 6
Movimientos populares: ¡participemos en la política!

- **Género textual:** Invitación y noticia
- **Objetivo de escucha:** Identificar datos específicos de una invitación y de una noticia
- **Tema:** Desapariciones en la dictadura

> Escucha

> ¿Qué voy a escuchar?

1. Observa la invitación de la exposición fotográfica *Ausencias*, de Gustavo Germano, y contesta:

Disponible en: <www.senadosantafe.gov.ar/galery/3078.jpg>. Acceso el 2 de diciembre de 2013.

El fotógrafo Gustavo Germano nació en Chajarí, Argentina, el 5 de febrero de 1964. Empieza a hacer fotografías en 1987 cuando recorre América Latina. Realizó el proyecto *Ausencias* entre enero de 2006 y julio de 2007, cuya primera exposición se celebró en Barcelona el 16 de octubre de ese año.

Disponible en: <http://www.memoriaenelmercosur.educ.ar/wp-content/uploads/2009/03/2010_ausencias_propuesta_definitiva.pdf>. Acceso el 2 de diciembre de 2013.

El fotógrafo Gustavo Germano, en 2010.

a) ¿Por qué la letra **i** de la invitación se encuentra borrada?

_____

_____

b) ¿Qué otras diferencias hay (además del color) entre la foto en blanco y negro y la foto en colores?

_____

_____

c) Formula hipótesis: ¿cuál será la temática de la exposición fotográfica *Ausencias*?

_____

_____

_____

d) Según la invitación, la exposición *Ausencias* forma parte del "25.º Aniversario de la Recuperación de la Democracia". Lee las definiciones (disponibles en: <http://clave.smdiccionarios.com/app.php>. Acceso el 11 de noviembre de 2013) para las palabras **aniversario** y **cumpleaños**. ¿Qué diferencias y semejanzas hay entre los dos términos?

> **aniversario** a.ni.ver.**sa**.rio
> **s.m.**
> **1** Día en el que se cumplen años de un determinado suceso: *Hoy celebran el décimo aniversario de su boda.*
> **2** Celebración con que se conmemora este día: *Todos los nietos llegaron al aniversario del abuelo cargados de regalos.*

> **cumpleaños** cum.ple.**a**.ños
> (pl. **cumpleaños**)
> **s.m.**
> Aniversario del nacimiento de una persona: *El día de mi cumpleaños recibí muchos regalos.*

_____

_____

2. Ahora, observa algunas fotografías de la exposición *Ausencias* y reflexiona.

Imágenes: Gustavo Germano/Archivo del fotógrafo

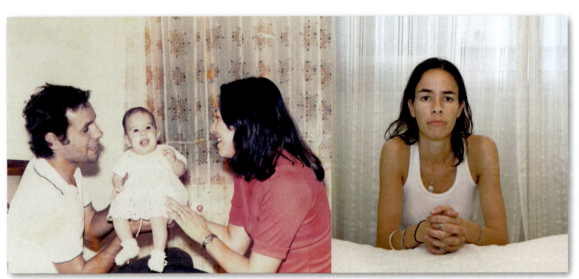

a) ¿Qué emociones te despiertan estas imágenes?

_____
_____
_____

b) ¿De qué manera el fotógrafo trabajó con el archivo de fotos antiguas?

_____
_____
_____

c) ¿Qué relaciones existen entre las personas que aparecen en las fotografías?

_____

d) ¿Qué edad tendrían las personas presentes en la segunda foto de cada lámina antes? ¿Qué edad tendrán actualmente?

_____

A quien no lo sepa

La muestra fotográfica *Ausencias* es una exposición del fotógrafo Gustavo Germano sobre la represión ilegal y la desaparición forzada de personas durante la dictadura militar argentina de 1976–1983. Fue realizada a partir de material fotográfico recopilado en álbumes familiares.

e) ¿Cómo son las expresiones y las miradas entre las fotos de antes y las de ahora?

_____

f) ¿Qué papeles sociales y artísticos cumplen estas fotografías cuando se las expone en un espacio público?

_____

_____

_____

_____

› Escuchando la diversidad de voces

1. ◎ **9** Vas a escuchar una noticia y la invitación a un evento (disponibles en: ‹www.youtube.com/watch?v=_qNAii5yf2w&feature=related› y ‹www.youtube.com/watch?v=1wz-6ZYftCc›, accesos el 12 de mayo de 2014). ¿Cuál es la invitación? ¿Y la noticia?

a) Señala las respuestas correctas y justifica tu opinión:

Texto 1: (   ) invitación   (   ) noticia

Texto 2: (   ) invitación   (   ) noticia

b) ¿Cuál es la temática central de los audios?

(   ) Fundación Mario Benedetti   (   ) Desaparecidos de la dictadura

(   ) Hija de Diego Maradona   (   ) Abuelas de Plaza de Mayo

2. ◎ **9** Vuelve a escuchar el **texto 1** y contesta:

a) ¿Qué se celebra el día 30 de agosto?

_____

b) ¿Cuál es la finalidad del evento artístico que se organizará? El texto afirma que es "recordar que todavía nos falta".

_____

_____

c) ¿A qué hora se celebrará el evento?

_____

d) ¿Quiénes están convocados?

_____

_____

3. ◎ **9** Ahora, escucha otra vez el **texto 2** y contesta verdadero (**V**) o falso (**F**):

a) La noticia informa de las desapariciones durante la dictadura argentina. (   )

b) Se habla de una película que no tiene ninguna clase de conexión con la realidad argentina. (   )

c) El filme recrea hechos reales para contar la historia de algunos desaparecidos. (   )

d) El cineasta contó con la colaboración de familiares de desaparecidos en la elaboración del guion. (   )

> # Comprendiendo la voz del otro

1. Observa la foto de Plaza de Mayo, que está en el centro de la ciudad de Buenos Aires: ¿qué sabes sobre esta plaza? ¿Qué edificios se ubican a su alrededor?

La vista de la Plaza de Mayo. Al fondo se ve la Casa Rosada.

2. Mira otra foto de Plaza de Mayo: ¿qué ocurre en ella? ¿Por qué protestan estas mujeres?

Las madres de Plaza de Mayo, Buenos Aires, en 1983.

3. En la foto, aparece la expresión "madres de Plaza de Mayo", mientras que en el **texto 2** del audio aparece la expresión "abuelas de Plaza de Mayo". ¿Por qué crees que ocurre eso?

4. ¿Qué buscan las madres y abuelas de Plaza de Mayo?

5. ¿Qué niños fueron secuestrados en la dictadura de Argentina? ¿Dónde nacieron?

6. ¿Qué significa para esas personas "recuperar su verdadera identidad"?

Vocabulario en contexto

Estas son la invitación y la noticia que escuchaste anteriormente sobre los desaparecidos políticos. En ellas se encuentran palabras pertenecientes al ámbito de la familia. Rellénalas con las palabras del recuadro:

madres – nuera – nieta – hija – familiares – exesposa – Niños – abuelas – familia

Texto 1

Todavía nos hacen falta

Este martes, 30 de agosto, Día Internacional del Detenido Desaparecido, te invitamos a participar de una actividad artística para recordar que todavía nos falta. Plaza Libertad, 18:30 horas. Convocan _____ y familiares de detenidos desaparecidos, Agrupación Hijos, _____ en cautiverio político, SERPAJ, Fundación Mario Benedetti y Agrupación Iguales y Punto.

Disponible en: <http://www.youtube.com/watch?v=_qNAii5yf2w>. Acceso el 12 de mayo de 2014.

Texto 2

El abismo… todavía estamos

El robo de hijos de desaparecidos durante la dictadura militar argentina o la lucha humanitaria de las _____ de la Plaza de Mayo llegan a la gran pantalla en la película "El abismo... todavía estamos", filme que recrea hechos reales para contar el secuestro y muerte de una joven pareja en una cárcel clandestina donde nace su _____ que treinta años después deberá afrontar los dilemas de recuperar su verdadera identidad. El largometraje, ópera prima del joven cineasta argentino Pablo Yotich, incluye entre otros, a Dalma Maradona, hija del exseleccionador argentino Diego Armando Maradona. Las abuelas de la Plaza de Mayo, junto a jóvenes que recuperan su identidad y _____ de desaparecidos, aparecerán en los créditos de este filme que se prevé estrenar a finales de año. Una de estas luchadoras mujeres, Berta Shuberoff, _____ del poeta argentino Juan Gelman, cuyo hijo Marcelo y su _____, María Claudia García, fueron secuestrados y asesinados por militares en 1976, participó en el guion de este filme. Luego de décadas de lucha, Shuberoff y Gelman se han reencontrado con su _____, Macarena, nacida cuando su madre estaba en cautiverio en una cárcel de Uruguay, como otras víctimas del Plan Cóndor de represión desatado por las dictaduras del Cono Sur americano. Macarena Gelman había sido abandonada cuando tenía dos meses en una canasta frente a la casa de una _____ uruguaya que la adoptó.

Agencia EFE. Buenos Aires, 21 ago. 2010. Disponible en: <www.youtube.com/watch?v=1wz-6ZYftCc>. Acceso el 12 de mayo de 2014.

VOCABULARIO DE APOYO

Cautiverio: privación de libertad por enemigo(s).
Pantalla: telón sobre el que se proyectan las imágenes cinematográficas.
Canasta: cesto de fibra vegetal.

> Oído perspicaz: el español suena de maneras diferentes

La z, la s, la c + e/i

1. 🔊**10** ¿Te fijaste en cómo se pronuncia la **z** en la palabra **plaza** en los audios? Escucha nuevamente el nombre de las plazas y observa el sonido de esa letra. Luego, repite las palabras en voz alta.

> Pla**z**a Libertad
> Pla**z**a de Mayo

2. 🔊**11** Ahora, observa el sonido de las letras **s** y **c** en la palabra **desaparecido**. Escúchala:

> de**s**apare**c**ido

¿Hay alguna diferencia entre el sonido de las letras **c**, **s** y **z**?

_____

_____

_____

El hecho de pronunciar la **z** o la **c** ante **e/i** como **s** se llama **seseo**. Su uso es muy corriente en los países hispanohablantes de América, como Argentina, Uruguay, Paraguay y Chile, y posible en algunas regiones de España, como Andalucía y las Islas Canarias.

3. 🔊**12** Escucha ahora las mismas palabras y verifica si hay algún cambio en la pronunciación de las letras **c**, **s** y **z** comparándolas con el sonido del audio anterior. Luego, intenta reproducirlas.

> pla**z**a – de**s**apare**c**ido

_____

_____

_____

4. 🔊**13** A continuación, aparecen algunas palabras escritas con **z** y **c**. Escúchalas y señala en cuáles hay **seseo** y en cuáles se verifica la **distinción** entre los sonidos /s/ y /θ/:

> ### ▮ A quien no lo sepa
>
> El hecho de pronunciar la **s** con articulación igual o semejante a la de la **z** o a la de la **c** ante **e/i** se llama **ceceo**. No se trata de un uso normativo en español.

a) cementerio: _____

b) cenicero: _____

c) cocina: _____

d) cocinero: _____

e) zorro: _____

f) razón: _____

g) zapato: _____

h) zapatilla: _____

i) Cecilia: _____

j) corazón: _____

k) zumo: _____

l) zurdo: _____

Gramática en uso

Todavía, aún

1. Observa a las frases entresacadas de los audios:

> **"El abismo... todavía estamos"**

> **"Todavía nos hacen falta"**

a) En las frases, ¿cuál es la función del término **todavía**? Si hace falta, consulta un diccionario.

( ) Indicar la simultaneidad de acontecimientos.

( ) Indicar la frecuencia de hechos en el día a día.

( ) Indicar la realización o no de algo hasta el momento presente.

b) En las frases, la palabra **todavía** puede ser sustituida, sin cambio de sentido, por:

"El abismo _____ estamos."

"_____ nos hacen falta."

( ) aún   ( ) nunca   ( ) pero

> **¡Ojo!**
>
> **Aun** (sin tilde) significa *até*, *inclusive*, *mesmo* en portugués.

2. Relee los ejemplos de la **actividad 1**. ¿Cómo traducirías la palabra **todavía** en ellos?

_____

3. Seguro que eres una persona muy ocupada. Por eso, di tres cosas que todavía tienes que hacer hoy hasta el final del día.

_____
_____
_____
_____
_____
_____
_____
_____

En la *Chuleta Lingüística*, p. 329, se puede ampliar esta sección con explicaciones y actividades sobre adverbios de tiempo: pronto, tarde, temprano, ya, ayer, hoy, mañana, siempre, nunca, jamás, próximamente, prontamente, anoche, enseguida, ahora, mientras, anteriormente.

> Habla

> Lluvia de ideas

- **Género textual:** Debate
- **Objetivo de habla:** Debatir las diferencias entre los regímenes electorales
- **Tema:** Voto obligatorio × voto voluntario
- **Tipo de producción:** En grupos
- **Oyentes:** Políticos y ciudadanos

1. Lee en voz alta este famoso texto de Bertold Brecht, un gran escritor y director teatral, y contesta las preguntas:

El peor analfabeto es el analfabeto político. No oye, no habla, no participa de los acontecimientos políticos. No sabe que el costo de la vida, el precio del poroto, del pan, de la harina, del vestido, del zapato y de los remedios, dependen de decisiones políticas.

El analfabeto político es tan burro que se enorgullece y ensancha el pecho diciendo que odia la política. No sabe que de su ignorancia política nace la prostituta, el menor abandonado y el peor de todos los bandidos que es el político corrupto, mequetrefe y lacayo de las empresas nacionales y multinacionales.

Bertold Brecht

Disponible en: <www.drgen.com.ar/2011/08/analfabeto-politico-bretch/>. Acceso el 2 de diciembre de 2013.

Bertold Brecht (1898–1956) fue un dramaturgo y poeta alemán, uno de los más influyentes del siglo XX. Como activista político, criticó la forma de vida de la burguesía. Sus obras más conocidas por su propósito socialista son *La toma de medidas*, *La excepción y la regla* y *Él dice que sí y él dice que no*.

a) ¿Qué crítica hace Bertold Brecht?

_____
_____

b) Según Brecht, ¿quiénes son los analfabetos políticos?

_____
_____

c) ¿Por qué a muchas personas no les interesa la política? ¿Crees que eso es bueno para la sociedad?

_____
_____

2. Lee la siguiente infografía sobre "voto informado" y observa qué es necesario para votar conscientemente.

Y tú, ¿ya ejerces tu derecho al voto? ¿Qué haces para informarte? Coméntalo entre todos.

_____
_____
_____
_____
_____

A quien no lo sepa

Brasil tiene uno de los más antiguos sistemas de votación electrónica del mundo, que data de 1996. La urna electrónica tiene una lista de candidatos junto a sus imágenes y a los números asociados a ellos. Los votantes utilizan un teclado para introducir el número del candidato al que quieren votar. Cada urna tiene dos tarjetas de memoria, que almacenan un registro digital del número de votos, que se envían electrónicamente cuando termina la votación. El resultado de las elecciones sale muy rápido.

Vocabulario en contexto

El debate sobre si el voto debe ser voluntario u obligatorio es de larga data y despierta encendidos intercambios de opinión. La discusión, lejos de estar circunscrita a un grupo de académicos, despierta el interés de miles de personas en edad de votar que defienden su derecho a no participar en los comicios, o de aquellos que piden que el voto se consagre como deber de todo ciudadano. ¿Es el voto un derecho o un deber?

Observa los siguientes argumentos y clasifícalos como a favor o en contra de la obligatoriedad del voto.

Argumentos a favor o en contra de la obligatoriedad del voto	
1. Al que no le interesa la política, va a la fuerza a emitir su sufragio y lo hace sin informarse.	
2. El voto obligatorio criminaliza la protesta, haciendo imposible la decisión de negarse a participar en un sistema con el que no estamos de acuerdo. De todos modos, anular o abstenerse es estar en el sistema.	
3. La política es imprescindible y el desinterés por lo público genera el irremediable debilitamiento de la democracia. El costo de no participar es enorme.	
4. El voto obligatorio vicia la democracia y es una forma de paternalismo o de miedo a la voluntad popular.	
5. La obligatoriedad del voto, más allá de ser un deber moral y legal, permite nivelar el panorama social, evitando que ciertos grupos sociales monopolicen el poder político, cosa que de hecho ocurre con el voto voluntario.	
6. El voto voluntario es el sistema elegido por los llamados países desarrollados como Alemania, Suecia y Estados Unidos, por nombrar algunos.	
7. El voto voluntario fomenta el interés de los ciudadanos en la política.	
8. La obligación de votar hace menos probable que el sufragio se produzca por motivos coyunturales e indeseados en términos democráticos, como pagar favores políticos o concretamente la compraventa del voto.	
9. La posibilidad de fraude (que alguien vote también por otra persona, por ejemplo) en el sufragio obligatorio es menor y los resultados serán las reales aspiraciones del pueblo.	
10. Se deben crear incentivos a la participación en lugar de más castigos e impedimentos... En su forma más radical, esto implica reconocer el gasto de tiempo y dificultad que significa informarse y participar en el proceso — por ejemplo, la dificultad para llegar al local de votación — a través de la implementación de un bono o exención tributaria por el voto.	
11. Las elecciones son un pilar de la democracia y una responsabilidad cívica, por lo que es importante que todos valoren su importancia.	
12. La obligatoriedad del voto reduce el clientelismo y la compra de votos.	
13. Si las personas no participan, no se debe a un desinterés en la política; en Chile (donde el voto es voluntario) hay altos niveles de politización. Pero es necesario que la gente tenga buenos motivos para querer votar: votar por la fuerza no es la solución.	
14. Votar es un deber y un derecho ciudadano.	

Fuente: Como ganhar uma discussão sobre voto obrigatório. Dever fundamental de todo cidadão, ou apenas uma imposição autoritária e inútil? *Superinteressante*, agosto de 2012. [Traducido.]

¿Con cuáles estás de acuerdo? Coméntalo con tus compañeros.

Gramática en uso

1. Lee las frases y clasifícalas según los comparativos utilizados:

a) inferioridad   b) superioridad   c) igualdad

(   ) Pablo habla más alto que Lola.

(   ) Estos ministros son menos dedicados que los anteriores.

(   ) Este libro es tan bueno como el otro.

■ A quien no lo sepa

En español es común la combinación entre **más** y los adjetivos **grande** y **pequeño** en las comparaciones de superioridad. Por eso, por ejemplo, para comparar el tamaño de un sofá con el de una silla, podríamos decir que un sofá es más grande que una silla y, por consiguiente, que una silla es más pequeña que un sofá.

2. En 2007, La Fundação Itaú Social, el Fundo das Nações Unidas para a Infância (Unicef) y el Instituto Ayrton Senna realizaron una investigación intitulada "Adolescentes e jovens do Brasil: participação social e política". Analiza una de las tablas de ese estudio sobre el factor que más causa problemas sociales en Brasil.

Factor que más causa problemas sociales en Brasil (*)

Respuesta (%)	Entrevistados en general	Región Norte	Región Nordeste	Región Sudeste	Región Sur	Región Centro-Oeste	Blancos	Negros	Pardos	Indígenas
Corrupción en la política	27	13	33	25	35	29	24	24	27	17
Discriminación racial	17	29	16	14	20	17	16	16	18	17
Falta de seguridad	15	17	18	12	14	10	13	16	15	14
Inestabilidad en los empleos/muchos desempleados	11	9	14	11	9	6	10	12	12	12
Gran diferencia entre ricos y pobres	7	5	7	7	10	9	8	6	7	8
Falta de interés del pueblo en la protección del medio ambiente	4	1	5	4	4	3	4	5	4	9
Exceso de importancia del estatus social y del origen familiar	3	3	2	4	3	3	4	4	2	5
Discriminación debida al sexo/género	5	11	5	4	5	3	6	5	5	6
Diferencia entre remuneración y currículo escolar	2	4	1	2	1	1	2	2	2	2
Actuar correctamente no genera beneficios	1	0	1	1	0	1	1	1	1	0
La sociedad no refleja la opinión de los jóvenes	2	2	1	2	2	3	1	2	2	2
Falta de ética	3	3	2	3	3	2	3	2	3	2
Impunidad	3	1	2	4	2	5	3	3	2	3
No sabe/no contesta	0	0	1	0	0	0	0	0	1	4

(*) La suma de los porcentajes no alcanza los 100% debido a los redondeos.

Disponible en: <http://www.unicef.org/brazil/pt/voz2007.pdf>. Acceso el 12 de noviembre de 2013. [Traducido.]

a) Completa las siguientes comparaciones:

I. Para los blancos, hay _____ corrupción en la política _____ discriminación racial.

II. Para los de la región Norte, hay _____ impunidad _____ falta de ética.

III. _____ para los de la región Sur _____ para los del Nordeste, la corrupción en la política es el principal problema social de Brasil.

IV. La impunidad es un problema social _____ grande para los indígenas _____ para los pardos.

V. Para los negros, _____ la falta de seguridad _____ la discriminación racial son graves problemas sociales en Brasil.

b) Formula frases con otras posibles comparaciones a partir de los datos de la tabla.

_____

_____

_____

_____

_____

_____

> En la *Chuleta Lingüística*, p. 330, se puede ampliar esta sección con más explicaciones y actividades sobre comparativos y superlativos.

> Rueda viva: comunicándose

El trayecto de la democracia también lo construyes tú. El dilema entre voto obligatorio u optativo surge como tema de debate cada año electoral. Cada posición pone en la balanza distintos argumentos, pero relacionados con los mismos temas: responsabilidad cívica, disponibilidad informativa, clientelismo y fraude.

Tu objetivo de habla es hacer un debate sobre el tema **voto obligatorio** $\times$ **voto voluntario**.

Qué se entiende por debate

[...] El debate es una discusión de opiniones contrapuestas entre dos o más personas. Es un diálogo ante un auditorio. Cada persona o grupo expone sus ideas u opiniones sobre un determinado tema, sustentándolas con argumentos que chocan entre sí.

Hay que aclarar que el debate no es un pleito entre enemigos, ni una disputa callejera, sino una discusión razonable, respetuosa, donde prevalecen las ideas, las opiniones y los argumentos, en un clima de respeto, tolerancia y cortesía.

Consiste en un intercambio informal de ideas e información sobre un tema que se presta a la controversia, realizado por un grupo bajo la conducción dinámica y estimulante de un coordinador o moderador. [...]

Disponible en: <http://www.buenastareas.com/ensayos/Que-Se-Entiende-Por-Debate/889143.html>.
Acceso el 19 de noviembre de 2013.

> ¡A concluir!

Como hemos discutido en esta unidad, hay dos acciones que son muy criticadas en la sociedad, respecto a las instituciones – la censura, y otra a los ciudadanos – la inercia. Para concluir, lee dos textos y contesta.

Texto I

QUINO. *Toda Mafalda*. Buenos Aires: Ediciones de La Flor, 1993. p. 489.

a) Observa esta tira del dibujante argentino Quino: ¿qué lee Mafalda en el muro? ¿A qué conclusión llega sobre la protesta?

_____
_____
_____
_____
_____

Texto II

Primero se llevaron a los comunistas,
pero a mí no me importó porque yo no lo era;
enseguida se llevaron a unos obreros,
pero a mí no me importó porque yo tampoco lo era;
después detuvieron a los sindicalistas,
pero a mí no me importó porque yo no soy sindicalista;
luego apresaron a unos curas,
pero como yo no soy religioso,
tampoco me importó;
ahora me llevan a mí, pero ya es demasiado tarde.

NIEMÖLLER, Martin. Disponible en: <http://www.versvs.net/anotacion/primero-se-llevaron-comunistas>. Acceso el 12 de noviembre de 2013.

b) Estas palabras fueron atribuidas al pastor luterano Martin Niemöller. ¿Por qué es importante que las personas se preocupen por los demás?

_____
_____
_____

La lectura en las selectividades

¿Sabías que la temática de las dictaduras militares se hace presente en textos de varios exámenes de selectividades en Brasil? Así que tener este conocimiento previo es importante para comprender bien los textos y leerlos con más destreza.

> Cómo prepararse para superar los exámenes

¿Cómo tener éxito en diversos tipos de exámenes sin saber al cierto su contenido? Todos los test selectivos tienen algo en común: hay que saber leer y comprender los enunciados de las actividades, lo que va mucho más allá de dominar reglas gramaticales. Muchos test exigen un buen manejo del lenguaje, del discurso y de la comunicación, por lo que hay que usar efectivamente la lengua como instrumento de comunicación, información y actuación en el mundo. Para superarlos, debes tener curiosidad para informarte y leer sobre lo que ocurre en tu entorno y en el mundo; buscar y obtener conocimientos diversos y ampliar el acervo cultural; mejorar tu capacidad crítica y tu interés por el lenguaje oral y escrito; leer textos de varios géneros (noticias, artículos, reportajes de periódicos y revistas variados, historietas, viñetas, etc.); escuchar programas diversos en la radio y ver en la televisión entrevistas, telediarios, etc.; usar los medios de comunicación e información también por sus fines críticos y educativos; tener en cuenta el contexto histórico y social de los hechos, observando las ideologías y los discursos, analizando y debatiendo con otras personas contenidos polémicos o difíciles de comprender, etc.; ir al cine, al teatro, al museo; asistir a eventos culturales; conversar con personas de varias franjas etarias y áreas de actuación laboral. En fin, de esa manera, lograrás un buen desarrollo de la competencia interpretativa y un manejo más eficaz de la lengua oral y escrita en diversos ámbitos.

A continuación encontrarás un modelo de prueba de selectividad y una pregunta del Enem.

Modelo de Prueba 1

Universidade do Estado do Rio de Janeiro (Uerj), 2009.

Disponible en: <http://www.revista.vestibular.uerj.br/questao/por-area-imprimir.php?seq_area=4>. Acceso el 2 de diciembre de 2013.

A pesar de la Noche de los Lápices, hoy los lápices siguen escribiendo

El arribo de la democracia en el mes de mayo de 1973, luego de un proceso creciente de enfrentamientos contra la dictadura militar que gobernaba desde junio de 1966, trajo consigo la irrupción en la vida política y social de los distintos sectores populares que habían experimentado un crecimiento sustancial durante las luchas; entre ellos, los estudiantes secundarios.

Se había alcanzado un nivel de conciencia, acción y participación bastante elevado con lo cual el nivel de cuestionamiento al sistema capitalista era por demás peligroso para la burguesía y los sectores reaccionarios de nuestro país.

Cuando nuevamente asumieron el gobierno, en 1976, los militares consideraban que en la Argentina había una generación perdida: la juventud. Esta, por la sofisticada acción de "ideólogos", se había vuelto rebelde y contestataria.

Si bien el gobierno militar toma en cuenta la situación en la que se encontraba la juventud argentina, no fue tan obstinado como para suponer que se debía atacar a toda la juventud por igual.

La política hacia los jóvenes parte de considerar que los que habían pasado por la experiencia del Cordobazo* y demás luchas previas a 1973, los que habían vivido con algún grado de participación del proceso de los años 1973, 74 y 75, los estudiantes universitarios y los jóvenes obreros eran en su mayoría irrecuperables y en consecuencia había que combatirlos. Para ello utilizaron un pretexto tan obvio como falaz, se trataba de subversivos reales o potenciales que ponían en riesgo al conjunto del cuerpo social. El ser joven pasa a ser un peligro.

Uno de los aspectos más dramáticos de la represión, vivida en aquellos años, fue el secuestro de adolescentes. Llegaron a 250 los desaparecidos que tenían entre 13 y 18 años, claro que no todos estudiaban. Muchos se habían visto obligados a abandonar la escuela para incorporarse al mundo del trabajo.

El 16 de septiembre de 1976, 10 estudiantes secundarios de la Escuela Normal Nro 3 de la Plata son secuestrados tras participar en una campaña por el boleto estudiantil**. Todos tenían entre 14 y 18 años. Este hecho es recordado como "La noche de los Lápices". Solo tres de ellos aparecieron un tiempo después.

Hoy, los estudiantes secundarios están de a poco recuperando aquella tradición de lucha y defensa, por los derechos a una educación al servicio del pueblo y con mayor presupuesto.

Hoy, los secundarios, sector dinámico de nuestra sociedad, tienen un doble desafío, que es el de reconstruir la memoria de lucha de nuestro pueblo y el de reorganizarse para enfrentar este calamitoso estado de nuestra educación, ya que ellos son los más perjudicados.

Comunicadores Solidarios.
Disponible en: <http://www.agenciaelvigia.com.ar>.

Notas:
 * El Cordobazo - designación atribuida a protestas sociales que se dieron en la ciudad de Córdoba.
 ** Boleto estudiantil - ayuda para el gasto de transporte desde la casa a la escuela.

1. El gobierno militar que asumió el poder en 1976 se preocupó con la situación de la juventud. Según el autor, los militares trataban las reivindicaciones estudiantiles básicamente como:

a) complot de obreros.

b) manifiesto de intelectuales.

c) conspiración de enemigos.

d) maquinación de demócratas.

2. En el texto, se perciben diversos momentos en que el autor se deja asomar a través de los adjetivos utilizados. En las frases abajo, el adjetivo subrayado que se puede atribuir a otro que no al propio autor es:

a) "habían experimentado un crecimiento sustancial durante las luchas".

b) "eran en su mayoría irrecuperables".

c) "Para ello utilizaron un pretexto tan obvio".

d) "Uno de los aspectos más dramáticos de la represión".

3. A pesar de la Noche de los Lápices, hoy los lápices siguen escribiendo.
El fragmento subrayado del título se lo puede comprender como:

a) el mantenimiento de un sueño.

b) la preservación de una biografía.

c) la divulgación de nuevas propuestas.

d) la recuperación de antiguas rivalidades.

4. El texto hace referencia a hechos ocurridos durante la dictadura militar argentina. Tras leer

los dos últimos párrafos, es posible concluir que el principal objetivo de Comunicadores Solidarios al escribir el texto fue:

a) desmitificar la historia oficial.

b) avivar el sentimiento aguerrido.

c) denunciar los episodios violentos.

d) historiar el movimiento estudiantil.

Modelo de Prueba 2

Exame Nacional do Ensino Médio (Enem), 2012.

Disponible en: <http://download.uol.com.br/educacao/enem2012/05_AMARELO.pdf>. Acceso el 8 de noviembre de 2012.

Nuestra comarca del mundo, que hoy llamamos América Latina perfeccionó sus funciones. Este ya no es el reino de las maravillas donde la realidad derrotaba a la fábula y la imaginación era humillada por los trofeos de la conquista, los yacimientos de oro y las montañas de plata. Pero la región sigue trabajando de sirvienta. Es América Latina, la región de las venas abiertas.

Desde el descubrimiento hasta nuestros días, todo se ha trasmutado siempre en capital europeo o, más tarde, norteamericano, y como tal se ha acumulado y se acumula en los lejanos centros del poder. Todo: la tierra, sus frutos y sus profundidades ricas en minerales, los hombres y su capacidad de trabajo y de consumo, los recursos naturales y los recursos humanos. El modo de producción y la estructura de clases de cada lugar han sido sucesivamente determinados, desde fuera, por su incorporación al engranaje universal del capitalismo. Nuestra derrota estuvo siempre implícita en la victoria ajena; nuestra riqueza ha generado siempre nuestra pobreza para alimentar la prosperidad de otros: los imperios y sus caporales nativos.

GALEANO, E. *Las venas abiertas de América Latina*. Buenos Aires: Siglo Veintiuno Argentina, 2010 (adaptado).

5. A partir da leitura do texto, infere-se que, ao longo da história da América Latina:

a) suas relações com as nações exploradoras sempre se caracterizaram por uma rede de dependências.

b) seus países sempre foram explorados pelas mesmas nações desde o início do processo de colonização.

c) sua sociedade sempre resistiu à aceitação do capitalismo imposto pelo capital estrangeiro.

d) suas riquezas sempre foram acumuladas longe dos centros de poder.

e) suas riquezas nunca serviram ao enriquecimento das elites locais.

PROYECTO 1

Literatura y fútbol: los pies que inspiran las manos

Tema: El fútbol en la literatura y en la fotografía.

Etapas: El proyecto se organizará en 7 etapas: sensibilización, contextualización, lectura, reflexiones, investigación, planeamiento y acción.

Textos de lectura:

"El hombre que murió dos veces", crónica de Juan Villoro;

"Barbosa", crónica de Eduardo Galeano;

Seminaristas jugando al fútbol, fotografía de Ramón Masats;

Pelota ponchada, fotografía de Gabriel Oruzco;

Equipo de fútbol de amputados, fotografía de Pep Bonet;

Fútbol al fin de tarde, fotografía de Francisco Vieira.

Objetivos: Conocer textos literarios sobre la temática del fútbol y elaborar una antología ilustrada.

Interdisciplinaridad: Este proyecto une el español a las asignaturas Literatura y Educación Física.

Países: Relacionaremos Brasil con varios países en los que el fútbol es pasión nacional.

Sensibilización

Mira la imagen a continuación. ¿A qué te remite?

Contextualización

Vas a leer un texto literario de Juan Villoro. Pero antes, ¡a conocer a este autor!

Juan Villoro nació en la Ciudad de México, México, el 24 de septiembre de 1956. Actualmente, es profesor de Literatura en Barcelona, España, ciudad en que reside. Es considerado uno de los principales escritores latinoamericanos contemporáneos con sus novelas, ensayos, cuentos, crónicas y periodismo literario. Colabora en los periódicos *La Jornada* (México) y *El País* (España) y en la revista literaria *Letras Libres*.

El escritor Juan Villoro, en 2012.

a) Observa algunas portadas de libros escritos por Juan Villoro y las sinopsis. Señala el que más te gustaría leer:

I. ( )

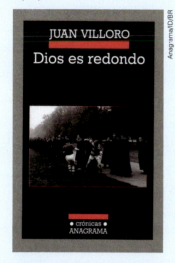

Dios es redondo ofrece una vibrante crónica de la religión laica que llena los estadios. La divertida y a menudo épica aproximación de Villoro puede cautivar al forofo* deseoso de compartir datos reveladores en una tertulia, pero también al curioso –y aun al enemigo del fútbol– interesado en conocer las causas que llevan a proferir alaridos en nombre de un equipo. [...]

Disponible en: <www.anagrama-ed.es/titulo/CR__76>. Acceso el 12 de noviembre de 2013.
***Forofo**: partidario entusiasta de un equipo deportivo.

II. ( )

8.8: El miedo en el espejo es la crónica de siete minutos de vértigo en los que "se palpó el sabor de la muerte" y de la semana de fiebre que les sucedió: el 27 de febrero de 2010, a las 3.34 de la madrugada, un violento terremoto de 8.8 grados de intensidad hizo temblar Chile, desplazó la ciudad de Concepción 3 metros y 27 centímetros y acortó el día en 1.26 microsegundos. Desde una perspectiva descentrada e insólita (el testimonio múltiple de las vidas de paso que coincidieron una noche en un hotel de Santiago de Chile), el escritor mexicano Juan Villoro reconstruye lo que rodeó aquella experiencia de terror y asombro compartido: algunos misteriosos presagios; lo que vio, oyó y le contaron; los contradictorios y, a veces, incomprensibles dilemas de los que se enfrentaban al desastre; el inesperado descubrimiento de los otros; las prolongadas réplicas psicológicas...

Disponible en: <www.candaya.com/elmiedoenelespejo.htm>.
Acceso el 12 de noviembre de 2013.

III. ( )

Juan ya tiene planeadas las vacaciones de verano. Sin embargo, su madre ignora sus planes y lo deja en casa de tío Tito, un bibliófilo empedernido que hace ruido cuando come y que teme a los osos de peluche. Allí, escondido entre los miles de ejemplares de la biblioteca de su tío, Juan tendrá que encontrar **El libro salvaje**, un libro rebelde que se resiste a la lectura y que guarda entre sus páginas un secreto destinado al lector que sea capaz de atraparlo.

Disponible en: <www.clubcultura.com/clubliteratura/clubescritores/villoro/obra/infantil_libro_salvaje.html>. Acceso el 11 de noviembre de 2013.

b) Explica los motivos que te llevaron a elegir el libro de Juan Villoro en la actividad anterior.

Lectura 1

1. Vas a leer la crónica de Juan Villoro, presente en el libro *Tiros libres:* el fútbol en cuentos, poemas y crónicas. Formula hipótesis: ¿Quién es el hombre que murió dos veces? ¿Cuál es la causa de las muertes?

_____
_____
_____

2. Lee la crónica "El hombre que murió dos veces", de Juan Villoro, considerado el *crack* de la literatura futbolística mundial. Tu objetivo en la lectura es descubrir los motivos de las dos muertes del personaje.

El hombre que murió dos veces

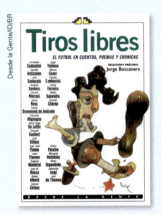

En ocasiones, el tiempo del futbolista se cumple tan cabalmente en la cancha que su vida fuera de ella semeja una borrosa posteridad. El reloj de la reputación no siempre se ajusta al de la biología.

El 8 de abril de 2000 murió Moacir Barbosa, primer portero negro de la selección brasileña. Unas 30 personas se acercaron a velar el ataúd cubierto por la bandera del desaparecido equipo Ypiranga. Poco antes de que el féretro fuera trasladado al cementerio, un directivo del Vasco de Gama llevó una bandera del club de la franja negra.

En un país donde los futbolistas alcanzan el rango de semidioses, Moacir Barbosa fue despedido como un fantasma. Poco importó que el portero hubiera contribuido a darle cinco títulos de la liga de Río y un título de Sudamérica al Vasco de Gama. Su tragedia se cifró en un instante del que no podría recuperarse.

La escena ocurrió el 16 de julio de 1950. El recién inaugurado Estadio Maracaná reunió a doscientos mil fanáticos — para la final de la Copa del Mundo entre Brasil y Uruguay. De acuerdo con el reglamento de entonces, el equipo sede le bastaba un empate para levantar el trofeo. Los periódicos de Brasil ya tenían listos los titulares del día siguiente con desaforados vítores para la oncena verde amarilla. Por su parte, Jules Rimet, inventor de los mundiales, llevaba un discurso en el que elogiaba la destreza de los futbolistas cariocas y la calidez de su público. Aquellas palabras no abandonaron el bolsillo de Rimet.

Más de medio siglo después, millones de brasileños recuerdan el partido. Incluso quienes no lo vieron conocen el episodio que paralizó a un país. Brasil comenzó ganando, con un gol de Friaça, y la torcida pensó que los suyos conquistarían la primera copa de su historia.

Cuando Schiaffino anotó para Uruguay, el gozo se mitigó sin apagarse del todo: el empate disminuía la épica pero bastaba para que Brasil saliera campeón. Un lance de muerte decidió el partido: Ghiggia lanzó un tiro cruzado y Moacir Barbosa, guardameta curtido ante las roscas más sofisticadas del planeta, viajó en pos del balón. La subjetividad de los héroes no siempre tiene que ver con la realidad. El último hombre de Brasil tocó la pelota y se desplomó con alivio en el pasto sagrado de Maracaná. Estaba seguro de haber desviado el tiro de Uruguay. El silencio lo devolvió a un país de espanto donde lo observaban doscientos mil espectadores mudos. La pelota estaba en las redes. Uruguay se había puesto 2 a 1.

En la película que narra la vida de Rey Pelé, este es el momento en el que el joven león se lanza sobre el radio y lo golpea entre sollozos. Brasil perdía en su propia cancha, contra todos los pronósticos. La historia de Pelé iba a ser, en buena medida, la historia de una enmienda. Sus más de mil goles estarían destinados a corregir el que no pudo detener Moacir Barbosa.

En su relato "Un minuto de ausencia", François Bott recuerda el triste lance de Luis Arconada, guardameta de la selección española en la final de la Copa Europea de Naciones de 1984. Aunque la Francia de Platini era clara favorita, la victoria llegó de un modo inverosímil, con un disparo que hubiera sido atajado en el patio de cualquier escuela. Como si en esa jugada cumpliera la profecía de su nombre, Arconada dejó pasar una pelota tibia que solo por error podía ser importante.

El drama de Barbosa fue distinto; no cometió una pifia evidente como Arconada: se despistó ante el destino. Creyó hacer lo correcto y de pronto volvió a un mundo que lo veía como un villano.

El protagonista del cuento de Bott es Antoine Mercier, portero curtido en lances difíciles que fracasa ante una jugada simple. ¿Qué sucede? En el momento clave de su carrera, el solitario del equipo hace lo que suelen hacer tantos porteros: piensa de más, se distrae, revisa su vida en cámara lenta. Durante un dichoso lapso de abstracción deambula por sus recuerdos como por un laberinto, se aísla del entorno, tal vez inferior pero más urgente, en el que debe detener una pelota. El tiro enemigo no lleva mucho peligro dentro, pero él está inmerso en su "minuto de ausencia".

El portero Moacir Barbosa, en 1950.

Al igual que Mercier, Barbosa cayó dentro de si mismo antes de caer en el césped. Curiosamente, su felicidad no se debía a recordar, como su colega francés, un grato episodio sentimental, sino a la infundada creencia de haber hecho lo correcto. Su tristeza se vio agravada por la dicha que la había precedido. Moacir Barbosa fracasó en su estado de perfecta ilusión, y luego lo supo, y fue peor. "Toda una carrera y toda una vida destrozadas por un minuto de ausencia", escribe François Bott a propósito de su protagonista.

El trágico portero de Maracaná siguió jugando hasta 1962, y aún obtuvo varios títulos con el Vasco de Gama. En una pieza magistral del periodismo deportivo, escribió Eric Nepomuceno: "Fue siempre un arquero eficaz, elegante, ágil, un cuerpo elástico que se dirigía con rápida precisión a la pelota. Pero cometió el peor de los fallos: no logró atrapar la pelota decisiva". Por su parte, Eduardo Galeano lo recuerda de este modo en "El fútbol a sol y sombra": "a la hora de elegir el arquero del campeonato, los periodistas del Mundial del 50 votaron, por unanimidad, al brasileño Moacir Barbosa. Barbosa era también, sin duda, el mejor arquero de su país, piernas con resortes, hombre sereno y seguro que transmitía confianza al equipo". Sin embargo, el prestigio entre los especialistas no pudo devolverle el cariño de la fanaticada.

Los prejuiciosos que nunca faltan lo acusaron de carecer del temple de los jugadores blancos. El primer portero negro de la selección brasileña tuvo que sufrir la derrota y el desprestigio de su sangre.

Barbosa se jubiló con una pensión de 85 dólares mensuales que luego le mejoró el Vasco de Gama. Durante noches sin número soñó con el gol del desastre y padeció toda clase de humillaciones públicas. En una ocasión, una mujer lo señaló en la calle y le dijo a su hijo pequeño: "Ese es Barbosa, el hombre que hizo llorar a un país".

En 1993 la televisión inglesa rodó un documental para preparar el ambiente del Mundial de Estados Unidos. El equipo de grabación quiso que Barbosa visitara a la selección brasileña, pero el entrenador, Mario Lobo Zagallo, le negó la entrada para impedir que el embajador de la mala suerte contagiara su desgracia a sus muchachos. Cuando lo interrogaron acerca de este incidente, Barbosa miró a una cámara con ojos desolados y dijo que en Brasil la condena máxima por un crimen era de 30 años. En un país sin cadena perpetua solo él estaba condenado de por vida.

Moacir Barbosa, en 1973.

Clotilde, la esposa de Barbosa, murió en 1997. Moacir la sobrevivió tres años, tiempo suficiente para comprobar el tamaño de su soledad. Finalmente, a los 79 años, el guardameta cayó por última vez.

La primera muerte de aquel hombre había ocurrido medio siglo antes, en la soleada cancha de Maracaná. Recuperemos el trance en la imaginación: Ghiggia lanza su tiro cruzado y el arquero va en pos de la pelota. Sus manos tocan el esférico y lo desvían levemente. Congelemos para siempre la estirada de Moacir Barbosa. Un joven portero negro está en el aire; siente el contacto con la pelota y cree que ha salvado a los suyos. Es feliz. Está ahí, aislado en el silencio de lo que aún no se decide, en el instante en que merece que lo recordemos.

VILLORO, Juan. El hombre que murió dos veces. In: BOCCANERA, Jorge. *Tiros libres: el fútbol en cuentos, poemas y crónicas*. Buenos Aires: Desde la Gente, 2002. Disponible en: <http://www.manquepierda.com/blog/barbosa-el-hombre-que-murio-dos-veces-de-juan-villoro/>. Acceso el 2 de diciembre de 2013.

Reflexión 1: Elementos de la crónica

1. La crónica es un género narrativo que trata de temas de la actualidad o narra hechos históricos en secuencia temporal. Se diferencia de una noticia del periódico por su falta de exactitud en las informaciones. Lo más importante es cómo el cronista analiza los hechos, cómo colorea el relato, mostrándoles a los lectores su punto de vista desde un ángulo singular. A partir de estas informaciones, ¿cómo Juan Villoro transforma la "noticia" de la muerte de Moacir Barbosa?

2. En la etimología de la palabra crónica está la referencia a Cronos, dios griego del tiempo. En la crónica de Villoro se narran acontecimientos en algunas fechas. Rellena la siguiente tabla con los hechos:

8 de abril de 2000	
16 de julio de 1950	
Hasta 1962	
En 1993	
En 1997	

3. Además del tiempo, se visualizan algunos espacios en la crónica. ¿Cuáles son los espacios que marcan las dos muertes de Barbosa?

4. ¿Qué personajes hay en la crónica además de Barbosa? Cita por lo menos cuatro.

Reflexión 2: Efectos de sentido

1. ¿Por qué Moacir Barbosa murió dos veces? ¿Qué muertes son esas?

2. Explica la siguiente afirmación del narrador: "El primer portero negro de la selección brasileña tuvo que sufrir la derrota y el desprestigio de su sangre".

Reflexión 3: Intertextualidad

1. El autor Juan Villoro cita otros textos en su crónica. ¿Cuáles? ¿Con qué intención lo hace?

_____

_____

2. Dada su importancia en la historia del fútbol brasileño, muchos aficionados a la literatura y al fútbol escribieron sobre el arquero Moacir Barbosa. A comparar la crónica de Juan Villoro y la de Eduardo Galeano.

> ### Barbosa
>
> A la hora de elegir el arquero del campeonato, los periodistas del Mundial del 50 votaron, por unanimidad, al brasileño Moacir Barbosa. Barbosa era también, sin duda, el mejor arquero de su país, piernas con resortes, hombre sereno y seguro que transmitía confianza al equipo, y siguió siendo el mejor hasta que se retiró de las canchas, tiempo después, con más de cuarenta años de edad. En tantos años de fútbol, Barbosa evitó quién sabe cuántos goles, sin lastimar jamás a ningún delantero. Pero en aquella final del 50, el atacante uruguayo Ghiggia lo había sorprendido con un certero disparo desde la punta derecha. Barbosa, que estaba adelantado, pegó un salto hacia atrás, rozó la pelota y cayó. Cuando se levantó, seguro de que había desviado el tiro, encontró la pelota al fondo de la red. Y ese fue el gol que apabulló al estadio de Maracaná y consagró campeón al Uruguay.
>
> Pasaron los años y Barbosa nunca fue perdonado. En 1993, durante las eliminatorias para el Mundial de Estados Unidos, él quiso dar aliento a los jugadores de la selección brasileña. Fue a visitarlos a la concentración, pero las autoridades le prohibieron la entrada. Por entonces, vivía de favor en casa de una cuñada, sin más ingresos que una jubilación miserable. Barbosa comentó:
>
> —En Brasil, la pena mayor por un crimen es de treinta años de cárcel. Hace 43 años que yo pago por un crimen que no cometí.
>
> GALEANO, Eduardo. *El fútbol a sol y sombra*. 3. ed. Buenos Aires: Siglo veintiuno editores, 2010. p. 101.

Eduardo Hugues Galeano nació en Montevideo en 1940. Su obra, comprometida con la realidad latinoamericana, indaga en las raíces y en los mecanismos sociales y políticos de Hispanoamérica. (Adaptado de: <http://www.biografiasyvidas.com/biografia/g/galeano.htm>. Acceso el 2 de diciembre de 2013.)

El escritor Eduardo Galeano, en 2010.

3. ¿De qué manera Galeano retrata a Moacir Barbosa? ¿Es semejante a como lo hace Villoro?

_____

_____

_____

Reflexión 4: Lenguaje

1. En su cuento, el autor Juan Villoro cita a algunos autores y usa un signo de puntuación. Señálalo:

( ) comillas

( ) puntos suspensivos

( ) coma

( ) guión

2. Las comillas tienen otras funciones. En las frases a continuación hay algunas partes subrayadas. Tómalas como referencia y marca con una X las frases que son citas directas; haz un círculo en las frases que se refieren a nombres de libros y deja sin marcas las frases que demuestran una opinión del autor Juan Villoro.

( ) "En su relato 'Un minuto de ausencia', François Bott recuerda el triste lance de Luis Arconada, guardameta de la selección española en la final de la Copa Europea de Naciones de 1984."

( ) " 'Toda una carrera y toda una vida destrozadas por un minuto de ausencia', escribe François Bott a propósito de su protagonista."

( ) "El tiro enemigo no lleva mucho peligro dentro, pero él está inmerso en su 'minuto de ausencia'."

( ) "... escribió Eric Nepomuceno: 'Fue siempre un arquero eficaz, elegante, ágil, un cuerpo elástico que se dirigía con rápida precisión a la pelota. Pero cometió el peor de los fallos: no logró atrapar la pelota decisiva'."

( ) "Por su parte, Eduardo Galeano lo recuerda de este modo en 'El fútbol a sol y sombra' [...]."

( ) "Eduardo Galeano lo recuerda [...]: 'a la hora de elegir el arquero del campeonato, los periodistas del Mundial del 50 votaron, por unanimidad, al brasileño Moacir Barbosa. Barbosa era también, sin duda, el mejor arquero de su país, piernas con resortes, hombre sereno y seguro que transmitía confianza al equipo'."

( ) "En una ocasión, una mujer lo señaló en la calle y le dijo a su hijo pequeño: 'Ese es Barbosa, el hombre que hizo llorar a un país'."

Lectura 2: Fotografías

1. ¿Es posible hacer poesía sin palabras? Esto es, ¿una traducción de las palabras por medio de imágenes? ¿Cuándo se puede considerar poética una imagen? En parejas, reflexionen sobre estas preguntas.

2. Las siguientes fotografías pueden ser consideradas poéticas. Míralas con atención y relaciona cada una con su título y el comentario que "lectores de imágenes", famosos o anónimos, hicieron sobre ellas. Luego, contesta si estás de acuerdo o no con la visión de estas personas frente a las fotos.

a)

b)

c)

d)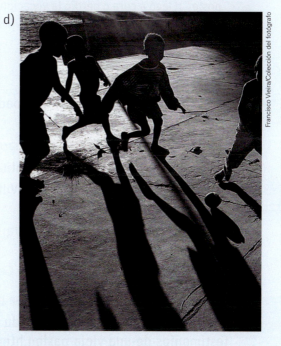

( ) *Fútbol al fin de tarde*, 2007 – Francisco Vieira. "Foto premiada en el concurso internacional de la Fundación de Derechos Civiles, España, 2008. Tomada en Quilombo do Remanso, zona rural de Chapada Diamantina, Bahía. Creo que Francisco Vieira fotografió con el alma, con los ojos benditos de la poesía, con las manos sutiles de un pintor dándole cara a sus imágenes viscerales. Vieira ha producido, en realidad, tatuajes en nuestras almas, en nuestros corazones."

Manoel Neto, historiador de la Universidade do Estado da Bahia. Disponible en: <http://franciscopvieira.wordpress.com/>. Acceso el 12 de noviembre de 2013.

113

(   ) *Pelota ponchada,* 1993 – Gabriel Orozco. Comentario: "Siento un vacío que no entiendo. Muta, se mueve, le doy nombres e historias distintos y los toma por un rato pero luego continúa sin ellos. Me pica aunque a veces el movimiento me hace cosquillas. Es un globo grande e hinchado a punto de reventar, de desbordarse. Otras veces es un balón pateado, desinflado y flojucho, lleno de agua sucia de la última lluvia, esa fotografía de Orozco aunque descentrada."

Bloguera anónima. Disponible en: <http://trestristestropiques.blogspot.com.br/2009/05/pelota-ponchada.html>. Acceso el 12 de noviembre de 2013.

(   ) *Equipo de fútbol de amputados,* 2003 – Pep Bonet. Comentario: "Un futbolista amputado golpea la pelota durante el partido. Este equipo de fútbol se fundó en Sierra Leona en febrero de 2001, formado por 22 jugadores. Todos son residentes del campamento de Murray Town, en Freetown. La mayoría sufrió ataques con machetes y cuchillos de las milicias rebeldes."

Comentarista anónimo para el folleto de la exposición *Watching in silence by Fonart*. Disponible en: <http://www.obrasocialsanostra.com/uploaded_files/Document_435_20110602093248_ca.pdf>. Acceso el 12 de noviembre de 2013.

(   ) *Seminaristas jugando al fútbol,* 1959 – Ramón Masats. Comentario: "Madrid, 1959. El seminarista Lino Hernando tenía 21 años recién cumplidos cuando Ramón Masats (Premio Nacional de Fotografía 2004) le inmortalizó en un instante mágico que ha quedado grabado en la retina colectiva de los españoles. Enfundado en su sotana, el colegial aparece suspendido en el aire, haciendo una espectacular estirada entre los palos de la portería y rozando con su mano un balón que parece imparable y escurridizo como un demonio. ¿Fue gol o pegó en el poste? ¿Llegó a cura o perdió la vocación por el camino?"

Juan Carlos Rodríguez, periodista de *El mundo*. Disponible en: <http://www.elmundo.es/magazine/2005/280/1107976642.html>. Acceso el 12 de noviembre de 2013.

Investigación

- <www.bsolot.info/wp-content/uploads/2011/02/Galeano_Eduardo-El_futbol_a_sol_y_sombra.pdf>.

  Libro *El fútbol a sol y sombra*, de Eduardo Galeano, disponible en línea.

- <http://www.clubcultura.com/clubliteratura/clubescritores/villoro/>.

  Página *web* oficial del escritor Juan Villoro en que se encuentran otros textos literarios sobre fútbol.

- <http://www.idiomaydeporte.com/articulos/camilo-jose-cela-y-la-vitalidad-del-deporte-310107.php>.

  Página sobre el escritor Camilo José Cela y la influencia del deporte en su literatura.

  Para ver más fotografías de fútbol, se puede acceder a los siguientes sitios:

- <http://www.aprender.entrerios.edu.ar/recursos/futbol-minuto-0-fotografias-como-testimonios-de-una-vieja-pasion.htm>.

  Fotos de la muestra fotográfica *Fútbol: Minuto 0*.

- <www.canstockphoto.es/imagenes-fotos/futbol.html>.

  Página *web* con varias fotos de fútbol.

- <http://www.fonart.net>.

  Página de difusión de proyectos fotográficos de carácter documental, de calidad y actualidad en diversas entidades culturales públicas y privadas.

  (Accesos el 13 de noviembre de 2013.)

Planeamiento

¿Qué tal si producimos una antología ilustrada de textos literarios sobre el fútbol?

Los productos que se confeccionarán: una antología de crónicas, poemas, cuentos, etc., ilustrados con fotos.

Los materiales que se necesitarán: una computadora con internet para seleccionar textos y fotos que se puedan descargar gratuitamente (muchas ya están en dominio público); una impresora con tinta; libros literarios para elegir el texto y cámara fotográfica si se prefiere sacar las fotos.

Paso a paso

Primer paso: investigar textos literarios en español cuya temática sea el fútbol.

Segundo paso: leer y elegir los textos según su expresividad y originalidad. Cada alumno sugerirá uno, sin repetir ninguno.

Tercer paso: investigar datos biográficos de los autores, resumirlos y seleccionar fotos para la biografía.

Cuarto paso: elegir una fotografía para la portada de la antología y para los textos elegidos y crear el pie de foto, si hace falta.

Quinto paso: crear la portada de la antología con la identificación del compilador, de la institución y el título.

Sexto paso: elaborar el índice, por orden alfabético, de los autores que conforman la antología.

Séptimo paso: escribir una presentación para la antología explicando la forma como la organizarán: ¿Por géneros literarios (cuento, poemas, crónicas...)? ¿Por autores? ¿Por países de habla hispánica?, además del objetivo y la justificación.

Octavo paso: organizar las fuentes de consulta en una lista ordenada alfabéticamente de los textos o libros usados.

Lenguaje

En la producción de los textos se utilizarán los tiempos verbales del indicativo. Además, hay que fijarse en el orden alfabético en lengua española.

Revisión

Antes de la producción final, es bueno volver a leer atentamente todo lo que está escrito para corregir errores o inadecuaciones.

Acción

Ahora, ¡a donar a la biblioteca de la escuela ejemplares de la antología! Se puede presentar el proyecto a los que visiten la escuela en alguna feria cultural o literaria.

UNIDAD 4
Mosaico hispánico: ¿qué colores hay en la diversidad?

En esta unidad:

- conocerás un poco de la pluralidad lingüística de los países donde se habla español;
- verás pinturas de Cándido López;
- estudiarás la Guerra de la Triple Alianza;
- aprenderás los sonidos de las letras *d*, *t* y del dígrafo *ch*;
- actuarás como intérprete en lengua española;
- reflexionarás sobre el prejuicio lingüístico;
- conocerás al poeta ecuatoguineano Justo Bolekia Boleká;
- aprenderás los colores en español.

- **Transversalidad:** Pluralidad cultural
- **Interdisciplinaridad:** Historia, Lenguas y Literatura

¡Para empezar!

Observa las imágenes de al lado y contesta:

1. ¿A qué palabras te remiten? En parejas, piensen en por lo menos dos palabras por imagen y verifiquen en un diccionario cómo se dicen en español.

2. Reflexiona sobre la siguiente frase y discute oralmente su significado:

> La lengua de uno es esencial a la hora de definir su identidad.

3. ⓞ14 Desgraciadamente hay muchos tipos de prejuicios en el mundo. Uno de ellos es el prejuicio lingüístico. Escucha parte de un documental de History Channel sobre la diversidad lingüística del mundo, en el que se relatarán las dificultades y desafíos de algunos mexicanos que hablan totonaco y la condición social de esa lengua. ¿De qué forma se percibe el prejuicio lingüístico en el reportaje? (Disponible en: <http://epistemos.wordpress.com/2010/03/18/diversidad-linguistica-1-7/>. Acceso el 12 de mayo de 2014.)

4. ¿Conoces otros ejemplos de prejuicio lingüístico? ¿Qué se podría hacer para evitar ese tipo de prejuicio?

CAPÍTULO 7
Lenguas del mundo: ¿qué idiomas conoces?

- **Género textual:** Reportaje
- **Objetivo de lectura:** Explicar por qué el país del reportaje está al mismo tiempo cerca y lejos de Brasil
- **Tema:** Turismo

› Lectura

› Almacén de ideas

1. A continuación vas a leer un artículo sobre el Paraguay. Observa el mapa de América del Sur y señálalo.

Fuente: *Atlas geográfico escolar*. 5 ed. Rio de Janeiro: IBGE, 2009. p. 41.

2. ¿Qué sabes acerca de ese país y de su gente?

_____
_____
_____
_____
_____

> ## Red (con)textual

Lee este reportaje y contesta: ¿por qué ese país tan cerca geográficamente está tan lejos de Brasil?

PARAGUAY.com

25 de Agosto, 2011 | Especiales Cómo nos ven afuera

"Tan cerca y tan lejos del Brasil, Paraguay es un país fascinante"

Así se relató desde el periódico brasilero *Folha de S.Paulo*, en una serie de reportajes publicados este jueves en el que invitan a visitar el Paraguay más allá de la frontera.

Fiesta patronal en la ciudad de Quiindy.

La periodista del *Folha* Laura Capriglione visitó el Paraguay como enviada especial del periódico *Folha de S.Paulo* para realizar una serie de reportajes sobre nuestro país.

"El visitante que afine sus oídos se podrá sorprender por una voz diferente en las calles, que no es el español. Este pedazo de tierra confinada en el centro del continente americano ha logrado mantener viva la lengua guaraní, y establecerlo como un símbolo nacional", menciona una parte de este reportaje, coincidentemente publicado en el Día de la Lengua Guaraní.

A continuación, transcribimos al castellano los reportajes de *Folha de S.Paulo*.

A quien no lo sepa

En español, se puede usar tanto **brasilero** como **brasileño** para designar a la persona que nace en Brasil. El gentilicio brasilero, proveniente de la palabra portuguesa *brasileiro*, tiene un amplio uso en países que hacen frontera con Brasil, como Argentina, Bolivia y Perú.

Descubra el "verdadero" Paraguay en paseos más allá de la frontera

El frenesí de compras en Ciudad del Este, los innumerables *sacoleiros* subiendo y bajando, las calles llenas de vendedores ambulantes, las grandes bolsas llenas de artículos de marca (o falsificados).

Escenas como estas, repetidas una y mil veces, han firmado la convicción de que el Paraguay es solo eso. Pero solo una vez, trate de reservar tres días para un viaje un poquito más allá de la frontera.

Ahí es donde está lo mejor del país: los ríos caudalosos con saltos vertiginosos, las reservas forestales de la selva virgen, las monumentales ruinas de las misiones jesuitas, y de Asunción, con los recuerdos, muchos recuerdos, sobre la Guerra de la Triple Alianza, la guerra que Brasil, Argentina y Uruguay lucharon contra el país (1864-1870).

El visitante que afine sus oídos se podrá sorprender por una voz diferente en las calles, que no es el español. Este pedazo de tierra confinada en el centro del continente americano ha logrado mantener viva la lengua guaraní, y establecerla como un símbolo nacional.

Fue así también en el interior (del Estado) de São Paulo hasta mediados del siglo XVIII, cuando el gobierno portugués prohibió la lengua materna con la imposición de solo el lusitano. Para nosotros, eran solo palabras y nombres de calles, fósiles sin origen ni porqué. Itaqui M'Boi Mirim, Mogi Guaçu.

En Paraguay, el guaraní es hablado por los dos fabricantes de chipas (tipo de pan con queso y harina de maíz, delicia que cuesta 0,80 centavos de Real), en el Yacht Club de Asunción, la capital paraguaya. Santiago González, político y criador de ganado explica: "El guaraní es el idioma de las emociones, del afecto, de la poesía, lo usamos para hablar de cosas personales. El español es de los asuntos públicos, para los negocios".

Asunción dista dos horas en avión desde São Paulo. Tiene precios muy atractivos como consecuencia de la ínfima carga tributaria (no hay impuesto a la renta en el país), hoteles de lujo, centros comerciales, restaurantes *gourmet* y muchas camionetas. Ni parece el Paraguay.

El país sigue estando en el último lugar de clasificación en el Índice de Desarrollo Humano de América del Sur, pero las exportaciones de soja impulsaron el PIB, que creció a tasas chinas: el 15,3% en 2010. Ya se pueden ver algunas señales externas de riqueza.

En Asunción también está el Panteón de los Héroes de la Guerra, el Palacio de Gobierno, mandado a construir por el presidente Francisco Solano López, la Avenida Mariscal López, el Shopping Mariscal López –todo evocando a la "Guerra Grande" de América del Sur–.

Según el historiador Carlos Guilherme Mota, "el Paraguay tenía en el comienzo de la guerra cerca de 800 000 habitantes. Aproximadamente 600 000 murieron, quedando menos de 200 000, de los cuales solo 15 000 fueron hombres y, de estos, aproximadamente 2/3 tenían menos de diez años de edad".

Trauma nacional

El editor italiano Franco Maria Ricci, en su libro *Cándido López – Imágenes de la Guerra del Paraguay* (1984), acerca del pintor de aquellos campos de batalla, quedó sorprendido con la manera en que los paraguayos defendieron su país (hasta casi el último hombre), bajo el comando de Solano López: "Tienen merecido, sin duda, los colores de un Plutarco y de un Tito Livio: la periferia en que vivieron, en cambio, les valió nuestro olvido absoluto".

El olvido comienza en el Brasil. Humaitá, Tuiutí, Cerro Corá, Paysandú, Riachuelo, los nombres de las batallas, se congeló en las placas de calles y plazas. En Paraguay, los gentiles anfitriones tratan de recordar a los brasileños de todo aquel horror.

"Las misiones del Paraguay invitan a los turistas a un paseo meditativo"

La guía avisa: "Es un paseo de meditación". A pie, ella se va en silencio en la noche de luna llena y las estrellas, hacia las ruinas que poco a poco se van iluminando. Estamos en la misión jesuítica La Santísima Trinidad del Paraná, conjunto barroco esculpido en piedra basáltica cerca de Encarnación al sur de Paraguay

Las ruinas de la misión jesuítica de la Santísima Trinidad.

Allí, los religiosos de la Compañía de Jesús coordinaron a partir de 1706 la construcción en piedra, arcilla y fe de utopía tropical. Iba a ser una especie de paraíso en la tierra habitada por los indios guaraníes evangelizados.

Voces grabadas de mujeres y niños, el canto de pájaros y música enseñada por los jesuitas a los indios se elevan de las paredes como fantasmagoría.

La guía avanza en la nave de una iglesia destechada, camina en los pasillos de la residencia de los indígenas, divididos en casas unifamiliares para evitar la poligamia, llega a la torre de vigilancia, donde estaba el campanario. Más de 4 000 almas vivían allí en el auge del proyecto.

De las 30 misiones que los jesuitas instalaron en América, las ruinas de siete, entre las mejores conservadas, se encuentran en Paraguay. Eran lugares de trabajo pesado, pero también de música (los jesuitas exaltaron el talento musical de los nativos, a quienes enseñaron canto, violín y flauta), el arte de la escultura, la pintura, la lutiería.

El paseo meditativo a través de las ruinas de la misión de la Santísima Trinidad del Paraná se detiene por un momento: es el momento en el que el guía explica por qué los indios libres y seminómadas aceptaron vivir bajo el yugo de la espiritualidad católica, los golpes de campanas de la iglesia que señalaban la hora de ir al trabajo, el tiempo para rezar, la hora de ir a dormir. ¿Por qué renunciar a la poligamia y sus dioses? ¿Por qué adhirieron a la idea de pecado, que no tenían? "Huían de las tribus enemigas, pero también de los bandeirantes paulistas, que los cazaban para esclavizarlos."

Todo terminó en 1768, cuando la Compañía fue expulsada de las colonias. Sin jesuitas, los indígenas recuperaron el inalienable derecho de volver a ser esclavizados. O casi.

Edificada en 1755, iglesia de Paraguay refleja mezcla de culturas

No había un crucifijo en la iglesia franciscana de San Buenaventura en Yaguarón, a 48 km de Asunción. Allá arriba, en el altar mayor, una rara imagen de un Dios con barba con los pómulos salientes como el biotipo indígena, y un triángulo en la cabeza, representando la Santísima Trinidad.

"Los indígenas tenían una sensibilidad exacerbada hacia la imagen de un Dios torturado y muerto en la cruz. Le tenían miedo", explica la profesora Lilian Molinas. El crucifijo entró en la iglesia casi un siglo después de ser inaugurada.

El interior de la iglesia franciscana de Yaguarón.

> **VOCABULARIO DE APOYO**
> **Tasas chinas**: tasa alta de crecimiento del Producto Interior Bruto (PIB).
> **Destechada**: sin techo.
> **Yugo**: dominio.
> **Alas**: órganos que los pájaros usan para volar.

La iglesia comenzó a ser construida en 1755, y terminó en 1772. Refleja los ideales franciscanos: la simplicidad exterior y la riqueza en el interior. Vista desde afuera, es simple: en lugar de las piedras de arenisca basálticas típicas de las misiones jesuíticas, las paredes son de tierra apisonada, posee techo a dos aguas, como la que los indios tenían en las casas comunales de sus aldeas.

La invisible complejidad de la obra, sin embargo, está en su tamaño. Para garantizar el soporte, los sacerdotes inventaron una forma de apegarse al piso con trozos de *ipê* previamente talladas, manteniendo las raíces de los árboles, como se ve en las obras de restauración.

Por dentro, el San Buenaventura es coloridísimo – los sacerdotes incentivaron a los indios a utilizar colorantes naturales empleados en la pintura corporal. También fueron capaces de retratar los elementos de la flora, como la flor de *mburukuja* (*maracujá* – fruta de la pasión). Y si los indios todavía dudaban de que la iglesia era de ellos, se les permitió a cada uno de los constructores que pintasen un ángel con alas. El resultado está por encima del altar: una legión de seres celestiales de caras distintas, pero todas tienen facciones guaraníes.

Disponible en: <http://www.paraguay.com/especiales/-tan-cerca-y-tan-lejos-del-brasil-paraguay-es-un-pais-fascinante-74414>. Acceso el 2 de diciembre de 2013.

▎A quien no lo sepa

Si quieres leer reportajes, noticias y textos de opinión, además de otros textos de temáticas distintas e informaciones sobre Paraguay, accede a <http://www.paraguay.com> (acceso el 2 de diciembre de 2013), un periódico de Asunción, capital de ese país.

> Tejiendo la comprensión

1. Encuentra algunas informaciones en el reportaje y completa la tabla a continuación:

Nombre del periódico electrónico paraguayo	
Sección del periódico en la que se publicó el reportaje	
Nombre del periódico brasileño que publicó originalmente el reportaje	
Periodista que hizo el reportaje	
Fecha de publicación del reportaje	
Celebración que coincidía con el día de publicación del reportaje	

2. En el reportaje se explica que hay dos lenguas oficiales en Paraguay. Contesta según el texto:

a) ¿Qué lenguas son oficiales en ese país?

_____

_____

b) ¿En qué momentos se usa el idioma guaraní?

_____

_____

c) ¿Cuándo se usa el español?

_____

_____

3. En Brasil, la lengua portuguesa es la lengua oficial. Sin embargo, en algunas regiones, por motivos diversos, también se hablan otras lenguas. ¿Eso pasa contigo? Además del portugués, ¿se hablan otras lenguas en tu región?

_____

_____

4. Una de las partes del reportaje se intitula "Descubra el 'verdadero' Paraguay en paseos más allá de la frontera".

a) ¿Qué crítica se plantea en esa parte del reportaje?

_____

_____

b) ¿Por qué la palabra **verdadero** está entre comillas?

_____
_____
_____

5. Infelizmente, la cuestión del prejuicio hacia Paraguay en Brasil está muy arraigada. Aunque el reportaje haga una crítica a eso, todavía usa, en el lenguaje, una expresión típicamente prejuiciosa. Relee el reportaje, identifícala y explica por qué no deberían emplearla.

_____
_____

6. En el reportaje se menciona un hecho histórico que marcó Paraguay como un trauma nacional y que retrató Cándido López en estos cuadros:

La Batalla de Tuiutí (detalle), de Cándido López, 1866. Óleo sobre lienzo.

La Batalla de Curupaytí, de Cándido López, 1893. Óleo sobre lienzo.

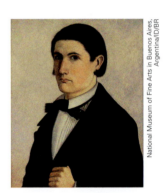

Autorretrato, de Cándido López, 1858. Óleo sobre cartón, 61 cm × 42,5 cm.

Cándido López (Buenos Aires, 1840–Baradero, 1902). Pintor argentino. Retratista en su primera época (*Autorretrato*, 1858, *Retrato del general Mitre*, 1862), pasó a pintar paisajes y batallas, tras combatir en la guerra con Paraguay. En sus cuadros, reflejó el paisaje argentino con amplias visiones panorámicas, lujo de detalles y vibrante colorido.

Disponible en: <http://www.biografiasyvidas.com/biografia/l/lopez_candido.htm>. Acceso el 12 de mayo de 2014.

a) ¿De qué evento histórico se trata? ¿Cuándo ocurrió? ¿Quiénes participaron en él?

_____
_____

b) ¿Qué nombres de batallas de ese suceso se ven en las calles y plazas de todo Brasil?

_____

7. En el reportaje, se hace mención a un comentario del editor italiano Franco Maria Ricci:

> El editor italiano Franco Maria Ricci, en su libro *Cándido López – Imágenes de la Guerra del Paraguay* (1984), acerca del pintor de aquellos campos de batalla, quedó sorprendido con la manera en que los paraguayos defendieron su país (hasta casi el último hombre), bajo el comando de Solano López: "Tienen merecido, sin duda, los colores de un Plutarco y de un Tito Livio: la periferia en que vivieron, en cambio, les valió nuestro olvido absoluto".

¿Por qué el editor relaciona a los paraguayos con los historiadores antiguos Tito Livio y Plutarco? Investiga quiénes fueron estas figuras históricas.

_____

_____

_____

8. En el título de la última parte del reportaje se afirma que la iglesia del Paraguay refleja la mezcla de culturas. ¿Qué culturas se mezclan? Entresaca por lo menos una parte en que se compruebe dicha mezcla.

_____

_____

9. ◉**15** Escucha ahora a la periodista Laura Capriglione hablando sobre su trabajo en Paraguay. ¿Qué cosas le llamaron la atención? Si en tu escuela hay acceso a internet, puedes ver su declaración en: <http://www.youtube.com/watch?v=amDZ7JwLJsU> (acceso el 12 de mayo de 2014).

_____

_____

Gramática en uso

Elementos cohesivos: los pronombres personales, los posesivos y los demostrativos

1. En un texto, para evitar la repetición de nombres (sustantivos), se pueden usar algunos elementos cohesivos. Vuelve a leer el reportaje y señala la palabra o la idea de cada palabra destacada:

a) "La periodista del *Folha* Laura Capriglione visitó el Paraguay como enviada especial del periódico *Folha de S.Paulo* para realizar una serie de reportajes sobre **nuestro** país."

( ) el país de los brasileños   ( ) el país de los paraguayos

b) "El visitante que afine **sus** oídos se podrá sorprender por una voz diferente en las calles, que no es el español."

( ) los oídos del visitante   ( ) los oídos de los lectores

c) "Escenas como **estas**, repetidas una y mil veces, han firmado la convicción de que el Paraguay es solo **eso**."

( ) escenas / *sacoleiros* y bolsas llenas de artículos de marca

( ) convicción / ciudad más allá de la frontera

d) "Para **nosotros**, eran solo palabras y nombres de calles, fósiles sin origen ni porqué. Itaqui M'Boi Mirim, Mogi Guaçu."

( ) los paraguayos   ( ) los brasileños

e) "Aproximadamente 600 000 murieron, quedando menos de 200 000, de los cuales solo 15 000 fueron hombres y, de **estos**, aproximadamente 2/3 tenían menos de diez años de edad."

( ) hombres   ( ) habitantes

f) "El editor italiano Franco Maria Ricci, en **su** libro *Cándido López – Imágenes de la Guerra del Paraguay* (1984), acerca del pintor de aquellos campos de batalla, quedó sorprendido con la manera en que los paraguayos defendieron **su** país (hasta casi el último hombre), bajo el comando de Solano López: 'Tienen merecido, sin duda, los colores de un Plutarco y de un Tito Livio: la periferia en que vivieron, en cambio, les valió **nuestro** olvido absoluto'."

(   ) Franco Maria Ricci / paraguayos / Franco Maria Ricci y los lectores

(   ) Cándido López / país / Solano López y los paraguayos

g) "¿Por qué renunciar a la poligamia y **sus** dioses?"

(   ) los indios   (   ) los bandeirantes

h) "Vista desde afuera, es simple: en lugar de las piedras de arenisca basálticas típicas de las misiones jesuíticas, las paredes son de tierra apisonada, posee techo a dos aguas, como la que los indios tenían en las casas comunales de **sus** aldeas."

(   ) los indios   (   ) los jesuitas

i) "La invisible complejidad de la obra, sin embargo, está en **su** tamaño."

(   ) tamaño   (   ) obra

Los posesivos

2. Las palabras destacadas en la actividad anterior pertenecen a clases gramaticales diferentes. En la tabla a continuación, rellena los **pronombres personales**, los **adjetivos posesivos** y los **pronombres demostrativos**:

Pronombres personales	Adjetivos posesivos	Pronombres demostrativos

3. Completa la siguiente tabla con los **adjetivos posesivos** correspondientes a cada pronombre personal y de tratamiento:

Yo	Tú	Vos	Él/Ella	Usted	Nosotros(as)	Vosotros(as)	Ellos/Ellas	Ustedes
	tu(s)		su(s)			vuestro(s), vuestra(s)	su(s)	

¡Ojo!

- Los adjetivos posesivos acompañan al sustantivo: **su** tamaño, **su** país, **su** libro.
  Si se quiere usar los **pronombres posesivos**, estos sustituyen al sustantivo o vienen en pos de él:
  *Un amigo **suyo**, un libro **suyo**, un pensamiento **suyo**.*
  *El salón de los alumnos del primero ya está pintado, pero el **mío** aún no.*
  *Mi casa está cerca de la **tuya**.*
- Coincide la forma de los adjetivos posesivos y de los pronombres posesivos de primera persona del plural (**nuestro, nuestra, nuestros, nuestras**) y de segunda persona del plural (**vuestro, vuestra, vuestros, vuestras**). Sin embargo, como en los demás casos, solo los pronombres posesivos pueden ir precedidos de artículo:
  ***Nuestra** casa está cerca del parque.* (adjetivo posesivo)
  *Tu casa está lejos de **la nuestra**.* (pronombre posesivo)
- El adjetivo posesivo **tu** no lleva tilde, al contrario del pronombre personal **tú**:
  ***Tu** madre y **tú** nunca van a las fiestas.* (adjetivo posesivo; pronombre personal)

Los demostrativos

Los **adjetivos demostrativos** son palabras variables que se sitúan en el tiempo y en el espacio:

Adjetivos demostrativos		
	Masculino	**Femenino**
Singular	este, ese, aquel	esta, esa, aquella
Plural	estos, esos, aquellos	estas, esas, aquellas

Su uso depende de la situación espacial y temporal:

Demostrativo	Situación en el espacio y en el tiempo
este, estos esta, estas	cerca de quien habla
ese, esos esa, esas	cerca de la persona con quien se habla
aquel, aquellos aquella, aquellas	lejos de los que hablan y de los que escuchan

> En la *Chuleta Lingüística*, p. 331, se amplía esta sección con explicaciones y actividades sobre los usos de los demostrativos y las funciones anafórica y catafórica.

Los **adjetivos demostrativos** concuerdan en género y número con el sustantivo al que acompañan. Ejemplos:

Esta casa es muy bonita.

Aquellos bolígrafos están usados.

Ese abrigo es mío.

Cuando se usan los demostrativos y los adverbios de lugar, se observan las siguientes correspondencias:

Demostrativo	Adverbio
en este lugar	aquí/acá
en ese lugar	ahí
en aquel lugar	allí/allá

4. Relee los siguientes fragmentos del reportaje y di si las palabras destacadas determinan un sustantivo, se refieren a él o engloban algo que se dijo en el texto:

a) "Escenas como **estas**, repetidas una y mil veces, han firmado la convicción de que el Paraguay es solo **eso**."

b) "Aproximadamente 600 000 murieron, quedando menos de 200 000, de los cuales solo 15 000 fueron hombres y, de **estos**, aproximadamente 2/3 tenían menos de diez años de edad."

Vocabulario en contexto

Ya sabemos que la lengua española es oficial en 21 países, ¿verdad? Pero en algunos de ellos el español convive con otros idiomas, oficiales o no. ¡A conocer estas lenguas por continente!

América

Vimos que el guaraní es una lengua hablada en Paraguay además del español. En Hispanoamérica, hay varias lenguas, pero no todas son consideradas oficiales.

1. Lee las siguientes informaciones sobre las lenguas amerindias.

> [...] El náhuatl era el idioma que hablaban los aztecas, y antes de la llegada de los españoles funcionaba como lengua franca o común dentro de su imperio. Actualmente, lo hablan unos 2 millones de habitantes en México, Guatemala y El Salvador. El quiché es la lengua maya más conocida y la hablan en el sur de México, en Guatemala y en Honduras más de medio millón de personas. Ya en América del Sur, los idiomas actuales más vigentes y reconocidos son el quechua, el aimara, el guaraní y el mapuche. El quechua era el idioma oficial del imperio Inca. Hoy en día, el quechua se habla desde el sur de Colombia, pasando por Ecuador, Perú, Bolivia y hasta el norte de Argentina, y lo hablan aproximadamente 11 millones de personas. El aimara también se habla en Bolivia y Perú, pero tiene menos hablantes que el quechua, unos tres millones. El guaraní se habla sobre todo en Paraguay. Finalmente, el mapuche es el idioma indígena más hablado de Chile. Se calcula que actualmente lo usan medio millón de personas. Otras lenguas, en cambio, tienen un reducido número de hablantes. [...]
> Disponible en: <http://pendientedemigracion.ucm.es/info/especulo/numero45/lengindi.html>. Acceso el 25 de noviembre de 2013.

Vuelve a leer el texto y pinta el mapa de las lenguas indígenas con los colores adecuados. Algunas regiones ya están pintadas. Pero antes, busca en el diccionario bilingüe los nombres de los colores que ves en la leyenda y escríbelos en los espacios correspondientes:

2. Conoce algunas palabras que la lengua española heredó de otras lenguas habladas en América:

Del náhuatl o azteca:
aguacate – chocolate – cacao – tomate

Del quechua: papa – cóndor – puma – guagua

Del mapuche o mapudungun:
pololo – boldo – piñén – che

Del guaraní: tucán – jaguar – jacarandá – ananá

Disponible en: <http://www.nuestro.cl/notas/rescate/vocablos.htm>. Acceso el 25 de noviembre de 2013.

De la lista anterior, ¿qué palabras de las lenguas de los pueblos americanos que vivían en América antes de la colonización incorporadas a variedades del español actual están representadas a continuación? Escríbelas debajo de cada imagen. Algunas ya están escritas.

piñén (polvo o mugre pegado al cuerpo)

pololos (novios, pareja apasionada)

jaguar (en Brasil, *onça*)

El español alrededor del mundo

En la Argentina, la interjección **che** se usa para llamar a alguien sin tener que usar su nombre (¡Che, pibe, vení acá!) o para enfatizar algo (¡Che, qué caro!). A Ernesto Guevara, el revolucionario argentino, pasaron a decirle "Che" Guevara porque la utilizaba mucho.

En el español de Chile, **che** viene del mapuche (*mapu*: tierra; *che*: pueblo) y significa "hombre", "pueblo" o "gente". Se usa para llamar la atención de alguien (se parece a las interjecciones *ei*, *psiu* usadas en portugués).

Para saber más sobre la etimología de las palabras que el español de América (con foco en Chile) tomó prestadas de las lenguas indígenas, se puede acceder a la página *web*: <http://etimologias.dechile.net/> (acceso el 25 de noviembre de 2013).

Europa

¿Sabías que España está dividida en Comunidades Autónomas? En algunas regiones se hablan otras lenguas además del español:

Comunidades Autónomas con lengua propia

Comunidades Autónomas	Denominación de las lenguas	Número de hablantes	Porcentaje sobre la población española
Cataluña	catalán	6 115 579	15,5%
Comunidad Valenciana	valenciano	3 923 841	9,95%
Islas Baleares	catalán	745 944	1,89%
Galicia	gallego	2 720 445	6,89%
País Vasco	euskera	2 100 009	5,34%
Navarra	euskera	523 563	1,32%

Fuente: <http://pendientedemigracion.ucm.es/info/especulo/numero45/lengindi.html>. Acceso el 26 de noviembre de 2013.

1. ¿Qué lengua tiene el porcentaje más alto?

___

2. ¿Qué lengua se habla en el País Vasco y en Navarra?

___

3. Ahora, consulta un mapa de España e identifica las seis Comunidades Autónomas listadas en el cuadro. Luego, escribe en el siguiente mapa sus nombres y la(s) lengua(s) que se habla(n) en ellas:

Fuente: <http://www.vmapas.com/Europa/Espanha/Mapa-Comunidades-Autonomas-Espanha.jpg/maps-pt.html>. Acceso el 19 de junio de 2013.

África

1. ¿Te acuerdas del país de África que tiene el español como idioma oficial? Escribe su nombre en el siguiente mapa:

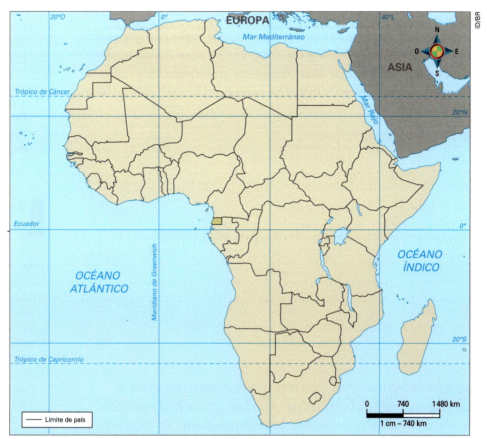

Fuente: *Atlas geográfico escolar*. 5 ed. Rio de Janeiro: IBGE, 2009. p. 45.

2. Allá se hablan otros idiomas. Lee el siguiente panorama lingüístico que hizo el Instituto Cervantes:

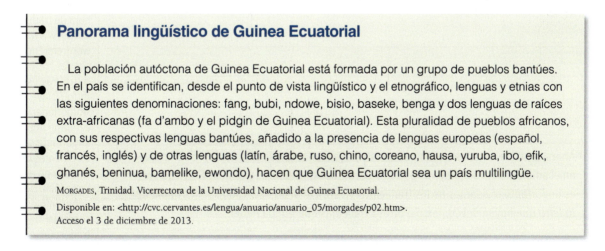

Panorama lingüístico de Guinea Ecuatorial

La población autóctona de Guinea Ecuatorial está formada por un grupo de pueblos bantúes. En el país se identifican, desde el punto de vista lingüístico y el etnográfico, lenguas y etnias con las siguientes denominaciones: fang, bubi, ndowe, bisio, baseke, benga y dos lenguas de raíces extra-africanas (fa d'ambo y el pidgin de Guinea Ecuatorial). Esta pluralidad de pueblos africanos, con sus respectivas lenguas bantúes, añadido a la presencia de lenguas europeas (español, francés, inglés) y de otras lenguas (latín, árabe, ruso, chino, coreano, hausa, yuruba, ibo, efik, ghanés, beninua, bamelike, ewondo), hacen que Guinea Ecuatorial sea un país multilingüe.

MORGADES, Trinidad. Vicerrectora de la Universidad Nacional de Guinea Ecuatorial.

Disponible en: <http://cvc.cervantes.es/lengua/anuario/anuario_05/morgades/p02.htm>. Acceso el 3 de diciembre de 2013.

¿Por qué se considera Guinea Ecuatorial como un país multilingüe?

_____

_____

> Habla

> Lluvia de ideas

1. **◎16** Cuando alguien estudia mucho una lengua extranjera, una de las posibilidades de trabajo es hacer traducciones. Pero hay un tipo específico de traducción que se llama simultánea, caracterizada por la presencia del intérprete. Escucha una de las series de reportajes que el periódico brasileño *O Globo* hizo sobre profesiones (disponible en: <http://www.youtube.com/watch?v=bEClJMOtEIk>; acceso el 12 de mayo de 2014) y contesta según el audio:

   a) Al intérprete le gustan ambientes con:

   ( ) pocas personas   ( ) muchas personas

   b) En la cabina de interpretación, ¿cómo es la dinámica de trabajo del intérprete?

   ( ) siempre en parejas   ( ) siempre solo

   c) ¿Por qué Brasil es actualmente un gran mercado para estos profesionales?

   _____

   _____

   d) ¿Tienes ganas de ser un traductor/intérprete? Explica tus razones.

   _____

2. **◎17** Ahora vas a hacer una traducción para probar, inicialmente, la carrera de traductor. Escucha nuevamente a la periodista Laura Capriglione hablando sobre el reportaje que hizo en Paraguay, particularmente sobre la Guerra de Paraguay. (Disponible en: <http://www.youtube.com/watch?v=amDZ7JwLJsU>. Acceso el 26 de noviembre de 2013.)

   a) Tu primer objetivo es transcribir lo que oyes en portugués. Escucha el audio cuantas veces sean necesarias.

   _____

   _____

   _____

   b) Ahora, en tríos, ustedes tienen que traducir al español lo que dijo Laura. ¿Sabían que en el ambiente virtual, hay varios sitios para traducir palabras y textos? Pero ojo: es importante revisar los textos traducidos y verificar si no hay traducciones *al pie de la letra* que huyan del contexto u otros problemas que pueda haber.

   _____

   _____

   _____

- **Género textual:** Presentación
- **Objetivo de habla:** Hacer una traducción para interlocutores extranjeros
- **Tema:** Puntos turísticos
- **Tipo de producción:** Parejas
- **Oyentes:** Turistas hispanohablantes

A quien no lo sepa

En internet encuentras sitios específicos de traducción en varias lenguas. Siguen algunos: <http://tradukka.com/translate>; <http://translate.google.es/>; <http://www.elmundo.es/traductor/>.

Y, por supuesto, los diccionarios también son bienvenidos a la hora de traducir: <http://www.wordreference.com/es/>; <http://rae.es>; <http://clave.smdiccionarios.com/app.php>. Es importante ser conscientes de que traducir no es una tarea fácil. No se debe simplemente copiar la traducción que se propone en los sitios electrónicos sin antes revisarla atentamente.

(Accesos el 26 de noviembre de 2013.)

---

4 ▪ Mosaico hispánico: ¿qué colores hay en la diversidad?

Vocabulario en contexto

En una ciudad, hay muchos espacios que se pueden considerar puntos turísticos. Observa algunas imágenes y escribe debajo de cada una qué representan:

> iglesia – museo – playa – montaña – cascada – plaza –
> feria de artesanía – mercado – palacio

Taxco, México, 2008.

Parque Nacional Torres del Paine, Chile, 2011.

Mogi-Guaçu, SP, 2013.

Madrid, España, 2012.

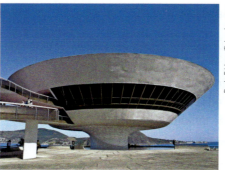
Niterói, RJ, 2010.

Canela, RS, 2012.

Buenos Aires, Argentina, 2010.

Conde, PB, 2012.

Belo Horizonte, MG, 2013.

Gramática en uso

En tu presentación como traductor/intérprete, tendrás que informar a algunos turistas hispanohablantes dónde se ubican los puntos turísticos de la ciudad de Rio de Janeiro. ¡A aprender algunas palabras para localizarse en el espacio!

1. A continuación, escribe el antónimo de cada expresión que indica localización. Puedes consultar el diccionario de antónimos disponible en línea en el sitio electrónico <http://www.diccionariodeantonimos.com/> (acceso el 26 de noviembre de 2013):

   a) arriba _____
   b) cerca _____
   c) delante _____
   d) dentro _____
   e) adentro _____
   f) a la izquierda _____

2. Para expresar la proximidad, además de **cerca (de)** se pueden usar algunas expresiones, como **junto (a)** y **al lado (de)**. Lee los siguientes ejemplos y marca en qué frase se hace referencia a la contigüidad entre dos elementos.

   a) —Por favor, ¿dónde están los Correos? —Están junto a la estación.
   b) Espéranos por aquí, cerca del estadio.
   c) —Quiero visitar la catedral. ¿Dónde está? —Al lado del hotel.

   > En la *Chuleta Lingüística*, p. 331, se amplía esta sección con explicaciones y actividades sobre los usos de las preposiciones **de** y **a**.

   #### A quien no lo sepa

   La preposición **por** también se usa en la localización espacial. Sin embargo, su uso se da para localizar de manera imprecisa.

   *¿Dónde está la feria de artesanía? **Por** la Avenida Central.*

3. La expresión **delante de** sirve para especificar la posición física con respecto a una persona o cosa y denota prioridad de lugar, en la parte anterior. Señala la opción en la que se usa otra expresión con sentido más semejante al de **delante de**.

   a) Hay una farmacia enfrente de la iglesia.
   b) Hay un gato debajo de la cama.
   c) Adelante, encontrarás el mercado.

4. Observa la siguiente plaza y los lugares que están a su alrededor. Escribe la localización de estos espacios usando las expresiones del recuadro:

   > detrás – al final – al lado – enfrente – a la izquierda – a la derecha – esquina

   a) El museo está _____ de la biblioteca.
   b) La oficina de correos está _____ de la biblioteca.
   c) La farmacia está _____ de la escuela.
   d) _____ de la escuela, está la parada de autobús.
   e) La iglesia está _____ del hotel.
   f) _____ de la avenida está el banco.
   g) El quiosco está en la _____.

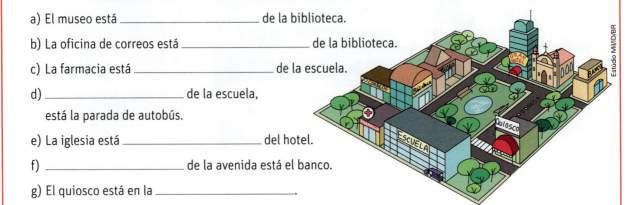

> Rueda viva: comunicándose

Todos los alumnos de la clase van a hacer una traducción "casi" simultánea. Decimos casi, porque antes habrá que prepararse y saber más sobre traducción. Todos simularán un evento en el que se presentan puntos turísticos de Rio de Janeiro. Imagínense en la época de las Olimpíadas en Brasil. Probablemente, habrá turistas de muchos países hispanohablantes. Has sido convocado para ser interprete en un gran auditorio. Todos los asistentes ya llevan puestos los auriculares y están esperando la traducción de los dos intérpretes. Un alumno presenta en portugués lo que ha estudiado, por ejemplo, sobre el punto turístico Cristo Redentor. Los otros dos estudiantes revisan la traducción. Es importante practicar antes lo que dirán en público.

Los grupos se formarán, por lo tanto, según los puntos turísticos. Elijan el sitio o monumento que quieran a partir de las imágenes a continuación.

Estadio Maracanã, 2008.

Laguna Rodrigo de Freitas, 2012.

Cristo Redentor, 2008.

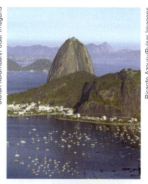
Pão de Açúcar, 2012.

Floresta de Tijuca, 2011.

Copacabana, 2012.

Sambódromo, 2013.

Barrio Santa Teresa, 2008.

Corcovado, 2011.

Jardin Botánico, 2012.

Estudien lo que dirán y ¡a hacer de intérpretes!

> ¡A concluir!

En tríos, reflexionen sobre la actividad.

1. ¿Hay alguna palabra o expresión que no hayas sabido traducir? ¿Cuál(es)? Búscala(s) en el diccionario para sacarte las dudas.

2. ¿Te gustó la actividad? ¿Te gustaría ser traductor/intérprete de lengua española?

¡Ojo!
¿Qué pronombre de tratamiento usarán para hablar con los turistas del auditorio? ¿Usarán el singular? ¿El plural? ¿Serán formales o informales? Reflexionen sobre sus intenciones.

CAPÍTULO

8 Lengua y literatura: ¿qué libro quieres leer?

- **Género textual:** Entrevista
- **Objetivo de escucha:** Entender por qué se escribió el libro de poesía
- **Tema:** Lengua bubi

> Escucha

> ¿Qué voy a escuchar?

1. Observa la tapa del siguiente libro. ¿De quién es? ¿Cómo se titula?

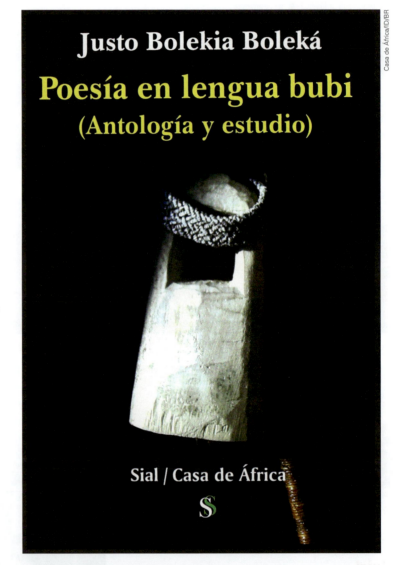

El escritor Justo Bolekia Boleká, en 2008.

Justo Bolekia Boleká nació en Guinea Ecuatorial, pero hace más de treinta años vive en España. Es intelectual, filólogo, activista político, poeta, profesor y ensayista. Además del español, habla también el bubi.

2. Vas a escuchar una entrevista para el programa "Afrohispanos", en la que el escritor Justo Bolekia Boleká habla de su libro. Pero antes, reflexiona: ¿qué tipo de comentarios pueden aparecer en el programa?

_____
_____

> Escuchando la diversidad de voces

1. **◉18** Vas a escuchar los comentarios del escritor Justo Bolekia Boleká, en una entrevista sobre su libro *Poesía en lengua bubi* (disponible en: <http://www.youtube.com/watch?v=Wo4sBf1wz1I>; acceso el 12 de mayo de 2014). Coloca V (verdadero) o F (falso) junto a las siguientes afirmaciones.

   En el audio, el escritor:

   (   ) explica sus motivaciones al publicar la obra en lengua bubi.

   (   ) afirma que la poesía escrita es mejor que la poesía oral.

   (   ) habla de la importancia de preservar la identidad.

   (   ) dice que no le gusta la lengua española.

2. **◉18** Vuelve a escuchar la grabación y comprueba si tus respuestas estaban correctas. Luego, completa los espacios con las siguientes palabras según lo que escuches:

> africano – lector – fiestas – generaciones – identidad – enseñanzas –
> escrita – lamentaciones – transformación

"En mi libro *Poesía en lengua bubi*, el _____ puede encontrar una poesía tradicional en estado puro, una poesía que todavía no ha sufrido la _____ que impone una cultura _____ dominante. La poesía en lengua bubi tradicional que encontramos en las grutas, en las _____, en las defunciones, en las alegrías, en las _____ de las madres por la pérdida de un hijo, etc., etc. He escrito este libro en poesía tradicional porque son esas _____ que me fueron transmitidas en mi infancia y en mi adolescencia y tenía esa necesidad de dejarla a las _____ futuras, para que, cuando llegue el momento, tengan acceso a ella y entiendan que el pueblo bubi o cualquier pueblo _____ debe luchar para salvaguardar aquello que forma parte de su _____."

VOCABULARIO DE APOYO

Bubi: lengua y nombre del pueblo que habita la isla de Malabo, perteneciente a la Guinea Ecuatorial.

Defunciones: ritos que se cumplen a causa de la muerte de alguien, honras fúnebres.

Salvaguardar: defender, proteger, preservar.

> Comprendiendo la voz del otro

1. ¿Qué sonidos de fondo se escuchan en la apertura del programa "Afrohispanos"?

   _____

2. Para el escritor, ¿qué diferencias hay entre escribir poesías en lengua bubi y escribir en lenguas dominantes?

   _____

3. ¿Qué relación hay entre el libro y la juventud del poeta?

   _____

4. Según Bolekia, ¿qué importancia tiene para los pueblos africanos la escritura de un libro como el suyo en una lengua africana?

   _____

> ## Oído perspicaz: el español suena de maneras diferentes

La *d*, la *t* y el dígrafo *ch*

1. 🔊19 Escucha nuevamente algunas palabras del audio y fíjate en los sonidos de las letras **t** y **d** destacadas en estas palabras:

   > tra**d**icional – pér**d**ida – pue**d**e – **d**efunciones – **d**e –
   > transmi**t**idas – dominan**t**e – es**t**e – par**t**e

   a) Escúchalas nuevamente y repítelas en voz alta.

   b) ¿Qué vocales aparecen después de las letras **t** y **d** destacadas?

   _____

   c) Algunas palabras que escuchaste también existen en portugués. Léelas en portugués fijándote en las letras destacadas y observa si hay diferencia entre tu pronunciación y la de la lengua española:

   > tra**d**icional – **d**e –
   > transmi**t**idas – par**t**e

2. 🔊20 Ahora, escucha otra palabra presente en el audio y observa la pronunciación del dígrafo **ch**.

   > lu**ch**ar

   a) Escúchala nuevamente y repítela en voz alta.

   b) ¿Qué otras palabras conoces que se escriban con **ch**?

   _____
   _____

3. 🔊21 Vas a escuchar algunas palabras. Completa los huecos con la letra **t** o con el dígrafo **ch**:

   _____e   _____ile   _____inta   _____iste   cantan_____e

   _____é   _____eque   _____ía   _____icle   _____impancé

Vocabulario en contexto

¿Sabes qué son africanismos? Son palabras provenientes de lenguas africanas incorporadas a diversas variedades del español hablado en América (aunque no exclusivamente). Seleccionamos algunos africanismos de un diccionario en línea (de la A hasta la G). Léelos:

Diccionario de africanismos

Anamú - conocida también como yerba de ajo, es una planta que tiene olor semejante al ajo.
Bailes de bomba - bailes de origen africano o afroantillano acompañados del tambor llamado bomba y de los cantos de igual denominación.
Chachachá - baile moderno de procedencia afrocubana, introducido en Puerto Rico a mediados de la década del 1950.
Dengue - enfermedad epidémica propia de los países cálidos.
Enfuncharse - enfadarse, enojarse.
Funche - comida hecha con harina de maíz.
Guinea - gallina procedente de Guinea, pequeñita, de cresta ósea, cabeza pelada, plumaje negro azulado con manchas blancas, cola corta y puntiaguda.
Guarapo - bebida que se prepara con el jugo de la caña de azúcar.

Disponible en: <http://cai.bc.inter.edu/CIBERINFO/ciber-info_africanismos.htm>. Acceso el 2 de diciembre de 2013.

Ahora, asocia cada palabra a una imagen según su explicación.

a)

b)

c)

d)

e)

f)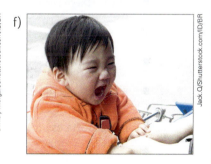

g)

h)

139

Gramática en uso

Sufijos -*dad* y -*tad* en la formación de sustantivos

1. 🔊22 Escucha a estas personas famosas y completa los huecos con la palabra española favorita de cada uno en ocasión de la celebración del "Día E", el "día del español", celebración promovida por el Instituto Cervantes:

"Hay una palabra que me parece que reúne, bastante... o se ajusta a diferentes situaciones y es la palabra _____. Me parece que con la _____ se puede caminar y respirar mejor. A veces, preferimos una mentira piadosa que la _____... Muchas veces damos vueltas alrededor de las cosas y no nos damos cuenta de que sería mucho más fácil, mucho más sencillo, si nos ajustáramos solamente a la _____." (Ricardo Darín, actor argentino)
Disponible en: <http://www.youtube.com/watch?v=-y9YsLLPTro>. Acceso el 12 de mayo de 2014.

"Mi palabra favorita en español es la _____. Es una palabra que, bueno, obviamente, que dice mucho y es lindo poder ayudar a la gente, y uno tener la oportunidad de poder hacerlo es algo que es lindo y es lindo ver a la gente feliz, ¿no?" (Diego Forlán, futbolista uruguayo)
Disponible en: <http://www.youtube.com/watch?v=_m7eL8cTGnA>. Acceso el 12 de mayo de 2014.

"Claro, la palabra favorita requiere no solo contundencia en la forma y el sonido, sino reflejar un estado de ánimo o una filosofía. [...] Para mí, una palabra que combina ambas cosas, tanto la belleza en el sonido como la belleza en lo que rezuma de filosofía es _____ [...]." (Fernando Schwartz, escritor español)
Disponible en: <http://www.youtube.com/watch?v=cJRZhFO1_yY>. Acceso el 12 de mayo de 2014.

"La palabra en español que más me gusta es la palabra _____. Creo que la palabra _____ resume las mejores aspiraciones de los seres humanos." (Mario Vargas Llosa, escritor peruano)
Disponible en: <http://www.youtube.com/watch?v=M7o9pXuS2G0&feature=relmfu>. Acceso el 12 de mayo de 2014.

"Si estoy contento y voy a la taberna, allí, mi palabra favorita es _____." (Antonio Skármeta, escritor chileno)
Disponible en: <http://www.youtube.com/watch?v=uW0dfbPPAd4>. Acceso el 12 de mayo de 2014.

2. ¿Qué tienen en común las palabras favoritas de los entrevistados en cuanto a la forma?

_____

3. Observa estos sustantivos.

necesi**dad** – identi**dad** – universi**dad** – facul**tad** – amis**tad** – liber**tad**

Ahora, infiere la regla y señala la respuesta correcta:

> En la *Chuleta Lingüística*, p. 332, se amplía esta sección con explicaciones y actividades sobre la formación del plural de los sustantivos. Además, se estudian los heterogenéricos.

Los sustantivos que terminan en **-dad** o **-tad** son:

( ) masculinos   ( ) femeninos

Ejemplos: ( ) el bondad; el lealtad   ( ) la bondad; la lealtad

¡Ojo!

- Fíjate que existen otros sufijos para formación de sustantivos a partir de adjetivos, verbos u otros sustantivos: **-eza**: bello > bell**eza**; **-ura**: blanco > blanc**ura**; **-anza**: andar > and**anza**; **-ción**: actuar > actua**ción**; **-aje**: venda > vend**aje**; **-ista**: guitarra > guitarr**ista**...
- Son masculinos los sustantivos que terminan en **-aje** (el mas**aje**, el vi**aje**, el pais**aje**, el mens**aje**, etc.)
- Son femeninos los sustantivos que terminan en **-ción** o **-sión** (la can**ción**, la rela**ción**, la pa**sión**, la pri**sión**, etc.)

4. Observa el ejemplo e intenta formar sustantivos terminados en **-dad** a partir de las siguientes palabras:

cristiano ↓ *cristiandad*	claro ↓ _____	heterogéneo ↓ _____	confidencial ↓ _____
vistoso ↓ _____	actual ↓ _____	espontáneo ↓ _____	breve ↓ _____
cruel ↓ _____	sano ↓ _____	simultáneo ↓ _____	generoso ↓ _____
igual ↓ _____	vecino ↓ _____	banal ↓ _____	locuaz ↓ _____
malo ↓ _____	hermano ↓ _____	ruin ↓ _____	obvio ↓ _____
liviano ↓ _____	simple ↓ _____	solidario ↓ _____	artificial ↓ _____

❯ Escritura

❯ Conociendo el género

1. Lee la siguiente sinopsis de *Ubirajara*, de José de Alencar, entresacada del catálogo *Vereda Brasil*. Según el comentario, ¿de qué trata la obra?

UBIRAJARA. LEYENDA TUPÍ

JOSÉ DE ALENCAR

Traducción de Mario Camara y Gonzalo Aguilar.
Textos de Renata Mautner Wasserman y Sergio Medeiros.

Alencar consideró a *Ubirajara* un "libro hermano" de su otra novela indianista *Iracema*. Publicada en 1874, tres años antes de la muerte de su autor, *Ubirajara* cuenta la historia de un héroe indígena que transcurre en tiempos anteriores a la Conquista. Alencar no solo despliega todos los elementos de la poética romántica sino que también redacta una serie de notas antropológicas en las que discute con los historiadores y explica, desde su perspectiva, aspectos de los indios tupíes como la antropofagia, la poligamia y las guerras tribales.

Disponible en: <http://www.canoalibros.com/descarrega/Corregidor%20-%20 Cat%C3%A1logo%20Literatura%20Brasile%C3%B1a.pdf>. Acceso el 27 de noviembre de 2013.

- **Género textual:** Sinopsis literaria
- **Objetivo de escritura:** Recomendar un libro literario
- **Tema:** Libre
- **Tipo de producción:** Individual
- **Lectores:** Frecuentadores de la biblioteca de la escuela

2. ¿Sabes qué es la sinopsis de un libro? Basándote en tus conocimientos previos y en la lectura de la sinopsis del libro *Ubirajara*, marca con una **X** las características de este género:

( ) Describe parte de la historia de un libro por medio de un resumen.

( ) Cuenta toda la historia de un libro, desde el inicio hasta el final.

( ) Jamás revela el desenlace de la historia.

( ) Cuenta el final de la historia, así como elucida todos sus misterios o secretos mientras describe el enredo del libro.

( ) Tiene como objetivo despertar el interés por la lectura del libro anunciado, a fin de llamar la atención de posibles nuevos lectores.

( ) Evalúa críticamente la obra, analizando sus personajes y acontecimientos más relevantes.

( ) Circula en diversos soportes, como catálogos de editoriales, revistas educativas, sitios de editoriales y librerías.

( ) Se vale de adjetivos para descalificar la obra, esto es, señalar sus carencias y defectos.

( ) Valora lo que describe por medio del empleo de elogios, ya sea el libro, el tema, los personajes, el escenario, el autor o las ilustraciones de la obra.

( ) Es un texto corto que acompaña la imagen de la portada del libro.

( ) Es un texto extenso que acompaña la imagen del autor del libro.

3. Fíjate que las sinopsis de libros pueden empezar de diferentes formas:

a) con una o más indagaciones;

b) con la narración de parte de la historia o la cita de su inicio;

c) con la descripción del escenario de la historia o del contexto;

d) con la valoración de la obra y la indicación del género.

Lee estos párrafos de introducción de sinopsis de libros y di qué estrategia se utilizó en cada uno.

(   ) "El *Popol Vuh* es sin lugar a dudas el más importante de los textos mayas que se conservan. Se distingue no solo por su extraordinario contenido histórico y mitológico, sino por sus cualidades literarias [...]."

Disponible en: <http://www.arqueomex.com/S2N3nPopolVuh88.html>. Acceso el 27 de noviembre de 2013.

(   ) "[...] Lo primero de todo es hacerse la pregunta más obvia: ¿Qué es el *Popol Vuh*? [...]"

Disponible en: <http://www.latablaesmeralda.tumblr.com/post/28672152399>. Acceso el 27 de noviembre de 2013.

(   ) "Este es el principio de la antiguas historias de este lugar llamado Quiché. Aquí escribiremos y comenzaremos las antiguas historias, el principio y origen de todo lo que se hizo en la ciudad de Quiché [...]."

Disponible en: <http://www.bibliotecasvirtuales.com/biblioteca/obrasdeautoranonimo/PopolVuh/PopolVuh.asp>. Acceso el 27 de noviembre de 2013.

(   ) "En las tierras altas de Guatemala, los sabios Mayas Quichés redactaron en bellos símbolos de color rojo, negro y turquesa, su libro sagrado, con relatos de cosmogonía, teología, antropogénesis, religión, moral e historia de su pueblo [...]."

Disponible en: <http://laverdadoculta2012.blogspot.com.br/2012/06/todas-las-publicaciones-angeles-entre.html>. Acceso el 27 de noviembre de 2013.

4. También se puede finalizar la sinopsis de un libro de literatura por medio:

a) de una o más indagaciones;

b) de la alusión a las ilustraciones o a la traducción;

c) de la alusión al tema tratado;

d) de la invitación a la lectura;

e) de la afirmación del objetivo o de la importancia de la edición.

Lee estos párrafos de conclusión y di qué estrategia se empleó en cada uno:

(   ) "[...] La traducción es de Adrián Recinos, uno de los más profundos conocedores de la literatura prehispánica [...]."

Disponible en: <http://www.tematika.com/libros/esoterismo--6/mitologia--3/mitos_y_leyendas--2/popol_vuh--19071.htm>. Acceso el 6 de junio de 2012.

(   ) "El *Popol Vuh*, que puede traducirse *Popol*, comunidad, consejo, y *Vuh*, libro, Libro del Consejo o Libro de la Comunidad, fue pintado. Lo dice el texto: "Este libro es el primer libro pintado antaño". ¿El primer libro? ¿Querrá significarse con esto el más importante, algo así como la Biblia? "Pero su faz está oculta", sigue el texto. ¿Oculta, por qué? ¿Fue destruido? ¿Fue quemado? ¿Se consumió en la ciudad de Utatlán, entregada a las llamas, reducida a cenizas por el Conquistador? [...]"

Disponible en: <http://www.mayasautenticos.com/POPOL-Vuh-esp.pdf>. Acceso el 27 de noviembre de 2013.

(   ) "[...] Divulgar tan bellos textos es la finalidad de este libro. Si se logra será misión cumplida."

Disponible en: <http://www.librosdelmayab.com/popol_vuh.htm>. Acceso el 23 de octubre de 2012.

(   ) "[...] Esta obra es un testimonio de la calidad espiritual de la cultura que la originó."

Disponible en: <http://www.fondodeculturaeconomica.com/librerias/libro/Popol_Vuh_Antiguas_leyendas_del_Quiche/015629LE%20%20%20%20%20%20>. Acceso el 27 de noviembre de 2013.

(   ) "[...] Les invitamos al asombro de las grandezas de nuestro continente y rescatar las verdaderas Raíces de América."

Disponible en: <http://laverdadoculta2012.blogspot.com.br/2012/06/todas-las-publicaciones-angeles-entre.html>. Acceso el 27 de noviembre de 2013.

> Planeando las ideas

Lee el artículo y explica oralmente la diferencia entre **literatura indígena**, **literatura indianista** y **literatura indigenista**:

Literatura indígena

Después de 500 años, desde la irrupción de la cultura occidental en América, las lenguas indígenas muestran, no solo su capacidad de resistencia a negarse a desaparecer, sino otros conceptos, otras formas de mirar lo cotidiano y lo sagrado; otras formas de maravillarnos de la riqueza de nuestros idiomas. Para quienes aún persisten en negar nuestra validez cultural, los pueblos indígenas no tenemos cultura, sino folclor; no tenemos arte sino artesanía; no tenemos literatura, sino solo mitos y leyendas orales. Dicho criterio discriminatorio niega el estatuto de literatura a los relatos, canciones, poemas o fábulas indígenas y los nombran – por la obligación de nombrarlos de alguna manera – como mitos y leyendas a pesar que a nadie se le ocurriría llamar mito, pese a su evidente contenido mítico, a obras literarias como las tragedias clásicas griegas, los poemas homéricos, árabes y chinos ni a parte de la literatura moderna que se ha denominado "realismo mágico" (Ejemplo *Harry Potter*) o "real maravilloso". La literatura puede ser oral o escrita. La literatura oral, étnica o indígena es literatura. La crítica erudita y la lingüística contemporánea han admitido y demostrado ese carácter. Las características de la literatura oral primigenia, aparte de ser oral o hablada, es ser pública, anónima, colectiva, por lo que es dinámica, cambiante, actualizada – pero fundida con la tradición – y de múltiples versiones. El narrador cuenta y actúa al mismo tiempo, mientras el público se deja seducir, celebra, protesta y se emociona con la ficción. La literatura indígena escrita es la creación individual o colectiva que se recrea, se piensa y se estructura a partir de los elementos estilísticos y patrones culturales de nuestro pueblo.

La literatura indígena se diferencia de la literatura indianista, literatura indigenista y literatura en lenguas indígenas, pues cada una tiene sus propias características. En la literatura indianista los escritores no son indígenas, sino que pretenden ser portavoces de nuestra cultura. En la literatura indigenista los escritores tampoco son indígenas pero tratan de adentrarse en nuestro pensamiento desde su perspectiva, tratan de penetrar nuestra cosmología indígena y ya sus personajes indígenas son más convincentes.

La literatura en lenguas indígenas es realizada por indígenas que han accedido a la escritura de la lengua autóctona (mapudungun escrito) y están produciendo textos, aunque debe decirse, que el uso escrito del mapudungun aún está siendo empleado solo como instrumento para decir lo que se piensa y se construye en la forma como se hace en castellano, es decir, falta una reflexión y búsqueda de formas literarias en el mapudungun, reconociendo que su contribución es la escritura en lengua mapuche y la recopilación de la tradición oral existente en las comunidades.

Disponible en: <http://www.mapuche.info/docs/austral070906.html>. Acceso el 18 de octubre de 2012.

A quien no lo sepa

La literatura indígena también está presente en libros antiguos que nos hablan de lo que pensaban y sentían las civilizaciones precolombinas. Algunas historias de la tradición oral fueron recogidas por estudiosos de la época y publicadas en forma de crónicas y fábulas. De los Mayas quedan, entre otros textos, el *Popol Vuh* ("libro del pueblo"), que es un auténtico compendio de la mitología maya.

Vocabulario en contexto

En las sinopsis literarias es común que estén caracterizados algunos elementos que componen el libro. Lee las sinopsis a continuación y complétalas con estas palabras. Fíjate en el género y en el número de los sustantivos.

> versión – personajes – trama – argumento – ficción – novela –
> escritor – universo – historia – técnica narrativa – autores

De una ciudad y otros asuntos – crónica fidedigna
de Manuel José Arce

La única novela escrita por Arce, nos transporta a la Capitanía General del Reino y a los conflictos propios de la época colonial. El autor ofrece una _____ por demás interesante y revela una consistente denuncia social. El particular uso del lenguaje y de la _____ sigue revelando su inagotable talento.

Disponible en: <http://www.piedrasanta.com/descargas/catalogo_lit_infantil_juvenil_espanol_ingles.pdf>. Acceso el 20 de febrero de 2013.

El hombre que lo tenía todo todo todo (novela)
de Miguel Ángel Asturias

Alucinante, imaginativa y profunda. Su fantástico _____ narra lo que acontece al hombre "que lo tenía todo todo todo", precisamente a él que respiraba con dos grandes imanes escondidos en su espalda y que era capaz de atraer todo el oro del mundo. Es también una _____ filosófica que facilita reflexiones sobre la riqueza, el poder, la muerte y el amor.

Disponible en: <http://www.piedrasanta.com/descargas/catalogo_lit_infantil_juvenil_espanol_ingles.pdf>. Acceso el 20 de febrero de 2013.

Memorial de Aires
de Machado de Assis

Machado de Assis nació el 21 de junio de 1839 en la ciudad de Río de Janeiro y murió en la misma ciudad el 29 de septiembre de 1908. Ya antes de su muerte era reconocido como el _____ brasileño más importante. Todavía hoy, Machado ocupa esa posición preeminente en la literatura brasileña. Sus novelas, sus cuentos, sus ensayos críticos son clásicos de la literatura universal. *Memorial de Aires*, la última novela, es una de las más enigmáticas: ¿por qué el escritor de obras tan irónicas y mordaces escribe, hacia el final de su vida, una novela en apariencia sosegada y casi optimista? ¿O el *Memorial de Aires* esconde una _____ secreta, de desamparo y angustia?

Disponible en: <http://www.canoalibros.com/descarrega/Corregidor%20-%20Cat%C3%A1logo%20Literatura%20Brasile%C3%B1a.pdf>. Acceso el 25 de noviembre de 2013.

La chica de la capa roja
de Sarah Blakey-Cartwright

En una época en que las aldeas son tan pequeñas que todo el mundo se conoce, Valerie intenta abrirse camino en la vida sin ser precisamente una "buena chica". Cuando el hombre lobo la elige, debe tomar una decisión imposible, pero no tiene a quién recurrir. Su padre está borracho en el pueblo, su madre desea controlarla y las demás chicas se apresuran a acusarla de brujería. En esta nueva, peligrosa y absorbente _____ del cuento clásico, quizás resulte complicado dar con un final feliz…

Disponible en: <http://www.librosalfaguarajuvenil.com/cl/libro/la-chica-de-la-capa-roja/>. Acceso el 25 de noviembre de 2013.

Yinn
de Ana Alonso y Javier Pelegrín

Los _____ , con la calidad literaria que les caracteriza, crean un _____ fantástico que combina las tradiciones mágicas de las tres culturas que convivieron en la Península a lo largo de la Edad Media.

Disponible en: <http://blog.anayainfantilyjuvenil.es/wp1/wp-content/uploads/2012/06/lecturas_verano_juvenil2012.pdf>. Acceso el 23 de junio de 2014.

La palabra reb(v)elada
de Magdalena Vela

¿Qué fue antes, la palabra o el pensamiento?, ¿puede existir pensamiento sin palabras?, ¿qué es lo que existe, existe todo lo que se piensa, o viceversa?, ¿qué queda después sino la palabra en la memoria? Este libro es una miscelánea de cuentos, narraciones, composiciones poéticas, reflexiones... que tienen como marco literario la amistad entre el reverendo Dogson y Alicia. En sus páginas se dan cita _____ , autores y obras de la cultura universal, con referencias directas o "distorsionadas", que conforman el contenido de la obra, en el que matemáticas, lógica, retórica, literatura o filosofía se integran, con humor e ingenio, en la experiencia de la vida. La sorpresiva asociación de ideas y el juego de palabras marcan el límite preciso –o impreciso– entre la _____ y la realidad, entre la fantasía, la vigilia y el sueño.

Disponible en: <http://www.anayainfantilyjuvenil.com/core.php?opcion=ficha&codigo_comercial=1562008>. Acceso el 23 de junio de 2014.

Gramática en uso

Adjetivos

1. Como has podido notar, en las sinopsis se hace uso de adjetivos para calificar la obra y sus elementos. Relee las sinopsis anteriores y busca las palabras que caracterizan:

    a) la trama, en *De ciudad y otros asuntos*: _____

    b) el argumento, en *El hombre que lo tenía todo todo todo*: _____

    c) el escritor, en *Memorial de Aires*: _____

    d) la novela, en *Memorial de Aires*: _____

2. Piensa en un libro literario que te haya gustado mucho. Supón que quieres convencer a alguien de que lo lea. ¿Cómo caracterizarías algunos de sus elementos? Usa los adjetivos del recuadro u otros que conozcas.

    > perfecto(a) – conmovedor(a) – sensible – premiado(a) – impactante – entretenido(a) – bonito(a) – recomendable – dinámico(a) – increíble – creativo(a) – extraordinario(a) – brillante

    Trama: _____   Historia: _____
    Imágenes: _____   Enredo: _____
    Cuento: _____   Novela: _____
    Escritor: _____   Crónica: _____
    Ilustración: _____   Protagonista: _____
    Poema: _____   Versión: _____

En la *Chuleta Lingüística*, p. 332, se amplía esta sección con explicaciones sobre la formación del plural de los adjetivos.

> Taller de escritura

Elige una obra literaria que hayas leído anteriormente y escribe una sinopsis para la contraportada de una nueva edición de ese libro. ¡Fíjate que se trata de divulgar la obra para que el lector tenga ganas de leerla!

¡Ojo!

Fíjate que el estilo de cada sinopsis varía. Algunas son cortas y solamente describen la historia, otras son muy adjetivadas e incluyen estrategias lingüísticas que despiertan en el lector el deseo de lectura.

> (Re)escritura

Vuelve a leer tu texto y verifica si:

- está coherente con el objetivo propuesto;
- describe y califica la obra, el autor/escritor, la ilustración, los personajes/protagonistas, la trama/enredo/argumento, etc.;
- le resulta interesante y atractivo al lector.

Luego, intercambia tu texto con un compañero de clase para que uno lea y revise el texto del otro y aporte sugerencias que contribuyan a mejorarlo.

147

La lectura en las selectividades

Esta selección de exámenes te ayudará a conocer mejor la temática de las lenguas que conviven con el español en España, América y África y también el bilingüismo.

> Cómo prepararse para superar los exámenes

Estar preparado requiere mucha determinación y dedicación a los estudios. Se deben estudiar todas las asignaturas, dedicándoles más tiempo a las que le resulten más difíciles a cada uno. Es importante repasar a diario lo que se ha estudiado en la escuela y hacer los ejercicios solicitados por el profesor para que este pueda ayudarte.

A continuación siguen tres textos. Léelos y contesta las preguntas.

Modelo de Prueba 1

Exame Nacional do Ensino Médio (Enem), 2010.

Disponible en: <http://estaticog1.globo.com/2010/11/ENEMprova2.pdf>. Acceso el 27 de noviembre de 2013.

Bilingüismo en la Educación Media Continuidad, no continuismo

Aun sin escuela e incluso a pesar de la escuela, paraguayos y paraguayas se están comunicando en guaraní. La comunidad paraguaya ha encontrado en la lengua guaraní una funcionalidad real que asegura su reproducción y continuidad. Esto, sin embargo, no basta.

La inclusión de la lengua guaraní en el proceso de educación escolar fue sin duda un avance de la Reforma Educativa.

Gracias precisamente a los programas escolares, aun en contextos urbanos, el bilingüismo ha sido potenciado.

Los guaraníhablantes se han acercado con mayor fuerza a la adquisición del castellano, y algunos castellanohablantes perdieron el miedo al guaraní y superaron los prejuicios en contra de él. Dejar fuera de la Educación Media al guaraní seria echar por la borda tanto trabajo realizado, tanta esperanza acumulada.

Cualquier intento de marginación del guaraní en la educación paraguaya merece la más viva y decidida protesta, pero esta postura ética no puede encubrir el continuismo de una forma de enseñanza del guaraní que ya ha causado demasiados estragos contra la lengua, contra la cultura y aun contra la lealtad que las paraguayas y paraguayos sienten por su querida lengua. El guaraní, lengua de comunicación sí y mil veces sí; lengua de imposición, no.

MELIÀ, B. Disponible en: <http://staff.uni-mainz.de/lustig/guarani/estudios/melia_biling.htm>. Acceso el 27 de abril de 2010. Adaptado.

1. No último parágrafo do fragmento sobre o bilinguismo no Paraguai, o autor afirma que a língua guarani, nas escolas, deve ser tratada como língua de comunicação e não de imposição. Qual dos argumentos abaixo foi usado pelo autor para defender essa ideia?

   a) O guarani continua sendo usado pelos paraguaios, mesmo sem a escola e apesar dela.

   b) O ensino médio no Paraguai, sem o guarani, desmereceria todo o trabalho realizado e as esperanças acumuladas.

   c) A língua guarani encontrou uma funcionalidade real que assegura sua reprodução e continuidade, mas só isso não basta.

   d) A introdução do guarani nas escolas potencializou a difusão da língua, mas é necessário que haja uma postura ética em seu ensino.

   e) O bilinguismo na maneira de ensinar o guarani tem causado estragos contra a língua, a cultura e a lealdade dos paraguaios ao guarani.

2. Em alguns países bilíngues, o uso de uma língua pode se sobrepor à outra, gerando uma mobilização social em prol da valorização da menos proeminente. De acordo com o texto, no caso do Paraguai, esse processo se deu pelo(a):

   a) falta de continuidade do ensino do guarani nos programas escolares.

   b) preconceito existente contra o guarani, principalmente nas escolas.

   c) esperança acumulada na reforma educativa da educação média.

   d) inclusão e permanência do ensino do guarani nas escolas.

   e) continuísmo do ensino do castelhano nos centros urbanos.

Modelo de Prueba 2

Universidade Estadual de Ponta Grossa (UEPG-PR), 2009.

Disponible en: <http://www.cps.uepg.br/home/index.php/2013-07-29-23-28-56/anteriores>. Acceso el 27 de noviembre de 2013.

Para que sepas: El español en el mundo

El español también se habla en Filipinas (cerca de un millón y medio de hablantes en 1988), junto con el inglés y el tagalo, y en Trinidad, isla situada cerca de Venezuela. Por otra parte, debido a que la isla de Pascua (cuya lengua nativa es el rapanui) es territorio de Chile, también se puede decir que el español se habla en la Polinesia.

Se afirma que el español es asimismo la lengua materna de cientos de miles de judíos sefardíes o sefarditas descendientes de aquellos expulsados de España en 1492 por los reyes católicos, quienes viven especialmente en Turquía, los Balcanes, el Asia Menor, norte de África; pero también en Holanda, Grecia, Bulgaria, Yugoslavia, Egipto, Líbano y Siria; además, existen grandes comunidades en Francia, Estados Unidos e Israel.

En África, se habla español en Marruecos, y es lengua oficial y de instrucción en la Guinea Ecuatorial, donde la hablan más de 300 000 habitantes, mientras que en Oceanía cada día crece el porcentaje de hispanohablantes, pues en Australia reside un gran número de inmigrantes de origen hispano. Finalmente, se estudia en colegios y/o universidades en casi todas partes y es lengua oficial de las Naciones Unidas, la Unión Europea y otros organismos internacionales.

En consecuencia, la lengua española tiene presencia en todos los continentes, lo que la convierte en la tercera lengua más hablada en el mundo y en una de las más extendidas geográficamente. De las aproximadamente 5 000 lenguas que existen en todo el orbe, el español ocupa un lugar de privilegio con cerca de 400 millones de hablantes.

Texto adaptado de: <www.sergiozamora.com>. Acceso el 28 de abril de 2008.

Escribe la suma de las proposiciones verdaderas:

3. De acordo com o texto, assinale o que for correto.

01. Hoje não existem judeus sefarditas na Espanha.

02. O texto defende o incremento do ensino do espanhol no mundo.

04. Vários países do mundo abrigam descendentes de judeus sefarditas originários da Espanha, que ainda mantêm o espanhol como língua materna.

08. A língua espanhola apresenta uma ampla distribuição no mundo.

4. Ainda de acordo com o texto, assinale o que for correto.

01. Na Guiné Equatorial, a instrução é feita em espanhol.

02. Nas Filipinas, além do espanhol, falam-se duas outras línguas.

04. A língua espanhola está em processo de expansão na Oceania.

08. O texto desenvolve um raciocínio que lhe permite afirmar que o espanhol é falado na Polinésia.

5. De acordo com o texto, onde o espanhol é a língua oficial?

01. Na Guiné Equatorial.

02. Em vários países da União Europeia.

04. Na Ilha de Páscoa.

08. Em alguns organismos internacionais.

Modelo de Prueba 3

Universidade Federal de Alagoas (Ufal), 2013.

Disponible en: <http://www.copeve.ufal.br/sistema/anexos/Vestibular%20 UAB-UFAL%20-%20Graduacao%20a%20Distancia%20-%202013/Prova%20 -%20Letras%20Espanhol%20-%20Licenciatura.pdf>. Acceso el 27 de noviembre de 2013.

Políglota, la red social creada en Chile para aprender idiomas

Aprender inglés, francés, árabe o chino, de forma gratuita y en bares y parques de cualquier ciudad del mundo, es el objetivo de Políglota, la red social en internet creada por dos chilenos para quienes quieran practicar un idioma y conocer gente.

Cada jueves en la tarde, al salir del trabajo, Alejandra Pacheco se dirige puntualmente a un bar de Providencia, un barrio de oficinas al oriente de Santiago, donde la espera un grupo de 10 personas que conversa animadamente en inglés junto a una cerveza como si se encontraran en un *pub* de Londres.

<http://informe21.com/ciencia-y-tecnologia>
Autor: Editor DJ Feb/2013

6. Segundo a revista eletrônica *Informe 21*, Políglota, criada por dois chilenos, tem como objetivo:

a) acessar redes sociais árabes e americanas de forma gratuita para intercâmbio de estudantes de língua estrangeira.

b) conhecer pessoas e praticar novos idiomas em qualquer lugar do mundo, sem custos.

c) conhecer bares e parques de qualquer cidade do mundo através da internet.

d) acessar rede social chilena em parques e bares de qualquer cidade do mundo.

e) oportunizar gratuitamente a árabes e chineses conhecer ingleses e franceses em bares e parques de qualquer lugar.

7. O segundo parágrafo da reportagem dá o exemplo de Alejandra Pacheco, usuária da Políglota que se reúne uma vez por semana com um grupo de 10 pessoas em um bar para praticar inglês ao sair do trabalho nas tardes de:

a) sexta-feira.

b) segunda-feira.

c) quarta-feira.

d) terça-feira.

e) quinta-feira.

8. O bar onde Alejandra encontra-se semanalmente com amigos para praticar inglês localiza-se ao oriente de Santiago em um bairro de:

a) lojas.

b) oficinas.

c) escritórios.

d) cervejarias inglesas.

e) restaurantes.

UNIDAD 5

Consumo consciente: ¿te sientes persuadido a comprar?

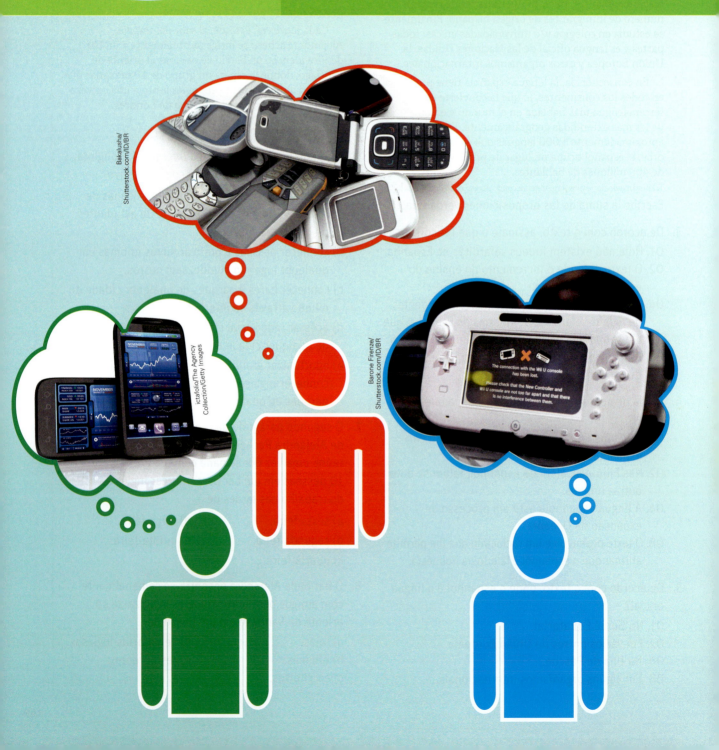

En esta unidad:

- reflexionarás sobre el consumo consciente y la obsolescencia programada;
- escucharás la versión de una famosa canción de la adolescente española María Isabel;
- comprenderás las diferencias entre anuncio publicitario y campaña institucional;
- aprenderás el imperativo afirmativo y el imperativo negativo;
- conocerás el vocabulario referente a la moda, prendas de vestir y productos de belleza;
- aprenderás a conjugar el verbo *gustar*;
- estudiarás los sonidos de la *r*.

- **Transversalidad:** Consumo
- **Interdisciplinaridad:** Sociología

¡Para empezar!

Observa las imágenes y reflexiona:

1. En el mundo de la publicidad, muchas veces se hace que un producto parezca pasado de moda.
   a) ¿Has tenido alguna vez un teléfono móvil o un videojuego que quisieras cambiar por uno más moderno? ¿Qué te motivó a desear ese "nuevo" producto?
   b) ¿Sabes qué significa obsolescencia programada u obsolescencia planificada? ¿Con cuáles de las imágenes crees que se relaciona? Habla con tus compañeros y discutan qué quiere decir este concepto.

2. ¿Crees que estar de moda es importante? ¿Por qué?

3. ¿Qué importancia tiene la forma de vestir de cada uno en las relaciones con los demás? ¿Por qué?

151

CAPÍTULO

9 Publicidad en foco: ¿qué estrategias se pueden usar?

- **Género textual:** Anuncio publicitario y campaña institucional
- **Objetivo de lectura:** Descubrir qué se vende
- **Tema:** Consumo

> Lectura

> Almacén de ideas

Observa las imágenes que aparecen en los dos textos que leerás.

Texto 1

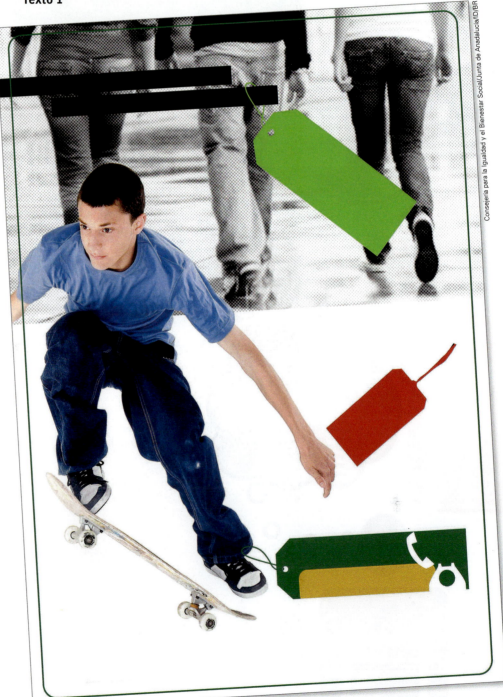

Consejería para la Igualdad y el Bienestar Social/Junta de Anadalucía/ID/BR

5 ■ Consumo consciente: ¿te sientes persuadido a comprar?

152

Texto 2

¡A formular hipótesis!

1. El texto 1 es una campaña institucional. Por la imagen, ¿qué idea crees que se defiende? ¿Qué tipo de institución haría esta campaña?

   _____

   _____

2. El texto 2 es un anuncio publicitario. Por la imagen, ¿qué producto se divulga? ¿Cuál es el área de actuación de la empresa que lo promociona?

   _____

   _____

A quien no lo sepa

La publicidad invade nuestras casas insistentemente a partir de folletos, páginas de periódicos, comerciales de radio y de tele, en los autobuses y taxis, en los muros, en los hoteles, o sea, en los espacios públicos y privados. Pero no siempre la publicidad aparece de forma apropiada o legal. Es importante, por lo tanto, aprender a leer críticamente los textos publicitarios, especialmente los anuncios.

153

> Red (con)textual

Ahora lee la propaganda institucional y el anuncio publicitario completos. Tu objetivo de lectura es observar cómo el texto escrito y las imágenes se articulan produciendo sentidos. Además, descubrirás el producto o idea que se vehicula en cada caso.

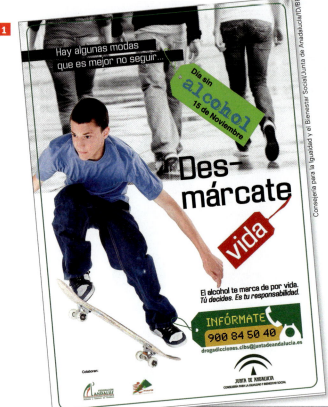

VOCABULARIO DE APOYO

Junta: conjunto de personas nombradas para dirigir los asuntos de una colectividad.

> **Tejiendo la comprensión**

	A quien no lo sepa

1. ¿Qué empresas o instituciones son responsables de la divulgación del anuncio y de la campaña publicitaria? ¿De qué países son?
   _____
   _____

2. El Grupo General de Seguros S.A. vende seguros de automóviles, pólizas hogar, servicios de transportes de mercaderías y combinados comerciales.

    a) ¿El anuncio es específico para alguno de estos productos? Justifica tu respuesta.
    _____
    _____

    b) ¿A qué tipo de público se destina este producto?
    _____

3. ¿A qué público se destina la campaña de la Junta de Andalucía? Justifícalo con base en la descripción de la campaña.
   _____
   _____

4. En el texto para la venta de seguros:

    a) ¿Qué verbo se relaciona con la idea de seguridad? _____

    b) ¿Qué prenda de vestir se relaciona con la idea de seguridad? _____
    _____

5. Relee nuevamente el anuncio 2 y observa la imagen de la campera.

    a) Se podría inferir que la estación del año en la que se publicó dicho anuncio es:

    ( ) el verano   ( ) el otoño   ( ) la primavera   ( ) el invierno

    b) Explica qué elementos te permiten afirmarlo.
    _____
    _____

6. En el área de la publicidad es común el uso de algunos recursos del lenguaje. Uno de ellos es la **metonimia**. Investiga el significado de este concepto y explica de qué forma lo utilizan en el anuncio 2.
    _____

7. En la propaganda de la Junta de Andalucía se hace uso de imágenes que simbolizan un elemento del mundo de la moda. ¿Cuál?
    _____

A quien no lo sepa

Andalucía es una comunidad autónoma de España. La Consejería para la Igualdad y Bienestar Social de la Junta de Andalucía lanzó una campaña en contra del consumo de alcohol para concienciar a los jóvenes de los peligros del alcohol. Se valieron de carteles, folletos informativos y otros medios publicitarios.

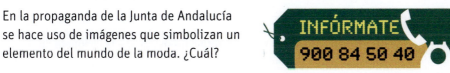

8. En la publicidad, una imagen puede remitirnos a otras. ¿Qué representa el número presente en una de las etiquetas?

_____

9. El verbo **marcar** se usa en dos momentos de la propaganda institucional:

a) Si cambiáramos este verbo por un sinónimo como **señalar**, ¿cambiaría algo en el sentido? Explica tu respuesta.

_____

_____

b) ¿Qué significa la expresión "de por vida"? Señala la opción que te parezca más adecuada al contexto.

( ) para siempre   ( ) nunca

10. Los textos de publicidad se caracterizan por llamar la atención del consumidor sobre el deseo de comprar determinados productos. De esta manera, tratan de persuadir al lector, es decir, usan diferentes lenguajes para lograr convencerlo de algo. A partir de los dos textos publicitarios leídos, ¿te sentiste persuadido?

_____

11. ¿Te consideras una persona consumista? ¿Gastas o consumes bienes que no siempre son necesarios?

_____

_____

Vocabulario en contexto

Has visto que en el anuncio se usó la imagen de una prenda de vestir (la campera) para vender su producto (el seguro). Señala qué otras prendas de vestir también serían adecuadas como imagen para el anuncio:

abrigo

capa de lluvia

chaleco

El español alrededor del mundo

En Paraguay, Bolivia, Chile, Argentina y Uruguay se usa la voz **campera** para designar a la chaqueta de uso informal o deportivo. En España, se suele usar la voz **chaqueta**.

Gramática en uso

El imperativo

En el lenguaje publicitario y en la propaganda hay varias estrategias lingüísticas para convencer y persuadir al lector de que compre un producto o acepte una idea. Observa los verbos usados en los dos textos estudiados:

> Desmárcate – No te preocupes...

1. ¿Qué modo verbal se usa? Señala la opción correcta:

( ) infinitivo ( ) gerundio ( ) imperativo

2. El **imperativo** es el modo verbal que se utiliza, dependiendo del contexto, para instruir, aconsejar, ordenar, permitir y rogar, entre otras funciones. ¿Con qué intención se usa este modo verbal en las publicidades leídas?

_____

3. En los dos textos, ¿en qué persona gramatical están conjugados los verbos? Señálala y, utilizando tus conocimientos sobre pronombres y conjugación verbal, explica por qué elegiste tal opción.

( ) tú ( ) usted

_____

4. ¿Qué texto expresa un consejo a partir de la afirmación? _____

5. ¿Qué texto expresa un consejo a partir de la negación?_____

Formación del imperativo afirmativo

El imperativo se usa solamente con **tú**, **vos**, **usted**, **nosotros(as)**, **vosotros(as)** y **ustedes**. Observa la formación de sus formas afirmativas:

Tú – se quita la **-s** del presente de indicativo:

> Verbos de 1ª conjugación (**-ar**): Tú salt**as** muy alto. – Salt**a** más alto.
> Verbos de 2ª conjugación (**-er**): Tú com**es** el chocolate. – Com**e** el chocolate.
> Verbos de 3ª conjugación (**-ir**): Tú escrib**es** la tarjeta. – Escrib**e** la tarjeta.

Formas irregulares específicas del imperativo de **tú**:

Decir	Hacer	Poner	Salir	Ser	Tener	Venir	Ir
di	haz	pon	sal	sé	ten	ven	ve

Usted – cambian las vocales de la terminación respecto al imperativo de **tú**.

> Habl**a** (tú) con ella. – Habl**e** (usted) con ella.
> Com**e** (tú) las manzanas. – Com**a** (usted) las manzanas.
> Viv**e** (tú) mejor. – Viv**a** (usted) mejor.

Algunas formas irregulares:

Decir	Hacer	Poner	Salir	Ser	Tener	Venir	Ir
diga	haga	ponga	salga	sea	tenga	venga	vaya

157

Ustedes – se le añade una **-n** al imperativo singular **usted**:

> Hable (usted) con ella. – Hable**n** (ustedes) con ella.
> Coma (usted) las manzanas. – Coma**n** (ustedes) las manzanas.
> Viva (usted) mejor. – Viva**n** (ustedes) mejor.
> Tenga (usted) cuidado. – Tenga**n** (ustedes) cuidado.

Nosotros(as) – se le añade la terminación **-mos** al imperativo de **usted**.

> Hable (usted) con ella. – Hable**mos** (nosotros/as) con ella.
> Coma (usted) las manzanas. – Coma**mos** (nosotros/as) las manzanas.
> Viva (usted) mejor. – Viva**mos** (nosotros/as) mejor.
> Haga (usted) lo que hay que hacer. – Haga**mos** (nosotros/as) lo que hay que hacer.

Vosotros(as) – se sustituye la **-r** del infinitivo por **-d**:

> Cantar – Canta**d** (vosotros/as).   Correr – Corre**d** (vosotros/as).   Partir – Parti**d** (vosotros/as).

Vos – sus formas siempre terminan en vocal acentuada, que coincide con la del verbo en infinitivo:

> Saltar – Salt**á** (vos) más alto.   Comer – Com**é** (vos) el chocolate.   Escribir – Escrib**í** (vos) el aviso.

Otros ejemplos: hac**é** (hacer), pon**é** (poner), ten**é** (tener), sal**í** (salir), dec**í** (decir), ven**í** (venir). Con el verbo **ir**, se suele usar la forma **andá**.

6. Completa la siguiente tabla con la conjugación de los verbos en imperativo afirmativo:

Pronombres / Verbos	Trabajar	Comprar	Comer	Consumir	Morir
Tú	trabaja	compra	come	consume	muere
Vos					morí
Usted					muera
Nosotros(as)					muramos
Vosotros(as)					morid
Ustedes					mueran

7. ¿Qué tipo(s) de irregularidad(es) ocurre(n) en la conjugación del verbo **morir** en el **imperativo afirmativo**? ¿En qué personas gramaticales ocurre(n) esa(s) irregularidad(es)?

_____

_____

_____

Formación del imperativo negativo

Para dar instrucciones en el **imperativo negativo** hay que usar algunas palabras de negación delante del verbo, tales como: **no**, **nunca**, **jamás**, **ni** y **tampoco**.

Verbos de 1ª conjugación (-ar)

Después de sacarles la terminación -**ar**, se producen los siguientes cambios:

I.   Tú y vos: se les añade la terminación -**es** al radical: habl**ar** – **no** habl**es**.
II. Usted: se le añade la terminación -**e** al radical: compr**ar** – **no** compr**e**.
III. Nosotros(as): se le agrega la terminación -**emos** al radical: pens**ar** – **no** pens**emos**.
IV. Vosotros(as): se le añade la terminación -**éis** al radical: continu**ar** – **no** continu**éis**.
V.   Ustedes: se le añade la terminación -**en** al radical: grit**ar** – no grit**en**.

8. Conjuga estos verbos de 1ª conjugación en la siguiente tabla:

Verbos / Pronombres	Comprar	Olvidarse
Tú/Vos		
Usted		
Nosotros(as)		
Vosotros(as)		
Ustedes		

> En la *Chuleta Lingüística*, p. 333, se amplía esta sección con más explicaciones sobre la formación del imperativo afirmativo y negativo, y con actividades para entrenar la conjugación de los verbos irregulares. Además, hay una tabla con las reglas de acentuación.

Verbos de 2ª y 3ª conjugación (-er, -ir)

Con los verbos de segunda y tercera conjugación (respectivamente terminados en -**er** e -**ir**) la regla es casi la misma, solo difiere la vocal respecto a los verbos terminados en -**ar**.

9. Observa el ejemplo e intenta completar los demás espacios de esta tabla:

Verbos / Pronombres	Beber	Escribir
Tú/Vos		
Usted	no beba	no escriba
Nosotros(as)		
Vosotros(as)		
Ustedes		

¡Ojo!

- Tanto en el singular como en el plural del imperativo afirmativo, los pronombres van pospuestos al verbo.

  Desmárca**te** (tú).   Desmarqué**monos** (nosotros/as).
  Desmarca**te** (vos).   Desmarca**os** (vosotros/as).
  Desmárque**se** (usted).   Desmárquen**se** (ustedes).

- En algunas de las zonas donde se utiliza **vos**, también se utilizan las terminaciones -**és** (verbos terminados en -**ar**) y -**ás** (verbos terminados en -**er** o -**ir**). En este caso, algunas irregularidades dejan de afectarlos:

  pensar – no pienses – no pens**és**   contar – no cuentes – no cont**és**   volver – no vuelvas – no volv**ás**

- En el imperativo negativo, cuando el verbo va con pronombres, estos van entre la partícula negativa y el verbo. Ejemplo: preocuppar**se** – no **te** preocupes/és (tú/vos); no **se** preocupe (usted); no **nos** preocupemos (nosotros/as); no **os** preocupéis (vosotros/as); no **se** preocupen (ustedes).

> Escritura

> Conociendo el género

- **Género textual:** Campaña institucional
- **Objetivo de escritura:** Vender una idea
- **Tema:** Prejuicio
- **Tipo de producción:** Interacción en tríos
- **Lectores:** Comunidad escolar

1. En la publicidad, el lenguaje es ágil, sintético y se relaciona directamente con la imagen. A continuación, hay tres campañas. Relaciona las frases de abajo con las imágenes. Luego, oralmente, discutan qué elementos de las imágenes se asocian a ellas.

( ) **Con el alcohol puedes descubrir nuevas sensaciones.**

( ) **Ambiente libre de humo de tabaco.**

( ) **Basta una copa de alcohol para que confundas la realidad.**

2. Una campaña se diseña para alcanzar un conjunto de objetivos y resolver algún problema crucial. Relee las campañas y haz lo que se te pide:

a) Circula las frases de efecto, que son breves y originales.

b) Subraya la identificación del emisor del mensaje.

c) Describe oralmente las imágenes y di qué problema crucial se intenta resolver en cada caso.

> ## Planeando las ideas

1. Es muy importante pensar a qué tipo de público van dirigidas las campañas. Lee algunas e identifícalo:

_____
_____
_____

_____
_____
_____

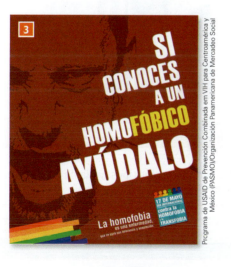

_____
_____
_____

_____
_____
_____

2. Antes de la escritura de la campaña, en tríos definan:
   a) a qué público se dirigirá;
   b) una frase de efecto;
   c) el nombre del grupo emisor del mensaje;
   d) qué imágenes usarán.

161

Vocabulario en contexto

Las campañas aparecen en varios lugares y tipos de portadores de textos. Observa las siguientes imágenes y escribe debajo de cada una el nombre que le corresponda:

tríptico – valla publicitaria – afiche – banderola

El español alrededor del mundo

A la **valla publicitaria** también se le llama **panel publicitario**. Las hay de varios tipos: valla de ocho paños, valla inflable, valla de muro, valla de monoposte, valla biposte y valla digital.

Gramática en uso

1. En la escritura de los eslóganes de tu campaña, podrás hacer uso de algunas estrategias del lenguaje, como la repetición de palabras. Relee:

   "Hacé que jugar no sea jugarse la vida."

   a) ¿Qué verbo se repite?

b) ¿Hay alguna diferencia en la escritura de dicho verbo?

_____

_____

c) ¿Qué diferencia de sentido hay entre esas dos formas? Explícala a partir del contexto de la campaña leída.

_____

_____

2. Investiga y descubre la diferencia entre los verbos a continuación. Después, formula posibles eslóganes con cada pareja de verbos:

a) dormir y dormirse

_____

_____

_____

b) matar y matarse

_____

_____

_____

c) querer y quererse

_____

_____

_____

d) acordar y acordarse

_____

_____

En la *Chuleta Lingüística*, p. 335, se amplía esta sección con actividades sobre este tema.

> Taller de escritura

En tríos, ustedes crearán una campaña en contra de algún tipo de prejuicio (racial, económico, de género, de sexo…). Recuerda que se puede utilizar el imperativo. Elijan el soporte de texto que usarán (afiche, valla publicitaria, cartel, tríptico…).

> (Re)escritura

Relee tu texto, verifica si no hay errores, si está bien construido, si hace pensar y si defiende bien la idea de oponerse a los prejuicios. Luego, preséntalo ante la clase.

CAPÍTULO

10 Patrones de belleza: ¿hay uno ideal?

- **Género textual:** Letra de canción
- **Objetivo de lectura:** Identificar vocabulario de moda y belleza y organizar la letra
- **Tema:** Patrones de belleza

> Escucha

> ¿Qué voy a escuchar?

Reflexiona sobre estas cuestiones. Luego coméntalas oralmente con un(a) compañero(a):

a) ¿Qué papel juegan los medios de comunicación en la divulgación de un "ideal de belleza"?

b) ¿Te gusta la moda? ¿Sigues las últimas tendencias?

c) Vas a escuchar una canción sobre el acto de arreglarse. Se llama "Antes muerta que sencilla". ¿Qué significados le atribuirías a esta expresión? ¿Qué palabras pueden aparecer en una canción que aborde este tema?

> Escuchando la diversidad de voces

1. ⊙23 En la versión de la canción "Antes muerta que sencilla", cantada originalmente por María Isabel, se nombran algunos productos de belleza femeninos. Mientras la escuchas, señálalos:

moldeador — maquillaje — rímel
anillo — sombra de ojos — esmaltes
pintalabios — perfume — crema hidratante
collar — pulsera — polvo

Imágenes: Shutterstock.com/ID/BR

2. 🎵23 Escucha la canción nuevamente. Todas las estrofas están desordenadas, excepto los estribillos. Reordénalas numerándolas de 1 a 5.

Antes muerta que sencilla
(María Isabel)

Peluquería
Crema hidratante
Y maquillaje que es belleza al instante
Abre la puerta que nos vamos pa' la calle
Que a quién le importa lo que digan por ahí ( )

Antes muerta que sencilla, ay que sencilla, ay que sencilla
Antes muerta que sencilla, ay que sencilla, ay que sencilla

Y es la verdad porque somos así
Nos gusta ir a la moda, que nos gusta presumir
Que más nos da que digas tú de mí
De Londres, de Milano, San Francisco o de París ( )

El pintalabios
Toque de rímel
Moldeador como una artista de cine ( )

Muchos potajes de los de antes
Por eso yo me muevo así con mucho arte
Y si algún novio se me pone por delante
Le bailo un rato
Y unas gotitas de Chanel n. 4
¡Qué es más barato!
Que a quién le importa lo que digan por ahí ( )

Y hemos venido a bailar
Para reír y disfrutar
Después de tanto y tanto trabajar
Que a veces las mujeres necesitan
Una poquita, una poquita, una poquita, una poquita libertad ( )

Antes muerta que sencilla, ay que sencilla, ay que sencilla
Antes muerta que sencilla, ay que sencilla, ay que sencilla

MARÍA ISABEL. Antes muerta que sencilla. En: *No me toques las palmas que me conozco*, 2004.

VOCABULARIO DE APOYO

presumir: tener alto concepto de sí mismo. En portugués, una persona presumida es una persona *metida, convencida*. En la jerga juvenil, es alguien que se cree mejor que los demás. La expresión coloquial en portugués es *Fulano ou beltrana "se acha" ou "está se achando"*.

pa' la: "para la", forma muy común en la lengua oral, en contextos informales.

rato: en este contexto, un poquito, un corto espacio de tiempo.

La cantante **María Isabel** nació el día 4 de enero de 1995, en Ayamonte, Huelva, España. Fue la ganadora entre los once concursantes que competían para representar a España en el II Festival de Eurovisión Júnior. Tenía 9 años cuando compuso y presentó "Antes muerta que sencilla" en dicho festival.

> Comprendiendo la voz del otro

1. ¿Crees que desde niños ya somos influenciados por el mercado de la moda y de la vanidad? ¿Cuál debe ser, en tu opinión, el papel de los padres ante esa situación?

2. ¿Te parece bien que un niño o una niña se vista y se porte como un adulto? ¿Por qué?

3. La canción enfatiza el lado femenino de la vanidad. ¿Crees que los chicos también sufren presión social para ponerse "más guapos" y encajarse en los patrones de belleza?

4. ¿Los ideales de belleza son iguales para todo el mundo? ¿A todos les parecen bellas las mismas cosas o personas?

5. La canción cita las ciudades de Londres, Milano, San Francisco y París. ¿Por qué?

6. La letra comenta que después de tanto trabajar las mujeres necesitan un poco de libertad. ¿A qué tipo de "libertad" se refiere la canción? ¿Es una libertad completa? ¿Crees que las mujeres son más libres hoy que antiguamente?

7. ¿Cuál es la diferencia entre autoestima y exceso de vanidad o entre alguien vanidoso y alguien con amor propio? Para ayudarte a reflexionar, lee la siguiente opinión:

> Más de una vez, la vanidad traiciona nuestra prudencia y desenfoca nuestro interés. [...] Por ello, en pedir perdón vuelvo a insistir, porque, como Balzac solía decir, hay que dejar la vanidad a los que no tienen otra cosa que exhibir. Aunque no es menos cierto que la vanidad es el amor propio al descubierto.
>
> Disponible en: <http://jjuanmar.blogspot.com.br/2012/07/vanidad.html>. Acceso el 24 de junio de 2014.

Gramática en uso

Verbo *gustar*

1. Observa el siguiente verso presente en la letra de la canción:

> "**Nos** gusta ir a la moda, que **nos** gusta presumir"

a) ¿A qué pronombre personal se refiere el pronombre complemento **nos**? Señala la respuesta correcta:

( ) yo   ( ) vos

( ) nosotras   ( ) ellas

( ) tú   ( ) ella

( ) vosotras

b) En el contexto de la canción, ¿a quiénes les gusta ir a la moda y presumir?

_____

_____

_____

c) ¿El verbo **gustar** está flexionado en singular o plural? Justifica tu respuesta.

_____

_____

_____

2. La construcción del verbo **gustar** que se usa con más frecuencia en español es muy distinta a la del portugués:

> Me **gusta** este vestido.
>
> ¿Te **gustan** los chocolates?
>
> Le **gustan** las remeras rojas.
>
> Nos **gusta** comprar en mercadillos de pulga.
>
> ¿Os **gustan** los trajes oscuros?
>
> Les **gusta** salir de compras.

Observa las frases en que aparecen **gusta/gustan** e intenta completar la regla con estas palabras:

Se usa _____ con sustantivos **en singular** o verbos en **infinitivo**.

Se usa _____ con sustantivos en **plural** o con **dos o más sustantivos** en singular o plural.

Como se puede notar, al verbo **gustar** siempre lo precede un **pronombre complemento**, como **me**, **te**, **le**, **nos**, **os**, **les**, y lo puede seguir un sustantivo en singular o en plural, o un verbo, con el que ha de concordar.

167

3. Reflexiona sobre la construcción de oraciones con el verbo **gustar** y relaciona:

a) A mí me gusta el maquillaje.

b) A ti te gustan las sombras.

c) A ella le gustan las joyas.

d) A nosotras nos gusta la vida.

e) A vosotras os gustan sus ojos verdes.

f) A ellas les gusta mi rímel.

( ) Algunas cosas son objeto de agrado para ti.

( ) Algunas cosas son objeto de agrado para ella.

( ) Algunas cosas son objeto de agrado para vosotras.

( ) Alguna cosa es objeto de agrado para mí.

( ) Alguna cosa es objeto de agrado para nosotras.

( ) Alguna cosa es objeto de agrado para ellas.

Lo que sucede es que "aquello que gusta" es el **sujeto** de la oración, y "aquellos a quienes les gusta", el **objeto indirecto**.

Lee estas frases en las que aparece el verbo **gustar**, pero de forma distinta a la estudiada anteriormente:

> Me **gustas** como eres.
> ¿Te **gusto** yo?
> Me **gustas** tú.
> Te **gusto** un montón.

En ellas, el verbo **gustar** concuerda con la primera persona del singular (yo) **gusto** y la segunda persona del singular (tú) **gustas**, ya que el sujeto del verbo es la persona o cosa que da gusto.

> En la *Chuleta Lingüística*, p. 336, se amplía esta sección con más verbos que expresan sentimientos, intereses y sensaciones.

4. Lee el siguiente poema de un bloguero que juega con el funcionamiento del verbo **gustar**. Al final de cada verso en que aparece, escribe qué o quién(es) es/son el sujeto.

Del verbo gustar

Me gusta cuando me dices,
cuando me tientas,
cuando me escuchas.

Me gustas cuando me miras sin darme cuenta,
cuando me robas suspiros,
cuando me compras un cielo para mí sola.

Me gusto cuando no espero,
no quiero
no (te) deseo.

Me gusta lo que dibujan tus ojos,
lo que dicen tus manos,
lo que respira tu boca.

Me gustas aunque no quiera,
y aunque no te quiera me gustas.
Me gustas no porque quiero
sino porque así me sale.
Me gusto entreteniéndote,
sumergiéndote en pozos sin final,
inventándome colores de fuego.
Me gusto también en calma,
transformada,
vivida,
siempre viviendo.

Me gusta el invierno en tu tejado,
el sol en tu ventana indiscreta.
Me gustan tus ojos de primavera
y, sobre todo, el otoño de tus deseos.
De esos que se caen a trozos,
de trayectoria perenne,
y de fecha que no caduca.

Me gustas cuando buceas en mi horizontal,
cuando me encuentras.
Me gustas en blanco y negro,
en el claroscuro de mi vida.

Me gusta cuando me gustas,
cuando me gusto, te gusto.

Disponible en: <http://verdadosa.blogspot.com.br/2009/03/del-verbo-gustar.html>. Acceso el 25 de noviembre de 2013.

5. Ahora, relaciona las siguientes frases con su significado:

a) Es verdad. ¡Yo le gusto!

b) Tú le gustas, ¿sabes?

c) A mí me gustan los niños.

d) A nosotros nos gusta salir de compras.

(   ) Alguna cosa/persona/acción nos agrada a nosotros.

(   ) Tú eres el objeto de gusto o agrado de alguien.

(   ) Yo soy el objeto de gusto o agrado de alguien.

(   ) Algunas cosas o personas son objeto de agrado para mí.

Vocabulario en contexto

Observa estos productos de belleza y accesorios femeninos. ¿Dónde va cada uno? Escribe el nombre de los productos y accesorios donde correspondan:

máscara de pestañas – horquilla – brillo – polvo – diadema – colorete – delineador – pulsera – reloj

Para los labios:
_____

Para los ojos:
_____

Para los cachetes:
_____

Para la muñeca:
_____

Para el pelo:
_____

> Oído perspicaz: el español suena de maneras diferentes

La *r*

1. 🎧24 Observa estas palabras, entresacadas de la canción "Antes muerta que sencilla". Escucha el audio y repítelas, prestando atención al sonido de la **r**:

   > rímel – moldeador – artista – peluquería – crema hidratante –
   > abre – puerta – importa – muerta – verdad – porque – ir – presumir –
   > Londres – San Francisco – París – bailar – para – reír – disfrutar –
   > trabajar – mujeres – libertad – arte – rato – barato

2. Marca con una cruz (**X**) la opción correcta:
   La **r** inicial de las palabras ( ) es vibrante simple ( ) es vibrante múltiple
   La **r** entre vocales ( ) es vibrante simple ( ) es vibrante múltiple

3. 🎧25 Ahora escucha estas palabras fijándote una vez más en la pronunciación de la **r**. ¿Después de qué consonantes debemos pronunciar la **r** más fuerte, como vibrante múltiple?

   > abrazo – entrevista – alrededor – enredar – secreto – cuadro – fresco

4. 🎧26 Observa dos maneras distintas de pronunciar la **r** en final de palabras. Una de ellas se parece a la que se escucha algunas veces en la canción. ¿Qué diferencias hay?

   > bailar – trabajar – presumir

El dígrafo *rr*

5. 🎧27 El dígrafo **rr** aparece solo entre vocales. Escucha algunas palabras y responde si el sonido es vibrante simple o vibrante múltiple.

   > parroquia – correos – carrera – barril – ferrocarril – becerro

   _____

6. 🎧28 Ahora escribe **r** o **rr** según lo que escuches:

   pe___o   pe___o
   aho___a   aho___a
   ca___o   ca___o
   ama___é   ama___é

> # Habla

> ## Lluvia de ideas

- **Género textual:** Diálogo de compra y venta
- **Objetivo de lectura:** Comprar, intercambiar y vender prendas de vestir
- **Tema:** Ir de compras
- **Tipo de producción:** Interacción en parejas

1. Lee el siguiente artículo:

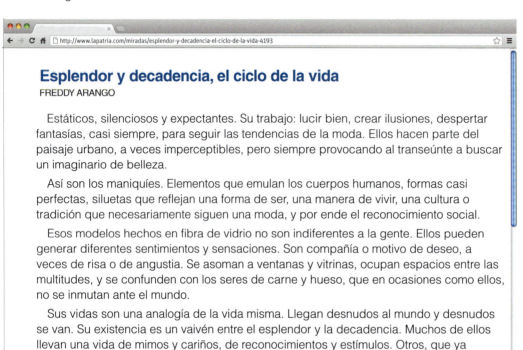

Esplendor y decadencia, el ciclo de la vida
FREDDY ARANGO

Estáticos, silenciosos y expectantes. Su trabajo: lucir bien, crear ilusiones, despertar fantasías, casi siempre, para seguir las tendencias de la moda. Ellos hacen parte del paisaje urbano, a veces imperceptibles, pero siempre provocando al transeúnte a buscar un imaginario de belleza.

Así son los maniquíes. Elementos que emulan los cuerpos humanos, formas casi perfectas, siluetas que reflejan una forma de ser, una manera de vivir, una cultura o tradición que necesariamente siguen una moda, y por ende el reconocimiento social.

Esos modelos hechos en fibra de vidrio no son indiferentes a la gente. Ellos pueden generar diferentes sentimientos y sensaciones. Son compañía o motivo de deseo, a veces de risa o de angustia. Se asoman a ventanas y vitrinas, ocupan espacios entre las multitudes, y se confunden con los seres de carne y hueso, que en ocasiones como ellos, no se inmutan ante el mundo.

Sus vidas son una analogía de la vida misma. Llegan desnudos al mundo y desnudos se van. Su existencia es un vaivén entre el esplendor y la decadencia. Muchos de ellos llevan una vida de mimos y cariños, de reconocimientos y estímulos. Otros, que ya cumplieron con su razón de ser, se cubren de polvo y olvido en algún rincón mientras el deterioro los acaba. Llega el momento de su reemplazo. La moda es otra, las formas cambian, hay que reconquistar al comprador y en el mundo de las banalidades, la imagen lo es todo.

Disponible en: <http://www.lapatria.com/miradas/esplendor-y-decadencia-el-ciclo-de-la-vida-4193>. Acceso el 25 de noviembre de 2013.

2. En esta sección, tu objetivo será comprar y/o vender ropa ecológica y prendas de vestir customizadas, pero antes reflexiona:

   a) ¿Qué piensas sobre el consumo consciente y la moda sostenible?

   _____

   b) ¿Sueles renovar o customizar prendas de vestir ya usadas? ¿Por qué customizar la ropa puede ser una alternativa interesante? Marca los motivos que te parezcan más importantes:

   ( ) Imprimirle a la ropa tu personalidad.
   ( ) Reutilizar de manera creativa.
   ( ) Ahorrar dinero.
   ( ) Llevar a cabo acciones sostenibles.
   ( ) Llevar prendas exclusivas.
   ( ) Reflexionar sobre el consumo.
   ( ) Ser original.
   ( ) Otros: _____.

Vocabulario en contexto

Lee los nombres de las prendas de vestir e identifica dónde están en la imagen. Luego podrás utilizarlos a la hora de hablar.

calzoncillos azules – bufanda amarilla – camiseta blanca – bragas negras – guantes verdes – camisa a rayas – vestido rosa – traje morado – corbata naranja – pijama a cuadros – zapatos sociales negros – abrigo violeta – pendientes dorados

El español alrededor del mundo

El vocabulario de prendas de vestir es muy extenso en lengua española y presenta muchas variedades. Para designar a la prenda interior femenina, en Argentina y Uruguay, se dice **bombacha**; en México, Colombia y Venezuela, se dice **pantaleta**; en España, se verifica la voz **braga**. En Chile, para el traje masculino, que es la combinación de saco o chaqueta y pantalón, se encuentra la voz **ambo**. En Puerto Rico, se dice **taco** a la pieza que se une a la sola del calzado en el calcañar. En España, se encuentra la voz **tacón**. En Argentina, Bolivia, Chile, Paraguay y Uruguay, se dice **soquete** al calcetín corto que cubre el pie hasta el tobillo.

Gramática en uso

1. Forma frases utilizando un elemento de cada columna:

Mi madre	son	baja y delgada.
Los jóvenes	lleva	una camisa a rayas.
Pablo y Juan	prefieren	los ojos azules.
Laura	tienen	la ropa moderna.
Mis amigos	es	altos y simpáticos.

2. Relaciona las dos columnas.

a) ¿Cómo me queda?	( ) Al fondo.
b) ¿Cuánto cuesta?	( ) De la 40.
c) ¿De qué talla?	( ) Te queda muy bien.
d) Buenas tardes, ¿qué desean?	( ) Con tarjeta de crédito.
e) ¿Dónde están los probadores?	( ) Doscientos pesos.
f) ¿Cómo va a pagar?	( ) Deseamos probarnos unos vestidos de fiesta.

En la *Chuleta Lingüística*, p. 337, se amplía esta sección con los pronombres complemento directo **lo, la, los, las**, para hablar de las prendas de vestir.

> ### Rueda viva: comunicándose

Vas a este mercadillo a comprar y/o vender ropa ecológica y prendas customizadas. Estás en un puesto hablando con el vendedor/cliente. Elige las cosas que vas a comprar, vender o intercambiar. Luego se practicará en parejas el diálogo entre vendedor y cliente.

pantalón vaquero – minifalda roja – chaqueta de cuero – sombrero marrón – camiseta del equipo de fútbol Barça – suéter de colores – vestido negro de fiesta

Disponible en: <http://mariadenoche.blogspot.com.br/2012/11/por-fin-mercadillosostenible-en.html>. Acceso el 8 de enero de 2013.

> ### ¡A concluir!

¿Tus compras son conscientes? ¿En la actividad anterior, compraste solo lo que realmente necesitabas?

La lectura en las selectividades

¿Sabías que la temática de los patrones de belleza, sexismo y prejuicios se hace presente en textos de selectividades diversas en Brasil? Así que tener este conocimiento previo es importante para comprender bien los textos y leerlos con más destreza.

> Cómo prepararse para superar los exámenes

A la hora de inscribirse en alguna selectividad, es necesario leer con mucha atención el *Manual do Candidato*. Es necesario saber todos los detalles, pues allí se informa el contenido programático que se exigirá en las pruebas, los libros de lectura obligatoria, además del local y los horarios de los exámenes. Los fiscales que trabajan durante la prueba son rigurosos y cierran las puertas puntualmente. Por eso, es necesario llegar al local con por lo menos una hora de antelación.

A continuación siguen cuatro textos. Léelos y contesta las preguntas.

Modelo de Prueba 1

Universidade Federal do Triângulo Mineiro (UFTM-MG), 2012.

Disponible en: <http://www.uftm.edu.br/upload/seletivo/ConhecGerais_inverno_2012_V1.pdf>. Acceso el 26 de abril de 2013.

Cada oveja con su pareja

Elvira Lindo

He leído varios estudios que se están haciendo en lo que viene a ser la zona de las montañas de Oregón, que son, por lo que leo, la Chueca[1] del mundo rupestre. Hasta allí han ido los científicos para estudiar el universo de la oveja. ¿Qué han encontrado? Que en la oveja se repite casi el mismo porcentaje gay que en el mundo de los humanos. Un 8% del rebaño. Eso ya lo sabían los ovejeros antes que los científicos. Los ovejeros habían notado que un tanto por ciento de machos en vez de montar a las hembras prefiere rozarse con otros machos o directamente penetrarlos.

El caso es que los científicos de las montañas de Oregón que sabían que en el cerebro gay el hipotálamo tiene una dimensión distinta que en el cerebro heterosexual, decidieron averiguar en qué momento de la vida de las ovejillas se produce esa diferencia. ¿Y qué descubrieron? aquí viene lo importante: que es en los tres primeros meses de gestación cuando el feto animal genera diferencias sexuales. A todo esto los ovejeros de Oregón que no tienen corazón y solo buscan el rendimiento máximo de sus rebaños piensan que con las ovejas gays pierden dinero, porque no se reproducen y, dado que la ganancia económica es la madre de la ciencia, los científicos empezaron a toquetear en el cerebro de los fetos para cambiarles durante la gestación el hipotálamo "sexual".

Estos descubrimientos de la homosexualidad de las ovejas son de los que alertan a todo el mundo. Las estadísticas dicen que la gente que cree que con la homosexualidad se nace es más proclive a ser comprensiva con los derechos de los gays que los que creen que es una elección a posteriori. Por otro lado, están aquellos colectivos gays que temen que de igual manera que ya se empiezan a encargar en algunos hospitales americanos embriones a la carta, los padres tengan la posibilidad en un futuro de solicitar que se le practique al feto la misma intervención que a las ovejas de Oregón a fin de que la criatura salga hetero y así poco a poco hacer desaparecer a los gays de la faz de la tierra. Por su parte, los científicos de las ovejas de Oregón dicen que las cuestiones morales no deben paralizar la investigación.

[1] Chueca es el nombre del barrio gay de la ciudad de Madrid, capital de España. www.elpais.com, 21/01/2007. Adaptado.

1. De acuerdo con el primer párrafo del texto se puede afirmar que:

a) los científicos descubrieron que el índice de homosexualidad entre las ovejas es casi el mismo que entre los humanos.

b) los científicos descubrieron la homosexualidad de las ovejas comparándola con los datos de los ovejeros.

c) los ovejeros descubrieron que la homosexualidad entre las ovejas solo ocurre en la zona de las montañas.

d) en el barrio de la Chueca pasa lo mismo que en la zona de las montañas de Oregón.

e) los científicos sabían antes que los ovejeros que 8% del rebaño ovejuno era homosexual.

La lectura en las selectividades

2. De acuerdo con el segundo párrafo del texto se puede afirmar que:

a) el caso de los científicos de las montañas de Oregón ha cambiado la forma como los ovejeros alimentan a las ovejas.

b) los ovejeros de Oregón piensan que con los homosexuales del mundo no se gana dinero porque no se reproducen.

c) los ovejeros tratan a las ovejas con el corazón aunque sepan que parte del rebaño es homosexual y no se reproduce.

d) tanto los científicos, como los ovejeros, son desalmados y actúan motivados solamente por el interés económico.

e) los científicos descubrieron que las diferencias sexuales son generadas durante el embarazo de las ovejas.

3. De acuerdo con el tercer párrafo del texto se puede afirmar que:

a) la gente que cree que la homosexualidad proviene de un factor genético es más tolerante con los derechos de los gays.

b) los padres que creen que la homosexualidad proviene de un factor genético son menos tolerantes con los derechos de los gays.

c) los científicos que creen que la homosexualidad es una elección no van a paralizar las investigaciones por cuestiones morales.

d) ahora ya se puede encargar embriones en algunos hospitales y solicitar que los futuros bebés sean heterosexuales.

e) ahora los padres tienen la posibilidad de poco a poco hacer desaparecer a los gays de la faz de la tierra.

Modelo de Prueba 2

Universidade Federal do Triângulo Mineiro (UFTM-MG), 2012.

Disponible en: <http://www.uftm.edu.br/upload/seletivo/ConhecGerais_inverno_2012_V1.pdf>. Acceso el 20 de diciembre de 2012.

La oveja negra

Augusto Monterroso

En un lejano país existió hace muchos años una **oveja negra**.

Fue fusilada.

Un siglo después, el rebaño arrepentido **le** levantó una estatua ecuestre que quedó muy bien en el parque.

Así, en lo sucesivo, cada vez que aparecían ovejas negras eran rápidamente **pasadas por las armas** para que las futuras generaciones de ovejas **comunes y corrientes** pudieran ejercitarse también en la escultura. (www.ciudadseva.com)

4. La expresión **oveja negra** que da título al relato suele ser empleada con el significado de:

a) persona desalmada, que no tiene conciencia; cruel e inhumana.

b) hombre o mujer notable por su excesiva belleza física.

c) persona cuyo marido o mujer le es infiel y lo consiente.

d) persona que en grupo difiere desfavorablemente de las demás.

e) persona que se atiene a las normas y de ideas poco originales.

5. El pronombre **le** en la tercera línea del texto hace referencia:

a) al hecho de arrepentirse.

b) a la oveja negra.

c) al rebaño.

d) al lejano país.

e) al pasar de los años.

6. La expresión **pasar por las armas** en la sexta línea del texto es sinónima de:

a) existir.

b) matar.

c) arrepentir.

d) aparecer.

e) ejercitar.

7. La expresión **comunes y corrientes** se refiere a lo que es:

a) especial.

b) sobrenatural.

c) general.

d) único.

e) específico.

8. La expresión **en lo sucesivo** en el tercer párrafo del texto podría sustituirse por:

   a) antes al contrario.

   b) antes.

   c) antes que nada.

   d) pues entonces.

   e) después.

9. Se puede afirmar que, metafóricamente, el texto trata del:

   a) derecho a la creación de ovejas de cualquier color, sean blancas o negras.

   b) uso indebido de las armas que hay en algunas sociedades modernas.

   c) derecho a la libertad y a las diferencias entre las personas de cualquier color o credo.

   d) uso indebido del dinero público en la construcción de estatuas ecuestres.

   e) falto de inversión de dinero en las artes plásticas y pictóricas en general.

Modelo de Prueba 3

Exame Nacional do Ensino Médio (Enem), 2010.

Disponible en: <http://download.uol.com.br/educacao/enem2010/provas/AZUL_Sabado.pdf>. Acceso el 2 de abril de 2014.

KangaROOS llega a México con diseños atléticos, pero muy *fashion*. Tienen un toque *vintage* con diferentes formas y combinaciones de colores. Lo más *cool* de estos tenis es que tienen bolsas para guardar llaves o dinero. Son ideales para hacer ejercicio y con unos jeans obtendrás un *look* urbano.

www.kangaroos.com
Revista *Glamour Latinoamérica*. México, mar. 2010.

10. O texto publicitário utiliza diversas estratégias para enfatizar as características do produto que pretende vender. Assim, no texto, o uso de vários termos de outras línguas, que não a espanhola, tem a intenção de:

    a) atrair a atenção do público alvo dessa propaganda.

    b) popularizar a prática de exercícios esportivos.

    c) agradar aos compradores ingleses desse tênis.

    d) incentivar os espanhóis a falarem outras línguas.

    e) enfatizar o conhecimento de mundo do autor do texto.

Modelo de Prueba 4

Universidade de Fortaleza (Unifor-CE), 2012.

Disponible en: <http://www.unifor.br/images/pdfs/vestibular2012.1_provageral.pdf>. Acceso el 2 de abril de 2014.

11. La viñeta demuestra que Gaturro se siente:

    a) contento con las preguntas de su dueño.

    b) nervioso por no saber contestar a las preguntas.

    c) seguro con la respuesta que ofrece.

    d) indeciso sobre su identidad.

    e) satisfecho con la comprensión de su dueño.

UNIDAD

6 Sabores y olores: ¿comes bien?

1. *La comida* (1619), del pintor español Diego Velázquez (1599-1660). Óleo sobre lienzo, 96 cm × 112 cm.

3. *Naturaleza muerta con perico y bandera* (1951), de la pintora mexicana Frida Kahlo (1907-1954). Óleo sobre lienzo, 25,4 cm × 29,7 cm.

En esta unidad:

- reflexionarás sobre los transgénicos, la alimentación y el hambre;
- observarás lienzos de algunos pintores hispánicos;
- leerás y producirás artículos de opinión;
- aprenderás algunos organizadores textuales y marcadores conversacionales;
- conocerás el vocabulario referente a comida y platos típicos;
- comprenderás la diferencia entre mercadillos y supermercados;
- estudiarás los sonidos de las letras *g* y *j*.

- **Transversalidad:** Temas locales
- **Interdisciplinaridad:** Biología y Química

¡Para empezar!

Imagínate en un museo que está exponiendo lienzos de pintores hispánicos de diversas épocas. Obsérvalos en sus detalles.

1. ¿Qué sentimientos te provocan estas pinturas?
2. Relaciona cada obra con su descripción.
   - ( ) Tiene un marcado acento realista. Su fondo oscuro contrasta con la claridad de la imagen en sí.
   - ( ) Tiene un marcado acento naturalista, con efectos de luz y sombra. Se la considera un bodegón, es decir, cuando se pintan objetos de uso cotidiano con naturalezas muertas.
   - ( ) Presenta una mesa decorada con una rica tarta de cumpleaños, algunas botellas verdes de gaseosa, un helado rosa voluptuoso y otros alimentos destinados a los invitados de una fiesta de niña.
   - ( ) Presenta un conjunto de frutas de colores vibrantes, además de la bandera mexicana, que marca la procedencia de los elementos representados en la pintura.
3. Si fueras el curador de esta muestra, ¿cómo la nombrarías?
4. ¿Qué lienzo te llamó más la atención? Descríbelo y explica la razón.
5. Si fueras a pintar un bodegón que representara la esencia de la gastronomía de tu país, región o ciudad, ¿qué elementos estarían presentes en tu pintura?

2. *La cesta de pan* (1945), del pintor español Salvador Dalí (1904--1989). Óleo sobre tabla, 34,7 cm × 43,5 cm.

4. *Feliz cumpleaños* (1971), del pintor colombiano Fernando Botero (1932-) Óleo sobre lienzo, 155 cm × 190 cm.

179

CAPÍTULO 11
Alimentos transgénicos, *fast-food*, comida sana: ¿sí o no?

- **Género textual:** Artículo de opinión
- **Objetivo de lectura:** Identificar si se está a favor o en contra de algo
- **Tema:** Transgénicos

› Lectura

› Almacén de ideas

1. ¿Sabes qué significa la palabra **transgénico**? Señala la respuesta correcta:
   - ( ) Parte de la biología que estudia las leyes de la herencia.
   - ( ) Algo que ha sido alterado genéticamente.
   - ( ) Ciencia que trata de los seres vivos y los estudia.

2. Observa las imágenes a continuación:

¿Por qué se puede afirmar que las imágenes representan alimentos transgénicos?

_____
_____
_____
_____

3. ¿Sabes para qué sirven los alimentos transgénicos? ¿Por qué se plantea la idea de cultivar alimentos transgénicos si existen los no transgénicos?

_____
_____
_____

4. La temática de los transgénicos es muy polémica: algunos están a favor, mientras que otros están en contra. En muchos géneros textuales se exponen los puntos de vista de alguien sobre una cuestión problemática.

   a) Señala los géneros que son de por sí argumentativos:

   ( ) noticia	( ) editorial	( ) nota
   ( ) artículo de opinión	( ) propaganda	( ) carta del lector
   ( ) mapa	( ) receta de cocina	( ) salmos

   b) ¿Qué otros temas consideras polémicos? Cítalos.

   _____
   _____

5. El título del artículo de opinión que leerás se titula "Los transgénicos no admiten generalizaciones". ¿Qué puede significar 'no admitir generalizaciones'?

_____
_____
_____
_____
_____

A quien no lo sepa

- Artículo de opinión, editorial y carta del lector no son lo mismo. El **editorial** es un texto en las primeras páginas de un periódico o revista que expresa la posición del periódico acerca de los hechos publicados. Marca la posición del periódico frente a los principales hechos del momento. La **carta del lector** es un texto que los lectores de un periódico escriben para opinar sobre alguna materia. No se contrata a un profesional para que opine como ocurre con el **artículo de opinión**.

- A las personas que expresan su opinión en los medios de comunicación se les llama **columnistas**. En el mundo hispánico hay columnistas muy conocidos que escriben semanalmente o mensualmente para periódicos conceptuados. Rosa Montero y Juan José Millás escriben para el periódico español *El País*; Beatriz Sarlo escribe para el periódico argentino *La Nación*; Alberto Aguilar y Maricarmen Cortés escriben para el periódico mexicano *El Universal*; Eduardo Lores y Francisco Miró Quisada escriben para el periódico peruano *El Comercio*.

181

> **Red (con)textual**

Lee el artículo de opinión de María de Lourdes Torres, columnista del periódico *El Universo*, de Quito, Ecuador. Tu objetivo de lectura es identificar si ella está a favor o en contra de los transgénicos.

ARTÍCULOS DE OPINIÓN

Los transgénicos no admiten generalizaciones
Reflexiones y propuestas

Miércoles 24 de octubre del 2012
María de Lourdes Torres – *Vicedecana y coordinadora de Biotecnología del Colegio de Ciencias Biológicas y Ambientales. Universidad San Francisco de Quito.*

Desde que el presidente Rafael Correa comentó que el artículo 401 de la Constitución (que declara al Ecuador como un país libre de cultivos y semillas genéticamente modificadas) requería ser revisado; y desde la difusión de un artículo recién publicado en la revista *Food and Chemical Toxicology* que habla sobre los supuestos efectos tóxicos de un tipo de maíz genéticamente modificado en ratas que fueron alimentadas con este producto en el laboratorio, el debate sobre los transgénicos ha revivido en el país. Varios son los artículos y entrevistas que se han publicado en la prensa, varios los debates que se han transmitido por diferentes radios y varios los foros que han organizado distintas organizaciones.

En realidad, que este tema haya despertado tanta atención es muy positivo porque refleja que es un asunto no resuelto en nuestro país. Sin embargo, según mi criterio, la mayoría de opiniones que se difunden recurre en un gran error: las generalizaciones. "Los transgénicos son veneno", "son buenos", "malos", "destruyen la biodiversidad", "atentan contra la soberanía alimentaria", "acabarán con el hambre", etcétera. Estas opiniones reflejan una falta de conocimiento serio de lo que es un organismo genéticamente modificado (OGM).

Un OGM es un organismo en el cual se ha introducido, mediante ingeniería genética, uno o más genes para conferirle nuevas características. Para entender a cabalidad esta definición es importante saber qué es un gen. Este es un segmento de ADN que codifica para una característica (color de una flor). ¿Y qué es el ADN?, una molécula compleja, que contiene información y que es el material hereditario de todos los seres vivos, desde la bacteria hasta el ser humano. En otras palabras, todos los seres vivos contamos con las mismas letras. Lo que cambia entre una especie y otra son las palabras que se forman. Por lo tanto, si se introduce un gen nuevo en una especie, los efectos positivos o negativos del mismo dependerán del significado. No todas las palabras son iguales, cada palabra tiene su significado específico y por lo tanto no podemos afirmar que todas las palabras son positivas ni lo contrario, y es por eso que las generalizaciones en los transgénicos son un grave error.

Es por este motivo que cada organismo genéticamente modificado requiere de un análisis individual de riesgo, caso por caso. En la actualidad existen bacterias, hongos, plantas y animales genéticamente modificados y todos estos requieren ser analizados correctamente antes de su uso, ya sea en el campo médico, industrial o alimenticio.

Sin embargo, por alguna razón que no me queda clara, el debate y la crítica se centran en los alimentos transgénicos que se derivan de plantas genéticamente modificadas.

En el 2011, 29 países cultivaron transgénicos en 160 millones de hectáreas, lo que representó un 8% de aumento en relación al 2010.

Hay que decir también que al momento este mercado maneja pocas especies y pocas características nuevas, los ejemplos más relevantes son la soya RR (con tolerancia al glifosato) y el maíz Bt (resistente a ciertas plagas producidas por diferentes tipos de polillas).

Pero no hay que olvidar que en muchísimos laboratorios alrededor del mundo hay desarrollos interesantísimos que van más allá de estos ejemplos y que representan iniciativas de grupos de investigación que no solo pertenecen a las grandes transnacionales.

Por citar solo uno, en pocos meses se comercializará en Brasil una variedad de fréjol genéticamente modificada, desarrollada íntegramente por una institución pública, en una variedad agrícola de interés para agricultores brasileños y con beneficios claros para el productor y el consumidor. Esta nueva variedad contribuye a la soberanía alimentaria de Brasil, no la destruye.

Entonces, no dejemos que fotografías de ratas con tumores, dibujos de plantas con modificaciones malévolas, afirmaciones alarmistas y extremistas sin sustento invadan nuestra inteligencia e imaginación.

Es hora de que el Ecuador trate este tema de forma seria, que digamos NO a la desinformación que consigue atemorizarnos, que nos liberemos de los criterios radicales y que construyamos un verdadero sistema nacional de bioseguridad. Sistema que asegure que si consumimos o utilizamos un OGM, este haya sido analizado correctamente, que no permita la entrada de OGM que no satisfagan nuestros intereses y que viabilice la investigación en este campo a nivel nacional.

Pero esto no se alcanza incorporando artículos aislados en diferentes cuerpos legales, incluyendo nuestra Constitución, sino siendo capaces de establecer un diálogo constructivo entre todos los sectores involucrados en esta temática.

No dejemos que la falta de claridad siga guiando este tema en el Ecuador. Seamos nosotros, los ciudadanos, quienes demandamos de las autoridades no seguir postergando las acciones que conduzcan al manejo informado y seguro de este tema.

Disponible en: <http://www.eluniverso.com/2012/10/24/1/1363/transgenicos-admiten-generalizaciones.html>. Acceso el 4 de diciembre de 2013.

> ## Tejiendo la comprensión

1. Según la autora, ¿por qué ha revivido en Ecuador el debate sobre los transgénicos?

2. ¿Quién es la articulista? ¿Es una persona común o una experta en biotecnología?

3. ¿Cuál es el objetivo principal del texto?

( ) Difundir los peligros de los transgénicos, ya que destruyen la biodiversidad y actúan como veneno en el organismo humano.

( ) Defender la necesidad de que un país sea libre para cultivar transgénicos y usarlos con el fin de acabar con el hambre en el mundo.

( ) Sostener que las generalizaciones sobre los transgénicos son un gran error, puesto que estas opiniones reflejan la falta de conocimiento serio sobre el asunto.

VOCABULARIO DE APOYO

Hongo: tipo de ser vivo de reproducción generalmente asexual que suele ser parásito.

Glifosato: tipo de herbicida.

Polillas: nombre común de diversas especies de insectos lepidópteros nocturnos de pequeño tamaño.

Fréjol: lo mismo que judía, poroto, frijol o alubia en otras variedades del español.

4. ¿Qué es un organismo genéticamente modificado (OGM)?

5. En "Para entender a cabalidad esta definición es importante saber qué es un gen", ¿qué significa la expresión "a cabalidad"?

6. Según la autora, ¿por qué no se debe generalizar diciendo que los transgénicos son buenos o son malos?

7. ¿Dónde podemos encontrar organismos genéticamente modificados?

8. Para la articulista, ¿cómo debe actuar su país, Ecuador, respecto a la ingeniería genética?

9. Se pueden entrever en el texto argumentos a favor y en contra de los transgénicos. Ordénalos en el cuadro.

> "destruyen la biodiversidad" – "atentan contra la soberanía alimentaria" – "fotografías de ratas con tumores" – "contribuye a la soberanía alimentaria" – "acabarán con el hambre" – "dibujos de plantas con modificaciones malévolas" – "un país debe ser libre para investigar y cultivar los transgénicos" – "beneficios claros para el productor y el consumidor"

Argumentos a favor de los transgénicos	Argumentos en contra de los transgénicos

10. ¿Qué piensas tú sobre este tema? ¿Estás a favor o en contra de las investigaciones sobre los transgénicos? ¿Por qué?

Gramática en uso

Organizadores del texto o marcadores textuales

En los textos argumentativos, como es el caso del artículo de opinión, se suelen usar organizadores del texto para articular la conexión entre tesis y argumentos, argumentos y contraargumentos, argumentos y conclusión. María de Lourdes Torres hace uso de las siguientes expresiones para contrastar ideas, concluirlas, añadir informaciones, ejemplificar, explicar y señalar causas:

> porque – sin embargo – por lo tanto – por eso – es por este motivo – por citar solo uno –
> hay que decir también – pero – entonces – sino – no hay que olvidar que

1. Relee el artículo de opinión. Tu objetivo es subrayar esas expresiones en el texto y observar cómo se usan. Después, escríbelas en su grupo específico:

Grupo A: Contrastar ideas, indicando cambio de opinión	
Grupo B: Concluir ideas	
Grupo C: Añadir informaciones	
Grupo D: Ejemplificar	
Grupo E: Explicar	
Grupo F: Señalar causas	

Contrastar ideas, indicando cambio de opinión

En el artículo de opinión que leíste hay tres conectores de ideas opuestas que marcan la importancia de una idea sobre la otra: **sin embargo, pero** y **sino**.

Sin embargo

Se usa, normalmente, al inicio de los enunciados para contraponer ideas. Además, su uso demuestra preocupación por el lenguaje culto. Observa:

> **"En realidad, que este tema haya despertado tanta atención es muy positivo porque refleja que es un asunto no resuelto en nuestro país. Sin embargo, según mi criterio, la mayoría de opiniones que se difunden recurre en un gran error: las generalizaciones."**

2. En lugar de **sin embargo**, se puede usar también otro conector, de igual valor. Lee las dos frases a continuación y, con la ayuda de un diccionario, elige la opción en la que el contraste de ideas se mantiene:

( ) En realidad, que este tema haya despertado tanta atención es muy positivo porque refleja que es un asunto no resuelto en nuestro país. **No obstante**, según mi criterio, la mayoría de opiniones que se difunden recurre en un gran error: las generalizaciones.

( ) En realidad, que este tema haya despertado tanta atención es muy positivo porque refleja que es un asunto no resuelto en nuestro país. **Mientras que**, según mi criterio, la mayoría de opiniones que se difunden recurre en un gran error: las generalizaciones.

185

Pero y sino

3. Los usos de los conectores **pero** y **sino** son distintos y no se puede usar uno en lugar del otro. Observa:

> "… Sistema que asegure que si consumimos o utilizamos un OGM, este haya sido analizado correctamente, que no permita la entrada de OGM que no satisfagan nuestros intereses y que viabilice la investigación en este campo a nivel nacional.
>
> **Pero** esto no se alcanza incorporando artículos aislados en diferentes cuerpos legales, incluyendo nuestra Constitución, **sino** siendo capaces de establecer un diálogo constructivo entre todos los sectores involucrados en esta temática…"

Ahora, escribe el conector donde se presenta su explicación de uso:

El conector _____ se usa para presentar una nueva información que contrasta con otra anterior, pero no la niega ni la corrige.

El conector _____ se usa para negar o corregir una parte de la información presentada anteriormente y sustituirla.

> En la *Chuleta Lingüística*, p. 338, se amplía esta sección con explicaciones y actividades sobre los usos de **sino** y **sino que**.

4. Observa este fragmento, en el que aparece el conector **pero** en el artículo:

> "Hay que decir también que al momento este mercado maneja pocas especies y pocas características nuevas, los ejemplos más relevantes son la soya RR (con tolerancia al glifosato) y el maíz Bt (resistente a ciertas plagas producidas por diferentes tipos de polillas).
>
> **Pero** no hay que olvidar que en muchísimos laboratorios alrededor del mundo hay desarrollos interesantísimos que van más allá de estos ejemplos y que representan iniciativas de grupos de investigación que no solo pertenecen a las grandes transnacionales".

¿Es posible sustituirlo por el conector **y** sin que haya cambios de sentido? Justifica tu respuesta.

_____

_____

_____

Concluir ideas

5. Relee los siguientes fragmentos del artículo de opinión en que aparecen conectores que, en el contexto, señalan idea de conclusión.

> "**Entonces**, no dejemos que fotografías de ratas con tumores, dibujos de plantas con modificaciones malévolas, afirmaciones alarmistas y extremistas sin sustento invadan nuestra inteligencia e imaginación."
>
> "No todas las palabras son iguales, cada palabra tiene su significado específico y **por lo tanto** no podemos afirmar que todas las palabras son positivas ni lo contrario…"

¿Qué conectores pueden sustituir **entonces** y **por lo tanto** en estas oraciones? Señálalos:

( ) Al fin y al cabo ( ) Por lo dicho ( ) Para eso ( ) Para que

6 ▪ Sabores y olores: ¿Comes bien?

Añadir informaciones

En su artículo, María de Lourdes Torres usa las expresiones **hay que decir también** y **no hay que olvidar que** para añadir más argumentos. Lee una parte de otro artículo de opinión, intitulado "Alimentos transgénicos, ¿buenos o malos?" y señala la expresión que también agrega informaciones.

> **"Los alimentos modificados genéticamente son sometidos a una serie de rigurosos análisis y estudios que determinan su seguridad y que son la base para permitir su comercialización en el mercado. Además, las entidades regulatorias ejercen una especial 'fiscalización' de los productos en los que ha intervenido de alguna u otra forma la biotecnología para evitar cualquier tipo de riesgo."**
>
> Disponible en: <http://www.lostiempos.com/diario/actualidad/vida-y-futuro/20100502/alimentos-transgenicos-buenos-o-malos-_68538_125873.html>. Acceso el 25 de junio de 2014.

Ejemplificar

Se pueden usar ejemplos para argumentar en un texto de opinión.

6. ¿Qué expresiones pueden introducir un ejemplo? Señálalas:

( ) por citar solo uno   ( ) por ejemplo   ( ) en realidad

7. Relee el siguiente párrafo del artículo:

> **"Por citar solo uno, en pocos meses se comercializará en Brasil una variedad de fréjol genéticamente modificada, desarrollada íntegramente por una institución pública, en una variedad agrícola de interés para agricultores brasileños y con beneficios claros para el productor y el consumidor. Esta nueva variedad contribuye a la soberanía alimentaria de Brasil, no la destruye."**

¿Se podría sustituir la expresión **por citar solo uno** por la expresión **para ejemplificar** sin alteración de sentido? Para contestar a esta pregunta, considera que la primera expresión articula este párrafo con el anterior.

_____

_____

Explicar y señalar la causa

En el artículo de opinión que has leído, aparecen algunas explicaciones y causas. Para explicar la causa de algo o señalarla, el operador más común es **porque**. Fíjate:

Parte 1		Parte 2
En realidad, que este tema haya despertado tanta atención es muy positivo	porque	refleja que es un asunto no resuelto en nuestro país.

8. Identifica la causa en el enunciado anterior.

_____

_____

9. ¿El conector **porque** podría cambiarse por **por eso**? ¿Por qué?

_____

_____

_____

187

Vocabulario en contexto

1. El Reino Animal está compuesto por todos los animales, que pueden clasificarse en vertebrados e invertebrados. ¿Te acuerdas de tus clases de Biología? Los vertebrados se organizan en mamíferos, peces, aves, anfibios y reptiles. En tríos y con un dado de seis caras en manos, tendrán que decir a qué grupo de vertebrados pertenecen los animales de las fotos:

2. ¡A estudiar los mamíferos! En una computadora con acceso a internet, visita el sitio electrónico <http://cplosangeles.juntaextremadura.net/web/edilim/curso_3/cmedio/animales_vertebrados_3/mamiferos/mamiferos.html> (acceso el 25 de junio de 2014) y haz las actividades.

Escritura

> Conociendo el género

Lee el siguiente artículo de opinión y colorea las tres partes principales del texto argumentativo: introducción, desarrollo o cuerpo argumentativo y conclusión.

- **Género textual:** Artículo de opinión
- **Objetivo de escritura:** Defender un punto de vista
- **Tema:** ¿Comida sana en la merienda escolar?
- **Tipo de producción:** Individual
- **Lectores:** Las cocineras del colegio

ARTÍCULOS DE OPINIÓN

Transgénicos en el plato

17.01.11 - 02:00

JUAN QUINTANA CAVANILLAS | DIRECTOR DE LA FUNDACIÓN ANTANA.
DR. INGENIERO AGRÓNOMO

Salimos de una época del año donde la alimentación ha jugado un papel importante en nuestros hogares. En este singular momento el debate alimentario suele tomar fuerza y, en este contexto, los alimentos transgénicos y su presencia en la cesta de la compra no pasan desapercibidos.

El consumidor se suele plantear dos cuestiones sobre este asunto: qué cantidad de alimentos transgénicos están en el mercado y si es posible diferenciarlos para poder decidir si comprarlos o no. La norma vigente en la Unión Europea exige que cualquier alimento que incorpore más del 0,9% de elementos transgénicos esté etiquetado, de acuerdo con los Reglamentos (CE) n. 1829/2003 y 1830/2003. En Estados Unidos el caso es diferente, ya que hacen valer el criterio científico de que los alimentos transgénicos son sustancialmente iguales a los convencionales, por lo que no existe obligación de informar en el etiquetado sobre la composición transgénica parcial o total.

Por otro lado, también se cuestiona si la experimentación en este tipo de alimentos es suficiente para el tiempo que llevan en el mercado. En este sentido se podría contribuir a la reflexión con un ejemplo. ¿Qué habría pasado si para aprobar el uso de la penicilina se hubieran requerido, por ejemplo, 75 años? Pues que solo hace 7 años que la utilizaríamos, y que decenas de millones de personas de todo el mundo habrían fallecido por infecciones en los tres cuartos de siglo precedentes.

Los alimentos transgénicos llevan en el mercado más de quince años, a lo que hay que añadir todos los años previos de experimentación y validación. En todo este periodo no se ha detectado ningún efecto negativo para la salud humana, tal como en cada caso garantizó la ciencia antes de ser aprobados. Pero no nos olvidemos que son necesarios muchos años de investigación, experimentación y evaluación para que uno de estos productos entre en el mercado. Unas garantías que en la Unión Europea nos proporciona la Autoridad Europea de Seguridad Alimentaria (EFSA), una organización científica independiente que se encarga de que todo lo que consumimos, transgénico o no, tenga los máximos niveles de seguridad y en la que, según los últimos datos del Eurobarómetro 2010, confía más de las tres cuartas partes de la población europea.

Para finalizar, una respuesta personal a una pregunta también frecuente en este debate: ¿comería alimentos transgénicos? La respuesta para mí es sencilla. Sí, si me gusta su relación calidad/precio, como con cualquier otro alimento. En cualquier caso, la realidad en la UE es que los alimentos transgénicos son todavía una ínfima parte de la oferta gastronómica, y en cualquier caso el consumidor tiene posibilidad y libertad para no comprarlos, ya que el etiquetado existe, está regulado y se aplica.

Disponible en: <http://www.diariovasco.com/v/20110117/opinion/articulos-opinion/transgenicos-plato-20110117.html>. Acceso el 24 de junio de 2014.

Gramática en uso

A la hora de escribir tu texto argumentativo, se hace necesario organizarlo. Hay organizadores y marcadores textuales propios para introducir el tema, enumerar los argumentos, resumir las ideas expuestas y concluir la tesis que se quiere defender.

Fíjate en los siguientes organizadores:

> en primer lugar – en conclusión – voy a hablar de – en pocas palabras –
> vamos a ver –voy a demostrarles – para finalizar – empecemos por – por un lado – por otro lado –
> por una parte – por otra parte – en resumen – en segundo lugar – no hay que olvidar que – para seguir –
> cabe agregar – para resumir – en tercer lugar – para concluir

¿Cuáles usarías para:

a) introducir el tema?

_____

_____

b) enumerar los argumentos?

_____

_____

_____

c) resumir las ideas expuestas?

_____

_____

d) concluir la tesis defendida?

_____

_____

En la *Chuleta Lingüística*, p. 338, se amplía esta sección con explicaciones y actividades sobre los usos de los marcadores textuales.

> Planeando las ideas

En el próximo apartado vas a escribir un artículo de opinión para defender tu punto de vista sobre uno de estos temas: "¿Comida sana en la merienda escolar?" o "¿Libertad de elección de lo que comer?" Para ello, es importante reflexionar acerca de algunas cuestiones, como, por ejemplo, si estás o no a favor de la obligatoriedad de la comida sana en la merienda escolar o qué papel cumple la información nutricional de los alimentos que ingerimos en nuestro día a día. Habla con algunos compañeros para plantear otras cuestiones asociadas a los temas sobre los que van a escribir. Esta discusión te ayudará a preparar tus propios argumentos más adelante en el *Taller de escritura*.

Vocabulario en contexto

Alimentos industrializados y alimentos naturales

Desafío: ¿Conoces los nombres de las bebidas y de las comidas en español? Intenta escribir el nombre de estos alimentos debajo de cada imagen:

ajo – yogur – pollo – jugo – helado – col – té – zanahoria – frutilla – sandía – pastel – gaseosa – pasta – palomitas – lechuga – manzana – leche – queso – naranja – jamón

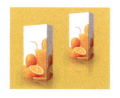  

Imágenes: Shutterstock.com/ID/BR

El español alrededor del mundo

En español algunos alimentos pueden recibir muchos nombres, según el país o zona. A lo que los brasileños conocen como *pipoca*, los hispanohablantes conocen como **pochoclo** (Argentina), **crispetas** (Colombia), **cabritas** (Chile), **canchita** o **popcor** (Perú), **pororó** (Paraguay), **rositas** (Cuba), **cotufa** (Venezuela), **palomitas** (México y España) y **pipoca** (Bolivia). Al **dulce de leche** (Argentina, Uruguay y Venezuela) le nombran **cajeta**, en México; **manjar**, en Bolivia, Chile y Colombia; **arequipe**, específicamente en Bogotá y **fanguito**, en Cuba.

> Taller de escritura

¡A redactar un artículo de opinión! Para ello, sigue estas orientaciones:

1. Hay que elegir, en primer lugar, el tema que se va a tratar y definir la tesis o posición que se va a defender.
2. A continuación, se deben **elaborar cuidadosamente los argumentos** para defender la tesis.
3. Conviene, por último, organizar el artículo del siguiente modo:
   - presentación de los hechos que se van a comentar;
   - valoración personal de esos hechos;
   - **propuesta de soluciones** o de actuaciones concretas.

Para ayudarte, completa este cuadro a partir de los pasos anteriores:

PROBLEMA	
Argumentos a favor	Argumentos en contra
CONCLUSIÓN	

¡Ojo!

No te olvides de usar los organizadores del texto, tales como **a favor, en contra, ya que, por un lado, por otro lado, de acuerdo con, sin embargo, para finalizar,** etc.

> (Re)escritura

Relee tu texto y verifica si está bien fundamentado y organizado (no te olvides de los organizadores del texto) y si no presenta errores gramaticales u ortográficos. Además, házselo leer a un compañero para que te diga si los argumentos que empleaste defienden bien tu tesis o no. Reestructúralos o sustitúyelos por otros, si hace falta.

Tienditas y supermercados: ¿dónde comprar?

CAPÍTULO 12

- **Género textual:** Reportaje
- **Objetivo de escucha:** Observar las ventajas y desventajas de las tienditas
- **Tema:** Tienditas y supermercados

> Escucha

> ¿Qué voy a escuchar?

1. ¿Qué tipo de productos hay en los supermercados? ¿Y en las tienditas de la esquina?

   _____

   _____

2. Observa la foto y contesta: ¿qué son misceláneas?

   ( ) Tiendas pequeñas.

   ( ) Grandes cadenas de supermercado.

3. Vas a escuchar un reportaje sobre las tienditas de la esquina. ¿Qué palabras crees que aparecerán en él?

   _____

   _____

El español alrededor del mundo

En México, así como en Colombia y Panamá, a las tienditas de esquina, tan comunes en los barrios, se les nombran **misceláneas**. En Venezuela, reciben el nombre de **abasto**. En España, se las conoce como **ultramarinos**. En República Dominicana y en Puerto Rico, **colmados**. En la región del Río de la Plata, se llaman **almacenes**.

> Escuchando la diversidad de voces

1. 🔊29 Escucha lo que dicen algunos mexicanos en un reportaje sobre las tienditas en *Radio Visión Juvenil* (disponible en: <http://www.youtube.com/watch?v=S3mTco_DASs>; acceso el 26 de junio de 2014). Luego toma nota de las ventajas y desventajas, según el audio, de comprar en ellas:

Ventajas de las tienditas	Desventajas de las tienditas

2. 🎧**29** Escucha nuevamente el audio antes de contestar a las preguntas, observando la transcripción del reportaje.

> *¡Actitud! ¡Dinamismo! ¡Juventud! Jésica, Roberto, Esther: ¡Radio Visión Juvenil!*

JÉSICA GUERRERO: ¿Desaparecerán, se adaptarán o sobrevivirán a la competencia? Las grandes cadenas cada día se expanden y se convierten en una verdadera amenaza para este tipo de establecimientos pequeños, que en la mayoría de los casos son negocios familiares.

ROBERTO GARCÍA: Son las misceláneas, mejor conocidas como las tienditas de la esquina. Ahí en donde encontramos de todo, donde nos venden por gramos y hasta nos fían, pero que están a punto de extinguirse.

ESTHER DÍAZ: Sin embargo, aún pueden salvarse y subsistir, porque si bien es cierto que no pueden competir con grandes e iluminados aparadores o con horarios de día y de noche, sí lo pueden hacer con los precios. Así lo sostienen los clientes de estos pequeños negocios.

Sondeo:

CLIENTA 1: Por dar más comodidad, a las chicas aquí, las pequeñas. Pues, a veces tengo que pagar pesera...

CLIENTA 2: Porque yo, ya no puedo yo ir más lejos, más que aquí cerquita.

CLIENTE 3: Y además, pa' lo que voy a comprar, uno no tiene en [el] caso que... gastar en micro ni en nada y ahí viene uno todo cansado.

ROBERTO GARCÍA: La venta de productos a granel es una más de las fortalezas que influyen para que las tienditas de la esquina subsistan. Y, si no, escuchemos la voz de quienes se benefician de ellas.

Sondeo de Roberto a los clientes de la tiendita: ¿Le venden productos a granel o por gramos?

CLIENTA 4: Por gramos... Eh, como el queso, el azúcar, la sal...

CLIENTA 5: Pues como el huevo, tomate, papas, limones...

CLIENTA 6: Por gramos: azúcar, tomate o cebolla, papas...

CLIENTA 7: Pues a granel... como, no sé, azúcar, huevo... Incluso la salchicha y el jamón también los venden a granel.

ESTHER DÍAZ: Otro factor que caracteriza a las misceláneas, también llamadas tendajos, es que si el cliente acude con frecuencia, llega a establecerse una relación más cercana con el dueño de la tiendita, al grado de que le conoce por su nombre, sabe dónde vive, qué consume e incluso le puede dar crédito. [...]

JÉSICA GUERRERO: Ante los embates de la modernización, las tienditas de la esquina tienen un gran reto ante la voraz competencia. No se trata de que desaparezcan, pero sí que se adapten a la modernidad.

ROBERTO GARCÍA: Estamos con la licenciada Patricia Araujo de la Torre, titular de la CANACO aquí en la región. ¿Qué hacen para enfrentar el reto de la modernidad y la competencia de las grandes cadenas comerciales las tienditas de la esquina para subsistir, para que no desaparezcan?

PATRICIA ARAUJO DE LA TORRE: Bueno, yo creo, como tú lo dices: es un gran reto, ¿verdad? Y efectivamente, la modernización, la capacitación y los apoyos son lo que requiere todo este tipo de comercio.

ROBERTO GARCÍA: ¿Será un mito esto de que las tradicionales misceláneas vayan a desaparecer?

PATRICIA ARAUJO DE LA TORRE: Pues mira, yo creo que es una lucha por seguir, para continuar, ¿no? O sea, no necesariamente tienen que desaparecer, más bien creo que el modernizarlas y el capacitarlas y el cambiar la tradicional manera de cómo se estaban manejando esas tiendas, ¿verdad? [...]

ESTHER DÍAZ: Mientras las tienditas de la esquina sigan fiando, ofreciendo mejores precios y productos a granel, su futuro está asegurado.

JÉSICA GUERRERO: Lo que se tiene que hacer, según los expertos, es enfrentar los retos de la modernidad.

ROBERTO GARCÍA: ¿Qué significa esto? Muy sencillo: que las misceláneas te reciban pagos con tarjetas de crédito, que exhiban sus productos de manera más atractiva y que, incluso, como muchas ya lo hacen, lleven sus inventarios por computadora.

> *¡Actitud! ¡Dinamismo! ¡Juventud! Jésica, Roberto, Esther: ¡Radio Visión Juvenil!*

A quien no lo sepa

Radio Visión Juvenil es un programa del grupo Mi Radio, una gran cadena radiofónica del noreste de México. En Facebook (Radio Visión Juvenil – Grupo Mi Radio), se pueden ver otros videos con reportajes que nos informan sobre política, economía, arte, cultura y otros temas más.

VOCABULARIO DE APOYO

Pesera: tipo de trasporte colectivo en México.

Competencia: disputa. También puede ser el conjunto de las demás tiendas.

> **Comprendiendo la voz del otro**

1. ¿Qué productos se venden tradicionalmente en las tienditas, según el audio?

   _____
   _____

2. ¿Cuál es el principal reto de las tienditas?

   _____
   _____

3. ¿Por qué los dueños de las tienditas necesitan capacitación?

   _____
   _____

4. ¿Hay sitios semejantes a las misceláneas mexicanas cerca de tu casa? ¿Sueles comprar algo en ellos? ¿Por qué?

   _____
   _____

5. En tu opinión, ¿desaparecerán las tienditas o misceláneas familiares? ¿Qué sugerencias darías para su modernización?

   _____
   _____

Vocabulario en contexto

1. Imagina que estás en una de las tienditas donde se hizo el reportaje y tendrás que comprar todos los alimentos que se nombraron. Vuelve al texto y organiza tu lista de la compra. Escribe el nombre de los alimentos en la categoría adecuada:

La lista de la compra	
Legumbres	
Frutas	
Embutidos	
Lácteos	
Otros	

195

2. En las listas de compras se suelen escribir las medidas de los productos que se van a comprar. En parejas y con la ayuda de un diccionario, escriban nombres posibles para completar la lista de la compra de manera coherente:

2 paquetes de _____

1 kilo de _____

½ kilo de _____

1 penca de _____

1 docena de _____

3 latas de _____

1 litro de _____

3 barras de _____

200 gramos de _____

1 bolsa de _____

1 botella de _____

> Oído perspicaz: el español suena de maneras diferentes

Sonidos de *g* y *j*

1. 🎧**30** Escucha atentamente la pronunciación de estas palabras entresacadas del audio y repítelas en voz alta:

> juventud – juvenil – mejor – jamón – tendajos – región –
> manejando – mejores – tarjeta

2. 🎧**31** Ahora observa los siguientes grupos de palabras:

Grupo 1: letra **g**	Grupo 2: letra **j**
a) gato / pagar / gaucho	a) jamón / jardín / pájaro
b) gente / agente / geometría	b) jefe / paisaje / viaje
c) gigante / gitana / Giménez	c) jirafa / perejil / ají
d) gordo / gota / goma	d) hijo / ajo / bajo
e) gusano / gusto / agudo	e) juguete / juez / justo

Infiere: ¿Cuándo la **g** se pronuncia de la misma manera que la **j**?

_____

_____

_____

_____

Gramática en uso

Marcadores conversacionales

En el reportaje, las personas entrevistadas hacen uso de marcadores conversacionales. Son comunes en el lenguaje oral y tienen distintas funciones: llamar la atención, preguntar, justificar, hacer una pausa, entre otras.

1. Relee lo que dicen Patricia Araujo de la Torre, una de las personas entrevistadas, y los clientes de la tiendita. Observa las expresiones destacadas:

> I. "Por gramos... Eh, como el queso, el azúcar, la sal..."

> II. "Pues como el huevo, tomate, papas, limones..."

> III. "Pues a granel, como, no sé, azúcar, huevo..."

> IV. "Bueno, yo creo, como tú lo dices: es un gran reto, ¿verdad? Y efectivamente, la modernización, la capacitación y los apoyos son lo que requiere todo este tipo de comercio."

> V. "Pues mira, yo creo que es una lucha por seguir, para continuar, ¿no? O sea, no necesariamente tienen que desaparecer, más bien creo que el modernizarlas y el capacitarlas y el cambiar la tradicional manera de cómo se estaban manejando esas tiendas, ¿verdad?"

Shutterstock.com/ID/BR

El uso de los marcadores conversacionales por los entrevistados evidencia:

( ) preocupación por el lenguaje culto y por una elaboración previa del contenido de habla.

( ) estructuración espontánea y coloquial de la conversación, sin elaboración previa del lenguaje.

2. Entre las expresiones, ¿cuál(es) expresa(n) un deseo de que el interlocutor confirme lo que dijo el entrevistado?

_____

3. ¿Con qué intención los entrevistados usan las palabras **eh** y **bueno** al hablar?

_____

_____

4. Se usa la expresión **mira** para:

( ) hacer una pausa.   ( ) preguntar.   ( ) llamar la atención.

5. El marcador conversacional **pues** aparece en los enunciados II, III y V. ¿Con qué intención los entrevistados lo usan?

( ) Ratificar que el interlocutor ha recibido el mensaje.

( ) Estructurar la información e iniciar el habla.

( ) Contar con la comprensión del oyente.

> En la *Chuleta Lingüística*, p. 340, se amplía esta sección con más actividades sobre los marcadores conversacionales, propios del discurso oral.

⟩ Habla

⟩ Lluvia de ideas

Lee el siguiente texto de la escritora mexicana Laura Esquivel e identifica su opinión respecto a los mercadillos: ¿está en contra o a favor de las grandes cadenas de supermercados? ¿Por qué?

- **Género textual:** Encuesta
- **Objetivo de habla:** Saber la opinión de los clientes
- **Tema:** Mercadillos ✕ supermercados
- **Tipo de producción:** Interacción en tríos

Mayonesa adelgazante

¡Oh Tierra del sol! Suspiro por verte... ahora que lejos me encuentro comprando en un supermercado del extranjero. Todo está tan fríamente ordenadito, limpiecito, funcionalito, que me horroriza. Siempre me pregunto cuál es la razón oculta detrás de todo este sistema de compras. Tal parece que el presentar los productos alimenticios de esta manera tiene como objetivo entumirnos la voluntad y la alegría.

Al ver las zanahorias, los elotes, las lechugas y hasta el cilantro maquillados para parecer reales aunque tengan meses congelados, siente uno que todo esto es solo parte de una gran escenografía de una película gringa. Que estamos actuando dentro de una gran superproducción, adentro de la cual hacemos como que escogemos, o compramos y comemos estos alimentos, pero todo es solo un simulacro. Yo, acostumbrada en México a ir a diario al mercado, a platicar con mis marchantes, a que me dieran una probadita de fruta (de las de a deveras) en cada uno de los puestos, a encontrarme con mis vecinas y platicar con ellas entre los olores y los colores mágicos que solo ahí se dan, en fin, acostumbrada a la vida, no me hallo por estos rumbos.

Estoy perdiendo mi alegría natural. Lo único que me anima un poco es el comer todo el día donas de chocolate, pero lo malo es que me han puesto un poco gorda y como las gordas no caben dentro de las superproducciones norteamericanas, no se ven en pantalla, no existen pues, aquí me tienen comprando los ingredientes para hacerme una mayonesa adelgazante. Para hacerla se mezclan la fécula de maíz, las semillas de apio, la mostaza y la sal en una cazuela gruesa. Poco a poco se les añade la leche descremada y se pone a cocer a fuego bajo, removiendo constantemente hasta que la mezcla espese. Se deja por dos minutos más y después se retira del fuego. Ya que enfrió ligeramente, se le añaden las yemas del huevo y se pone nuevamente a cocinar durante otros tres minutos. Se aparta del fuego y, removiendo, se le añade el vinagre y el endulzante. Se refrigera antes de servir. Se obtienen 300 ml en total y 15 calorías por cucharada. ¿Se imaginan? ¡Ni más ni menos que 15 calorías por cucharada! Cuando terminé mi mayonesa y estaba lista para comérmela junto con una rica ensalada y tuve que sacar mi calculadora para sumar cuántas calorías iba a comerme ese día, se me salieron las lágrimas, retiré mi plato de la mesa y me fui a la cama con una caja de donas de chocolate bajo el brazo.

ESQUIVEL, Laura. *Íntimas suculencias:* tratado filosófico de cocina.1998. Disponible en: <http://www.escolainterativa.com.br/canais/18_vestibular/provas/conteudo/sudeste/minas/ufmg/2000/UFMG%202000%20-%20Espanhol.htm>. Acceso el 2 de enero de 2013.

VOCABULARIO DE APOYO

Platicar: conversar.
Elote: en México, mazorca de maíz.
Hallarse: encontrarse.
Donas: *donuts*, dulces en forma de rosquilla.

Laura Esquivel (1950-) es una escritora mexicana, autora de la novela *Como agua para chocolate* (1989), que obtuvo un gran éxito mundial. Ella misma hizo la adaptación cinematográfica de la obra y ganó varios premios importantes como guionista. También escribió muchos otros libros, tales como *La ley del amor, Estrellita marinera* y *El libro de las emociones.* El libro *Íntimas suculencias* es considerado un tratado filosófico de la cocina. En las palabras de la autora: "Uno es lo que come, con quien lo come y como lo come. La nacionalidad no la determina el lugar donde uno fue dado a la luz, sino los sabores y los olores que nos acompañan desde niños".

Vocabulario en contexto

Según Laura Esquivel, en los mercados a que está acostumbrada a ir en México se dan olores y colores mágicos. ¿Sabías que el olor y el sabor de las frutas provienen fundamentalmente de esteres volátiles? Investiga con tu profesor de Química qué frutas tienen en su composición los elementos a continuación.

Fruta	Composición	Estructura química	Fórmula molecular
	Acetato de octilo	$H_3C - C \overset{O}{\underset{O-CH_2-CH_2-CH_2-CH_2-CH_2-CH_2-CH_2-CH_3}{}}$	$C_{10}H_{20}O_2$
	Acetato de isoamilo	$H_3C - C \overset{O}{\underset{O-CH_2-CH_2-CH-CH_3 \atop CH_3}{}}$	$C_7H_{14}O_2$
	Butanoato de etilo	$CH_3 - CH_2 - CH_2 - C \overset{O}{\underset{O-CH_2-CH_3}{}}$	$C_6H_{12}O_2$

Imágenes: Shutterstock.com/ID/BR

Gramática en uso

Los conectores copulativos (*y/e*) y los disyuntivos (*o/u*)

En la lengua española se usa el conector copulativo (**y**) para sumar dos o más elementos y el conector disyuntivo (**o**) para seleccionar entre ellos.

Lee en voz alta los siguientes enunciados y fíjate en los conectores destacados:

*Se pueden comprar hojas frescas **o** legumbres en las tienditas.*

*Se pueden comprar legumbres **u** hojas frescas en las tienditas.*

*Los supermercados son los agentes más influyentes **y** económicos de la cadena agroalimentaria.*

*Los supermercados son los agentes más económicos **e** influyentes de la cadena agroalimentaria.*

Infiere la regla.

a) ¿Cuándo se usa **e** en lugar de **y**?

b) ¿Cuándo se usa **u** en lugar de **o**?

> En la *Chuleta Lingüística*, p. 339, se amplía esta sección con más actividades sobre los conectores copulativos (**y, e**) y disyuntivos (**o, u**).

> Rueda viva: comunicándose

Todos harán una encuesta abierta: los mercadillos y las tienditas frente a los supermercados y las grandes cadenas. En tríos, ustedes deberán sopesar las ventajas y desventajas de esos establecimientos comerciales.

> ¡A concluir!

¿Cuántos alumnos prefieren las tienditas o los mercadillos y cuántos prefieren los grandes supermercados? ¿Por qué?

La lectura en las selectividades

¿Sabías que la temática de la comida se hace presente en textos de selectividades diversas en Brasil? Así que tener este conocimiento previo es importante para comprender bien los textos y leerlos con más destreza.

› Cómo prepararse para exámenes de selección

Es importante verificar lo que ya dominamos en cada área del conocimiento para los exámenes: lenguajes, ciencias de la naturaleza, matemáticas y ciencias humanas. Al final del año lectivo, hace falta plantearse lo que hay que seguir estudiando para estar preparado. Se pueden rehacer los exámenes realizados a lo largo del año.

Lee el texto y contesta a las preguntas:

Modelo de Prueba

Pontifícia Universidade Católica do Rio de Janeiro (PUC-RJ), 2012.

Disponible en: <http://www.puc-rio.br/vestibular/repositorio/provas/2012/download/provas/vestibular2012_grupo2_prova_dia0411.pdf>. Acceso el 25 de junio de 2014.

Para vivir 100 años: más suerte que vida sana
BBC Salud, 04/08/2011

Durante mucho tiempo se ha debatido si para vivir una vida larga influyen más los genes o el estilo de vida. Los estudios hasta ahora sugerían que ambos son igualmente importantes.

Un reciente estudio analizó a judíos asquenazí, que son excepcionalmente longevos.

La investigación fue llevada a cabo con cerca de 500 centenarios y encontró que la respuesta para una vida larga parece estar en los genes.

El estudio comparó el estilo de vida de 477 personas, todos judíos asquenazí, de entre 95 y 112 años con el de otros 3 000 individuos de la población general nacidos durante la misma época.

Los resultados mostraron que aquéllos que han logrado una vida excepcionalmente larga comían tan mal, hacían tan poco ejercicio, consumían tanto alcohol y tabaco y tenían tanto sobrepeso como aquellos que se habían muerto hacía mucho tiempo.

La investigación, llevada a cabo en el Instituto de Investigación del Envejecimiento del Colegio de Medicina Albert Einstein de la Universidad Yeshiva, en Nueva York, forma parte del Proyecto de Genes de Longevidad.

Este proyecto intenta entender por qué la comunidad judía asquenazí –que desciende de un mismo grupo europeo y por lo tanto son más uniformes genéticamente que otras poblaciones– logra vivir vidas tan longevas.

Los participantes respondieron a cuestionarios sobre su estilo de vida a los 70 años, y se tomaron mediciones de su peso y altura para calcular su índice de masa corporal (IMC).

Asimismo dieron información sobre su consumo de alcohol, hábitos de tabaco y actividad física, y si consumían una dieta de bajas calorías, baja en grasas o baja en sal.

Los científicos compararon esa información con los datos de 3 164 individuos de la población general que habían nacido en la misma época que los centenarios y que participaban en el Sondeo Nacional de Salud y Nutrición de Estados Unidos.

Encontraron que en general la gente con una longevidad excepcional no había llevado a cabo un estilo de vida más sano en términos de su IMC, tabaquismo, nivel de actividad física o dieta.

Por ejemplo, dicen los investigadores, solo 27% de las mujeres centenarias y un porcentaje similar en las mujeres de la población general intentaban consumir una dieta de bajas calorías.

Entre los hombres, 24% de los ancianos consumían alcohol todos los días, mientras que en la población general la cifra era de 22%.

Y solo 43% de los hombres centenarios dijeron llevar a cabo con regularidad actividad física de intensidad moderada, comparado con 57% de los hombres de la población general.

"En estudios previos de nuestros centenarios, identificamos variantes genéticas que ejercen efectos fisiológicos particulares, como provocar niveles significativamente elevados de colesterol HDL (el colesterol "bueno"), afirma el doctor Nir Barzilai, quien dirigió el estudio.

"Este estudio sugiere que los centenarios quizás poseen genes de longevidad adicionales que los ayudan a protegerse de los efectos de un estilo de vida poco sano", agrega.

Los expertos afirman, sin embargo, que a pesar de que la genética puede beneficiar a algunos pocos individuos, los factores de estilo de vida siguen siendo de vital importancia para la mayoría de la población.

Tal como expresa el doctor Barzilai, "debemos vigilar nuestro peso, evitar el tabaco y ejercitarnos con regularidad porque se ha demostrado que esto puede tener enormes beneficios, incluida una vida más longeva".

1. Marca la alternativa que mejor resume la idea central del texto:

   a) Aunque muchos intenten llevar a cabo una vida saludable y mantener una alimentación equilibrada, no podrán alargar mucho sus vidas si no tienen suficiente carga genética de longevidad.

   b) Los judíos asquenazí demuestran tener la más alta calidad de vida del planeta, según las recientes investigaciones.

   c) Vigilar el peso, evitar fumar y mantener la calidad de vida, con muchos ejercicios físicos, no llega a ser determinante para alargar la expectativa de vida de la mayor parte de la población.

   d) Los judíos asquenazí tienen la más alta expectativa de vida del planeta; sin embargo los participantes de una reciente investigación demostraron baja preocupación con los ejercicios físicos, pero buenas dietas.

   e) Investigaciones indican que determinados grupos humanos pueden beneficiarse de genes de longevidad, pero eso no anula la necesidad de un estilo de vida saludable para la mayoría de la población.

2. El reciente estudio tomó como base de comparación:

   a) judíos asquenazí y personas de la población en general de edad similar.

   b) judíos asquenazí y judíos de otras regiones nacidos en la misma época.

   c) personas nacidas en la misma época y en la misma región.

   d) personas con hábitos de vida saludables y no saludables.

   e) personas judías de varias regiones y judíos asquenazí.

3. El texto se refiere a un proyecto que busca:

   a) señalar los factores de estilo de vida que no favorecen a las personas mayores.

   b) entender por qué la comunidad judía asquenazí logra vivir vidas tan longevas.

   c) estudiar genes de longevidad adicionales que protegen a partir de los 70 años.

   d) identificar algunas variantes genéticas que tienen que ver con suerte.

   e) comprobar que la genética puede beneficiar a algunos pocos individuos.

4. Según el texto los participantes del Sondeo Nacional de Salud y Nutrición de Estados Unidos eran:

   a) hombres y mujeres de 70 años exclusivamente.

   b) mujeres centenarias.

   c) hombres centenarios.

   d) hombres y mujeres de edades similares.

   e) hombres de edades similares.

5. Según el texto, los que poseen genes de longevidad adicionales que los ayudan a protegerse de los efectos de un estilo de vida poco sano serían:

   a) las personas que llegan a centenarias.

   b) todos los seres humanos.

   c) las personas que practican actividades físicas con regularidad.

   d) las poblaciones que llevan una vida sana.

   e) las personas que siguen una dieta de bajas calorías.

6. En el enunciado "Los expertos afirman, **sin embargo**, que a pesar de que la genética puede beneficiar a algunos pocos individuos...", podemos substituir la expresión subrayada, sin modificar el sentido de la frase, por:

   a) siendo así.
   d) sin discusión.

   b) sin sentido.
   e) no obstante.

   c) no siendo.

7. En la frase: "Los científicos compararon esa información con los datos de 3 164 individuos de la población general que habían nacido en la misma época que los centenarios y **que** participaban en el Sondeo Nacional de Salud y Nutrición de Estados Unidos".

   El pronombre **que** señalado se refiere a:

   a) los centenarios.
   d) la población general.

   b) individuos.
   e) la misma época.

   c) los científicos.

8. Indique la alternativa que tiene el mismo sentido que la frase "no había llevado a cabo..." .

   a) No había sentido.
   d) No había soñado.

   b) No había reflexionado.
   e) No había tenido.

   c) No había pensado.

9. Según el texto los investigadores del proyecto afirman que:

   a) poco más de la mitad de la población de hombres en general practicaban actividad física y 22% de la población consumía alcohol todos los días.

   b) el 24% de los ancianos no bebía alcohol con regularidad.

   c) 27% de la población general de mujeres no intentaban seguir una dieta de bajas calorías.

   d) 57% de la población de hombres intentaban consumir una dieta de bajas calorías.

   e) todos los ancianos y ancianas afirmaron que practicaban con regularidad actividades físicas y que mantenían una dieta saludable.

201

PROYECTO 2

Literatura y globalización: Don Quijote y la actualidad

Tema: Don Quijote y la actualidad.

Etapas: El proyecto se organizará en 7 etapas: sensibilización, contextualización, lectura, reflexión, investigación, planeamiento y acción.

Textos: *Mi novela favorita*, de Mario Vargas Llosa; *Don Quijote en América*, de Guillermo Díaz Plaja; "La aventura de los molinos", capítulo VIII, primera parte del *Ingenioso hidalgo Don Quijote de la Mancha*, de Miguel de Cervantes.

Objetivos: Reflexionar sobre la influencia de la obra de Cervantes en la cultura antigua y actual y producir catálogo comentado con obras que hacen referencia al clásico español.

Interdisciplinaridad: Este proyecto une el español a las asignaturas Literatura y Sociología.

Países: Relacionaremos España con los demás países del mundo.

Sensibilización

1. Mira la imagen a continuación. ¿Conoces a estos personajes y el escenario donde están?

Azulejo en la Plaza de España, Sevilla, España.

2. En el mundo de la literatura, hay algunos libros y autores considerados clásicos. Una obra literaria clásica es aquella que no "muere" en su tiempo, que sigue influenciando el cine, la literatura, la música, las historietas, etc. El clásico o canon literario es, pues, una obra que ostenta tanto valores estéticos como éticos que transcienden su propia época.

Observa las imágenes a continuación y explica por qué se puede afirmar que el libro *Don Quijote de la Mancha*, de Miguel de Cervantes, es un clásico de la literatura universal.

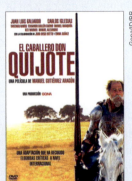
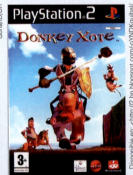

Contextualización

Ya sabes que la novela *Don Quijote de la Mancha* es un clásico de la literatura. Muchos textos y escritores hacen referencia a esta obra, como lo hizo Mario Vargas Llosa, escritor peruano ganador del Nobel de Literatura de 2010.

⊙ **32** Lee y escucha el comentario de Mario Vargas Llosa para la colección "Mi novela favorita".

Mi Novela Favorita:
una versión sonora de la esencia de las obras literarias Patrimonio de la Humanidad seleccionadas y presentadas por Mario Vargas Llosa.

Les habla Mario Vargas Llosa. Iniciamos esta interesante serie entregándoles la novela más importante jamás escrita en español y una de mis novelas favoritas: *Don Quijote de la Mancha*.

A veces un autor o un libro se convierten en el símbolo de una lengua y de una cultura. Lo que son Dante y *La divina comedia* para el italiano y los dramas de Shakespeare para el inglés lo es *Don Quijote de la Mancha* para la lengua española. Escrito a fines del siglo XVI por Miguel de Cervantes Saavedra, *El ingenioso hidalgo Don Quijote de la Mancha*, cuyo primer tomo se publicó en 1605 y el segundo diez años después, se convertiría en el libro emblemático de la lengua española, una novela que rompería todas las fronteras e iría conquistando el mundo.

Narra las aventuras de un hidalgo de la Mancha a quien los libros de caballerías enloquecen e inducen a salir a los campos de Castilla, a resucitar las hazañas de los caballeros andantes, en una época en la que estos habían ya desaparecido en Europa.

En un primer momento, los lectores leyeron *El Quijote* como la novela cómica de un personaje estrafalario, que confundía los molinos de viento con gigantes y veía princesas en desastradas campesinas. A su lado, el buen Sancho Panza, aldeano transformado en escudero medieval por la fantasía del Quijote, trataba inútilmente de imponer su sentido común ante la imaginación encabritada de su amo.

Con el tiempo, sin embargo, se vería en *El Quijote* una parábola del hombre idealista y rebelde que se subleva contra las limitaciones de la vida cotidiana y trata de elevar su entorno a la altura de sus sueños. El "Quijote" pasó a ser visto como un adelantado de la historia, un descubridor de mundos, un transformador de la realidad, uno de esos seres gracias a cuya intuición y valentía la humanidad ha progresado desde la caverna primitiva hasta las grandes revoluciones científicas y los viajes espaciales. En cambio, Sancho Panza pasaría a representar el ser conformista; alguien que, si fuera por él, la humanidad permanecería todavía prisionera de la rutina de la vida animal.

El Quijote es una novela deslumbrante, que entretiene y emociona, un paseo por los pueblos calcinados por el sol y los caminos peligrosos de la España del Siglo de Oro.

Yo intenté leer *El Quijote* cuando estaba en el colegio. Fracasé en mi empeño porque su lenguaje contenía expresiones de difícil comprensión para un niño de pantalón corto.

Años después, lo intenté de nuevo, estimulado por *La ruta de Don Quijote*, un librito de Azorín. Esta vez se produjo el milagro y aquella lectura fue una de las experiencias más memorables que he tenido. Desde entonces he leído el Quijote tres o cuatro veces y siempre como si fuera la primera lectura por la frescura de sus páginas y la viva actualidad de esta novela que acaba de cumplir ya cuatro siglos.

Y ahora escuchemos *Don Quijote de la Mancha*:

"En un lugar de la Mancha, de cuyo nombre no quiero acordarme, vivía un hidalgo de esos de lanza en astillero, adarga antigua, rocín flaco y galgo corredor. Tenía en su casa un ama que pasaba de los cuarenta, y una sobrina que no llegaba a los veinte. Contaba nuestro hidalgo con unos cincuenta años. Era seco de carnes, enjuto de rostro; gran madrugador y amigo de la caza. Pero, de pronto, se puso a leer libros de caballería andante y se le pasaban los días y las noches en eso. Y así, del poco dormir y del mucho leer, se le secó el cerebro y perdió el juicio. Y no se le ocurrió mejor cosa que hacerse él mismo caballero andante en imitación de tanto caballero fantástico cuyas hazañas había leído en esos libros. Quería salir a caminar por todo el mundo logrando idénticas hazañas para cobrar igual o mayor nombre y fama". [...]

Disponible en: <http://www.youtube.com/watch?v=
MiV0iykWMcQ&feature=related>. Acceso el 28 de noviembre de 2012.
Título de la colección: *Mi novela favorita en CD ROM*
CD ROM 1: *El ingenioso hidalgo Don Quijote de la Mancha*
Serie: "Mi novela favorita"
Creador del proyecto "Mi novela favorita": Manuel Delgado Parker
Análisis y comentario: Mario Vargas Llosa
Dirección general de la obra: Alonso Alegría Amézquita

A quien no lo sepa

Mi novela favorita es una serie que transforma en sonido cincuenta y dos novelas clásicas de la literatura universal, devolviéndole al género del audio de ficción su vieja vigencia. La selección ha estado a cargo de Mario Vargas Llosa, quien comenta cada novela y conduce los programas.

1. Una de las novelas favoritas del escritor peruano Mario Vargas Llosa es *Don Quijote de la Mancha*. ¿Quién la escribió? ¿En qué época?
   _____

2. ¿Qué representa esta novela para la lengua española?
   _____
   _____

3. ¿Qué representaban Don Quijote y Sancho Panza para los lectores en el inicio y posteriormente, con el paso del tiempo?
   _____
   _____
   _____
   _____

4. ¿Cuándo intentó Vargas Llosa leer esta novela por primera vez?
   _____

5. ¿Por qué se dice que "de tanto leer y de poco dormir" Don Quijote se vuelve loco?
   _____

6. ¿Por qué Don Quijote quiere luchar contra los molinos?
   _____

7. ¿Cuántos siglos de existencia tiene la novela?
   _____

8. Coloca cada nombre en su sitio con base en la imagen y en los datos del texto que has leído y escuchado:

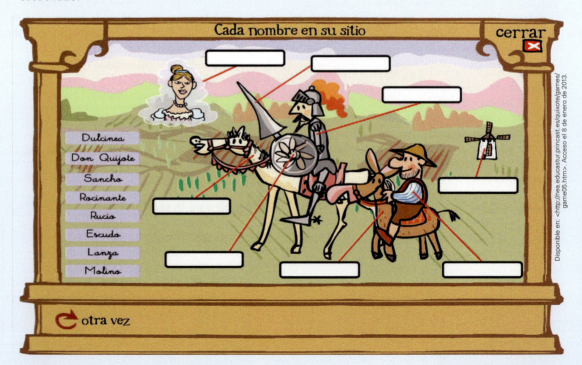

Disponible en: <http://nea.educastur.princast.es/quixote/games/game05.htm>. Acceso el 8 de enero de 2013.

Lectura

Te proponemos ahora que leas el capítulo octavo de *Don Quijote de la Mancha*, sobre la famosa aventura de los molinos de viento:

Capítulo VIII

Del buen suceso[1] que el valeroso don Quijote tuvo en la espantable y jamás imaginada aventura de los molinos de viento[2], con otros sucesos dignos de felice recordación

En esto, descubrieron treinta o cuarenta molinos de viento que hay en aquel campo, y así como don Quijote los vio, dijo a su escudero:

–La ventura va guiando nuestras cosas mejor de lo que acertáramos a desear; porque ves allí, amigo Sancho Panza, donde se descubren treinta o pocos más desaforados gigantes, con quien pienso hacer batalla y quitarles a todos las vidas, con cuyos despojos comenzaremos a enriquecer, que esta es buena guerra[3], y es gran servicio de Dios quitar tan mala simiente[4] de sobre la faz de la tierra.

–¿Qué gigantes? –dijo Sancho Panza.

–Aquellos que allí ves –respondió su amo–, de los brazos largos, que los suelen tener algunos de casi dos leguas.

–Mire vuestra merced –respondió Sancho– que aquellos que allí se parecen[5] no son gigantes, sino molinos de viento, y lo que en ellos parecen brazos son las aspas, que, volteadas del viento, hacen andar la piedra del molino.

–Bien parece –respondió don Quijote– que no estás cursado[6] en esto de las aventuras: ellos son gigantes; y si tienes miedo quítate de ahí, y ponte en oración en el espacio que yo voy a entrar con ellos en fiera y desigual[7] batalla.

Y, diciendo esto, dio de espuelas[8] a su caballo Rocinante, sin atender a las voces que su escudero Sancho le daba, advirtiéndole que sin duda alguna eran molinos de viento, y no gigantes, aquellos que iba a acometer. Pero él iba tan puesto en que[9] eran gigantes, que ni oía las voces de su escudero Sancho, ni echaba de ver, aunque estaba ya bien cerca, lo que eran, antes iba diciendo en voces altas:

–Non fuyades[10], cobardes y viles criaturas, que un solo caballero es el que os acomete.

Levantóse en esto un poco de viento, y las grandes aspas comenzaron a moverse, lo cual visto por don Quijote, dijo:

–Pues aunque mováis más brazos que los del gigante Briareo[11], me lo habéis de pagar.

Y en diciendo esto, y encomendándose de todo corazón a su señora Dulcinea, pidiéndole que en tal trance le socorriese, bien cubierto de su rodela, con la lanza en el ristre[12], arremetió a todo el galope de Rocinante y embistió con el primero molino que estaba delante; y dándole una lanzada en el aspa, la volvió el viento con tanta furia, que hizo la lanza pedazos, llevándose tras sí al caballo y al caballero, que fue rodando muy maltrecho por el campo. Acudió Sancho Panza a socorrerle, a todo el correr de su asno, y cuando llegó halló que no se podía menear: tal fue el golpe que dio con él Rocinante.

–¡Válame Dios! –dijo Sancho–. ¿No le dije yo a vuestra merced que mirase bien lo que hacía, que no eran sino molinos de viento, y no lo podía ignorar sino quien llevase otros tales en la cabeza?

–Calla, amigo Sancho –respondió don Quijote–, que las cosas de la guerra más que otras están sujetas a continua mudanza; cuanto más, que yo pienso, y es así verdad, que aquel sabio Frestón que me robó el aposento y los libros ha vuelto estos gigantes en molinos, por quitarme la gloria de su vencimiento: tal es la enemistad que me tiene; mas al cabo al cabo[13] han de poder poco sus malas artes contra la bondad de mi espada.

–Dios lo haga como puede –respondió Sancho Panza.

Y, ayudándole a levantar, tornó a subir sobre Rocinante, que medio despaldado estaba[14]. Y, hablando en la pasada aventura, siguieron el camino del Puerto Lápice[15], porque allí decía don Quijote que no era posible dejar de hallarse muchas y diversas aventuras, por ser lugar muy pasajero[16]; sino que iba muy pesaroso, por haberle faltado la lanza; y diciéndoselo a su escudero, le dijo:

–Yo me acuerdo haber leído que un caballero español llamado Diego Pérez de Vargas, habiéndosele en una batalla roto la espada, desgajó de una encina un pesado ramo o tronco, y con él hizo tales cosas aquel día y machacó tantos moros, que le quedó por sobrenombre "Machuca"[17], y así él como sus descendientes se llamaron desde aquel día en adelante "Vargas y Machuca". Hete dicho esto porque de la primera encina o roble que se me depare pienso desgajar otro tronco, tal y tan bueno como aquel que me imagino; y pienso hacer con él tales hazañas, que tú te tengas por bien afortunado de haber merecido venir a vellas y a ser testigo de cosas que apenas podrán ser creídas.

–A la mano de Dios[18] –dijo Sancho–. Yo lo creo todo así como vuestra merced lo dice; pero enderécese un poco, que parece que va de medio lado, y debe de ser del molimiento de la caída.

–Así es la verdad –respondió don Quijote–, y si no me quejo del dolor, es porque no es dado[19] a los caballeros andantes quejarse de herida alguna, aunque se le salgan las tripas por ella.

–Si eso es así, no tengo yo que replicar –respondió Sancho–; pero sabe Dios si yo me holgara que vuestra merced se quejara cuando alguna cosa le doliera. De mí sé decir que me he de quejar del más pequeño dolor que tenga, si ya no se entiende también con los escuderos de los caballeros andantes eso del no quejarse.

No se dejó de reír don Quijote de la simplicidad de su escudero; y, así, le declaró que podía muy bien quejarse como y cuando quisiese, sin gana o con ella, que hasta entonces no había leído cosa en contrario en la orden de caballería. [...]

Disponible en: <http://cvc.cervantes.es/literatura/clasicos/quijote/edicion/parte1/cap08/default.htm>. Acceso el 25 de junio de 2014.

Notas adaptadas.

1 "suceso": éxito.

2 Los molinos de viento se conocían desde antiguo en España, pero el tipo que vio Don Quijote probablemente era una relativa novedad, y se introdujo hacia 1575, procedente de los Países Bajos.

3 "buena guerra": "guerra justa", en la que era lícito quedarse con el botín.

4 "simiente": estirpe, peste; la frase "es gran servicio de Dios quitar tan mala simiente de sobre la faz de la tierra" es una adecuación de *Dii, talem terris avertite pestem* ("Dioses, apartad de la tierra tan gran peste"), de Virgilio (*Eneida*, III, 620).

5 "se parecen": se ven.

6 "cursado": práctico, experimentado.

7 "desigual": ardua, sumamente peligrosa.

8 "dio de espuelas": espoleó.

9 "tan puesto en que": tan empeñado, tan convencido de que.

10 "Non fuyades": "No huyáis". Al volver a la aventura caballeresca, Don Quijote retoma el lenguaje arcaico.

11 El gigante Briareo es el hermano de los Titanes, hijo del Urano que se opuso a Júpiter; según la mitología, poseía cien brazos y cincuenta cabezas con bocas que arrojaban llamas. La idea de amenaza horrible se hace así presente.

12 "ristre": soporte en el peto de la coraza para encajar y afianzar la empuñadura de la lanza; así, al atacar, se podía impulsar con todo el cuerpo y no solo con el brazo.

13 "mas al cabo al cabo": "al fin de todo". La duplicación, como en otras ocasiones, es un potenciador de la expresión.

14 "tornó a subir sobre Rocinante, que medio despaldado estaba": significa que 'tenía medio descoyuntada la paletilla'.

15 Paso entre dos colinas en el camino real de la Mancha a Andalucía, también llamado Ventas de Puerto Lápice.

16 "pasajero": transitado.

17 Lo relatado sucedió en el cerco de Jerez (1223), en tiempo de Fernando III; "machucar" significa "machacar".

18 "A la mano de Dios": "Que sea lo que Dios quiera"; "Hágase su voluntad"; "Me recomiendo a la mano de Dios".

19 "no es dado": no está permitido.

A quien no lo sepa

Don Quijote de la Mancha es considerada por algunos una novela de caballería en la que se cuentan las hazañas y proezas de un caballero. Los libros de caballería son géneros literarios en prosa, de gran éxito y popularidad en el siglo XVI en España, Portugal, Francia e Italia. Sus principales características son la idealización del amor del caballero por su dama, la importancia del honor y la búsqueda de aventuras.

Reflexión

1. Caracteriza a los personajes que intervienen en este episodio:
Don Quijote:

Sancho Panza:

2. ¿Dónde se desarrollan los sucesos de este capítulo? ¿Qué caracteriza ese espacio?

3. ¿Cómo actúa el narrador del episodio? Marca sus características:

( ) Narrador-personaje: el narrador cuenta hechos reales o imaginarios que le suceden a él mismo y actúa como protagonista del episodio.

( ) Narrador-testigo: el narrador cuenta hechos reales o imaginarios que suceden a otros y actúa como testigo y transcriptor del episodio.

4. ¿Cómo se relacionan la realidad y la ficción en este episodio?

5. En tu opinión, ¿se puede afirmar que Don Quijote transforma la realidad? Justifica tu respuesta.

6. ¿De qué forma las novelas de caballería influenciaron al personaje principal de la novela? Para contestar esta pregunta, relee el texto de Mario Vargas Llosa y las características de los libros de caballería del cuadro *A quien no lo sepa* de la página anterior.

7. Por la lectura del episodio de los molinos se ve la riqueza imaginativa de la obra *Don Quijote*. ¿Por qué se puede afirmar que es imprescindible conocer y leer esta obra?

Investigación

- <http://www.cervantesvirtual.com/bib_autor/Cervantes/>
  Biblioteca virtual Miguel de Cervantes. Se puede escuchar la obra completa en la sección "Fonoteca".

- <http://www.educa.jcyl.es/educacyl/cm/gallery/Recursos%20Infinity/tematicas/webquijote/juegotest.html>
  Sitio con juegos, descripción de los personajes, de lugares de la novela y mucho más.

- <http://nea.educastur.princast.es/quixote/games/game05.htm>
  Páginas con juegos e informaciones sobre *Don Quijote*.

- <http://cvc.cervantes.es/ensenanza/quijote_aula/indice.htm>
  El Quijote en el aula de ELE.

- <http://www.cervantesvirtual.com/bib/bib_autor/Cervantes/filmografia.shtml>
  Adaptaciones cinematográficas de *Don Quijote*.

- <http://www.editorialplazamayor.com/archivos/de_nuestro_catalogo/por_que_se_considera_don_quijote_de_la_mancha.htm>
  Texto que explica por qué se considera *Don Quijote de la Mancha* una obra maestra de la literatura universal y comenta la vigencia de esa obra cervantina en la actualidad.

  (Accesos el 25 de junio de 2014.)

Planeamiento

El producto que se confeccionará: un catálogo comentado con sugerencias de juegos, videos, películas, adaptaciones al cine, al teatro y a la radio basado en referencias a la novela *Don Quijote de la Mancha*. Puedes encontrar un ejemplo de catálogos y listas sobre las traducciones del Quijote en <http://www.cervantes.es/quijote/catalogo.htm> (acceso el 24 de junio de 2014).

El material que se necesitará: una computadora con acceso a internet para hacer la investigación.

¡Ojo!

"Catálogo (del latín *catalŏgus*, y este del griego κατάλογος, lista, registro) es la relación ordenada de elementos pertenecientes al mismo conjunto, que por su número precisan de esa catalogación para facilitar su localización; por ejemplo, en un archivo o una biblioteca."

Disponible en: <http://es.wikipedia.org/wiki/Cat%C3%A1logo>. Acceso el 4 de diciembre de 2013.

"El catálogo posee una doble función:
– Registrar ordenadamente los documentos de una colección previamente descrita (descripción bibliográfica) y que contiene los Puntos de Acceso necesarios.
– Señalar su colocación topográfica, indicando dónde se encuentran los documentos (signatura topográfica)."

Disponible en: <http://www.hipertexto.info/documentos/catalogo.htm>. Acceso el 25 de junio de 2014.

Paso a paso

Primer paso: formar grupos que investigarán varias versiones de la obra *Don Quijote de la Mancha* y las clasificarán según el tipo de adaptación del que se trata:

Grupo 1: Cine.

Grupo 2: Teatro.

Grupo 3: Música.

Grupo 4: Cómics.

Grupo 5: Enseñanza de E/LE (Español como Lengua Extranjera).

Grupo 6: Niños (brasileños e hispanohablantes).

Segundo paso: leer reseñas sobre los textos y las versiones y elegir las mejores (para el cine, el teatro, la música, los cómics, la enseñanza de español y los niños), más expresivas y originales y buscar las obras en una librería o biblioteca. Cada alumno sugerirá una versión/adaptación y hay una regla: no se pueden repetir las obras en los catálogos.

Tercer paso: investigar datos biográficos de los autores de estas versiones, resumirlas y seleccionar fotos de ellos para poner al lado de la biografía y de la foto de la portada del DVD, CD, cartel o libro.

Cuarto paso: elegir una fotografía bien significativa para la portada del catálogo y crearle un título.

Quinto paso: producir la portada del catálogo con la identificación de los compiladores, de la institución, de la fecha de investigación, el título y la ilustración.

Sexto paso: elaborar el índice de los temas que conforman el catálogo.

Séptimo paso: escribir una presentación para el catálogo explicando la forma en que se organiza (por versiones de la obra quijotesca) y explicitar su objetivo y su importancia como fuente de consulta y conocimiento para los lectores aficionados al Quijote.

Octavo paso: organizar el catálogo en una lista ordenada alfabéticamente.

Lenguaje

Nuestro proyecto se basará en el resumen descriptivo a la hora de comentar cada versión de la obra *Don Quijote de la Mancha* para diferentes franjas etarias y ámbitos (el cine, el teatro, la música, los cómics, la enseñanza de español y los niños).

Revisión

Antes de la producción final, es bueno que el profesor haga una primera revisión de los textos, a fin de señalar lo que hay que perfeccionar en ellos.

Acción

Ahora, ustedes pueden donar ejemplares del catálogo quijotesco a la biblioteca de la escuela. El proyecto puede ser presentado a los visitantes de alguna feria cultural o literaria realizada en la escuela.

UNIDAD 7
Conéctate con la innovación a reflexionar sobre los desarrollos tecnológicos

En esta unidad:

- reflexionarás sobre el papel de las tecnologías en las sociedades actuales;
- sabrás qué significa el término "basura electrónica";
- leerás viñetas críticas y producirás una haciendo una crítica social;
- aprenderás palabras relacionadas con las tecnologías;
- usarás el condicional simple;
- estudiarás la función de los adjetivos en los editoriales;
- aprenderás a pronunciar las letras *b* y *v* en español.

- **Transversalidad:** Medio ambiente y consumo
- **Interdisciplinaridad:** Física, Química y Geografía

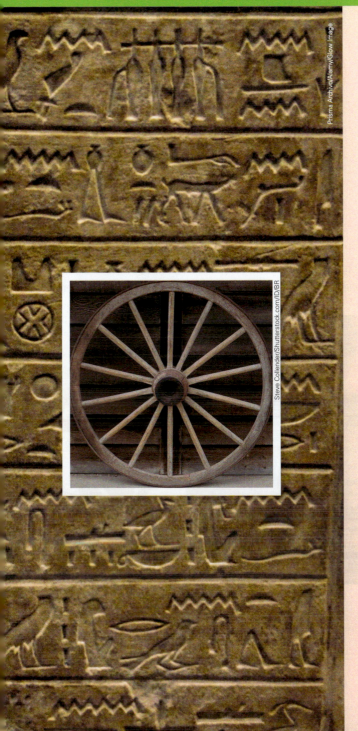

¡Para empezar!

Observa las imágenes y las viñetas de al lado y lee este fragmento de texto:

> "La historia de los inventos es en sí misma la historia de la humanidad. Una gesta que va desde las necesidades primarias del *homo sapiens*, tales como comer, situarse bajo un techo protector y defenderse de sus enemigos, hasta este mundo electrónico y sorprendente en que hoy vivimos."
>
> Disponible en: <http://www.librosmaravillosos.com/inventos/>. Acceso el 26 de junio de 2014.

Teniéndolo en cuenta, reflexiona y haz las actividades que se te proponen.

1. Contesta estas preguntas:
   a) ¿Te imaginas cómo sería hoy en día tu vida sin el fuego?
   b) ¿Qué relación tiene el fuego con el surgimiento de otras tecnologías? Los profesores de Física, Química o Biología pueden ayudarte a reflexionar sobre dicha cuestión.

2. El fuego fue un extraordinario descubrimiento para la humanidad. Pensando en ello, ¿se te ocurren ejemplos de inventos y descubrimientos que constituyan grandes pilares para el desarrollo tecnológico de la civilización?

3. ¿De qué manera se relacionan el pasado y el presente en las dos viñetas?

CAPÍTULO

13 Tecnologías: a usarlas conscientemente

- **Género textual:** *Spot* de campaña
- **Objetivo de escucha:** Comprender detalles del *spot* de la campaña
- **Tema:** Medio ambiente y sostenibilidad

> Escucha

> ¿Qué voy a escuchar?

1. La Organización de las Naciones Unidas (ONU) propuso ocho objetivos para el milenio. El objetivo del milenio 7 es "Garantizar la sostenibilidad del medio ambiente". ¿Sabes qué es "desarrollo sostenible"? Intenta descubrirlo observando estas imágenes:

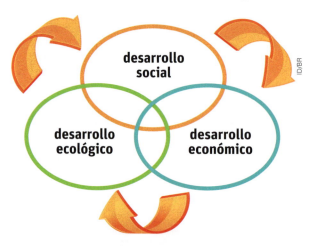

2. Vas a escuchar una campaña sobre la sostenibilidad (o sustentabilidad). ¿Qué te sugieren las siguientes imágenes acerca de este tema? Coméntalo con un compañero.

A quien no lo sepa

Las Naciones Unidas son una organización internacional fundada en 1945 por 51 países para mantener la paz y la seguridad internacionales y promover el progreso social. Hoy está compuesta por 193 países. En el sitio electrónico ‹http://www.un.org/es/aboutun/› (acceso el 2 de abril de 2014) podrás obtener más informaciones sobre las Naciones Unidas, tales como sus objetivos principales, sus tratados y declaraciones.

7 ▪ Conéctate con la innovación: a reflexionar sobre los desarrollos tecnológicos

212

> **Escuchando la diversidad de voces**

🔊**33** Para que haya progreso, hace falta electricidad, ¿verdad? Escucharás una campaña española intitulada *Sostenibilidad* (disponible en: <http://www.youtube.com/watch?v=c4yRX6l5Dg8>; acceso el 2 de abril de 2014). Haz las actividades que se te proponen.

1. ¿Cuál de estos aparatos motiva el inicio de la discusión? Señálalo con una cruz.

   (   ) La plancha   (   ) La computadora o el ordenador

   (   ) El aire acondicionado   (   ) La nevera o heladera

2. ¿Cuántos son los participantes en la conversación? ¿Son niños, jóvenes, mayores...?

   _____

3. ¿Se trata de una conversación formal o informal? Justifica tu respuesta.

   _____
   _____

4. Mientras avanza la conversación nos damos cuenta de la seriedad del tema que se está discutiendo. ¿Qué elementos de la grabación refuerzan el tono de seriedad de lo que se dice?

   _____
   _____

5. En algunos momentos, los hablantes utilizan un tono irónico a la hora de argumentar. Una de las formas de construir esa ironía es por medio de lo que llamamos preguntas retóricas, que son preguntas que se formulan sin esperar respuestas. Transcribe del audio dos preguntas retóricas.

   _____
   _____

A quien no lo sepa

Si te gustó el audio, puedes acceder al sitio <http://www.aula-sostenibilidad.com/aulas/> (acceso el 12 de mayo de 2014), donde encontrarás proyectos referentes a esa temática y podrás comentar, opinar y compartir informaciones en el *blog*.

Gramática en uso

El condicional simple

1. Este es el texto del *spot* de la campaña *Sostenibilidad*, que escuchaste anteriormente. Intenta completarlo con los verbos del recuadro sin escuchar el audio. Luego, si hace falta, vuelve a escucharlo para verificar tu trabajo.

> tendríamos (2) – diríamos – dejaríamos – servirían (2) – abandonaría – sería – cerrarían – perdería – pintaríamos (2) – necesitaríamos – volveríamos

—Tío, no paro de sudar. Voy a poner el aire.

—Eso, ponlo, carguémonos el planeta...

—Pero... ok, vale, no pongamos el aire. Sigamos tus teorías, ahorremos energía. Es eso, ¿no? Apaguemos todo lo que no sea imprescindible, pero... qué es imprescindible: ¿la nevera es imprescindible? Según tú, no. Para que funcione, necesitamos electricidad y, para llenarla, _____ transportes. O sea, más calentamiento global, contaminación. Así que nada: olvidémonos de vivir como hasta ahora. Imagina cómo_____ ese mundo: las escuelas _____, todo_____ sentido. _____ nuestros trabajos. ¿De qué nos_____? La gente_____ las ciudades. ¿Qué_____ en ellas? _____ que abandonarlo todo. _____ "no" a todo el progreso conseguido durante siglos y_____ a vivir como nuestros antepasados. ¿Ese es el futuro que quieres?

–Ok, vale, hagamos lo que dices. Pongamos el aire, ¿vale? Adelante con el progreso. Sigamos exprimiendo los recursos que nos quedan irresponsablemente y ¿sabes qué pasará? Que se acabarán. Y cuando esto ocurra, nos preguntaremos: "¿Y qué vamos a hacer ahora sin energía, sin transportes, sin agua corriente, sin nada?" Porque llegado ese día nada funcionará y no habrá vuelta atrás. Dejaremos nuestros empleos. De qué nos _____, ¿no? Y dejaremos las ciudades. ¿Qué _____ en ellas? _____ que dejarlo todo. Decir "no" a todo el progreso conseguido durante siglos y volver a vivir como nuestros antepasados. ¿Ese es el futuro que quieres?

Disponible en: <http://www.youtube.com/watch?v=c4yRX6l5Dg8>. Acceso el 12 de mayo de 2014.

2. Los verbos con los que rellenaste la transcripción del *spot* de la campaña indican:

( ) hipótesis en el presente o en el futuro.

( ) experiencias reales en los tiempos pasado, presente y futuro.

3. Este tiempo verbal se llama **condicional simple**. Dependiendo de la intención comunicativa, puede expresar **hipótesis**, **deseo**, **consejo** o **invitación**. Di qué intención comunicativa expresan las frases a continuación:

a) Yo que tú haría un curso de turismo ambiental. → _____

b) Ahorrarían agua si supieran como hacerlo, ¿no te parece? → _____

c) ¿Te gustaría ir conmigo a la ponencia sobre sostenibilidad? → _____

d) Me gustaría mucho contribuir al desarrollo tecnológico sostenible, pero todavía no sé cómo hacerlo. →

_____

4. Para formar el condicional simple, basta añadir las terminaciones correspondientes a cada persona al verbo en infinitivo.

a) Indica los infinitivos de los verbos regulares en el condicional simple entresacados de la campaña:

necesitaríamos → _____	abandonaría → _____	sería → _____
cerrarían → _____	pintaríamos → _____	volveríamos → _____
dejaríamos → _____	perderíamos → _____	serviríamos → _____

7 ▪ Conéctate con la innovación: a reflexionar sobre los desarrollos tecnológicos

b) Observa los verbos conjugados del ejercicio anterior y completa esta tabla con las terminaciones del condicional simple que faltan:

El infinitivo de los verbos regulares (ejemplos: estar, ser, ir)	+ terminaciones	_____ (yo)
		-ías (tú, vos)
		-ía (él, ella, usted)
		-íamos (nosotros, nosotras)
		-íais (vosotros, vosotras)
		_____ (ellos, ellas, ustedes)

5. Los verbos **tener** y **decir** también aparecen en el *spot* de campaña, pero son irregulares. Observa su conjugación en todas las personas y contesta: ¿presentan irregularidad en la terminación o en la raíz?

Verbos / Pronombres	Tener	Decir
Yo	tendría	diría
Tú, Vos	tendrías	dirías
Él, Ella, Usted	tendría	diría
Nosotros(as)	tendríamos	diríamos
Vosotros(as)	tendríais	diríais
Ellos, Ellas, Ustedes	tendrían	dirían

> En la *Chuleta Lingüística*, p. 341, conocerás otros verbos irregulares en condicional simple. Además, aprenderás el uso y la forma del condicional compuesto.

¡Ojo!

- En español hay algunas expresiones con las que el hablante le sugiere a su interlocutor cuál sería su actitud si estuviese en su lugar. Observa una de ellas:

  Yo que + pronombre personal + (no) condicional simple

  Ejemplos:
  Para afirmar: *Yo que tú, haría lo contrario.*
  Para negar: *Yo que ustedes, no viajaría el domingo.*
- También se podrían utilizar expresiones como "Yo en (tu/su/vuestro) lugar...", "Si yo fuera (tú/vos/él/ella/usted, etc.)...", según la persona del discurso y el nivel de formalidad, para introducir lo que se quiere sugerir.

> Comprendiendo la voz del otro

1. En el audio, hay dos chavales charlando entre ellos. ¿Con qué término se dirigen el uno al otro?

2. En este contexto, ¿esa palabra corresponde a un grado de parentesco o a una jerga coloquial?

3. En portugués, ¿qué términos se asemejarían al uso de dicha palabra en español?

4. Los chavales del *spot* de campaña trabajan con dos hipótesis: una vida con aire acondicionado y otra sin él, con las consecuencias que ambas conllevan.

   a) De las dos presuposiciones, ¿alguna tiene en cuenta el desarrollo sostenible? ¿Por qué?

   _____

   b) ¿Estás de acuerdo con el modo de pensar de los chicos? ¿Habría otra alternativa?

   _____

   _____

5. En los medios de comunicación son cada vez más frecuentes las campañas y discusiones sobre el problema de la basura electrónica. Observa estas imágenes y contesta:

   a) ¿Qué es la **basura** o **chatarra electrónica**?

   _____

   b) En la basura electrónica se encuentran muchos elementos químicos, tales como el plomo, el cadmio, el cromo y el níquel.
   Investiga: ¿cómo estos elementos contaminan el medioambiente? ¿Quiénes los desechan a la naturaleza? ¿De qué manera la contaminación química afecta a la salud de los seres vivos?

   _____

   _____

   c) ¿Has descartado alguna vez algún material electrónico? ¿Cuál? ¿Dónde?

   _____

   d) Los desechos electrónicos son uno de los mayores problemas ecológicos. ¿Por qué se puede afirmar que cada uno de nosotros somos responsables de la contaminación electrónica?

   _____

▍A quien no lo sepa

> La **chatarra** o **basura electrónica** se caracteriza por su rápido crecimiento debido a la vertiginosa rapidez de la obsolescencia de los dispositivos electrónicos y de la mayor demanda de estos en todo el mundo.

Vocabulario en contexto

1. ¿Cómo se llaman estos aparatos eléctricos y electrónicos en español? Para descubrirlo, reordena las letras de las palabras. En caso de duda, consulta un diccionario.

2. Imagina tu vida sin estos objetos. ¿Lograrías decir **no** al progreso? ¿Cómo utilizar conscientemente los aparatos eléctricos y electrónicos?

_____

_____

> Oído perspicaz: el español suena de maneras diferentes

Sonidos de *v* y *b*

1. ⊚**34** En el *spot* de campaña escuchaste algunas palabras que se escriben con las letras **b** y **v**. Escúchalas nuevamente:

> **Grupo 1: voy – vale – nevera – olvidémonos – vivir – servirían – volveríamos – vamos**
> **Grupo 2: sostenibilidad – imprescindible – global – trabajos – sabes – acabarán – habrá**

a) ¿Cómo se pronuncia la **v**?

( ) Como la **v** del portugués.

( ) Como la **b** del español y más bien se acerca a la **b** del portugués.

b) Repite el sonido de las palabras de los grupos 1 y 2. Luego señala la respuesta correcta:

( ) En español, las letras **b** y **v** representan el mismo sonido.

( ) En español, las letras **b** y **v** representan sonidos distintos.

c) ⊚**35** ¿Crees que todos los hispanohablantes pronuncian la **b** y la **v** de esa manera? Escucha algunas palabras en que tanto la **b** como la **v** están entre vocales y tienen un sonido que se aproxima al sonido escuchado anteriormente.

> la**v**ar   lo**b**o   la **v**aca

2. Consulta el diccionario y verifica si las palabras a continuación se escriben con **b** o con **v**.

> in__ierno   –   go__ierno   –   li__ro   –   ol__idar

3. Hay palabras diferentes en la escritura, pero iguales en la pronunciación. Consulta un diccionario y escribe el significado de cada una.

bello:	vello:
botar:	votar:
sabia:	savia:
barón:	varón:

4. ⊚**36** Escucha estas frases y escribe la palabra correcta en cada caso:

a) En Brasil, los jóvenes de dieciséis años ya pueden _____.

b) Buena solución: ustedes tomaron una _____ decisión.

c) Aquí, donde pone "sexo", debes poner "_____".

d) Son muy _____ los atardeceres en Río de Janeiro.

e) Mira atentamente la fecha de caducidad de cada producto y _____ todos los que ya caducaron, aunque todavía parezcan buenos.

f) La goma que utilizamos para borrar se hace con la _____ de la hevea, el árbol del caucho.

g) A los pacientes sometidos a quimioterapia, muchas veces se les cae el pelo y hasta el _____ corporal.

h) En este diccionario pone que _____ es una "persona que tiene un título nobiliario inmediatamente inferior al de vizconde".

> Escritura

> Conociendo el género

- Género textual: Viñeta
- Objetivo de escritura: Producir una viñeta crítica
- Tema: Internet y redes sociales
- Tipo de producción: Individual o en parejas
- Lectores: Internautas

1. ¿Qué son viñetas? Fíjate en estos ejemplos de viñetas y formula una definición:

Nik. Disponible en: <http://www.gaturro.com/>. Acceso el 2 de abril de 2014.

Darhal, M. Disponible en: <http://redessocialesandreixpc.comoj.com/IMAGENES/COMIC_REDES_12.jpg>. Acceso el 2 de abril de 2014.

_____
_____
_____
_____

219

2. Las viñetas publicadas en los periódicos, muy a menudo, tratan de hacer reflexionar al lector sobre los temas abordados en las páginas de la sección en la que están incluidas, normalmente de manera muy crítica y cargada de humor y de ironía. Contesta estas preguntas oralmente, comentándolas con un compañero:

a) ¿De qué tema tratan las viñetas críticas leídas anteriormente?

b) Según la primera viñeta, ¿dónde se citaban antes los amigos? ¿Dónde se reúnen ahora?

c) De acuerdo con la segunda viñeta, ¿por qué "internet ya no es más lo que era"?

d) ¿Cómo se nota la evolución en las formas de relacionarse socialmente por internet citadas en la primera viñeta y en la segunda?

e) Cómo te encuentras con tus amigos normalmente: ¿quedas con ellos en el mundo real o en los entornos virtuales? ¿Sueles utilizar las redes sociales para entablar nuevas amistades?

Vocabulario en contexto

¿A qué acepción o acepciones de la palabra **viñeta** se refieren las viñetas que leíste anteriormente?

viñeta
(Del fr. *vignette*).
1 f. Cada uno de los recuadros de una serie en la que con dibujos y texto se compone una historieta.
2 f. Dibujo o escena impresa en un libro, periódico, etc., que suele tener carácter humorístico, y que a veces va acompañado de un texto o comentario.
3 f. Dibujo o estampa que se pone para adorno en el principio o el fin de los libros y capítulos, y algunas veces en los contornos de las planas.
Real Academia Española © Todos los derechos reservados. Disponible en: <http://lema.rae.es/drae/?val=vi%C3%B1eta>. Acceso el 3 de abril de 2014.

El español alrededor del mundo

En español hay una serie de términos relacionados con el universo de las historias escritas en dibujos dispuestos en series, siendo **historieta** el vocablo más usual en gran parte del mundo hispanohablante.

Las **historietas**, **cómics**, **tebeos** o **tiras** son narraciones dispuestas en franjas de viñetas (o recuadros) que contienen personajes, escenarios y bocadillos (también llamados globos). Varían en cuanto a la extensión: pueden ocupar una sola página o parte de ella o incluso constituir una revista o un libro con varias páginas.

La palabra **tebeo** se usa principalmente en España por influjo de una antigua revista de historietas española muy exitosa, *TBO*, que dio origen a dicha palabra.

Los vocablos **monos** y **monitos** se usan en México y en parte de Centroamérica y el término **muñequitos**, en Cuba.

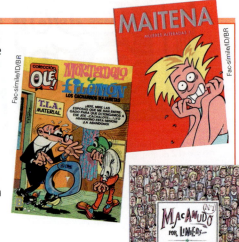

> **Planeando las ideas**

La viñeta es un género de opinión y, por eso, presenta un alto grado de criticidad. No es, de ninguna manera, un texto neutral. A los dibujantes de viñetas se los considera formadores de opinión, por lo que tienen que ser muy éticos. Lee las viñetas a continuación y luego contesta oralmente a las preguntas.

Mora, J. R. Disponible en: <http://www.jrmora.com/blog/2008/10/29/nada-ha-cambiado/>. Acceso el 3 de abril de 2014.

Del Vaz, J. M. Disponible en: <http://233grados.lainformacion.com/blog/2009/04/miercoles.html>. Acceso el 3 de abril de 2014.

Mora, J. R. Disponible en: <http://www.jrmora.com/blog/2008/08/27/el-tiempo-en-internet/>. Acceso el 3 de abril de 2013.

J. R. Mora o **Juan Ramón Mora** nació en Barcelona, España, en 1967. Dibujante de humor gráfico, publica viñetas comentadas y algunas noticias sobre su oficio en su sitio *web*. <http://www.jrmora.com>. Acceso el 3 de abril de 2014.

a) ¿Por qué el personaje de la viñeta 1 afirma que no ha cambiado nada con el advenimiento de las redes sociales?

b) ¿Qué reflexiones te suscitan las viñetas 2 y 3? Coméntalas con tus compañeros.

Gramática en uso

1. Observa el uso del artículo neutro **lo** en esta frase:

> "¡Qué tiempos aquellos en los que lo normal era tener *e-mail* y lo extraordinario montarse un *blog*!"

a) ¿Qué se consideraba normal en aquellos tiempos?

_____

b) ¿Qué se consideraba extraordinario en aquellos tiempos?

_____

c) ¿Qué clase de palabras se usa tras el artículo neutro **lo** en el ejemplo de arriba?

( ) Verbo.   ( ) Adjetivo.

( ) Sustantivo.   ( ) Adverbio.

¡Ojo!

Es necesario diferenciar el uso del artículo determinado **el** del uso del artículo neutro **lo**:

El se usa ante sustantivos masculinos en singular y los determina.

Lo se usa ante adjetivos con la función de formar una expresión sustantivada de significación abstracta.

2. ¿Qué ventajas y desventajas existen en el uso de las redes sociales e internet? Elige por lo menos 5 adjetivos del recuadro a continuación para formular frases usando el artículo neutro **lo**.

> bueno – malo – fantástico – terrible – confuso – básico – curioso – peligroso – imprescindible – perfecto – imperfecto – importante – destacable – ridículo

_____

_____

_____

_____

_____

_____

_____

_____

En la *Chuleta Lingüística*, p. 342, se estudiarán otros usos del artículo neutro **lo** y se harán más actividades.

7 ▪ Conéctate con la innovación: a reflexionar sobre los desarollos tecnológicos

> Taller de escritura

Ahora vas a crear una viñeta sobre el tema "¿Cómo las redes sociales pueden influir (de forma positiva y/o negativa) en la educación de los jóvenes?". Sigue estas instrucciones:

1. Define la temática principal de tu viñeta. Reflexiona sobre la crítica que quieres hacer y la forma en que el humor aparecerá en la trama.
2. Piensa en los personajes y en los ambientes en los que transcurrirán los hechos.
3. Define las características físicas y comportamentales de los personajes y dibújalos con diferentes expresiones faciales. Un consejo: a través del lenguaje utilizado por los personajes (visual o escrito) se da a conocer la manera de ser, de pensar y de hablar de cada uno.
4. Elige si harás una sola viñeta o una historieta completa. Si optas por más de uno, divide el argumento en pequeñas unidades que correspondan al número de recuadros por dibujar. Recuerda que una viñeta crítica (o *charge*, en portugués) generalmente tiene un solo recuadro. Cuando tiene más de uno, no se suele superar el límite de tres cuadros (que es el formato conocido como *tira*).
5. Dibuja los recuadros pensando en la armonía y en el tamaño de las escenas. Fíjate que no es necesario enmarcar todas las viñetas y es aconsejable variar el tamaño y la posición de los recuadros.
6. Decide si harás tu viñeta en papel o por computadora. Se pueden utilizar páginas *web* gratuitas para creación de narrativas dibujadas. Un sitio muy bueno, disponible en español, es <http://www.pixton.com/es/> (acceso el 5 de diciembre de 2013).
7. Emplea en los diálogos de los personajes uno o más de los neologismos que forman parte del campo semántico de las tecnologías. Usa también la expresión "yo que tú" y los verbos en el condicional simple para aconsejar.

¡Ojo!

No te olvides: en la escritura de viñetas, existen diversos tipos de bocadillos. Algunos de los más usados:

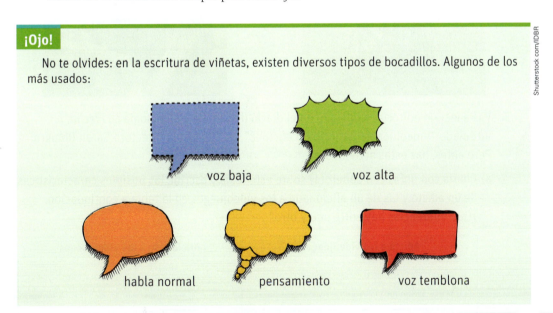

> (Re)escritura

Vuelve a tu viñeta y verifica:
- la calidad y la riqueza de los dibujos, de los recursos visuales y lingüísticos;
- la cohesión y la coherencia entre imágenes y texto verbal;
- el uso adecuado de los globos;
- si la temática está adecuada a la propuesta: "¿Cómo las redes sociales pueden influir (de forma positiva y/o negativa) en la educación de los jóvenes?"

CAPÍTULO 14
Información y comunicación: la tecnología también es diversión

- **Género textual:** Editorial
- **Objetivo de lectura:** Identificar y analizar los argumentos usados para defender el punto de vista del autor y/o del medio de circulación del texto
- **Tema:** Los jóvenes y los videojuegos

> Lectura

> Almacén de ideas

1. ¿Sabes qué es el editorial de un periódico o de una revista? Según tus conocimientos previos, señala la respuesta más adecuada.

   ( ) Texto relacionado con la actualidad que presenta la opinión general de algunas publicaciones, como periódicos y revistas impresos o virtuales.

   ( ) Ensayo largo, que trata de hechos polémicos divulgados en la actualidad, y que presenta el punto de vista específico de su autor acerca de los temas abordados.

2. En las revistas y periódicos aparecen imágenes (fotografías, gráficos, mapas, caricaturas…) que ilustran los textos de opinión y contribuyen a defender un punto de vista. Observa estas dos imágenes. ¿Cómo se representa en ellas a los aficionados a los videojuegos? ¿Te parece que los retratan de forma positiva? Coméntalo con un(a) compañero(a) con base en tu análisis de las fotos.

3. Vas a leer un editorial publicado en el diario de ciencia y tecnología *La Flecha*, intitulado "Videojuegos, ¿adicción o afición?", escrito por la directora Sarah Romero. Pero antes, haz estas actividades:

   a) Charla con un(a) compañero(a) sobre este tema y escribe las posibles características de un adicto y las de un aficionado a los videojuegos en la tabla a continuación. ¿Qué diferencias hay entre uno y otro?

Adicto a los videojuegos	Aficionado a los videojuegos

   b) ¿Te consideras adicto(a) o aficionado(a) a los videojuegos?

   _____
   _____

> **Red (con)textual**

¡A leer el editorial! Tu objetivo de lectura es identificar los variados puntos de vista explicitados por la directora del periódico electrónico *La Flecha*.

Videojuegos, ¿adicción o afición?

Primero fue la adicción a la televisión. Con la irrupción masiva de la informática en los hogares, aparecieron nuevas modalidades adictivas. La que parece estar más de moda últimamente es la adicción a los videojuegos, un fenómeno extensible ya no solo a los niños, sino a toda la sociedad al completo. Pero… ¿qué hay de realidad o ficción en todo esto? ¿Estamos hablando de una auténtica adicción o de grandes aficionados a los videojuegos?

01 Dic. 2003 | Sarah Romero

Quién le iba a decir a Nolan Bushell cuando diseñó allá por el año 1971 el primer juego electrónico con un éxito sin igual, el Ping Pong, que veinte o treinta años después, tacharían a los videojuegos de fomentar la violencia, el carácter huraño, la falta de autoestima, la depresión, y otorgándole el tratamiento de ciberpatología de la nueva sociedad de la información.

Pero, ¿cuál es la verdad sobre esta "adicción" a los videojuegos?

Pues depende a quién le preguntemos. Si preguntamos a un psicólogo especialista, lo más lógico es que nos conteste que los videojuegos son un peligro para la sociedad que puede derivar en una posterior ludopatía, asegurando que quienes de jóvenes pasan horas y horas delante de sus ordenadores o consolas, de mayores, lo harán delante de las máquinas tragaperras. Si todavía no hubiésemos quedado convencidos con la contestación de psicólogo, este nos alertaría además de que muchos de los comportamientos agresivos y descontrolados que se dan entre los jóvenes son provocados por los videojuegos. Y que en algunos casos, estos jóvenes pueden llegar a convertirse en auténticos psicópatas.

Esto enlaza perfectamente con la imagen que nos ofrecen los medios de comunicación de masas. ¿Cómo nos presentan a los jugadores? Son difíciles de olvidar aquellas imágenes en televisión en las que se presentaba al joven que asesinó a sus padres con una katana porque pensaba que se trataba del héroe de Final Fantasy VII. O también aquellas otras de los chicos norteamericanos que realizaron una horrible matanza en Colorado, asegurando y recalcando, como en el caso de la katana, que ambos, Eric Harris y Dylan Klebold, eran fervientes seguidores del archiconocido juego Doom. Está claro que sucesos como estos, de los que los medios se han encargado de difundir, a su manera, eso sí, han ensuciado la imagen de los videojuegos y de sus aficionados, y provocando un rechazo social de facto ante cualquier asunto relacionado con este tema.

Los efectos positivos de los videojuegos

Por otro lado, nos encontramos aquellas personas que creemos en el videojuego como afición y no como un peligro público. Le pese a quien le pese, existen muchas personas que defienden los efectos positivos que producen los videojuegos. Una de esas iniciativas la conformó el proyecto Games To Teach del MIT (Massachusetts Institute of Technology), patrocinado por el gigante Microsoft. Este programa, de los juegos a la enseñanza, investigaba la forma de incorporar la tecnología de los juegos a la educación, al colegio.

Durante este estudio, se llegó a la conclusión de que algunos juegos agudizan el pensamiento crítico, mejoran las habilidades sociales y aumentan la capacidad empática de los jugadores (a través de la elección del sexo opuesto como género del personaje, por ejemplo).

225

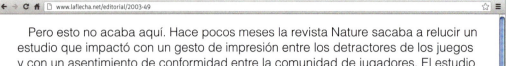

Pero esto no acaba aquí. Hace pocos meses la revista Nature sacaba a relucir un estudio que impactó con un gesto de impresión entre los detractores de los juegos y con un asentimiento de conformidad entre la comunidad de jugadores. El estudio de Nature revelaba que "los individuos que emplean con frecuencia los videojuegos, tienen más capacidad de concentración que el resto". Después de dedicar horas a controlar a nuestros enemigos en la pantalla y creando estrategias para lograr la victoria, "los jugadores se conforman como unos maestros procesando muchas informaciones al mismo tiempo y además son capaces de cubrir un ángulo visual mucho más amplio que los que dedican sus momentos de ocio a otras actividades".

Sobre ciberpatologías y miedos varios

Llegados a este punto, la idea de que los juegos tienen el poder de arruinar la vida de una persona se torna bastante absurda. La afición a los videojuegos hay que tratarla como lo que es, un pasatiempo de ocio, y la premeditada intención de la sociedad de tacharla como una ciberpatología no es sino la preocupación y el temor de que la tecnología tenga más poder que ellos; un miedo que los deja indefensos y que lleva a la revelación, como un escudo ante lo desconocido. De modo que, simplemente habría que recordar, y hacerlo más a menudo, que solo se trata de un juego.

Romero, Sarah. Videojuegos, ¿adicción o afición? *La Flecha*, 1 de diciembre de 2003. Disponible en: <http://www.laflecha.net/editorial/2003-49>. Acceso el 3 de abril de 2014.

VOCABULARIO DE APOYO

Detractores: maldicientes, que difaman.
Huraño: que se esconde.
Sucesos: acontecimientos, cosas que suceden.
Tragaperras: máquinas de juegos que funcionan introduciendo monedas.

A quien no lo sepa

En las páginas *web* hay muchos periódicos y revistas digitales sobre ciencia y tecnología. El periódico electrónico español *La Flecha* está formado por jóvenes periodistas, informáticos y apasionados por lo científico-tecnológico. Comenzó su andadura por la red en 2003. Está disponible en <www.laflecha.net> (acceso el 3 de abril de 2014). Su objetivo es "convertirse en referente para todas aquellas personas que desean mantenerse informados puntualmente de todo lo que sucede y rodea al apasionante mundo de las nuevas tecnologías. Una publicación pensada para la gente interesada en la más rabiosa actualidad tecnológica".

> Tejiendo la comprensión

1. Según el editorial, ¿cuáles son los efectos positivos de los videojuegos? ¿Y los negativos?

2. Sarah Romero presenta puntos de vista variados para formular su propia opinión. Piensa en la pregunta del título del editorial y contesta:

   a) ¿Qué dirían, según el texto, los psicólogos sobre los videojuegos? ¿Por qué?

   b) ¿Cuál es la opinión de los medios de comunicación de masa? ¿Por qué?

   c) ¿Qué defienden los productores de videojuegos, según el editorial? ¿Por qué?

d) ¿Qué defiende la autora del editorial? ¿Por qué?

e) ¿Cuál es la opinión general del diario *La Flecha*? ¿Por qué?

f) El editorial se publicó en 2003. ¿Crees que actualmente la adicción tecnológica de moda siguen siendo los videojuegos? ¿Por qué?

g) ¿Cuál es tu opinión acerca de los videojuegos? Tras leer esas diferentes opiniones, ¿con cuál(es) te identificas más?

3. Según la autora, ¿de qué manera los medios de comunicación de masa ensucian la imagen de los videojuegos?

4. Según el editorial, hay psicólogos que piensan que "quienes de jóvenes pasan horas y horas delante de sus ordenadores o consolas, de mayores, lo harán delante de las máquinas tragaperras". ¿Te parece una preocupación o argumento válido contra los videojuegos?

Vocabulario en contexto

En el editorial aparecen dos palabras del campo semántico de las enfermedades. Investiga su significado:

- ¿Qué es **ciberpatología**?

- ¿Qué es **ludopatía**?

Gramática en uso

Los editoriales son textos en los que se emite el punto de vista de un medio de comunicación sobre un tema y representan la opinión de la empresa, de la dirección o del equipo de redacción del medio periodístico sobre dicho tema. Relee la primera parte del editorial "Videojuegos, ¿adicción o afición?" y fíjate en las palabras destacadas.

> Primero fue la adicción a la televisión. Con la irrupción **masiva** de la informática en los hogares, aparecieron **nuevas** modalidades **adictivas**. La que parece estar más de moda últimamente es la adicción a los videojuegos; un fenómeno **extensible** ya no solo a los niños, sino a toda la sociedad al completo. Pero... ¿qué hay de realidad o ficción en todo esto? ¿Estamos hablando de una **auténtica** adicción o de **grandes** aficionados a los videojuegos?

1. Con base en tus conocimientos previos, señala la respuesta adecuada a las siguientes preguntas.

a) ¿A qué clase de palabras pertenecen los términos destacados?

( ) Verbos.   ( ) Adverbios.

( ) Sustantivos.   ( ) Adjetivos.

b) ¿Con qué intención se usan esas palabras en el editorial?

( ) Situar el sustantivo en el tiempo y en el espacio.

( ) Indicar pertenencia en relación con las personas gramaticales.

( ) Cualificar el sustantivo caracterizándolo.

( ) Expresar acción, estado o proceso.

2. Relee el párrafo sin las palabras destacadas y luego reflexiona:

> Primero fue la adicción a la televisión. Con la irrupción de la informática en los hogares, aparecieron modalidades. La que parece estar más de moda últimamente es la adicción a los videojuegos; un fenómeno ya no solo a los niños, sino a toda la sociedad al completo. Pero... ¿qué hay de realidad o ficción en todo esto? ¿Estamos hablando de una adicción o de aficionados a los videojuegos?

a) ¿Las palabras que se sacaron hacen falta para la comprensión del editorial? ¿Cuáles son las indispensables para ello?

_____

b) Explica qué consecuencias existen para la comprensión del texto cuando se retiran los siguientes adjetivos:

I. **masiva** en: "Con la irrupción **masiva** de la informática en los hogares [...]"

_____

_____

II. **auténtica** y **grandes** en: "¿Estamos hablando de una **auténtica** adicción o de **grandes** aficionados a los videojuegos?"

_____

_____

_____

c) Cuando se sacan los adjetivos **nuevas** y **adictivas**, ¿qué cambio ocurre en el contexto del editorial?

_____

_____

_____

d) En la frase "un fenómeno extensible ya no solo a los niños, sino a toda la sociedad al completo", ¿qué otro adjetivo se puede usar en lugar de **extensible**, sin que se pierda el sentido original del enunciado?

_____

3. Relee el siguiente pasaje del editorial y subraya los adjetivos que encuentres:

> "[...] muchos de los comportamientos agresivos y descontrolados que se dan entre los jóvenes son provocados por los videojuegos."

Según el editorial, la opinión sobre los efectos de los videojuegos depende de a quiénes les preguntemos. Los adjetivos **agresivos** y **descontrolados** caracterizarían la opinión de un psicólogo especialista contrario a los videojuegos. Y si esta frase la dijera alguien que defiende los efectos positivos de los juegos electrónicos, ¿qué adjetivos usaría? Fíjate en el género (masculino/femenino) y el número (singular/plural) del sustantivo **comportamientos**.

> "[...] muchos de los comportamientos _____ y _____ que se dan entre los jóvenes son provocados por los videojuegos."

4. A continuación están algunos adjetivos que aparecieron en el editorial. Rellena la siguiente tabla, indicando si son femeninos, masculinos o si presentan una forma única para los dos géneros. Para saberlo, es necesario verificar el género del sustantivo al que se refiere.

> social – gigante – sociales – visual – huraño – electrónico – agresivos – masiva – nuevas – adictivas – auténtica – nueva – empática – absurda – descontrolados – auténticos – crítico – opuesto – extensible – grandes – especialista – horrible – norteamericanos – positivo – público

Adjetivos masculinos	Adjetivos femeninos	Forma única masculino/femenino

En la *Chuleta Lingüística*, p. 343, estudiarás otros adjetivos y harás más actividades.

> Habla

> Lluvia de ideas

1. Fíjate en el siguiente cartel de divulgación de la Feria de Ciencia y Tecnología Juvenil en la que participará un amigo tuyo.

- **Género textual:** Llamada telefónica
- **Objetivo de habla:** Sacar dudas sobre una programación
- **Tema:** Ciencia y tecnología
- **Tipo de producción:** Interacción en parejas
- **Oyente:** Organizador del evento

a) ¿Qué significa el eslogan "Preguntar para conocer, responder para cambiar"?
_____

b) ¿A qué remite la imagen que ilustra el cartel?
_____
_____
_____
_____

c) ¿Has ido alguna vez a una feria de ciencia y tecnología? ¿Qué tipo de proyectos se exponían?
_____

2. Lee la siguiente noticia para enterarte de la programación de la feria.

En Orán comienza hoy la Feria Provincial de Ciencia y Tecnología Juvenil 2012

El acto de apertura se realizará en la Casa de la Cultura de la ciudad norteña y estará encabezado por el ministro de Educación, Ciencia y Tecnología, Roberto Dib Ashur.

La feria es organizada por la Secretaría de Ciencia y Tecnología y el departamento de Ciencias de la Cartera Educativa Provincial. Se extenderá hasta el viernes 5 del corriente, con exposiciones en la escuela Osvaldo Pos y el Colegio Secundario N° 5089 de Orán. Allí participarán los 100 proyectos que resultaron premiados en las ferias zonales salteñas, correspondientes a todos los niveles educativos.

El acto de apertura se realizará a las 10, en la Casa de la Cultura y será encabezado por el ministro de Educación, Ciencia y Tecnología, Roberto Dib Ashur.

Participarán más de 400 personas entre alumnos, profesores tutores y evaluadores. De esta instancia se seleccionará a las 25 mejores investigaciones que participarán de la Feria Nacional de Ciencias.

Por la tarde, en tanto, el ministro Dib Ashur visitará establecimientos de El Quebrachal y Joaquín V. González.

Secretaría de Comunicación

Disponible en: <http://www.lahoradesalta.com.ar/2012/10/03/en-oran-comienza-hoy-la-feria-provincial-de-ciencia-y-tecnologia-juvenil-2012>. Acceso el 3 de abril de 2014.

Ahora, rellena el siguiente recuadro con las informaciones sobre la feria:

Fecha, hora y lugar del acto de apertura	
Organización de la feria	
Local de las exposiciones	
Cantidad de proyectos	
Personas que participarán	

A quien no lo sepa

¿Sabes en qué consisten las ferias de ciencias y tecnologías? Son una exposición pública de proyectos y/o trabajos científicos tecnológicos realizados por niños, jóvenes y adultos con el asesoramiento de docentes. Los expositores demuestran experimentos, ofrecen informaciones y contestan preguntas sobre la metodología utilizada y sus conclusiones. Hay, generalmente, una comisión de evaluación que compara los trabajos expuestos y elige los mejores.

En una feria de ciencias, es común encontrar juguetes con fines científicos que nos enseñan mucho sobre el funcionamiento de las cosas. En la página *web* de la revista *Quo*, podrás informarte sobre el péndulo de Newton, el termómetro de Galileo y otros juguetes entretenidos que generan la reflexión y la discusión entre docentes y estudiantes sobre las ciencias. Para saber más, échale un vistazo a: <http://www.quo.es/ciencia/juguetes-para-aprender-fisica> (acceso el 3 de abril de 2014).

Péndulo de Newton.

Termómetro de Galileo.

Vocabulario en contexto

Imagina que el trabajo que tu amigo va a presentar en la Feria de Ciencia y Tecnología es sobre la historia de algunos inventos y has leído algo sobre el tema en la revista electrónica española Quo.es. Asocia cada invento a su historia y creador y escribe el nombre del invento donde corresponda.

1. Escáner

( ) "Este dispositivo de almacenamiento de datos es en la actualidad lo que la rueda fue hace mil años: nadie sabe quién la inventó. Hay una lucha entre varias empresas que se arrogan ser las creadoras del _____, y todas tienen una patente (en disputa) que así lo atestigua. Algunas fuentes aseguran que es un invento de IBM, otras señalan al ingeniero Dov Moran, dueño de M-Systems, y finalmente hay quienes señalan a Trek Technologies (empresa de Singapur) como la pionera."
Disponible en: <http://www.quo.es/tecnologia/usb>. Acceso el 3 de abril de 2014.

2. Olla a presión

( ) "Ya es cuarentón, nació el 6 de mayo de 1970. La empresa estadounidense Hamilton comercializó en 1970 un modelo 'sin partes en movimiento'. Tenía una pantalla oscura que, al presionar el botón, encendía puntos LED de color rubí que informaban de la hora. La primera que marcó el modelo Pulsar fue las 12.01. La presentación en sociedad corrió a cargo del escultor surrealista Ernest Trova. Surrealista era entonces el precio, nada menos que 1 500 dólares. A partir de ese momento enseguida tomaron la delantera las compañías japonesas [...]. Seiko incorporó, además, cronómetro y otra aplicaciones como calculadora, grabadora o televisión. Y su precio se hizo asequible para poder regalarlo. Podían adquirirse por 10 dólares."
Disponible en: <http://www.quo.es/ser-humano/quien-invento-el-reloj-digital>. Acceso el 3 de abril de 2014.

3. Fotocopiadora

( ) "Su uso se extendió en tiempos de Napoleón, pero la primera cena con alimentos cocidos en una _____ se sirvió en los salones de la Royal Society de Londres en 1682. Su inventor, Denis Papin, la llamó 'digestor a vapor'. Estaba hecha con hierro colado y reducía el tiempo de cocción un 25 por ciento sin que los platos perdieran sabor. Sin embargo, a pesar del avance que suponía, al principio cosechó un rotundo fracaso. A ello contribuyó que muchos de sus primeros usuarios vieran cómo sus comidas se estampaban contra el techo por fallos en la válvula de seguridad."
Disponible en: <http://www.quo.es/ser-humano/quien-invento-la-olla-a-presion> . Acceso el 3 de abril de 2014.

4. Reloj digital

( ) "Cuando su inventor, el inglés Goldfried Hounsfield, recibió en 1979 el Premio Nobel, el profesor que glosaba su figura dijo que pocos laureados expresaban tan bien la idea de Alfred Nobel al instituir el premio: 'Haber conferido el mayor beneficio a la Humanidad'. Hounsfield no era médico, pero su invento tuvo un tremendo impacto. Gracias al aparato que ideó en 1972 se han detectado, entre otras cosas, millones de tumores."
Disponible en: <http://www.quo.es/ser-humano/el-escaner>. Acceso el 3 de abril de 2014.

5. USB

( ) "La patentó Chester Carlson en 1940, pero su intento de comercializarla fracasó. El invento fue rechazado por una veintena de compañías que consideraban su idea 'una insensatez' por ofrecer duplicados de un mismo escrito, hasta que la empresa familiar Haloid Company vio el negocio y compró la patente. Fundaron la compañía Xerox Corporation, y en 1959 lanzaron la primera _____: la X-914. En los años setenta se universalizó su uso. La primera innovación importante, el color, lo incorporó Canon en 1973. Después llegó la posibilidad de aumentar o reducir el tamaño del documento original, y en 1986 Panasonic inventó la _____ de bolsillo. Tenía dieciséis centímetros de largo por siete de ancho y era capaz de reproducir cualquier documento."
Disponible en: <http://www.quo.es/ser-humano/quien-invento-la-fotocopiadora>. Acceso el 3 de abril de 2014.

Gramática en uso

Llamar por teléfono

1. Hay muchas expresiones y formas de hablar por teléfono que dependen del tipo de llamada que se va a hacer. En la tabla hay algunas expresiones para ello.

a) Clasifícalas correctamente, escribiendo a qué momento de la llamada corresponde cada una:

I. Para contestar una llamada   II. En el transcurso de la llamada   III. Para terminar la llamada

—Entonces, hasta el lunes. —Muchas gracias, buenas tardes. —Un abrazo. Hasta luego. —Bueno, gracias, adiós. —Tengo que colgar. —Nos hablamos después. —Hasta la vista.	—Perdone, ¿está el señor Carlos Benítez? —La señora Martínez, por favor. —Hola, ¿está Iván? —Oiga, quería hablar con Pedro. —Buenos días, ¿puede ponerse Pedro, por favor? —¿Con quién desea hablar? —¿De parte de quién? —Un rato, por favor. —¿Me lo podrías llamar?	—¿Diga? —¿Bueno? —¿Dígame? —¿Hola? —¿Sí?

b) En la columna "En el transcurso de la llamada" hay algunas expresiones que señalan el tratamiento formal. Identifícalas y contesta: ¿qué marcas lingüísticas comprueban tu respuesta?

_____

_____

_____

_____

_____

c) Imagina que llamas a la casa de tu amigo, pero te contesta otra persona, que te pregunta con quién deseas hablar. ¿Cómo quedaría esta pregunta utilizando el voseo (tratar de vos)?

_____

d) Haciendo uso de un tratamiento informal, ¿cómo dirías la expresión "¿Me lo podría llamar, por favor?"?

_____

_____

_____

_____

El español alrededor del mundo

Hay muchas formas de responder al teléfono, dependiendo de las costumbres de cada lugar. En México se suele decir **bueno**; en España, **diga** o **dígame**; en Venezuela y en Chile, **aló**; en Argentina, **hola**.

En la *Chuleta Lingüística*, p. 344, aprenderás más expresiones con entonación interrogativa para hablar por teléfono. Además, podrás hacer algunas actividades.

233

> **Rueda viva: comunicándose**

Ahora simularás una llamada telefónica desde tu ciudad a tu amigo argentino, que no habla portugués. Trabaja con un(a) compañero(a): decidan cuál de los dos interpretará al amigo argentino, que deberá sacar algunas dudas sobre la programación de la feria y sobre el trabajo que presentará. Las siguientes preguntas pueden ayudarlos:

1. ¿Qué días tendrá lugar la feria?
2. ¿A qué hora sera la apertura? ¿Dónde?
3. ¿Cuál es la temática del trabajo del amigo argentino? ¿Sobre qué invento(s) tecnológico(s) hablará?
4. Qué sectores de la feria le gustaría visitar al otro amigo: ¿el dedicado a la salud humana, a la preservación ambiental, a la psicología, a la historia mundial de los grandes inventos, a la computación gráfica y los juegos digitales, a la cura y prevención de enfermedades…?
5. ¿Quiénes participarán en el evento? ¿Profesores, científicos, investigadores, periodistas, otros amigos conocidos?
6. ¿Habrá ventas de libros, aparatos tecnológicos o lanzamiento de nuevos inventos?

Elaboren otras posibles preguntas e intenten utilizar los contenidos estudiados a lo largo de toda la sección *Habla*.

> **¡Ojo!**
> - Hablarás con un amigo argentino. ¿Qué registro de lenguaje usarás: ¿formal o informal? ¿Qué forma de tratamiento usarás: **tú**, **vos** o **usted**?
> - En tu llamada debes usar el vocabulario de inventos para hablar sobre los proyectos premiados, los inventos expuestos en la feria y comunicar tus intereses en la visitación. Además, debes utilizar el lenguaje necesario para llamar a alguien en español.

> **¡A concluir!**

Seguro que a la hora de comunicarte por teléfono tuviste dudas de vocabulario y, como la llamada es en tiempo real, quizá no te fue posible buscar en el diccionario la palabra que querías utilizar en español.

¡Ahora puedes! Con tu compañero, busquen las palabras desconocidas que pueden haber surgido en la conversación telefónica y vuelvan a practicarla.

La lectura en las selectividades

¿Sabías que el tema de las nuevas tecnologías se aborda en diversos exámenes de selectividad en Brasil? Así que tener este conocimiento previo es importante para comprender bien los textos y leerlos con más destreza.

> Cómo prepararse para exámenes de selección

Estos tres consejos te serán útiles para prepararte bien antes de hacer exámenes de selección:

1. Elige un lugar tranquilo para estudiar, que esté alejado de aparatos que no te permitan concentrarte, tales como el telefóno, la radio o la televisión.

2. Elabora un plan de estudios estratégico, posible de cumplir y que contemple fechas y horarios de estudio y de descanso.

3. Evalúa continuamente tu progreso. Para ello, haz testes comprobatorios y muchos ejercicios de repaso.

A continuación siguen tres modelos de pruebas sobre el tema.

Modelo de Prueba 1

Exame Nacional do Ensino Médio (Enem), 2011.

Disponible en: <http://www.vestibulandoweb.com.br/enem/prova-enem-amarela-2011-2dia.pdf>. Acceso el 3 de abril de 2014.

Los fallos de *software* en aparatos médicos, como marcapasos, van a ser una creciente amenaza para la salud pública, según el informe de *Software Freedom Law Center* (SFLC) que ha sido presentado hoy en Portland (EEUU), en la Open Source Convention (OSCON).

La ponencia "Muerto por el código: transparencia de *software* en los dispositivos médicos implantables" aborda el riesgo potencialmente mortal de los defectos informáticos en los aparatos médicos implantados en las personas.

Según SFLC, millones de personas con condiciones crónicas del corazón, epilepsia, diabetes, obesidad e, incluso, la depresión dependen de implantes, pero el *software* permanece oculto a los pacientes y sus médicos.

La SFLC recuerda graves fallos informáticos ocurridos en otros campos, como en elecciones, en la fabricación de coches, en las líneas aéreas comerciales o en los mercados financieros.

Disponible en: <http://www.elpais.com>. Acceso el 24 de julio de 2010. Adaptado.

1. O título da palestra, citado no texto, antecipa o tema que será tratado e mostra que o autor tem a intenção de:

a) relatar novas experiências em tratamento de saúde.

b) alertar sobre os riscos mortais de determinados *softwares* de uso médico para o ser humano.

c) denunciar falhas médicas na implantação de *softwares* em seres humanos.

d) divulgar novos *softwares* presentes em aparelhos médicos lançados no mercado.

e) apresentar os defeitos mais comuns de *softwares* em aparelhos médicos.

Modelo de Prueba 2

Universidade Federal de Alagoas (Ufal), 2011.

Disponible en: <http://www.copeve.ufal.br/sistema/pss/Processo%20Seletivo%20Seriado%20Unificado%202011/Prova%20Comentada%20-%20Terceiro%20Dia.pdf>. Acceso el 3 de abril de 2014.

Noticias que rejuvenecen

Predecir cómo va a ser el mundo dentro de unos años ha sido una preocupación que viene de antiguo, y la prueba es que la profesión de profeta va pareja en veteranía con la de alfarero, que ya Dios hizo de alfarero con aquello del barro, y le salió Adán, que solo Él sabe si hubiera surgido algo mejor empleando madera o mármol.

Los profetas modernos actúan de forma colegiada y, previamente, hacen una encuesta. Luego, hacen otra, y así descubren hacia donde van las tendencias, que, ¡hombre!, no es que te digan en qué fecha llegará el Anticristo, pero te pueden indicar, más o menos, lo que va a hacer la mayoría de la gente.

La Fundación de Telefónica ha encargado un útil estudio para conocer los hábitos de menores y adolescentes, y ha descubierto que casi 9 de cada 10 menores usan Internet, y que 7 de cada 10 prefieren navegar por la red a ver la televisión. De un golpe, me he sentido rejuvenecer, porque me entretiene mucho más leer y contestar el correo electrónico, buscar información, leer los contenidos de periódicos del otro continente que aquí no llegan, que sentarme a ver en los programas de televisión perorar a personas dedicadas a correr los cien metros cama, o a saltar sobre las testas de cornudos y demás infieles en

La lectura en las selectividades

general, en un club donde distingo a unos pocos y no conozco a los demás.

Estamos viviendo un cambio de uso tecnológico que va a causar variaciones sociales tan profundas como las que provocó la aparición de la imprenta. La Galaxia Gutenberg soportó la embestida de la galaxia Marconi, y esta la del tubo catódico, pero esto que llega tiene de todo y por su orden: se puede leer, se puede escuchar y se puede ver. Navegábamos a vela, y resulta que los adolescentes (y algunos que no lo somos) preferimos los recientes barcos de vapor.

LUIS DEL VAL. *Siglo XXI*. 23 de noviembre de 2009.

2. Una vez leído el texto por completo, podemos afirmar que el enunciado que resume su contenido genérico es:

a) una crítica a propósito de la proliferación de falsos profetas, tan abundantes en los días actuales.

b) una descripción de las costumbres más habituales de los jóvenes en la España de hoy.

c) una visión nostálgica de los medios técnicos que existían en el pasado.

d) los hábitos que imponen las nuevas tecnologías aúnan a los jóvenes con personas de edad, como el autor.

e) la preferencia del autor por la navegación a vapor en detrimento de las embarcaciones de vela.

3. Según las informaciones que se exponen en el texto, es correcto afirmar que:

a) los jóvenes prefieren ver la televisión antes que realizar otras actividades de ocio.

b) el autor confiesa que su mayor entretenimiento consiste en ver programas sobre la vida de los famosos en la televisión.

c) el uso de la tecnología no influye, en opinión del autor, en los hábitos sociales.

d) la aparición de las nuevas tecnologías anuncian la venida del Anticristo.

e) las nuevas tecnologías pueden con todos los avances anteriores, incluso implican a los más viejos.

4. Considere el siguiente fragmento, correspondiente al primer párrafo del texto: "que solo Él sabe si hubiera surgido algo mejor empleando madera o mármol". En dicho fragmento, la forma Él aparece con mayúscula porque:

a) es un nombre propio: se refiere a Adán.

b) da un mayor énfasis en la entonación, lo que se exige por la solemnidad del texto.

c) se trata de un pronombre personal que, cuando va acentuado, debe colocarse en mayúscula.

d) se refiere a Dios, cuya referencia expresa aparece anteriormente en el texto.

e) el autor ha utilizado una norma ortográfica arcaica, no muy usada en la actualidad.

Modelo de Prueba 3

Universidade Federal de Goiás (UFG), 2012.

Disponible en: <http://www.vestibular.ufg.br/estatisticas/2012-1/1%20etapa/cadernoquestao_tipo1.pdf>. Acceso el 4 de abril de 2014.

Con leer no basta

La literatura multimedia electrónica tiene sus antecedentes en los libros móviles infantiles o en los poemas pintados. Todas estas obras tienen en común la utilización de, al menos, dos artes, pero no como meras ilustraciones, sino como parte esencial para la comprensión cabal del texto.

Aunque, en la literatura electrónica, el texto todavía domina sobre las imágenes, la importancia del texto ha disminuido de la primera a la segunda antología de la 'Organización de Literatura Electrónica', sin duda como consecuencia de la mejora de los ordenadores, de la informática y de las conexiones a Internet. Las obras van del puro texto en imágenes, como "Los estilistas de la sociedad tecnológica", del español Antonio Rodríguez de las Heras, al puro videoclip con letras, como "El niño", una obra de Antoine Bardou-Jaquet. Aquí, las letras son volúmenes de edificios y, con ellas, más los sonidos de las calles de Nueva York, se recrea brillantemente las prisas de una parturienta para llegar al hospital. Si el brillante "El niño" puede verse gratuitamente en YouTube, el resto también se encuentra libre en Internet. Merecen también una indicación relatos como "Golpe de gracia", del

7 ■ Conéctate con la innovación: a reflexionar sobre los desarrollos tecnológicos

colombiano Jaime Alejandro Rodríguez, en el cual, con estética de videojuego y escritura de cómic, se reta al visitante a descubrir al autor de un atentado.

Lo singular de la literatura electrónica es que una pantalla, se llame ordenador, móvil o iPad, permite juntarlo todo, usarlo todo, sin avasallamiento entre las artes. En esta vanguardia, como en su momento en el movimiento cubista, lo que importa no solo es lo que se cuenta, sino cómo se cuenta.

MARTIN, Javier. Con leer no basta. Disponible en: <http://www.elpais.com>. Acceso el 13 de setiembre de 2011. Adaptado.

5. El autor de la noticia indica que fueron precursoras de la literatura multimedia electrónica las:
   a) poesías que eran transmitidas a los lectores a través del correo electrónico.
   b) composiciones para niños en las que se combinaban dibujos y fotografías.
   c) ilustraciones que adornaban las portadas de los libros para el público juvenil.
   d) publicaciones literarias infantiles que contenían textos para completar y colorear.
   e) obras en las que se añadía al significado del texto el significado de otro arte.

6. En la breve reseña sobre "El niño" que consta en el segundo párrafo se señala que, en esa obra, se:
   a) muestran las letras en forma de edificios.
   b) señala lo arriesgado que es conducir.
   c) aborda el día a día de un hospital.
   d) critican los ruidos de Nueva York.
   e) recrean las imágenes de los videojuegos.

7. Al final del texto, se concluye que lo que distingue a la literatura electrónica es la:
   a) estética con que fueron diseñados los ordenadores que la proyectan.
   b) libertad que hay para que se lleve a cabo la combinación de artes.
   c) sumisión al tema a la que la expresión artística se ha visto obligada.
   d) pugna entre las artes a la que la propuesta de ella ha conducido.
   e) belleza en la presentación de los argumentos que permite la informática.

Lee la tira y contesta las preguntas 8 y 9.

Disponible en: <http://www.20minutos.es>. Acceso el 29 de septiembre de 2011.

8. El chancho, protagonista de la historia, dice que Rodolfo, desde que ese amigo tiene novia, ha:
   a) dejado de quedar con él.
   b) comenzado a usar el móvil.
   c) ahorrado pensando en la boda.
   d) evitado salir a la calle.
   e) intentado echar a su niñera.

9. La crítica que un colega le hacía al otro dejó de tener sentido cuando se:
   a) deshizo el lío que creó un chisme.
   b) dijo que la reconciliación era viable.
   c) fijó una fecha para el reencuentro.
   d) acordó prescindir de las novias.
   e) supo quién había telefoneado.

UNIDAD 8

Mundo laboral: mercados, voluntariado, prejuicios y desafíos

En esta unidad:

- reflexionarás sobre el mundo del trabajo;
- estudiarás el presente de subjuntivo;
- leerás y escribirás argumentario en contra del prejuicio en el mundo laboral;
- conocerás el vocabulario de profesiones y sus símbolos;
- aprenderás algunos adverbios de modo;
- oirás los sonidos de las consonantes nasales.

- **Transversalidad:** Trabajo y ciudadanía
- **Interdisciplinaridad:** Sociología y Filosofía

Estatua de Hefesto, dios griego conocido como Vulcano por los romanos. Birmingham, Alabama (EE.UU.), c. 1930.

¡Para empezar!

1. La imagen representa a un dios griego, Hefesto, conocido como Vulcano por los romanos. Por los objetos que tiene en manos y la acción que ejecuta, ¿de qué es dios?

2. Esta imagen es una de las representaciones más recurrentes de ese dios. Obsérvala atentamente e intenta explicar por qué.

3. La sociedad contemporánea suele organizar el trabajo en dos: el manual y el intelectual.
   a) ¿En qué tipo se podría insertar el trabajo que ejecuta Hefesto o Vulcano?
   b) ¿Cuál de esos tipos de trabajo suele remunerarse mejor?
   c) ¿El sueldo es un criterio decisivo para que elijas tu profesión? Coméntalo.

4. ¿Conoces a alguien que haya sido discriminado a causa de la profesión que ejerce? Cuéntaselo a tus compañeros.

239

CAPÍTULO 15
Las profesiones: el mercado y el voluntariado

- **Género textual:** Charla de orientación vocacional
- **Objetivo de escucha:** Identificar vocabulario de profesiones y palabras intrusas
- **Tema:** Orientación vocacional

▶ Escucha

> ¿Qué voy a escuchar?

1. Piensa en qué cosas te gusta observar desde niño hasta hoy. En orden de importancia (1 a 5), escribe 1 para lo que más te gusta hasta el 5, para lo que menos te gusta.

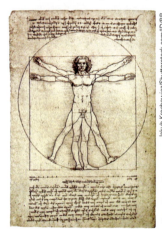

El hombre vitruviano, dibujo de Leonardo da Vinci, 1492.

Postal que representa el primer vuelo del 14-Bis, avión creado por Santos Dumont a principios del siglo XX.

( ) El ser humano, como es por dentro, su espiritualidad.

( ) La naturaleza, el universo, el cosmos.

( ) Los objetos creados por el hombre.

( ) La vivienda y todo lo que se refiere al hábitat de las personas.

( ) Las máquinas, los sistemas, la informática.

2. En el sitio electrónico <http://www.logrosperu.com/charla-de-orientacion-vocacional/> (acceso el 12 de mayo de 2014), se cuenta la historia de un amigo y de su hijito para ejemplificar la idea de que es necesario fijarse en las cosas que le gustan a uno desde niño a la hora de elegir una profesión. El amigo le decía al hijo: "Mira los árboles, ¡qué lindos!, mira el cielo, ¡qué bonito eso por aquí!", y el chiquito le contestaba "¿y ese cable que está allá?" El hijo de dicho amigo, actualmente, es ingeniero electricista.

¿Te acuerdas de qué cosas observabas y te llamaban la atención en tu niñez? ¿Conoces a alguien que desde niño ya sabía qué carrera seguir?

_____
_____

3. Vas a escuchar a cinco jóvenes que contestan a la pregunta "¿qué profesión vas a seguir?" y parte de una charla vocacional. ¿Cuántos creen que se sienten seguros y saben en qué área quieren trabajar? Formula hipótesis.

_____
_____

> **Escuchando la diversidad de voces**

1. ⓞ37 Escucha la respuesta de algunos jóvenes sobre la profesión que quieren seguir y rellena los huecos con el nombre de las carreras profesionales que mencionen.

   Chico 1: [...] lo que es _____.

   Chica 1: Bueno, yo quiero seguir la carrera de _____.

   Chico 2: Zootecnia y la _____ Pero va a ser una de esas dos.

   Chica 2: _____ y turismo.

   Chica 3: No tengo ni la más mínima idea de qué quiero estudiar...

2. ⓞ38 Ahora escucha la continuación del audio anterior, parte de una charla de orientación vocacional. Identifica las seis palabras intrusas presentes en el texto y corrígelas.

> Hola, me vería encantado de estar con ustedes ahí, juntos, pero yo estoy un poco lejos, pero, a través de estas cámaras, vengo a traerles algunas historias y algunas reflexiones para que ustedes puedan encontrar un camino, un camino en su búsqueda profesional.
>
> Entonces, esta ponencia es para que ustedes se revisen, para que ustedes se conecten consigo mismos, para que ustedes comiencen a hacerse preguntas que los van a acompañar. Pero para ello, yo les voy a pedir que los que más o menos ya tienen pensado ciertas ocupaciones o lo que fuera, déjenla de lado. Vamos a quitarle la importancia a la profesión, que es solamente una llave, como... como esas... este... cuchillas suizas que tienen una serie de cuchillitos, tenedores, o sea, te sirven para una serie de cosas, tienen una serie de lecciones. Pero la realización no está en la profesión. Si ustedes piensan: "ya, yo voy a estudiar esta profesión porque me han dicho que con esta profesión consigo este trabajo, y si consigo este trabajo, consigo este dinero". La cosa no es así.
>
> Aquello que te apasiona, puedes tú hacer que sea la llave para tu realización. No olviden tu razón. Conócela. Conoce tu pasión. Y la pasión está en la vocación, que te va a llevar a esa ocupación.
>
> Disponible en: <http://www.youtube.com/watch?v=NaDRS-a2fFA>. Acceso el 12 de mayo de 2014.

▌ **A quien no lo sepa**

Este audio se encuentra en la página *web* <http://www.logrosperu.com> (acceso el 6 de diciembre de 2013), que tiene el eslogan "Tu profesión. Tu éxito". Específicamente en el sitio electrónico <http://www.logrosperu.com/test-vocacional/> (acceso el 6 de diciembre de 2013) hay un test vocacional que está validado por el Centro de Investigación y Orientación Psicopedagógica (CIOS) de la Universidad Marcelino Champagnat.

241

> ## Comprendiendo la voz del otro

1. Según el audio, ¿en qué se debe pensar a la hora de elegir la profesión? ¿Estás de acuerdo? Justifica tu opinión.

   _____

   _____

2. La chica 3 contesta: "No tengo ni la más mínima idea de qué quiero estudiar". Señala la opción en que se expresa el sentimiento de la joven con relación a la elección de la profesión:

   ( ) inseguridad   ( ) convicción

3. Observa la imagen a continuación.

   Ahora, vuelve al texto y contesta:

   a) ¿Cómo se llama el objeto de al lado?

   _____

   b) ¿Qué comparación se hace entre este objeto y la profesión?

   _____

   _____

4. 🔊39 Escucha una parte específica del audio nuevamente e infiere el significado de **ya**. ¿Qué significa en este contexto?

   "Si ustedes piensan: '**ya**, yo voy a estudiar esta profesión porque me han dicho que con esta profesión consigo este trabajo, y si consigo este trabajo, consigo este sueldo'. La cosa no es así."

   _____

   _____

5. Según el audio, cada uno debería elegir su profesión por aquello que lo apasiona. Sin embargo, muchos jóvenes tienen problemas en su casa, pues su familia no respeta su decisión. Lee el siguiente problema que Roxy compartió con los internautas en un grupo de preguntas:

   > **¿Qué puedo hacer si mis padres no me respetan?**
   >
   > Mi caso es que yo el año pasado comencé a estudiar el profesorado de inglés (lo cual me satisface porque tengo facilidad, me va muy bien y me gusta) ya que me di cuenta que la carrera no concluida que estudié hasta el 2008 (carrera científica) se me hacía complicada, me costaba y me deprimía, pues no era mi vocación. Mis padres no aceptan el viro de la carrera, me hacen la vida a cuadros, me insultan. ¿Qué debo hacer?
   >
   > Disponible en: <http://ar.answers.yahoo.com/question/index?qid=20111224210153AA3adeR>. Acceso el 6 de diciembre de 2013.

   a) ¿Cómo le contestarías? ¿Qué consejos le darías?

   _____

   b) ¿A ti también te pasa lo mismo cuando hablas con tus parientes sobre la profesión que quieres seguir? ¿Por qué?

   _____

Vocabulario en contexto

¡A jugar con las profesiones! Todos formarán un círculo en el aula y tu profesor(a) pondrá una canción. Mientras la escuchan, cada alumno pasará una bolsa con varios papeles en los que se describen profesiones. En cuanto se interrumpa la canción, la persona que esté con la bolsa la abrirá y sacará un papel con una de las descripciones de abajo. Si contesta correctamente, sigue en el juego. Si no, debe salir. Gana el que permanezca hasta el final.

Persona que confecciona ropas.
Persona que se dedica a cantar.
Los que pilotean aviones.
Persona que atiende a los pasajeros en el avión.
El profesional que trata los problemas dentales de la gente.
Persona que repara coches.
Persona que conduce coches profesionalmente.
Los que salvan vidas en playas, piscinas, lagos, ríos...
Persona que cuida la salud de los animales.
Profesional que tiene autoridad para juzgar y hacer cumplir una sentencia.
La persona que se dedica al periodismo como actividad profesional.
Profesional que defiende, acusa o representa a alguien en juicio.
Los que enseñan a los alumnos.
Persona que representa personajes en el teatro, en la tele, etc.

Gramática en uso

Presente de subjuntivo (I)
Algunos usos

1. Al inicio del audio que escuchaste, aparecen algunos verbos en presente de subjuntivo. Obsérvalos:

> Hola, me vería encantado de estar aquí con ustedes ahí, juntos, pero yo estoy un poco lejos, pero, a través de estas cámaras, vengo a traerles algunas historias y algunas reflexiones para que ustedes **puedan** encontrar un camino, un camino en su búsqueda vocacional.
>
> Entonces, esta charla es para que ustedes se **revisen**, para que ustedes se **conecten** consigo mismos, para que ustedes **comiencen** a hacerse preguntas que lo van a acompañar. [...]
>
> Disponible en: <http://www.youtube.com/watch?v=NaDRS-a2fFA>. Acceso el 6 de diciembre de 2013.

a) ¿Qué expresan los verbos tomados de la charla de orientación vocacional?
   ( ) Probabilidad.   ( ) Deseo, animando a alguien.   ( ) Juicio de valor.

b) ¿Qué expresión se repite y precede a los verbos en subjuntivo?

_____

c) ¿Qué efecto de sentido se produce con la repetición del siguiente modelo sintáctico: **para que + ustedes + presente de subjuntivo**?

_____

_____

243

2. Lee algunos ejemplos y señala qué se expresa con el uso del presente del subjuntivo: ¿probabilidad, deseo o juicio de valor?

a) Es importante que ayudemos a los niños enfermos. _____

b) Quizás llegue a tiempo para la fiesta. _____

c) ¡Que lo pases bien! _____

d) Ojalá me toque la lotería. _____

e) Tal vez viajemos a Europa este año. _____

f) Es injusto que lo dejes así. _____

Verbos regulares

3. Observa la siguiente tabla de conjugación del presente del subjuntivo con los verbos regulares y contesta: ¿Cómo se forma el presente de subjuntivo de los verbos regulares?

Pronombres / Verbos	Ayudar	Comprender	Insistir
Yo	ayude	comprenda	insista
Tú, Vos	ayudes	comprendas	insistas
Él, Ella, Usted	ayude	comprenda	insista
Nosotros(as)	ayudemos	comprendamos	insistamos
Vosotros(as)	ayudéis	comprendáis	insistáis
Ellos, Ellas, Ustedes	ayuden	comprendan	insistan

_____

_____

_____

Verbos irregulares

Ahora aprenderás la conjugación de algunos verbos irregulares.

Verbos con diptongación en la raíz

- e > **ie**: querer, pensar, entender, discernir
- i > **ie**: adquirir
- o > **ue**: soñar, volver, morir
- u > **ue**: jugar

4. Observa la conjugación de estos verbos y circula las formas en las que no hay diptongación:

Pronombres / Verbos	Pensar	Querer	Adquirir	Soñar	Volver	Jugar
Yo	piense	quiera	adquiera	sueñe	vuelva	juegue
Tú, vos	pienses	quieras	adquieras	sueñes	vuelvas	juegues
Él, Ella, Usted	piense	quiera	adquiera	sueñe	vuelva	juegue
Nosotros(as)	pensemos	queramos	adquiramos	soñemos	volvamos	juguemos
Vosotros(as)	penséis	queráis	adquiráis	soñéis	volváis	juguéis
Ellos, Ellas, Ustedes	piensen	quieran	adquieran	sueñen	vuelvan	jueguen

¡Ojo!

La vocal **e** de la primera y de la segunda personas del plural (**nosotros/as** y **vosotros/as**) de los verbos terminados en **-ir** afectados por el cambio **e > ie** se convierte en **i**:

Convertir: convierta, conviertas, convierta, convirtamos, convirtáis, conviertan

Divertir: divierta, diviertas, divierta, divirtamos, divirtáis, diviertan

Verbos con cambio vocálico *e > i*: pedir, repetir, servir

5. Observa la conjugación de estos verbos. Compáralos con los de la categoría anterior. ¿Qué diferencia hay entre ellos?

Verbos / Pronombres	Pedir	Repetir	Servir
Yo	pida	repita	sirva
Tú, Vos	pidas	repitas	sirvas
Él, Ella, Usted	pida	repita	sirva
Nosotros(as)	pidamos	repitamos	sirvamos
Vosotros(as)	pidáis	repitáis	sirváis
Ellos, Ellas, Ustedes	pidan	repitan	sirvan

_____

_____

_____

Verbos con irregularidad propia: *ir*, *saber*, *caber*, *hacer*, *estar*, *decir*

6. Completa la tabla con los verbos que faltan:

Verbos / Pronombres	Ir	Saber	Caber	Hacer	Estar	Decir
Yo	vaya	sepa		haga	esté	diga
Tú, Vos	vayas	sepas	quepas		estés	digas
Él, Ella, Usted	vaya	sepa		haga		diga
Nosotros(as)		sepamos	quepamos	hagamos	estemos	digamos
Vosotros(as)	vayáis		quepáis	hagáis	estéis	digáis
Ellos, Ellas, Ustedes	vayan	sepan	quepan	hagan		

En la *Chuleta Lingüística*, p. 344, conocerás más verbos en presente de subjuntivo. Además, harás algunas actividades para practicar este tiempo verbal.

Verbos que conservan la *e* de la terminación del infinitivo: *ver*, *ser*

7. Completa la tabla con los verbos que faltan:

Verbos / Pronombres	Ver	Ser
Yo	vea	sea
Tú, Vos		
Él, Ella, Usted	vea	sea
Nosotros(as)	veamos	seamos
Vosotros(as)		
Ellos, Ellas, Ustedes	vean	sean

Verbos que interponen una consonante (*g*) entre la raíz y la terminación: *tener*, *venir*, *valer*, *salir*, *traer*, *poner*, *oír*, *caer*

8. Completa la tabla con los verbos que faltan:

Verbos / Pronombres	Tener	Venir	Salir	Traer	Poner	Oír	Caer
Yo	tenga	venga	salga			oiga	caiga
Tú, Vos	tengas	vengas	salgas	traigas	pongas		
Él, Ella, Usted	tenga			traiga	ponga	oiga	caiga
Nosotros(as)	tengamos	vengamos	salgamos			oigamos	caigamos
Vosotros(as)	tengáis	vengáis	salgáis	traigáis	pongáis		
Ellos, Ellas, Ustedes	tengan			traigan	pongan	oigan	caigan

Algunos verbos que interponen una consonante (*z*) entre la raíz y la terminación: *conocer*, *nacer*, *conducir*

9. Observa el modelo del verbo **conocer** y conjuga los verbos **nacer** y **conducir**.

Verbos / Pronombres	Conocer	Nacer	Conducir
Yo	conozca		
Tú, Vos	conozcas		
Él, Ella, Usted	conozca		
Nosotros(as)	conozcamos		
Vosotros(as)	conozcáis		
Ellos, Ellas, Ustedes	conozcan		

> Oído perspicaz: el español suena de maneras diferentes

Las consonantes nasales

1. ¿Conoces la expresión **consonantes nasales**? ¿Sabes qué significa?

   _____

   _____

2. ⊚**40** Escucha las siguientes palabras tomadas del audio y repítelas en voz alta. Observa el sonido de las consonantes destacadas:

   > ca**mi**no – vocació**n** – aco**mpañ**ar – co**m**o – i**m**porta**n**cia – cá**m**aras

   Transcribe abajo las consonantes nasales:

   _____

3. Observa los ejemplos anteriores y el recuadro *¡Ojo!*. Luego, señala las afirmaciones correctas sobre la posición de las consonantes nasales en las sílabas y palabras:

   ( ) La letra **m** puede aparecer en posición inicial de palabra.

   ( ) La letra **m** puede iniciar sílabas.

   ( ) La letra **m** puede venir después de una vocal en posición de final de sílaba.

   ( ) La letra **n** puede aparecer en posición inicial o final de sílaba, pero nunca de palabra.

   ( ) La letra **ñ** solo se registra en posición inicial de palabra o de sílaba.

   ( ) Antes de las letras **p** y **b** debe usarse siempre **m**, como en portugués.

4. Completa las tablas con dos ejemplos de palabras para cada posición de las letras **m, n, ñ**:

Letra *m*		
m inicial de palabra	*m* inicial de sílaba	*m* final de sílaba

Letra *n*			
n inicial de palabra	*n* inicial de sílaba	*n* final de sílaba	*n* final de palabra

Letra *ñ*	
ñ inicial de palabra	*ñ* inicial de sílaba

¡Ojo!

Generalmente, la consonante nasal que viene al final de palabra en español es la **n**. Aunque existen, son escasas las palabras terminadas en **m**, casi siempre de origen extranjero o provenientes del latín: *álbum, ídem, módem, islam...*

247

> Habla

> Lluvia de ideas

- **Género textual:** Invitación de trabajo voluntario
- **Objetivo de habla:** Convencer a un amigo de que realice un trabajo voluntario
- **Tema:** Ayuda social
- **Tipo de producción:** En parejas
- **Oyentes:** Amigos

1. ¿Sabes qué significa el término "trabajo voluntario"?

   a) ¿De qué manera lo individual y lo colectivo se conectan en el trabajo voluntario?

   _____

   b) Piensa en la realidad de tu ciudad y de las personas que viven a tu alrededor. ¿Quiénes necesitan ayuda? ¿Hay alguna organización no gubernamental o empresas que promuevan trabajos voluntarios? ¿Qué tipo de trabajo voluntario harías para ayudar a los más necesitados?

   _____
   _____

2. Hacer un trabajo voluntario en un país extranjero es muy positivo. Demuestra que eres una persona tolerante y generosa y que te adaptas a circunstancias diversas y a veces poco habituales. ¿Qué otras ventajas ves en ese tipo de trabajo?

   _____
   _____

3. En Chile, hay varias redes y agencias de trabajo voluntario.

   a) Observa el cartel de Eco Chile, una red participativa de variados emprendimientos biorregionales de fines sustentables en lo ecológico, social, cultural y espiritual. En este contexto, ¿qué significa la expresión "echar una mano"?

   _____
   _____

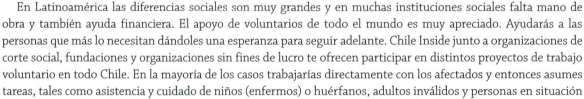

Disponible en: <http://www.ecochile.org/2011/01/trabajosvoluntariosde-verano/>. Acceso el 10 de abril de 2013.

   b) Lee algunas informaciones de Chile Inside, una agencia que se dedica a la organización de programas que abarcan las prácticas profesionales.

> En Latinoamérica las diferencias sociales son muy grandes y en muchas instituciones sociales falta mano de obra y también ayuda financiera. El apoyo de voluntarios de todo el mundo es muy apreciado. Ayudarás a las personas que más lo necesitan dándoles una esperanza para seguir adelante. Chile Inside junto a organizaciones de corte social, fundaciones y organizaciones sin fines de lucro te ofrecen participar en distintos proyectos de trabajo voluntario en todo Chile. En la mayoría de los casos trabajarías directamente con los afectados y entonces asumes tareas, tales como asistencia y cuidado de niños (enfermos) o huérfanos, adultos inválidos y personas en situación de calle y/o riesgo social. También puedes ayudar en la comunidad indígena mapuche.
>
> Disponible en: <http://www.chileinside.cl/es/general/equipo-chile-inside/>. Acceso el 6 de diciembre de 2013.

Imagina que tienes la oportunidad de inscribirte en Chile Inside para hacer un trabajo voluntario en ese país. ¿Qué tipo de trabajo voluntario te gustaría hacer? ¿A quiénes les darías asistencia y ayudarías? ¿Por qué?

( ) Niños (enfermos) o huérfanos.   ( ) Comunidad indígena mapuche.

( ) Personas en situación de calle y/o riesgo social.   ( ) Otros: _____

Vocabulario en contexto

Has aprendido que la expresión "echar una mano" significa ayudar a alguien, así como "tender la mano" o "dar la mano". En lengua española, hay otras expresiones semejantes que surgieron en contextos específicos. Observa las siguientes imágenes y asócialas a la expresión y al significado al que corresponden:

( ) **Arrimar el hombro:** de forma coloquial, colaborar unos con otros en un trabajo o actividad, sin escatimar esfuerzo.

( ) **Echar un cable:** expresión que se refiere al cable marinero. Se lo arroja a quienes caen al mar para que se agarren a él y así se pueda rescatarlos.

( ) **Echar un capote:** esa expresión proviene del mundo de los toros. Significa ayudar al torero que se encuentra en apuros ante el toro. Los otros toreros arrojan capotes con el objetivo de distraer la atención del animal.

Gramática en uso

Presente de subjuntivo (II)

Vas a invitar a tu amigo a participar en un trabajo voluntario en Chile. Es una oportunidad de ayudar a las personas y, a la vez, aprender más sobre la lengua española, ¿verdad? Para ello, en tu invitación, puedes hacer uso del presente de subjuntivo para expresar tu opinión y juicios de valor, a través de algunas expresiones, de modo a convencer a tu amigo de que viaje contigo. Obsérvalas:

Es importante que **ayudemos** a los niños enfermos.
Es probable que **aprendas** la lengua española.
Es una pena que **haya** tantos desvalidos en el mundo.
Es fantástico que **echemos** una mano.
Es bueno que **hagamos** nuestra parte.
Hace falta que **participemos** en las causas sociales.
Es posible que nuestro currículum **sea** más cualificado.
Es injusto que la sociedad **excluya** a los necesitados.

> En la *Chuleta Lingüística*, p. 345, se amplía esta sección con explicaciones y actividades sobre los tiempos verbales pretéritos del subjuntivo: pretérito imperfecto, pretérito perfecto y pretérito pluscuamperfecto.

Expresa tu opinión creando otras frases con el presente de subjuntivo para convencer a tu amigo:

Es importante que _____

Es probable que _____

Es una pena que _____

Es fantástico que _____

Es bueno que _____

Hace falta que _____

Es posible que _____

Es injusto que _____

> Rueda viva: comunicándose

En parejas, vas a tratar de convencer a tu amigo a hacer un trabajo voluntario en Chile. Algunas reglas antes de practicar lo que vas a decir:

- Para saber más sobre el tipo de trabajo que harán, es necesario acceder a la página *web* de Chile Inside, específica sobre el voluntariado (<http://www.chileinside.cl/es/trabajo-en-chile/trabajo-voluntario/trabajo-voluntario-en-chile.html>; acceso el 6 de diciembre de 2013). Se pueden buscar otros sitios electrónicos de trabajo voluntaro en Chile, tales como el de EcoChile o de Greenpeace, si tu foco es realizar actividades volcadas al medio ambiente, por ejemplo.
- Es importante usar las expresiones que significan ayudar a alguien: echar una mano, echar un cable, dar la mano, arrimar el hombro.
- Debes hacer uso de las estructuras del presente de subjuntivo que has aprendido.

> ¡A concluir!

Entre todos, reflexionen sobre qué tipo de trabajo voluntario podrían hacer todos en la escuela donde estudian. ¿Se podría hacer un huerto? ¿Hay puertas y ventanas que necesitan reparaciones o pintura? ¿Hace falta organizar la biblioteca de la escuela? ¿Cómo pueden ustedes organizarse y echar una mano para mejorar la escuela?

CAPÍTULO 16

Mercado laboral: en contra de los prejuicios

- **Género textual:** Argumentario
- **Objetivo de lectura:** Encajar las frases que faltan en el lugar adecuado
- **Tema:** Prejuicios en el mercado de trabajo

> Lectura

> Almacén de ideas

1. Observa las siguientes imágenes y relaciónalas con estas descripciones.

   a) Prohibido el trabajo infantil.
   b) No a la discriminación de raza.
   c) Igualdad de géneros en el trabajo.
   d) Las personas con discapacidad también tienen una carrera.

   ( )    ( )

   ( )    ( )

2. Vas a leer algunas partes de un manual hecho en España para eliminar los prejuicios sobre la inmigración. Su título es "Frente a la discriminación: no te quedes sin argumentos" (disponible en: <http://www.cruzrojamadrid.org/contenidos/img/File/Empleo/Argumentario/Argumentario-%20Frente%20a%20la%20discriminacion%20no%20te%20quedes%20sin%20argumentos.pdf>; acceso el 6 de diciembre de 2013).

   Las frases siguientes se tomaron de ese manual. Entre todos, discutan oralmente qué argumentos usarían para hacer frente a personas que dijeran las siguientes falacias:

"La inmigración compite con la mano de obra nacional."

"No cotizan a la Seguridad Social."

"No quieren trabajar, son unos vagos."

"Generan conflictos en el trabajo."

> Red (con)textual

Vas a leer cinco partes del manual para eliminar los prejuicios sobre la inmigración. En cada una faltan dos frases. En la mayoría de los casos, la primera frase expresa los prejuicios y la segunda la condición ideal. Tu objetivo de lectura es encajar las frases que faltan en el lugar adecuado.

Como toda la clase trabajadora, las personas inmigrantes también sufren una estructura de salarios poco igualitaria.

Las personas inmigrantes que trabajan legalmente en España cotizan a la Seguridad Social y pagan sus impuestos, como cualquier ciudadano o ciudadana.

La inmigración no disminuye las oportunidades laborales para la población autóctona.

Todas las relaciones humanas, como las laborales, pueden generar conflicto.

Las personas inmigrantes no solo trabajan, sino que además crean empleo,

Está demostrado: en un entorno de trabajo diverso y tolerante, la productividad puede ser mucho mayor.

Las personas inmigrantes no se ofertan voluntariamente para reducir sus derechos laborales o cobrar menos;

La competencia se da entre las personas, independientemente de las nacionalidades y de los orígenes.

Que las personas inmigrantes encuentren empleo, depende de las oportunidades que las empresas les den, y de que valoren sobre todo su experiencia.

Las personas inmigrantes, al cotizar en Seguridad Social, tienen los mismos derechos que cualquier ciudadano.

Texto 1

GENERAN CONFLICTOS EN EL TRABAJO

¿Sabías que...?

_____

_____ Estos conflictos surgen en la empresa por diferentes motivos: recursos limitados, dependencia, carga laboral, diferencia de objetivos...

Por lo tanto, pensar que los problemas en el entorno laboral siempre son fruto de la plantilla, no se ajusta a la realidad. Y mucho menos pensar que los conflictos los generan los trabajadores y trabajadoras inmigrantes por el simple hecho de serlo.

Una vez más la solución está en las políticas de integración, en fomentar el compañerismo, la diversidad y valorar a las personas trabajadoras por su capacidad y experiencia.

¿Y tú qué opinas?

¿Piensas que un entorno de trabajo multicultural puede aumentar la productividad? Coméntalo con tus amigos y amigas, familiares o compañeros y compañeras de trabajo.

_____

_____

Fuentes: Argumentario CRE. "Prejuicios y estereotipos más comunes sobre la inmigración en Andalucía y los argumentos para contrarrestarlos". 2010. Psicología aplicada a la empresa. Conflictos laborales.

8 ■ Mundo laboral: mercados, voluntariado, prejuicios y desafíos

Texto 2

NO COTIZAN A LA SEGURIDAD SOCIAL

¿Sabías que...?

Nuestro sistema de bienestar implica y beneficia a todos y todas, de forma equilibrada. Según el Banco de España, la inmigración no ha aumentado el gasto social, sino que ha disminuido el déficit de Seguridad Social para afrontar las pensiones de los españoles y las españolas.

La contribución de la población extranjera al sistema de pensiones favorece a toda la población y supone una ayuda decisiva para el mantenimiento de las mismas. Las personas inmigrantes han permitido ganar 7 años al momento en el que el sistema de Seguridad Social podría tener problemas de sostenibilidad.

Datos

En 2011 hubo más de 1 800 000 personas inmigrantes afiliadas a la Seguridad Social en España.

En 2011 hubo más de 380 000 personas inmigrantes que cotizaron a la Seguridad Social en la Comunidad de Madrid.

¿Y tú qué opinas?

¿Piensas que las personas inmigrantes son importantes para garantizar el sistema de pensiones de nuestro país? Háblalo con tus amigos y amigas, familiares o compañeros y compañeras de trabajo.

Fuentes:
NAIR, Sami. Falsos conocimientos y prejuicios hacen de la inmigración un chivo expiatorio ideal. Disponible en: <http://www.aidex.es/observatorio/reflexiones/rsociedad/inmigrantes.htm>. Banco de España. Fundación de Estudios de Economía Aplicada. Disponible en: <http://www.fedea.es/report2008>. Ministerio de Trabajo e Inmigración. Junio de 2011.

Texto 3

LA INMIGRACIÓN COMPITE CON LA MANO DE OBRA NACIONAL

¿Sabías que...?

Solo tiene efectos muy limitados sobre las condiciones laborales de personas trabajadoras nativas.

Con la inmigración se ha facilitado la incorporación de la mujer al mercado laboral porque las actividades relacionadas con las tareas del hogar, cuidado de menores, etc. tradicionalmente realizadas por mujeres, ahora son asumidas por mujeres de nacionalidad extranjera.

La inmigración ha revitalizado sectores laborales deprimidos y ha favorecido la creación de nuevos puestos de trabajo. Además, se han ocupado puestos que las personas españolas no queríamos desempeñar.

Datos

En la última década el 60% del crecimiento de la economía española se puede asignar a la inmigración.

Fuentes.
FUNDACIÓN IDEAS . Informe "La contribución de la inmigración a la población española". Mayo de 2011.
NAIR, Sami. Falsos conocimientos y prejuicios hacen de la inmigración un chivo expiatorio ideal. Disponible en: <http://www.aidex.es/observatorio/reflexiones/rsociedad/inmigrantes.htm>.
Pajares, Miguel. Informe "Inmigración y mercado de trabajo".
ROURA, J. R. C.; FERNÁNDEZ, C. I.; HERAS, R. L. "Inmigración y mercado de trabajo en España (1995-2005)". Fundación BBVA.
Oficina Económica del Presidente. Disponible en: <http://www.lamoncloa.es/Programas/OEP/default.htm>.
Fundación de Estudios de Economía Aplicada, Informe 2008.
Fundación Jaume Bofill.
Observatorio Permanente de la Inmigración, Secretaria de Estado de Inmigración.

Texto 4

BAJAN LOS SALARIOS DE LA POBLACIÓN ESPAÑOLA

¿Sabías que...?

_____

_____

son los empresarios los que se aprovechan, siendo a veces culpables de su condición irregular.

Su situación es similar a la de otros colectivos en situaciones precarias: mujeres, jóvenes y trabajadores y trabajadoras sin cualificación.

Los salarios más bajos se dan en hostelería, construcción, comercio, actividades inmobiliarias, servicios empresariales y servicios personales. Por lo tanto, los sectores en los que ahora se dan los salarios más bajos ya estaban en esta misma situación antes de que llegasen los flujos más intensos de inmigración.

_____

_____

Fuentes:
NAIR, Sami. Falsos conocimientos y prejuicios hacen de la inmigración un chivo expiatorio ideal. Disponible en: <http://www.aidex.es/observatorio/reflexiones/rsociedad/inmigrantes.htm>.
Pajares, Miguel. Informe "Inmigración y mercado de trabajo".
ROURA, J. R. C.; FERNÁNDEZ, C. I.; HERAS, R. L. "Inmigración y mercado de trabajo en España (1995-2005)". Fundación BBVA.
Oficina Económica del Presidente: <http://www.lamoncloa.es/Programas/OEP/default.htm>.
Fundación de Estudios de Economía Aplicada, Informe 2008.
Fundación Jaume Bofill.
Observatorio Permanente de la Inmigración, Secretaria de Estado de Inmigración.

Texto 5

NO QUIEREN TRABAJAR, SON UNOS VAGOS

¿Sabías que...?

_____

_____ formando nuevas empresas.

Los datos son contundentes: las personas inmigrantes en activo superan en 10 puntos a la población total española. Lo que demuestra que la mayoría de las personas inmigrantes vienen con un gran interés por trabajar.

Por el contrario, la tasa de paro de las personas inmigrantes está bastante por encima de la media total. Y es que en épocas de crisis, los colectivos más desfavorecidos son los que más se ven afectados.

Datos

En el 2011 más de 200 000 personas inmigrantes trabajaron como autónomos en España.

Más del 67% de las personas inmigrantes son activas.

La tasa de desempleo del colectivo inmigrante en el tercer trimestre del 2011 fue del 32,7%.

_____

_____

VOCABULARIO DE APOYO

Afrontar: hacer frente a una situación.

Contrarrestar: reducir o anular los efectos de algo.

Plantilla: conjunto de empleados de una empresa.

Fuentes:
Argumentario CRE. "Prejuicios y estereotipos más comunes sobre la inmigración en Andalucía y los argumentos para contrarrestarlos". 2010.
Ministerio de Trabajo e Inmigración. Junio de 2011.
EPA (Encuesta de Población Activa), 3er trimestre de 2011.
Fundación "La Caixa".

8 ▪ Mundo laboral: mercados, voluntariado, prejuicios y desafíos

> Tejiendo la comprensión

1. Escribe por lo menos un argumento en cada cuestión a continuación. ¿Por qué no se puede afirmar que los inmigrantes...

   a) ...generan conflictos en el trabajo?

   _____

   _____

   b) ...no cotizan a la Seguridad Social?

   _____

   _____

   c) ...compiten con la mano de obra nacional?

   _____

   _____

   d) ...bajan los salarios de la población española?

   _____

   _____

   e) ...no quieren trabajar, son unos vagos?

   _____

   _____

2. ¿Qué papel cumplen los datos y las fuentes en el manual?

   _____

   _____

3. Uno de los textos citados en la fuente es "Falsos conocimientos y prejuicios hacen de la inmigración un chivo expiatorio ideal", de Samir Nair. En el contexto del texto leído, ¿qué significa la expresión "chivo expiatorio"?

   _____

   _____

   _____

4. En los argumentos usados para contrarrestar la afirmación de que los inmigrantes generan conflictos en el trabajo, se plantea una cuestión. En parejas, discútanla y presenten sus respuestas ante la clase.

   ¿Y tú qué opinas?

   ¿Piensas que un entorno de trabajo multicultural puede aumentar la productividad?

   _____

   _____

   _____

5. Entre las empresas que financiaron el proyecto del manual está la Cruz Roja Española. Su símbolo es una cruz roja sobre un fondo blanco, que representa los colores de la bandera suiza a la inversa. Se hizo un homenaje a los creadores del movimiento, que eran suizos. La misión de la Cruz Roja es trabajar por la prevención y la mitigación del sufrimiento humano. ¿Por qué esa institución financió el manual?

_____

_____

_____

_____

6. En el Ministerio de Empleo y Seguridad Social del gobierno de España hay una secretaría específica que se ocupa de las cuestiones inmigratorias. Además, hay varias instituciones no gubernamentales que discuten esa cuestión. Tras la lectura del argumentario, contesta: ¿Por qué son necesarias leyes, manuales, campañas y otros tipos de intervenciones cuyo foco sean los inmigrantes?

_____

_____

_____

_____

7. A continuación, hay cinco fragmentos tomados del texto, pero a cada uno se le sacaron algunas palabras.

a) Relee el texto original y verifica qué palabras faltan.

> I. "Y mucho menos pensar que los conflictos los generan los trabajadores inmigrantes por el simple hecho de serlo".

> II. "Coméntalo con tus amigos, familiares o compañeros de trabajo".

> III. "Las personas inmigrantes que trabajan legalmente en España cotizan a la Seguridad Social y pagan sus impuestos, como cualquier ciudadano".

> IV. "Nuestro sistema de bienestar implica y beneficia a todos, de forma equilibrada".

> V. "Según el Banco de España, la inmigración no ha aumentado el gasto social, sino que ha disminuido el déficit de Seguridad Social para afrontar las pensiones de los españoles".

b) ¿Cuándo se usa solo el género masculino, se contempla también a las mujeres?

_____

c) ¿Qué efecto de sentido se quiere alcanzar cuando se añaden al texto las palabras **trabajadoras**, **compañeras**, **ciudadana**, **todas** y **españolas**?

_____

_____

Gramática en uso

1. Fíjate en las palabras destacadas en los siguientes fragmentos tomados de los textos anteriores:

> I. "Las personas inmigrantes que trabajan **legalmente** en España cotizan a la Seguridad Social y pagan sus impuestos, como cualquier ciudadano o ciudadana".
>
> II. "Con la inmigración se ha facilitado la incorporación de la mujer al mercado laboral porque las actividades relacionadas con las tareas del hogar, cuidado de menores, etc. **tradicionalmente** realizadas por mujeres, ahora son asumidas por mujeres de nacionalidad extranjera".
>
> III. "La competencia se da entre las personas, **independientemente** de las nacionalidades y de los orígenes".
>
> IV. "Las personas inmigrantes no se ofertan **voluntariamente** para reducir sus derechos laborales o cobrar menos [...]".

a) ¿A qué clase gramatical pertenecen estas palabras? Señala la respuesta correcta:

( ) adjetivos

( ) sustantivos

( ) verbos

( ) adverbios

b) ¿Qué papel cumplen en cada uno de los ejemplos?

_____

_____

_____

_____

c) ¿A qué clase de adverbios pertenecen? Señala la respuesta correcta:

( ) adverbio de lugar

( ) adverbio de cantidad

( ) adverbio de modo

( ) adverbio de duda

d) En la escritura, ¿en qué se asemejan las palabras destacadas?

_____

_____

_____

¡Ojo!

Cuando el adjetivo lleva acento gráfico, el adverbio lo mantiene. Ejemplos: rápido(a) – rápidamente; inútil – inútilmente; fácil – fácilmente.

e) Los adverbios de modo terminados en **-mente** se forman a partir del femenino de muchos adjetivos. Escribe al lado de cada uno de los adverbios el adjetivo a partir del cual se ha formado:

I. Legalmente: _____

II. Tradicionalmente: _____

III. Independientemente: _____

IV. Voluntariamente: _____

2. Para preguntar sobre la manera de hacer algo, se pueden usar formas como:

- ¿Cómo?
- ¿De qué manera?
- ¿De qué modo?
- ¿De qué forma?

Relee el siguiente pasaje del manual y contesta a las preguntas:

> "Nuestro sistema de bienestar implica y beneficia a todos y todas, de forma equilibrada."

a) ¿De qué forma nuestro sistema de bienestar implica y beneficia a todos y todas?

_____

_____

b) Transforma el adjetivo **equilibrada** en adverbio de modo y reescribe la frase.

_____

_____

Relee otro pasaje del manual y contesta a las preguntas:

> "En el 2011 más de 200 000 personas inmigrantes trabajaron como autónomos en España."

c) ¿Qué preguntas harías para saber la manera como trabajaron los inmigrantes? Escribe una:

_____

_____

d) Usando el sufijo **-mente**, ¿cómo sería la respuesta a la pregunta que elaboraste?

_____

_____

_____

En la *Chuleta Lingüística*, p. 347, se amplía esta sección con explicaciones y actividades con otros adverbios de modo.

Vocabulario en contexto

Relaciona cada símbolo con su profesión.

a)

b)

c)

d)

e)

f)

g)

h)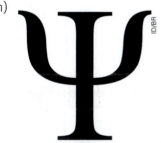

i)

j)

k)

( ) Derecho
( ) Ingeniería
( ) Teatro
( ) Estadística
( ) Geografía
( ) Música
( ) Veterinaria
( ) Educación Física
( ) Contabilidad
( ) Psicología
( ) Medicina

> Escritura

> Conociendo el género

En la sección de lectura has leído un argumentario. ¿Cómo lo definirías? ¿Qué es un argumentario?

_____

_____

_____

_____

_____

> Planeando las ideas

La temática de tu argumentario es "Personas con discapacidad en el mundo laboral". Sigue los siguientes pasos para confeccionarlo:

a) Define qué se quiere conseguir con el argumentario.

_____

_____

_____

b) ¿A qué público va dirigido?

_____

_____

_____

El español alrededor del mundo

El término genérico para designar a quien padece de una o más discapacidades es **persona con discapacidad**. En la Convención Internacional sobre los Derechos de las Personas con Discapacidad, en 2006, se recomendó evitar términos como ciegos, sordos o discapacitados, que, aunque sean frecuentemente empleados, generan discusiones, ya que se pueden usar de forma despectiva o peyorativa. En México, el término usado es **persona con capacidades diferentes**, de forma a eliminar la negatividad del prefijo **dis-**.

c) Identifica y analiza los discursos sociales del entorno sobre la inserción de las personas con discapacidad en el ambiente laboral y contesta a las preguntas a continuación:

- ¿A quiénes afecta el prejuicio en lo que respecta a la discapacidad física, a la discapacidad mental y a la discapacidad sensorial?

_____

_____

_____

_____

> Género textual:
Argumentario
> Objetivo de escritura:
Eliminar prejuicios
> Tema: Personas con discapacidad en el mundo laboral
> Tipo de producción: En grupos
> Lectores:
Definido por el grupo de los alumnos

- ¿Qué clase de discurso hay en la sociedad con respeto a la inserción de las personas con discapacidad en el ambiente laboral?

_____

_____

_____

_____

_____

_____

Vocabulario en contexto

1. El símbolo internacional de discapacidad está representado por una persona en la silla de ruedas.

Sin embargo, hay otros símbolos que representan a otros tipos de discapacidades. ¿A qué tipo de discapacidad se refiere cada símbolo a continuación? Completa cada uno con las palabras que faltan:

a)

Símbolo internacional para personas con _____ o deficiencia _____.

b)

Símbolo internacional para personas _____ o con discapacidad _____.

c)

Símbolo internacional para personas con discapacidad _____.

2. En el campo de las profesiones, seguro que notaste que, en el caso de la formación de la palabra, un sufijo muy usado es **-ero/-era**. Escribe el nombre de la persona que:

a) sirve la mesa: _____

b) cuida a los niños: _____

c) cuida del ganado: _____

d) recoge la basura: _____

e) ayuda a los enfermos: _____

f) prepara panes: _____

g) reparte las cartas del correo: _____

h) lleva mensajes: _____

Gramática en uso

1. Has aprendido que una de las maneras de defender un punto de vista es citar a expertos y textos relevantes con datos que puedan comprobar lo que se dice. Relee el siguiente pasaje del argumentario que has leído en la sección de lectura.

> "**Según** el Banco de España, la inmigración no ha aumentado el gasto social, sino que ha disminuido el déficit de Seguridad Social para afrontar las pensiones de los españoles y las españolas."

¿Qué expresiones puedes usar para reemplazar la palabra destacada? Señala las que, en el contexto, se pueden usar con la misma función.

(   ) Conforme   (   ) De acuerdo con   (   ) Segundo

2. En las líneas a continuación, escribe por lo menos tres argumentos basados en fuentes y datos que usarás en tu argumentario. Completa:

Conforme _____

_____

_____

Según _____

_____

_____

De acuerdo con _____

_____

_____

> **¡Ojo!**
>
> **Según** y **segundo** pertenecen a clases de palabras distintas. **Según**, en el contexto del argumentario, es una preposición. Por otro lado, **segundo** es un numeral ordinal.

> En la *Chuleta Lingüística*, p. 347, se amplía esta sección con explicaciones y actividades sobre algunos conectores concesivos y su uso con el indicativo y con el subjuntivo. En la escritura del argumentario, podrás hacer uso de ese conocimiento gramatical.

> Taller de escritura

Para el argumentario:

1. Busca imágenes que representen la temática en discusión.
2. Elabora:
   I.   Un título para el argumentario.
   II. Argumentos que puedan contrarrestar los prejuicios y estereotipos. Es aconsejable consultar artículos de prensa, estadísticas, entrevistas con expertos en discapacidades y bibliografía especializada.

> (Re)escritura

Relee tu argumentario y chequea si:

- pusiste datos confiables para argumentar en contra de los prejuicios;
- adecuaste el lenguaje al público que quieres atingir;
- elegiste imágenes coherentes que ilustran adecuadamente el texto escrito;
- usaste correctamente los términos **prejuicio** y **estereotipo**.

La lectura en las selectividades

¿Sabías que la temática del mercado laboral y los estudios se hace presente en textos de selectividades diversas en Brasil? Así que tener este conocimiento previo es importante para comprender mejor los textos.

› Cómo prepararse para exámenes de selección

"A lo largo de su historia académica, el estudiante ha de enfrentarse a diversas pruebas de evaluación en las que se valoran sus conocimientos y/o habilidades para resolver unas tareas, y por la que se califica su aprendizaje. Los exámenes pueden generar diversas reacciones de estrés o ansiedad antes, durante o después de realizar la prueba. Estas respuestas de ansiedad consisten en pensamientos negativos, sensaciones de malestar físico y/o incapacidad para actuar correctamente llegando incluso a 'quedarse en blanco', dejando el examen sin completar, a pesar de tener los conocimientos y/o habilidades necesarias. Aprender a controlar las manifestaciones de ansiedad requiere el aprendizaje de una serie de técnicas para afrontar de forma adecuada las situaciones temidas. Entre ellas, destacamos las habilidades de autocontrol fisiológico, como la respiración profunda y/o la relajación, y las técnicas para controlar los pensamientos generadores de ansiedad como la parada de pensamiento o la sustitución por otros más adecuados."

Disponible en: <http://calidad.umh.es/files/2010/09/C%C3%B3mo-preparar-y-afrontar-los-ex%C3%A1menes-de-Selectividad.pdf>. Acceso el 6 de diciembre de 2013.

Siguen tres modelos de pruebas sobre este tema.

Modelo de Prueba 1

Universidade do Estado do Amazonas (UEA-AM), 2012.

Disponible en: <http://www.vestibulandoweb.com.br/gabaritos/prova-uea-2012-1dia.pdf>. Acceso el 17 de marzo de 2013.

Vivir de changas y de la ayuda

21/08/2011 – Juan C. Algañaraz

En España, cada vez más hundida por la crisis, hay 1 300 000 familias sin ningún integrante en edad de trabajar con empleo. "**Vivimos de las jubilaciones de mis suegros** y haciendo **chapuzas** (**changas**) cuando nos caen. Los amigos ayudan. Caritas nos da comida sobre todo para los chicos y los materiales del colegio", explica Joaquín S. C. de 34 años, casado con una desocupada, y con dos hijos de 4 y 6 años.

"Antes de este desastre siempre salíamos de vacaciones aunque sea por diez días. Ahora ni pensamos en esos lujos. Hacemos actividades gratuitas. Si vamos a tomar y comer algo nos lo llevamos de casa. Lo peor es que ahora hay un clima de desesperanza de que todo va a tardar mucho más. Dicen que a lo mejor hay otra crisis. ¿Y qué vamos a hacer?", comenta angustiado ante la consulta de Clarín.

Joaquín y su familia consumen al mínimo: contribuyen a la parálisis que atraviesa la economía como lo hacen los casi 4 600 000 desempleados y los millones de personas que tienen trabajo pero no llegan a fin de mes.

En este agosto sofocante, el turismo se ha vuelto a convertir en la actividad que salva a España de una situación mucho peor. Este año el turismo bate récords. En los primeros seis meses de 2011, los gastos de los turistas extranjeros han crecido un 12,6%. El de los españoles, ha disminuido.

<www.clarin.com>. Adaptado.

1. Indique qual frase abaixo se aproxima mais do significado da frase destacada no primeiro parágrafo: "Vivimos de las jubilaciones de mis suegros...".

   a) Vivemos dos favores dos meus sogros.

   b) Vivemos da mordomia dos meus sogros.

   c) Vivemos da poupança dos meus sogros.

   d) Vivemos da aposentadoria dos meus sogros.

   e) Vivemos da ajuda dos meus sogros.

2. Os termos **chapuzas** e **changas**, destacados no primeiro parágrafo, significam, respectivamente, "obra o labor de poca importancia" e "ocupación transitoria, por lo común en tareas menores". Considerando o registro coloquial, indique o correspondente a esses termos em português.

   a) Serviços.

   b) Bicos.

   c) Ocupações.

   d) Mamatas.

   e) Ócios.

263

La lectura en las selectividades

3. De acordo com o segundo parágrafo do texto, percebe-se que há um processo de:

a) estagnação na conjuntura social e uma perspectiva de melhora.

b) transformação positiva na conjuntura social e uma perspectiva de piora.

c) transformação negativa na conjuntura social e uma perspectiva de melhora.

d) transformação positiva na conjuntura social e uma perspectiva de melhora.

e) transformação negativa na conjuntura social e uma perspectiva de piora.

4. Dos dois últimos parágrafos e de sua compreensão geral, pode-se afirmar que Joaquim e sua família:

a) contribuem para a paralisia que atravessa a economia espanhola, gastando todo o seu dinheiro durante o mês e não deixando de investir em turismo.

b) contribuem para a economia do país investindo em turismo, ao contrário do que fazem os desempregados.

c) contribuem para a paralisia que atravessa a economia consumindo pouco, bem como os demais espanhóis desempregados. O que salva a Espanha são os gastos dos turistas estrangeiros.

d) consomem o mínimo necessário, mas não deixam de se sentir sufocados em função do turismo que coloca a Espanha em uma situação cada vez pior.

e) contribuem para a paralisia que atravessa a economia consumindo muito. O número de desempregados e a temperatura no mês de agosto continuam batendo recordes.

Modelo de Prueba 2

Universidade do Estado do Pará (Uepa), 2012.

Disponible en: <http://paginas.uepa.br/processosseletivos/index.php?option=com_rokdownloads&view=file&Itemid=20&id=439:prova2012e3>.
Acceso el 20 de marzo de 2013.

El acoso moral en el trabajo

El acoso moral en el trabajo se ha convertido en los últimos años en una preocupación social. En lenguaje corriente, el "acoso moral" en el trabajo expresa un malestar más general que incluye el sufrimiento en el trabajo y, sobre todo, los atentados contra la dignidad de los trabajadores. Marie-France Hirigoyen define el acoso moral, dice en qué consiste, en qué no y expone las diferencias que lo distinguen de otros sufrimientos en el trabajo. A partir de fuentes propias, informa que estos comportamientos destructores tienen consecuencias graves sobre la salud de los asalariados, que comportan periodos de absentismo laboral muy largos y, en ocasiones, la expulsión del mercado laboral.

Lo anterior puede suponer la baja productividad de las empresas. Se tiende a confundir "acoso moral" con "estrés". Para ella el acoso moral en el trabajo se define como "toda conducta abusiva (gesto, palabra, comportamiento, actitud...) que atenta, por su repetición o sistematización, contra la dignidad o la integridad psíquica o física de una persona, poniendo en peligro su empleo o degradando el ambiente de trabajo". Lo anterior lo resume en que el acoso moral es una violencia en pequeñas dosis, que no se advierte y que, sin embargo, es muy destructiva.

El modo específico de agresión varía según los medios socioculturales. Cuanto más subimos en la jerarquía y en la escala sociocultural, más sofisticadas, perversas y difíciles de advertir son las agresiones. No todas las personas que dicen sentirse acosadas lo están. Hay que distinguir el acoso moral del estrés o de la presión del trabajo, del conflicto abierto o de la desavenencia.

El acoso moral suele empezar por el rechazo de una diferencia y se manifiesta mediante una conducta al límite de la discriminación. En el acoso pueden jugar papeles importantes la envidia, los celos, la rivalidad y el miedo. Los celos pueden aparecer entre colegas, respecto a la jerarquía o entre superiores y subordinados. El miedo es el motor esencial que lleva al acoso moral y en algunas ocasiones engendra la cobardía. El agresor moral se pregunta cómo herir al otro. La respuesta la tiene en el aislamiento.

Los nuevos métodos de gestión de empresa aíslan cada vez más el trabajo del individuo y así es más fácil el proceso de marginación, el silencio y el vacío alrededor del mismo. El objetivo del acoso es desestabilizar. El acoso moral surge con mayor facilidad en los entornos sometidos al estrés, en los que reina una mala comunicación, y por la falta de reconocimiento en el trabajo de la propia identidad profesional.

<http://www.acosomoral.org/hirigoyen.htm>. Adaptado.

5. Segundo Marie-France Hirigoyen, o assédio moral no trabalho define-se como:

a) uma violência em doses pequenas e que é muito destrutiva.

b) o trabalho que expressa um mal-estar, mas não causa sofrimento.

c) um comportamento destruidor, sem graves consequências para o empregado.

d) um trabalho que se converteu em uma preocupação social nos últimos anos.

e) toda conduta abusiva que tenta sistematizar a integridade física do empregado.

6. De acordo com a afirmação: "No todas las personas que dicen sentirse acosadas lo están", conclui-se que:

a) há diferenças que distinguem os sofrimentos que ocorrem no trabalho cotidiano.

b) deve-se fazer distinção entre o assédio moral e o estresse ou pressão do trabalho.

c) quanto mais aumenta a hierarquia e a escala sociocultural, existem mais agressões.

d) tudo depende do modo específico de agressão que varia segundo o meio socioeconômico.

e) várias pessoas têm conflito ou desavença no trabalho e, portanto, agridem e são agredidas.

7. A expressão "El acoso moral suele empezar por el rechazo…" pode ser traduzida por:

a) O assédio moral não interessa ao rechaço…

b) Ele é assediado ao começar a rechaçar…

c) O assédio moral costuma iniciar por um recado…

d) Ele costuma rechaçar a todos moralmente…

e) O assédio moral costuma iniciar pelo rechaço…

8. Segundo o texto, os novos métodos de gestão empresarial:

a) facilitam o processo de integração do trabalhador.

b) preenchem o vazio ao redor do indivíduo.

c) isolam cada vez mais o trabalho do indivíduo.

d) desestabilizam a produção do trabalhador.

e) marginalizam a relação entre o subordinado e seu superior.

9. De acordo com o texto, a informação dada por Marie-France sobre o assédio moral no trabalho, diz que:

a) na linguagem popular, o assédio moral e físico não expressa mal-estar.

b) a alta produtividade das empresas favorece a existência do assédio moral.

c) mesmo sendo curto o período de ausência laboral, haverá expulsão do trabalho.

d) os comportamentos destrutivos têm consequências graves sobre a saúde dos assalariados.

e) o trabalhador nunca sofre atentados contra sua integridade física e dignidade no mercado laboral.

Modelo de Prueba 3

Instituto Federal de Educação, Ciência e Tecnologia da Bahia (IFBA), 2012.

Disponible en: <http://www.portal.ifba.edu.br>. Acceso el 2 de abril de 2014.

Come tú mismo la fruta

En cierta ocasión se quejaba un discípulo a su maestro: "siempre nos cuentas historias, pero nunca nos revelas su significado". El maestro le replicó: "¿Te gustaría que alguien te ofreciera fruta y la masticara antes de dártela?" Nadie puede descubrir tu propio significado en tu lugar.

MELLO, Anthony de. *El canto del pájaro*. Sal Terrae: Espanha, 1996.

10. Qual é o tema central do texto?

a) La admiración de un discípulo hacia su maestro.

b) Las quejas de un discípulo a su maestro.

c) La verdadera felicidad está en lograr lo que nos proponemos en la vida.

d) Es esencial para el hombre hacer su propio camino.

e) Los grandes problemas del hombre se provocan cuando no sabemos buscar lo verdadero.

11. No período "El maestro le replicó", a partícula "le" se refere:

a) Al maestro.

b) Al narrador.

c) A la fruta.

d) Al discípulo.

e) A nadie

265

UNIDAD

9 Sexualidad en discusión: diálogo y (auto)conocimiento

Grupo A (   )

Grupo C (   )

Grupo D (   )

En esta unidad:

- reflexionarás sobre la autoestima, el respeto y la sexualidad;
- estudiarás los pronombres complemento directo e indirecto;
- aprenderás a usar las oraciones de relativo;
- conocerás los efectos de sentido de uso de algunos diminutivos;
- aprenderás vocabulario específico de juguetes, partes del cuerpo y enfermedades de transmisión sexual;
- aprenderás los sonidos de la *x*.

- **Transversalidad:** Sexualidad
- **Interdisciplinaridad:** Sociología y Biología

Grupo B (   )

Pedro Gonzalez/LatinContent/Asociación de Hombres Contra la Violencia/Managua/Getty Images

Alfredo Estrella/AFP

Asociación de Hombres Contra la Violencia/Managua/Nicaragua/ID/BR

¡Para empezar!

1. Asígnale uno de estos títulos a cada grupo de fotos considerando el contexto y el tema "respeto, autoestima y sexualidad":
   I. El amor sin prejuicios de color, edad, sexo, clase social, nacionalidad y religión.
   II. Las protestas contra el prejuicio, la homofobia, la violencia física, moral y sexual.
   III. Los adolescentes, la relación con sus padres y la prevención del embarazo precoz.
   IV. Los jóvenes y su derecho a la educación sexual para una sexualidad plena y segura.

2. ¿Qué significan estos dos símbolos ilustrados en el lugar de algunas letras de la palabra **diálogos**?

Diálogos

3. Lee el origen de la palabra **diálogo** y reflexiona: ¿cuál es la importancia del diálogo en los temas retratados en las imágenes?

   La palabra **diálogo** viene del latín *dialŏgus*, que significa discurso racional o, ciencia (*logos*) del discurso. En filosofía, Platón es sin duda el primero que usó este método, la dialéctica o arte del diálogo, para oponer dos discursos racionales y, de esta forma, llegar a la "Verdad", la contemplación de la Idea suprema del "Bien" desde la que todo fuera iluminado.

   El uso común de esta palabra es "plática entre dos personas". [...]

   Disponible en: <http://etimologias.dechile.net/?dia.logo>. Acceso el 4 de abril de 2014.

4. En tu opinión, ¿por qué suele ser tan difícil para algunas personas dialogar sobre el tema "cuerpo y sexualidad"?

CAPÍTULO

17 Educación contra el sexismo: que se acabe la violencia

- **Género textual:** Crónica periodística
- **Objetivo de lectura:** Comprender y averiguar por qué se considera la crónica periodística "periodismo literario" y observar los puntos de vista de la autora acerca del tema
- **Tema:** Educación no sexista

> Lectura

> Almacén de ideas

1. Lee estas viñetas sobre el Día Internacional de la Mujer. Descríbelas oralmente y reflexiona: ¿qué estereotipos y prejuicios se critican en ellas?

FORGES. Disponibles en: <http://www.forges.com>. Acceso el 20 de junio de 2013.

2. Las viñetas que leíste anteriormente critican la educación sexista. Vas a leer un texto cuyo título es "Juguetes: más sexistas, imposible".

   a) Mira la foto e infiere: ¿qué significa en portugués la palabra **juguete**?

   _____

   b) En tu opinión, ¿qué sería un juguete sexista? ¿En qué situaciones los juguetes de la foto pueden ser considerados sexistas? ¿Por qué?

   _____
   _____
   _____
   _____

> ### Red (con)textual
Lee esta crónica periodística y contesta: ¿qué elementos en el texto te ayudan a explicar por qué se puede considerar el género crónica "periodismo literario"?

PUBLICIDAD / COMO SI FUERA AYER

Juguetes: más sexistas, imposible

LA PERIODISTA se sienta el miércoles frente al televisor pensando que los anuncios de regalos para los pequeños habrían evolucionado, como ha sucedido en la sociedad. Y comprueba, con estupor, la misma distribución de roles

SILVIA NIETO

En un encantador anuncio navideño de la tienda barcelonesa Almacenes Alemanes, fechado en 1935, aparecen dibujados niños y niñas que interactúan con diferentes juguetes. Ellos blanden espadas, conducen coches y construyen mecanos. Uno, disfrazado de indio, monta a lomos de su padre, que le hace de caballo. En cuanto a las niñas, varias transportan muñecos entre los brazos, una empuja un cochecito de bebé y otra cocina castañas. Incluso hay una que sirve un cóctel a un niño disfrazado de cazador. Pues bien: la (mala) noticia es que el actual panorama no es muy distinto. Los fabricantes de juguetes y sus respectivas agencias de publicidad siguen empeñados en utilizar la diferencia de género como herramienta de venta a toda costa, tal que si el tiempo se hubiese detenido para ellos en 1935.

La última en alertar de la situación ha sido la Confederación Española de Organizaciones de Amas de Casa, Consumidores y Usuarios (CEACCU): "Sobre el género, persiste en las campañas promocionales la narración sexista: a pesar de que preferentemente el protagonista es mixto, la publicidad de juguetes en su conjunto reproduce un discurso sexista".

Un niño español ve una media de 49 anuncios al día (cifra que aumenta extraordinariamente en el periodo cercano a la Navidad, con sesiones de más de 20 anuncios seguidos en cada pausa entre programas). Según Norminanda Montoya Vilar, profesora de la Universidad Autónoma de Barcelona y autora de la investigación *El papel de la voz en la publicidad audiovisual dirigida a los niños*, el bombardeo publicitario es especialmente crítico en la etapa que va desde los cuatro hasta los siete años, cuando la personalidad no está definida y resulta más influenciable. Según estudios realizados por el especialista en psicología infantil Kenneth O'Bryan, los anuncios se convierten en un eficaz instrumento de enseñanza para grabar cualquier idea relativamente simple en la mente infantil. Y en ese mundo de las ideas están integradas las actitudes y los valores. Así, la publicidad de juguetes ejerce un poderoso influjo sobre la descripción que el niño se hace de su sexo y del contrario.

El lenguaje no es un vehículo menos poderoso para estos prejuicios. El de los anuncios para niñas es eminentemente cursi, con superabundancia de diminutivos (pastelitos, casita, perrito, dedito...) y expresiones de ternura (te quiero tanto, necesitaba mi amor...), mientras que en los dirigidos a los varones los rasgos dominantes son los aumentativos (acción sin límites, las posturas más arriesgadas...) y la utilización de expresiones ligadas a la competitividad (tú tienes el poder, acabar con tu máximo oponente...). Además, mientras en los primeros predominan las voces suaves femeninas, en los segundos lo hacen las masculinas de tono autoritario (tipo Constantino Romero). "La voz masculina", indica Montoya Vilar, "representa la autoridad y el refuerzo de la autoridad, reflejado en una voz adulta, es muy importante para los niños a la hora de decidir".

Las representaciones del universo adulto propias de cada género tampoco se quedan mancas en lo que a enfoque sexista se refiere. Mientras Action Man (el héroe más grande de todos los tiempos) lucha en las calles contra el Doctor X, Barbie lava a su perrito o prepara "pastelitos y gelatina" en su cocina mágica. Un mundo bipolar cuyos extremos son

Imágenes: Shutterstock.com/ID/BR

aparentemente irreconciliables (a pesar de que hoy, defenestrado Ken, Action Man se configure como la mejor opción posible para Barbie) cuyos límites, para ellas, se quedan entre los muros del hogar, y, para ellos… inalcanzables, porque el universo lúdico de los varones es un auténtico macrocosmos donde abundan los mundos fantásticos (Bionicle, Alien Attack, Castillo de Crayskull…).

Cuando la muñeca no está en la cocina, aparece convertida en todo un objeto sexual. Así, las Bratz, con los labios y ojos pintados y "tan atrevidas como tú", prometen a sus compradoras brillar "en la pista y por la noche". Eso sí: como buen objeto, la niña-mujer persiste en su ancestral actitud pasiva. Y como muestra, un botón. Hasbro invita a jugar a Línea Directa así: "Descubre quién te va a pedir salir, adivina quién es el chico misterioso y organiza la fiesta más divertida". Además, se incide en un característico patrón comunicativo femenino, el de la ocultación: "Cuéntale tus secretos a tus amigas".

No se trata de adoptar una postura integrista, falsamente progre y obligar a que los niños jueguen con Barbie Sirenas y las niñas con Hulk (a menos que quieran, claro). De hecho, el problema no está tanto en los juguetes en sí mismos, como en la forma en que la publicidad encaminada a promocionarlos orienta su uso a solo uno de ambos géneros. El *marketing* infantil es una

Scalextric.

disciplina muy desarrollada (empresas como Ericsson tienen departamentos específicos para la investigación de nuevos productos dirigidos exclusivamente a niños) que a veces roza lo maquiavélico. La industria juguetera apuesta por la diferenciación de género porque así su *target* (público objetivo) está mucho más definido, lo que evita el riesgo de diluir el mensaje. No debemos olvidar que la publicidad no transforma la realidad, sino que se hace eco de ella. Según Raúl Peralba, presidente de la empresa de *marketing* Positiong System, "la industria juguetera se enfrenta a un dilema: quienes compran los juguetes no son los niños, sino sus padres, y lo que quieren estos es que sus hijos tengan actitudes de adulto, las que ellos consideran aceptables. Solo una empresa arriesgada, capaz de superar los prejuicios y los estereotipos, podría vencer este escollo. ¿Cómo? Con responsabilidad social y pensando primero en el niño, en qué le divierte (y no, como se hace ahora, en el margen comercial y en convencer al padre)". Afortunadamente, la sociedad se mueve y algunos fabricantes son conscientes de ello. Como Scalextric (Tecni Toys), en cuyo nuevo anuncio aparecen un niño y una niña jugando con idénticas actitudes. ¿Por qué esta apuesta? La propia experiencia de Peralba da respuesta: "Tengo cuatro hijas y todas han jugado con coches por la sencilla razón de que a mí me gustan mucho y eso se transmite".

Y si Tecni Toys lo ha hecho, ¿por qué no MB (Action Man) o Mattel (Barbie)? Es sencillo: quienes compran los juguetes, los adultos, no estarían muy de acuerdo con tamaña liberalización de las costumbres. La mitad de los padres, según las encuestas, creen que hay juguetes propios de niño y juguetes propios de niña.

Disponible en: <http://www.elmundo.es/cronica/2003/424/1070273711.html>. Acceso el 4 de abril de 2014.

VOCABULARIO DE APOYO

Progre: forma reducida de "progresista".
Escollo: obstáculo.

▮ A quien no lo sepa

El periódico electrónico español *elmundo.es* es de publicación diaria y presenta informaciones sobre España, principalmente Madrid, Andalucía, Baleares, Barcelona, Castilla y León, Comunidad Valenciana y País Vasco. Trata de temas como deportes, economía, cultura, ciencia, salud, tecnología, entre otros.

> # Tejiendo la comprensión

1. Observa:

crónica
(Del lat. *chronĭca*, **y este del gr** χρονικά [βιβλία], **[libros] en que se refieren los sucesos por orden del tiempo).**
1 f. Historia en que se observa el orden de los tiempos.
2 f. Artículo periodístico o información radiofónica o televisiva sobre temas de actualidad.
Real Academia Española © Todos los derechos reservados

crónico, ca.
(Del lat. *chronĭcus*, **y este del gr.** χρονικός**).**
1 adj. Dicho de una enfermedad: larga.
2 adj. Dicho de una dolencia: habitual.
3 adj. Dicho de un vicio: inveterado.
4 adj. Que viene de tiempo atrás.
5 m. crónica.
Real Academia Española © Todos los derechos reservados

a) ¿Cuál de las acepciones de **crónica** clasifica mejor el texto que acabas de leer?

_____

_____

_____

_____

_____

b) Se dice que la crónica es "periodismo literario", "vivir en voz alta y por escrito", "una visión más profunda y personal de las noticias", "contar un acontecimiento de interés general, de acuerdo con un orden temporal, que no necesariamente es lineal", etc. Señala con una cruz (X) los elementos que definen este género periodístico:

(   ) Las crónicas se destinan a un público muy restricto.

(   ) Las crónicas se destinan a un público amplio.

(   ) Es un género híbrido, que agrega rasgos de los géneros informativos, argumentativos, interpretativos y narrativos.

(   ) Es un discurso con características totalmente propias, que no agrega rasgos de ningún otro género discursivo.

(   ) La crónica presenta cierta continuidad y determinada periodicidad, ya sea por la recurrencia de crónicas de un mismo periodista que la firma o por la temática que trata.

(   ) La crónica está aislada del cotidiano, es un texto con relación estrictamente atemporal.

A quien no lo sepa

La crónica no nace con el periodismo, sino que este aprovecha una tradición literaria e histórica de largo y espléndido desarrollo para adaptarla a las páginas de la prensa. En las primeras décadas del siglo XIX, los periodistas denominaban crónica a cualquier noticia y los historiadores así eran llamados desde la Edad Media. Cuando el periodismo se convierte justamente en periódico, el antiguo cronista, recolector de 'aquello que pasó', se convierte en periodista.

De su origen histórico-literario hereda la crónica periodística atributos que le permiten recrear la realidad sin violar la veracidad de los hechos. Es un género literario en virtud del cual el cronista relata hechos históricos, según un orden temporal, y añade que se narra algo al propio tiempo que se juzga lo narrado, y es un género periodístico porque es eminentemente informativa. El objetivo principal de la crónica es iluminar determinado hecho o acontecimiento sin acudir a una argumentación rigurosa, formal, directa, sino mediante la descripción de la realidad misma, de alguna pincelada valorativa y del manejo de factores de tipo emocional.

Fuente: RODRÍGUEZ BETANCOURT, Miriam. La crónica periodística: un género tan polémico como imprescindible. *La Jiribilla*. La Habana, Cuba, 2011. Disponible en: <http://www.lajiribilla.cu/2011/n527_06/527_31.html>. Acceso el 6 de diciembre de 2013.

2. ¿Cuál es el tema central de la crónica de Silvia Nieto?

_____

_____

3. El texto empieza con el siguiente enunciado: "LA PERIODISTA se sienta el miércoles frente al televisor pensando que los anuncios de regalos para los pequeños habrían evolucionado, como ha sucedido en la sociedad. Y comprueba, con estupor, la misma distribución de roles".

a) Reflexiona: ¿cuál puede ser el objetivo de las mayúsculas en "LA PERIODISTA"?

( ) Evidenciar las implicaciones personales y afectivas de la cronista ante el tema del texto que firma.

( ) Identificar el carácter objetivo, impersonal y argumentativo de la autora ante el texto y al tema tratado.

b) ¿Qué viene a ser "comprobar algo con estupor"?

_____

_____

_____

c) ¿Qué significa la expresión "distribución de roles"?

_____

_____

_____

4. La cronista cita anuncios publicitarios ubicados en diferentes épocas cronológicas: ¿qué relación establece Silvia Nieto entre los dos anuncios? ¿Qué hecho le causa estupor y sorpresa?

> **En 1935:** "Ellos blanden espadas, conducen coches y construyen mecanos. Uno, disfrazado de indio, monta a lomos de su padre, que le hace de caballo. En cuanto a las niñas, varias transportan muñecos entre los brazos, una empuja un cochecito de bebé y otra cocina castañas. Incluso hay una que sirve un cóctel a un niño disfrazado de cazador."

> **Actualmente:** "Mientras Action Man (el héroe más grande de todos los tiempos) lucha en las calles contra el Doctor X, Barbie lava a su perrito o prepara 'pastelitos y gelatina' en su cocina mágica". "Cuando la muñeca no está en la cocina, aparece convertida en todo un objeto sexual. Así, las Bratz, con los labios y ojos pintados y 'tan atrevidas como tú', prometen a sus compradoras brillar 'en la pista y por la noche'."

_____

_____

_____

_____

5. Lee el siguiente fragmento de la crónica y haz una lectura intertextual con el folleto a continuación:

> "Según estudios realizados por el especialista en psicología infantil Kenneth O' Bryan, los anuncios se convierten en un eficaz instrumento de enseñanza para grabar cualquier idea relativamente simple en la mente infantil. Y en ese mundo de las ideas están integradas las actitudes y los valores. Así, la publicidad de juguetes ejerce un poderoso influjo sobre la descripción que el niño se hace de su sexo y del contrario."

Disponible en: <http://jcyl.es/web/jcyl/Familia/es/Plantilla100Detalle/1246988963464/_/1284249062581/Comunicacion>. Acceso el 21 de junio de 2013.

a) ¿Qué papeles sexistas y características estereotipadas se pregonan en los medios de comunicación (gran parte de la publicidad de juguetes, ciertos dibujos animados, muchas telenovelas, canciones, películas y algunos libros infantojuveniles) de "cómo son o deben ser" los hombres y las mujeres?

_____
_____
_____

b) ¿Por qué tanto la mujer como el hombre aparecen en jaulas?

_____
_____
_____

6. En la crónica, se hace una crítica a los mensajes sexistas publicitarios. A partir de lo que leíste y de tus conocimientos de mundo, escribe lo que caracteriza un anuncio de juguetes para niños y para niñas:

> lenguaje de aumentativos – color predominantemente rosa – escenas de acción y aventura – lenguaje de diminutivos – expresiones de autoridad y competición – expresiones de ternura

Para niños: _____
_____

Para niñas: _____
_____

7. Lee el siguiente comentario entresacado de un *blog* sobre los términos "nenaza" y "chicazo":

MIÉRCOLES, 3 DE DICIEMBRE DE 2008

Chicazos y nenazas

La mayoría de mis amigas son de las que dicen que toda su infancia han sido un poco "chicazos"; que preferían los juegos de chicos a las muñecas y que incluso a lo largo de la vida han tenido más amigos chicos que chicas. Yo también soy así; probablemente haberme criado entre tres hermanos lo explique en parte.

Pero lo que a mí me resulta curioso es que decimos que hemos sido "chicazos" con el pecho henchido de orgullo... ¿¡Orgullo por qué?! ¡Ellos no estarían orgullosos de haber sido un poco "nenazas"! Parece que a algunas tías nos han hecho creer que ellos son mejores que nosotras y que ser como ellos mola. Nos han hecho creer desde pequeñitas que las tías son unas débiles, unas cursis y unas dóciles, y aunque somos una de ellas y no cumplimos el estereotipo, en vez de cuestionarlo, seguimos creyéndonos el cuento, pensando que debemos de ser la excepción; como no somos sensibleras y sumisas, y somos más independientes, debemos de ser un poco "como un chico".

Disponible en: <http://cotidianas-laura.blogspot.com.br/2008/12/chicazos-y-nenazas.html>. Acceso el 5 de abril de 2013.

Ahora reflexiona sobre lo que dice la autora del texto sobre estas dos palabras y señala la respuesta que se acerca más al significado que asumen en el texto:

a) Para definir a los chicos, el término **nenaza** normalmente se usa de forma:

( ) despectiva (para describir a un hombre a quien se considera, ofensivamente, "afeminado", con rasgos y actitudes de nena).

( ) afectiva (para elogiar al otro por sus características amables y sensibles).

b) Para definir a las chicas, el término **chicazo** se usa más bien de forma:

( ) afectiva (para elogiar a la mujer por sus habilidades físicas y/o intelectuales semejantes a las que generalmente se atribuyen a los hombres).

( ) despectiva (para referirse discriminatoriamente a una mujer que se juzga dueña de rasgos físicos y comportamentales masculinos).

8. ¿Conoces a chicas a quienes les gusta ver, jugar o ser hincha de fútbol y a chicos a los que les gusta bailar?

a) ¿A todos los muchachos les gusta el fútbol? ¿A todas las muchachas les gusta la danza?

_____

_____

_____

A quien no lo sepa

Existen diferencias entre lo que suele llamarse "roles sexuales" y lo que se dice "roles de género". "Los roles sexuales se refieren a los comportamientos que están determinados por el sexo biológico de cada individuo (como menstruación, erección, orgasmo, embarazo, lactancia, etc.). Los roles de género son expectativas socialmente creadas sobre el comportamiento masculino y femenino: los hombres no lloran y las mujeres son más sensibles, etc."

Disponible en: <http://www.juntadeandalucia.es/averroes/ 11700949/Coeducacion/Documentos/Roles_masc_feme.pdf>. Acceso el 4 de abril de 2014.

b) En el texto "Juguetes: más sexistas, imposible" se afirma que "la mitad de los padres, según las encuestas, creen que hay juguetes propios de niño y juguetes propios de niña". ¿Por qué muchas madres y padres tienen miedo de que sus hijas jueguen a la pelota o al cochecito y de que sus hijos jueguen con niñas de casita o con muñecas?

Disponible en: <http://generoyeduccion.blogspot.com.br/2011/04/los-estereotipos-sexistas.html>. Acceso el 4 de abril de 2014.

_____

_____

_____

9. Observa:

"Todas y todos. Diferentes, pero iguales. Iguales pero diferentes. Todas/os iguales, todas/os diferentes. Diferencias sí, desigualdades no."

a) ¿Qué conexión se puede establecer entre estas expresiones, los roles de género y los roles de sexo?

_____

_____

_____

b) En la sociedad actual, ¿crees que todavía persisten los prejuicios que desean perpetrar la división entre los roles tradicionalmente atribuidos a las mujeres y otros defendidos como exclusivos de los hombres? Esto es, ¿ha cambiado totalmente la "distribución de roles" entre los géneros femenino y masculino?

_____

_____

Disponible en: <http://www.capellarevista.com/equidad-de-genero>. Acceso el 6 de diciembre de 2013.

A quien no lo sepa

Para saber más sobre educación sexista y no sexista puedes acceder a la campaña **Éranse muchas veces: jugar, contar, crecer**, del Ministerio de Educación de España, donde se afirma: "Los juegos, los juguetes y los cuentos son herramientas, medios para conocer el mundo pero también para recrearlo, conformarlo, y cambiarlo. Muchos juguetes, y la gran mayoría de sus anuncios, presentan una sociedad desigual, caduca, patriarcal, irresponsable con el entorno. Y no muestran la sociedad que podemos crear, ni la que estamos construyendo, donde mujeres y hombres estamos en el camino de la igualdad".

Disponible en: <http://www.youtube.com/watch?feature=player_embedded&v=q1w9zWSDeiY#>. Acceso el 4 de abril de 2014.

10. ¿Cómo actúa tu familia frente a la educación sexista: está a favor o en contra de la igualdad de derechos entre géneros? Esto es, ¿en tu hogar prevalece la equidad o la inequidad entre mujeres y hombres?

_____

11. La cuestión del sexismo en el Brasil actual no está presente solamente en la publicidad ¿Dónde más está presente?

_____

_____

12. ¿Crees que la igualdad de derechos entre mujeres y hombres debe ser defendida y garantizada? ¿Por qué?

_____

_____

Gramática en uso

Sufijos diminutivos y aumentativos

1. Según la autora de la crónica:

> El lenguaje no es un vehículo menos poderoso para estos prejuicios. El de los anuncios para niñas es eminentemente cursi, con superabundancia de **diminutivos** (pastelitos, casita, perrito, dedito...) y expresiones de ternura (te quiero tanto, necesitaba mi amor...), mientras que en los dirigidos a los varones los rasgos dominantes son los **aumentativos** (acción sin límites, las posturas más arriesgadas...) y la utilización de expresiones ligadas a la competitividad (tú tienes el poder, acabar con tu máximo oponente...).

a) Observa los anuncios de juguetes a continuación. En su lenguaje, ¿hay superabundancia de diminutivos o aumentativos? Aporta ejemplos.

Muñequittas Nica Llorona

Juega a ser mamá con Nica Llorona. Si le quitas el chupete llora como un bebé de verdad. Si tiene hambre, ponle su babero y dale el biberón. Cuando le acuestas cierra los ojitos.

Disponible en: <http://juguettos.com/es/productos/nica-llorona>. Acceso el 8 de abril de 2013.

Nancy de compras con su hermanita

De compras con su hermanita Lesly, Nancy va a la tienda a comprar lo necesario para la bebé. Vestida con *legging* de color plata, jersey rosa, bufanda, manguitos, diadema, botas y bolso, empuja del carrito de compra con asiento para bebés.[...]

Disponible en: <http://holacaracola.es/catalog/product_info.php?products_id=4132>. Acceso el 4 de abril de 2014.

Cocinita electrónica

Las niñas imitarán a su mamá y cocinarán deliciosos platos con esa moderna cocinita.

Disponible en: <http://www.cocinasdejuguete.com/>. Acceso el 6 de diciembre de 2013.

Perrito blanco en bolso rosa

¡Qué perrito tan simpático! Llévalo siempre contigo este bonito bolsito rosa.

Disponible en: <http://juguettos.com/es/productos/perrito-blanco-bolso-rosa?utm_campaign=test_recomendador&utm_medium=enlace&utm_source=recomendador>. Acceso el 4 de abril de 2014.

___

b) Los sufijos se añaden al final de una palabra para formar otras. ¿Qué sufijo aparece en esas palabras?

___

c) Los sufijos pueden añadir diversos significados. Señala el significado que aporta el sufijo **-ito**:

( ) cariño   ( ) admiración   ( ) desprecio

d) Escribe la palabra que da origen a:

- muñequitas: _____
- carrito: _____
- ojitos: _____
- cocinita: _____

- hermanita: _____
- perrito: _____
- manguitos: _____
- bolsito: _____

e) ¿Qué significa decir que un lenguaje es "cursi"? Señala la alternativa correcta según el significado de la expresión en el texto:

( ) lenguaje de una persona que presume de fina y elegante sin serlo.

( ) lenguaje de alguien que tiene ropas, objetos y actitudes de mal gusto.

( ) lenguaje afectado y excesivamente delicado, amable y débil.

2. Observa las palabras destacadas en las frases siguientes.

I. Me gusta mucho mi **abuelita**. La quiero de montón.

II. Pelé fue un **jugadorazo**; conquistó tres mundiales con la camiseta de Brasil.

III. ¡Todavía tienes ese **celularucho**! ¿Por qué no te compras uno más moderno?

a) ¿En qué frases aparecen diminutivos?

___

b) ¿En qué frases aparecen aumentativos?

___

c) ¿En qué contexto se presenta un sufijo despectivo, que expresa burla o desprecio?

d) ¿En qué frase se expresa admiración por las acciones de alguien?

3. ¡A usar el aumentativo **-azo**! Formula frases en que se añada el sufijo aumentativo **-azo** a los sustantivos a continuación con el objetivo de expresar admiración:

   > En la *Chuleta Lingüística*, p. 348, se amplía esta sección con otros sufijos (aumentativos, diminutivos y despectivos).

   a) coche   b) gol

4. Indica qué palabras presentan necesariamente significado despectivo:

   a) pueblito – pueblucho   b) flaquísimo – flacucho   c) adornito – adornucho

5. ¿Qué son sufijos diminutivos y aumentativos? Completa las definiciones:

   a) Los _____ se utilizan para indicar tanto la disminución del tamaño como para incorporar otros aspectos, tales como: afectividad e inferioridad. Pueden referirse a: tamaño, afecto, desprecio o uso peyorativo sobre lo que se habla. Los más comunes son: **-ito**, **-ita** (gord**ita**); **-ico**, **-ica** (perr**ico**); **-illo**, **-illa** (mayor**cilla**), **-ete**, **-eta** (amigu**ete**), **-ín**, **-ina** (poquit**ín**).

   b) Los _____ se utilizan para aumentar el tamaño de algo y también para dar un significado superior al objeto o persona de la que se habla. Pueden referirse a: tamaño y fuerza, pero en algunos contextos tienen también un uso despectivo. Los más comunes son: **-ote**, **ota** (grand**ote**); **-on**, **ona** (plat**ón**); **-azo**, **-aza** (pelot**azo**).

Vocabulario en contexto

Juegos y juguetes

Relaciona los juegos y los juguetes del recuadro con las fotos a continuación:

> columpio – rayuela – cubito de playa – rompecabezas – canicas – jugar a la casita –
> pelota – videojuego – saltar la cuerda o la comba – escondite – cometa – hula-hula

  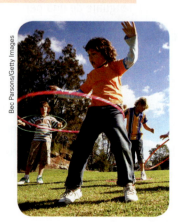

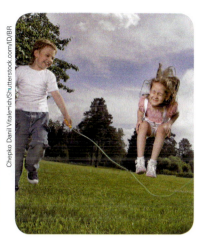

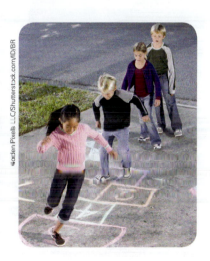

⟩ Escritura

⟩ Conociendo el género

1. Reflexiona y discute oralmente sobre el mensaje de este afiche: ¿A quién va dirigido? ¿Con qué finalidad se produjo? ¿Qué significa ser "cómplice" de algo?

2. Frases como las de ese afiche tienen un papel educativo y son comunes en folletos de campañas. ¿Qué es un folleto educativo? Observa este folleto educativo distribuido por el Gobierno de Canarias, España:

- **Género textual:** Folletos educativos
- **Objetivo de escritura:** Concienciar a los ciudadanos sobre la violencia de género
- **Tema:** Ley contra la violencia a la mujer y la familia
- **Tipo de producción:** En grupos de cuatro
- **Lectores:** A elección de los alumnos

Disponible en: <http://www.gobcan.es/opencms8/opencms/icigualdad/resources/documentacion/ICM-FOLLETO-VIOLENCIA-es.pdf>. Acceso el 4 de abril de 2014.

a) Señala las características de un folleto educativo a partir de lo que observaste anteriormente.

( ) Es un impreso con pocas hojas que sirve para divulgar y concienciar sobre algún tema de interés social.

( ) Es un impreso con pocas hojas que sirve para vender un producto o un servicio.

( ) Presenta imágenes y palabras que objetivan narrar una historia.

( ) Presenta imágenes y palabras que objetivan informar al lector.

( ) Tiene distribución y gran circulación en lugares públicos, tales como escuelas, hospitales, etc., para garantizar un alcance mayor de las informaciones.

( ) Tiene distribución y gran circulación en lugares públicos, para garantizar el éxito de las ventas y la ampliación del número de clientes.

b) ¿Qué tema aborda la campaña?

_____

c) ¿A qué público se destina?

_____

281

> Planeando las ideas

Vas a producir un folleto educativo contra la violencia a la mujer. Pero, antes, hay que planear las ideas. Lee el título preliminar y cuatro artículos de la Ley n. 103 – *Ley contra la violencia a la mujer y la familia*, de Ecuador, e infórmate sobre qué es la violencia a la mujer y qué formas puede asumir.

Ecuador – Eliminación de la violencia contra la Mujer

Ley contra la Violencia a la Mujer y la Familia

Ley n. 103

Congreso Nacional
El Plenario de las Comisiones Legislativas

Considerando:

En ejercicio de sus facultades constitucionales, expide la siguiente

Título Preliminar

Artículo 1. Fines de la Ley

La presente ley tiene por objeto proteger la integridad física, psíquica y la libertad sexual de la mujer y los miembros de su familia, mediante la prevención y la sanción de la violencia intrafamiliar y los demás atentados contra sus derechos y los de su familia. Sus normas deben orientar las políticas del Estado y la comunidad sobre la materia.

Artículo 2. Violencia intrafamiliar

Se considera Violencia intrafamiliar toda acción u omisión que consista en maltrato físico, psicológico o sexual, ejecutado por un miembro de la familia en contra de la mujer o demás integrantes del núcleo familiar.

Artículo 3. Ámbito de Aplicación

Para los criterios de esta ley se consideran miembros del núcleo familiar a los cónyuges, ascendientes, descendientes, hermanos y sus parientes hasta el segundo grado de afinidad. La protección de esta Ley se hará extensiva a los excónyuges, convivientes, exconvivientes, a las personas con quienes se mantenga o se haya mantenido una relación consensual de pareja, así como a quienes comparten el hogar del agresor o del agredido.

Artículo 4. Formas de violencia intrafamiliar

Para los efectos de esta ley, se considera:

a) Violencia física – Todo acto de fuerza que cause daño, dolor o sufrimiento físico en las personas agredidas cualquiera que sea el medio empleado y sus consecuencias, sin considerarse el tiempo que se requiera para su recuperación;

b) Violencia psicológica – Constituye toda acción u omisión que cause daño, dolor, perturbación emocional, alteración psicológica o disminución de la autoestima de la mujer o el familiar agredido. Es también la intimidación o amenaza mediante la utilización del apremio moral sobre otro miembro de la familia infundiendo miedo o temor a sufrir un mal grave o inminente en su persona o en la de sus descendientes o afines hasta el segundo grado; y

c) Violencia sexual – Sin perjuicio de los casos de violación y otros delitos contra la libertad sexual, se considera violencia sexual todo maltrato que constituya imposición en el ejercicio de la sexualidad de una persona, y que la obligue a tener relaciones u otras prácticas sexuales con el agresor o con terceros, mediante el uso de la fuerza física, amenazas o cualquier otro medio coercitivo.

[...]

Disponible en: <http://www.hsph.harvard.edu/population/domesticviolence/ecuador.dv.95.htm>. Acceso el 4 de abril de 2014.

a) ¿A qué lectores se destina la Ley n. 103?

b) El artículo 1 menciona el carácter preventivo y la existencia de sanciones a quienes no respeten la ley:

La presente ley tiene por objeto proteger la integridad física, psíquica y la libertad sexual de la mujer y los miembros de su familia, mediante la prevención y la sanción de la violencia intrafamiliar y los demás atentados contra sus derechos y los de su familia.

Concluye: ¿qué significado tienen estas palabras en la Ley n. 103?

_____

c) ¿Por qué es necesaria la prevención en favor de los derechos de las mujeres?

_____

_____

d) ¿Qué géneros textuales se pueden utilizar para informar y concienciar a la población de la existencia de la ley?

_____

_____

A quien no lo sepa

Ley Maria da Penha – Ley número 11 340
Cohíbe la violencia doméstica y familiar contra la Mujer

"El 7 de agosto de 2006 el Presidente de la República sancionó la Ley 11 340/06 –la Ley Maria da Penha. [...] Han sido muchos años de lucha para que las mujeres pudieran disponer de este instrumento legal y para que el Estado brasileño pasara a ver la violencia doméstica y familiar contra la mujer. [...] ¿Cuántas mujeres cargaron con ellas mismas la culpa de ser víctimas de violencia durante muchos años? ¿A cuántos silencios se habrán ellas sometido? ¿Cuánta violencia no ha sido justificada en los tribunales por la 'defensa del honor' masculino? No son pocos los cambios que la Ley Maria da Penha establece, tanto en la definición de los crímenes de violencia contra la mujer, como en los procedimientos judiciales y de la autoridad policíaca. Ella define la violencia doméstica como una de las formas de violación de los derechos humanos. Altera el Código Penal y permite que agresores sean presos en flagrante, o tengan su prisión preventiva decretada, cuando amenacen la integridad física de la mujer. Prevé, además, inéditas medidas de protección para la mujer que corre riesgo de vida, como el alejamiento del agresor del domicilio y la prohibición de su aproximación física a la mujer agredida y a los hijos. [...]"

Para continuar leyéndolo y saber más sobre esta ley, su texto está disponible, también en español, en la página *web*: <http://www.spm.gov.br/legislacao-1/lei-maria-da-penha/ley-maria-penha.pdf> (acceso el 4 de abril de 2014).

Vocabulario en contexto

1. Lee la siguiente campaña y la viñeta y di qué tipo de discurso está difundido en ellas.

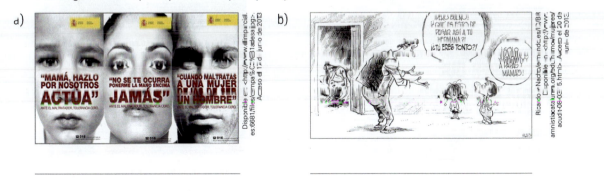

283

2. En la campaña y en la viñeta aparecen los verbos **maltratar** y **pegar**. Fíjate en los siguientes verbos y expresiones. Vas a necesitarlos para la producción del folleto educativo.

> pegar – maltratar – gritar – silenciar – callar – ignorar – decir palabrotas – insultar – golpear – herir – hacer sufrir – matar – asesinar – molestar – acorralar – intimidar – acobardar – causar dolor – dañar – abusar – importunar – machacar – deformar – aniquilar – rendir – atemorizar – infundir miedo – destruir – luchar – guerrear – ejecutar – torturar – omitir – hacer llorar – violar – tratar con indiferencia

a) En el contexto de esta unidad, ¿de qué campo semántico forman parte estos verbos?

_____

b) ¿Cómo se usan en la viñeta de al lado algunos de estos verbos para enumerar las cosas que las mujeres no desean sufrir?

_____
_____
_____
_____

Forges. Disponible en: <http://www.forges.com>. Acceso el 20 de junio de 2013.

Gramática en uso

Las oraciones de relativo

Las oraciones de relativo se denominan oraciones subordinadas porque son constitutivas de otra oración, llamada principal. Van introducidas por un **pronombre relativo** que opera como elemento de enlace entre la oración subordinada y la oración principal. Observa los ejemplos:

Disponible en:<http://galeria.ramenparados.com/albums/userpics/10023/7534_116404559 4974_1642905541_401492_2084084_n.jpg>. Acceso el 4 de abril de 2014.

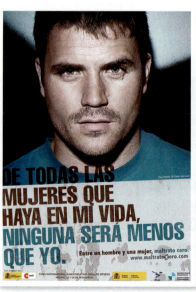

Disponible en: <http://paraeldesarrollo.files.wordpress.com/2009/11/camp_vg_01.jpg>. Acceso el 4 de abril de 2014.

Ahora busca en los textos de esta unidad oraciones con los pronombres relativos y completa las partes vacías del recuadro:

Pronombres relativos y ejemplos de oraciones de relativo	
QUE	"De todos los hombres **que** haya en mi vida, ninguno será más que yo." "De todas las mujeres **que** haya en mi vida, ninguna será menos que yo." "Se considera Violencia intrafamiliar toda acción u omisión **que** consista en maltrato físico, psicológico o sexual, ejecutado por un miembro de la familia en contra de la mujer o demás integrantes del núcleo familiar." Ejemplos encontrados por ti:
EL QUE, LA QUE, LOS QUE, LAS QUE, LO QUE	Rellena este espacio con por lo menos dos ejemplos.
EL CUAL, LA CUAL, LOS CUALES, LAS CUALES, LO CUAL	"La crónica periodística es un género literario en virtud **del cual** el cronista relata hechos históricos, según un orden temporal." "Esos son mis amigos de **los cuales** te hablé." "La ley brasileña Maria da Penha, en torno a **la cual** hubo tanta polémica, fue sancionada el 2006." "Se promulgaron nuevas leyes entre **las cuales** se establecen nuevas sanciones a los maltratadores de mujeres y niños."

285

DONDE	Rellena este espacio con dos ejemplos.
QUIEN, QUIENES	Rellena este espacio con tres ejemplos.
CUANDO	"**Cuando** maltratas a una mujer, dejas de ser un hombre." "Altera el Código Penal y permite que agresores sean presos en flagrante, o tengan su prisión preventiva decretada, cuando amenacen la integridad física de la mujer." "El bombardeo publicitario es especialmente crítico en la etapa que va desde los cuatro hasta los siete años, **cuando** la personalidad no está definida y resulta más influenciable." "**Cuando** la muñeca no está en la cocina, aparece convertida en todo un objeto sexual."
CUANTO, CUANTA, CUANTOS, CUANTAS, CUANTO	Todo **cuanto** tenía se lo entregué, ahora sé que no debería haberlo hecho. Mi madre me ha contado como ella y mi padre se han conocido. Creo que es la más linda historia de amor de **cuantas** ya se han escrito o vivido. Algún día te recompensaré por todo **cuanto** has hecho por mí.
CUYO, CUYA, CUYOS, CUYA	Rellena este espacio con dos ejemplos.

En la *Chuleta Lingüística*, p. 349, se amplía esta sección con más actividades para practicar las oraciones de relativo.

> Taller de escritura

Los alumnos van a dividirse en grupos de cuatro personas y cada grupo va a producir un folleto educativo contra la violencia de género. Para ello, cada componente del grupo debe leer atentamente estas instrucciones:

1. Seleccionar los asuntos más importantes que deberán ser divididos en subtemas.
2. Elaborar un eslogan (un título principal) para el folleto. Toda campaña se centra en una frase de impacto, capaz de atraer o sorprender a las personas.
3. Agregar los asuntos semejantes y las informaciones sobre el mismo campo semántico en apartados (o cuadros de texto) y titular cada uno. Esto puede basarse en cuestiones clave, como en el folleto que leíste del Gobierno de Canarias ("Qué hacer si has sufrido una agresión o corres el riesgo de sufrirla").
4. Usar los verbos que expresan varios tipos de violencias físicas y psicológicas para caracterizar las agresiones existentes.
5. Redactar las informaciones del folleto educativo, haciendo uso de las estructuras de relativo. Utiliza este espacio para tomar nota de las primeras ideas:

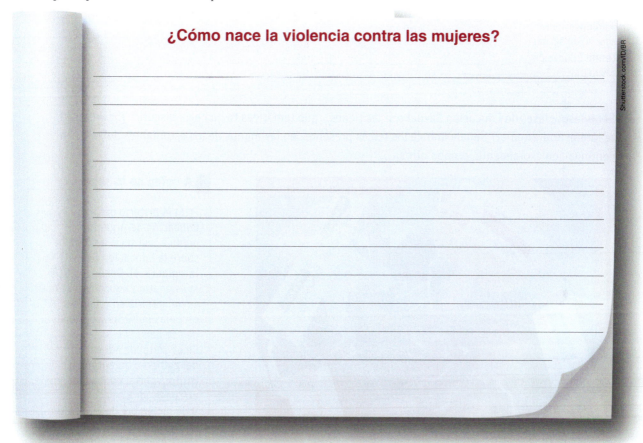

¿Cómo nace la violencia contra las mujeres?

6. Decidir con el grupo la mejor manera de ilustrar el folleto, qué formato va a tener (con o sin pliegues, vertical u horizontal, etc.), cuál será el tamaño y el tipo de la letra y qué colores que se usarán.
7. Elegir el material que se va a emplear en la producción, si se hace a mano o en la computadora.

> (Re)escritura

Relee tu folleto y verifica los siguientes aspectos:
- ¿Se aborda claramente el tema?
- ¿Las informaciones divulgadas son relevantes?
- ¿El texto está bien organizado, con división por temas y títulos expresivos?
- ¿Se mencionan los tipos de acciones violentas, ya sean físicas o morales?
- ¿Se usan correctamente las oraciones de relativo?
- ¿Las fotos, imágenes y subtítulos son adecuados y creativos?
- ¿El lenguaje y el diseño gráfico atienden al público objetivo del folleto?

Al final, tu grupo presentará el material producido ante la clase y deberá divulgarlo entre la comunidad escolar.

CAPÍTULO 18
Información para todos y todas: cuanto más sepamos, mejor

- **Género textual:** Charla entre padre de alumno, directora y profesora de un colegio
- **Objetivo de escucha:** Notar las diferentes opiniones sobre educación sexual
- **Tema:** Educación sexual

❯ Escucha

> **¿Qué voy a escuchar?**

1. ¿Qué asignaturas tienes en tu escuela? ¿En cuáles se aborda el tema "Educación Sexual"?

_____
_____
_____

2. Si tuvieses clases de Educación Sexual o si las tienes, ¿qué temáticas te gustaría discutir? ¿Sobre qué te interesaría estudiar? Señala uno de los temas presentes en las manos de los estudiantes del cartel a continuación y, oralmente, propón otros.

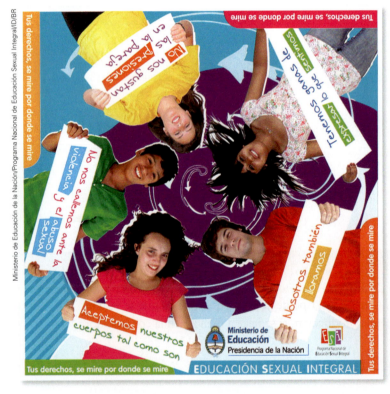

A quien no lo sepa

El Ministerio de la Educación de Argentina publicó una serie de folletos sobre la Educación Sexual Integral (ESI). Desde el 2006 la asignatura Educación Sexual es obligatoria en todas las escuelas públicas y privadas de ese país.
En el portal de educación del gobierno argentino (<http://portal.educacion.gov.ar/?page_id=57>; acceso el 9 de diciembre de 2013) se encuentran más informaciones sobre esa acción educativa.

Disponible en: <http://infanciayjuventudsc.wordpress.com/2011/02/18/material-para-descargar-sobre-educacion-sexual-integral-fuente-ministerio-de-educacion-de-la-nacion>. Acceso el 4 de abril de 2014.

3. Vas a escuchar un diálogo entre el padre de una alumna, la directora del colegio y la profesora de Educación Sexual. Una de las primeras hablas del padre es: "Nuestros hijos corren peligro. Nuestras niñas, nuestras inocentes hijitas". Formula hipótesis: ¿por qué su hija y los alumnos del colegio corren peligro?

_____
_____

> Escuchando la diversidad de voces

1. Escucharás dos partes de un audio de Radialistas Apasionadas y Apasionados. La primera es un diálogo entre el padre de una alumna y la directora del colegio y la segunda, el momento en que el padre conoce a la profesora de Educación Sexual. Escucha cuantas veces sean necesarias para contestar las siguientes preguntas (disponible en: <http://www.radialistas.net/article/mil-millones-de-adolescentes/>; acceso el 12 de mayo de 2014):

◎41 **Primera parte**

a) El padre le hace una reclamación a la directora del colegio. ¿Cuál?

_____

b) ¿Qué palabras estaban escritas en el cuaderno de su hija? Señala las que has escuchado:

penes	vulvas	píldoras	sexo	embarazo
placer	condones	anticonceptivos	sida	precoz

c) ¿Estaba la directora al corriente de lo que pasaba? ¿Qué le contesta al padre?

_____

d) El padre quiere que la directora haga algo. ¿Qué le exige?

_____

◎42 **Segunda parte**

e) ¿Qué argumento usa la profesora para debatir con el padre la cuestión del embarazo?

_____

_____

f) La profesora le explica al padre algunas temáticas que se desarrollan en sus clases. Señala la que no se menciona:

partes del cuerpo	sexo seguro	abstinencia
placer del cuerpo	reproducción	ternura

g) Los jóvenes de la escuela le dicen "señorita Condón" a la señorita Consuelo.
- ¿Por qué?

_____

_____

- ¿Le molesta a la profesora ese apodo? ¿Por qué?

_____

_____

_____

2. 🔘**43** Como pudiste notar, hay muchas emociones en las hablas de los personajes del audio. Escúchalo nuevamente mientras lees la transcripción. Elige entre estas palabras las más adecuadas para traducir lo que expresa cada uno en el momento en que el habla. Utilizarás solo algunas. Escribe cada palabra donde corresponda:

> enfático(s) – enfática(s) – nervioso(s) – nerviosa(s) – curioso(s) – curiosa(s) – indignado(s) – indignada(s) – molesto(s) – molesta(s) – amenazador(es) – amenazadora(s) – incrédulo(s) – incrédula(s) – acusador(es) – acusadora(s) – impaciente(s) – irónico(s) – irónica(s)

MIL MILLONES DE ADOLESCENTES

PADRE (_____) Señora directora, señora directora.

DIRECTORA ¿Qué pasa?

PADRE Vengo a poner una queja. Esto no puede seguir así.

DIRECTORA Cálmese, don Pedro, cálmese. ¿Qué le pasa?

PADRE Nuestros hijos corren peligro. Nuestras niñas, nuestras inocentes hijitas.

DIRECTORA Pero dígame, ¿cuál es el problema?

PADRE Los padres de familia exigimos la salida inmediata de esa profesora. La señorita Condón, digo, la señorita Consuelo.

DIRECTORA ¿Le pasó algo a la profesora Consuelo?

PADRE (_____) Todavía no. Pero le va a pasar si no se va pronto de este colegio. Vea, señora directora. Ayer revisé los cuadernos de mi hijita, de mi niña de 14 años. Y me di la gran sorpresa: ¡penes, vulvas, anticonceptivos, condones!

DIRECTORA Bueno, es la clase de Educación Sexual.

PADRE Pero…

DIRECTORA Son los temas que están en el programa.

PADRE (_____) ¡Ya lo decía yo!… Tiene el consentimiento, la complicidad de usted, señora directora.

DIRECTORA Pero…

[…]

DIRECTORA Señorita Consuelo.

CONSUELO Sí, señora directora.

DIRECTORA Este padre de familia no está de acuerdo con sus clases de Educación Sexual.

PADRE (_____) Aja, aja… ¡Usted! Usted está pervirtiendo a nuestros hijos.

[…]

CONSUELO Señor, es que los jóvenes de hoy tienen otro modo de ver la vida, y ya no es como antes.

PADRE ¿Y cómo?

CONSUELO Ellos tienen otro concepto del amor y de su cuerpo.

PADRE (_____) Cuando las niñas salgan embarazadas, usted, usted será la responsable. ¿Me oyó?

CONSUELO Justamente para evitar esa situación les hablo del condón, mi querido señor (_____), para que sepa. El año pasado acá tuvimos aquí tres chicas embarazadas y ellas no sabían cómo se concebían los niños y menos cómo cuidarse.

PADRE Ya lo ve.

CONSUELO En este año no tenemos ninguna. ¿Estamos mejorando, no le parece?

PADRE (_____) ¿Cómo? Si los condones provocan que los chicos y las chicas se revuelquen sin ningún temor. Es una sinvergüencería, por favor.

CONSUELO (_____) A ver, a ver, a ver, a ver. Escuche, señor. Las clases de Educación Sexual les muestran todas las posibilidades de las relaciones amorosas. El sexo seguro, la abstinencia, el placer del cuerpo, la reproducción, la ternura. Mejor dicho, les abrimos los ojos para que sean responsables de sus actos.

PADRE No, no, no, no, no. Ya veo por qué la llaman a usted "señorita Condón"…

CONSUELO Así me dicen… jajaja…

PADRE (_____) Y el colmo de los colmos es que dicen (no se ría, señorita) que pondrán condones aquí en el colegio… ¡para que los muchachos tengan el pecado al alcance de la mano!

DIRECTORA (_____) Así es, así es. Por favor, don Pedro. ¿De qué sirve la teoría si no ponemos al alcance de los muchachos los medios para cuidarse?

[…]

Disponible en: <http://www.radialistas.net/article/mil-millones-de-adolescentes/>. Acceso el 12 de mayo de 2014.

VOCABULARIO DE APOYO

Poner una queja: quejarse de algo.
Abstinencia: privación de satisfacerse.

> **Comprendiendo la voz del otro**

1. Aparece en el habla del padre la expresión "El colmo de los colmos". ¿Qué significa en el contexto?

_____

_____

2. Lee el diálogo de la viñeta al lado, que hace parte de un folleto del Programa Nacional de Educación Sexual Integral (ESI) del Ministerio de Educación del Gobierno de Argentina.

   En nuestra sociedad, existen creencias populares, relacionadas con el sexo, sin base científica, que se transmiten de generación a generación. En las clases de Educación Sexual, se pueden desmitificar esas creencias. ¿Conoces otras creencias falsas relacionadas con la sexualidad? ¿Cuáles?

   _____

   _____

   _____

   _____

Disponible en: <http://infanciayjuventudsc.files.wordpress.com/2011/02/esi-adolescentes-2.jpg>. Acceso el 4 de abril de 2014.

3. En Argentina, existe un programa con contenidos temáticos para cada nivel de enseñanza. ¿Qué contenidos se deben discutir y enseñar en el **jardín**, en la **primaria** y en la **secundaria**? Escribe el nombre de cada ciclo escolar fijándote en los contenidos.

_____	<ul><li>Reconocimiento y expresión de sus sentimientos y emociones.</li><li>Respeto por las distintas formas de organización familiar.</li><li>Partes del cuerpo humano y palabras adecuadas para nombrarlas.</li><li>Gestación y nacimiento.</li><li>El decir "no" cuando un contacto físico con otra persona incomoda, confunde o molesta.</li><li>El pedir ayuda.</li></ul>
_____	<ul><li>Enfermedades de transmisión sexual.</li><li>Derechos vulnerados: acoso, abuso y violencia sexual, maltrato, explotación sexual y trata de personas.</li><li>Métodos anticonceptivos y de regulación de la fecundidad.</li><li>Primera relación sexual, el decir "no" a la presión de los pares y de los medios.</li><li>Construcción social e histórica del ideal de belleza corporal.</li><li>Desarrollo de capacidades para tomar decisiones y fortalecer la autoestima.</li></ul>
_____	<ul><li>Roles sociales de mujeres y varones en la historia.</li><li>Diferencias biológicas entre varones y mujeres.</li><li>Mirada integral de la reproducción humana: biológica, afectiva, psicológica y social.</li><li>Prejuicios y actitudes discriminatorias.</li><li>Derechos vulnerados, como abuso o violencia sexual.</li><li>Modelos corporales de los medios y de la publicidad.</li></ul>

Fuente: Área Infancia y Juventud. Consejo Provincial de Educación. Disponible en: <http://infanciayjuventudsc.files.wordpress.com/2011/02/esi-folleto-para-las-familias.pdf>. Acceso el 9 de diciembre de 2013.

Vocabulario en contexto

Lee el otro cartel sobre el SIDA (Síndrome de Imunodeficiencia Adquirida) y, con un compañero(a), contesta: ¿cómo se transmite? ¿Cómo prevenirlo?

EL VIH/SIDA SE TRANSMITE POR…

- La sangre
- El semen
- Las secreciones vaginales
- La leche materna

EL VIH/SIDA NO SE TRANSMITE POR…

- Darse la mano, besarse, abrazarse o masturbarse.
- Compartir cubiertos, vasos, ropa, instalaciones deportivas, piscinas, transportes, bares, lugares de trabajo y colegios.
- Picaduras de mosquitos, otros insectos o animales.

PUEDES CONTAGIARTE DEL VIH/SIDA SI…

- Tienes relaciones sexuales (anales, vaginales u orales) SIN PRESERVATIVO.
- Compartes objetos cortantes utilizados por otras personas (jeringuillas, hojas de afeitar, agujas, etc.).

CÓMO PUEDES EVITAR EL RIESGO DE CONTAGIARTE EN LAS RELACIONES SEXUALES?

De una forma fácil, segura, barata y divertida:
USA SIEMPRE PRESERVATIVO
(los hay de muchos colores, texturas, aromas y sabores)

Disponible en: <http://organismos.chubut.gov.ar/epidemiologia/material-de-promocion/>. Acceso el 22 de febrero de 2013.

El español alrededor del mundo

En Brasil, se conoce el virus del Síndrome de Inmunodeficiencia Adquirida a partir de la sigla HIV y la enfermedad que ese virus causa a partir de la sigla AIDS. En el mundo hispánico, se usan VIH y SIDA. Además, en portugués, el nombre de la enfermedad es femenino (*a* AIDS) y en español es masculino (el SIDA).

ES IMPORTANTE QUE SEPAS QUE…

- El preservativo es un método eficaz para prevenir la transmisión del VIH y las enfermedades de transmisión sexual.

ES RECOMENDABLE HACERSE LA PRUEBA DEL VIH/SIDA…

- Si has tenido alguna relación sexual sin preservativo.

Y también…

- Si has utilizado objetos cortantes de otra persona.

Gramática en uso

1. En el texto que escuchaste, las personas hacen uso de pronombres complemento de objeto directo e indirecto para referirse a cosas y personas.

a) Busca los referentes de los pronombres destacados y escríbelos en el espacio entre corchetes:

MIL MILLONES DE ADOLESCENTES

Padre Señora directora, señora directora.

Directora ¿Qué pasa?

Padre Vengo a poner una queja. Esto no puede seguir así.

Directora Cálmese, don Pedro, cálmese. ¿Qué _le_ pasa?

[_____]

Padre Nuestros hijos corren peligro. Nuestras niñas, nuestras inocentes hijitas.

Directora Pero díga_me_, ¿cuál es el problema? [_____]

Padre Los padres de familia exigimos la salida inmediata de esa profesora. La señorita Condón, digo, la señorita Consuelo.

Directora ¿_Le_ pasó algo a la profesora Consuelo?

[_____]

Padre Todavía no. Pero _le_ va a pasar si no se va pronto de este colegio. Vea, señora Directora. Ayer revisé los cuadernos de mi hijita, de mi niña de 14 años. Y _me_ di la gran sorpresa: ¡penes, vulvas, anticonceptivos, condones!

[_____]

Directora Bueno, es la clase de Educación Sexual.

Padre Pero...

Directora Son los temas que están en el programa.

Padre ¡Ya _lo_ decía yo!... Tiene el consentimiento, la complicidad de usted, señora directora. [_____]

Directora Pero...

MÚSICA

Directora Señorita Consuelo.

Consuelo Sí, señora directora.

Directora Este padre de familia no está de acuerdo con sus clases de Educación Sexual.

Padre Aja, aja... ¡Usted! Usted está pervirtiendo a nuestros hijos.

[ ]

Consuelo Señor, es que los jóvenes de hoy tienen otro modo de ver la vida, y ya no es como antes

Padre ¿Y cómo?

Consuelo Ellos tienen otro concepto del amor y de su cuerpo.

Padre Cuando las niñas salgan embarazadas, usted, usted será la responsable. ¿_Me_ oyó?

Consuelo Justamente para evitar esa situación _les_ hablo del condón, mi querido señor, para que sepa. El año pasado acá tuvimos aquí tres chicas embarazadas y ellas no sabían cómo se concebían los niños y menos cómo cuidarse. [_____]

PADRE Ya <u>lo</u> ve.

[_____]

CONSUELO En este año no tenemos ninguna.

PADRE ¿Cómo?

CONSUELO ¿Estamos mejorando, no <u>le</u> parece? [_____]

PADRE ¿Cómo? Si los condones provocan que los chicos y las chicas se revuelquen sin ningún temor. Es una sinvergüencería, por favor.

CONSUELO A ver, a ver, a ver, a ver. Escuche, señor. Las clases de educación sexual <u>les</u> muestran todas las posibilidades de las relaciones amorosas. El sexo seguro, la abstinencia, el placer del cuerpo, la reproducción, la ternura. Mejor dicho, <u>les</u> abrimos los ojos para que sean responsables de sus actos. [_____

_____]

PADRE No, no, no, no, no. Ya veo por qué <u>la</u> llaman a usted "señorita Condón"...

[_____]

CONSUELO Así <u>me</u> dicen... jajaja... [_____]

PADRE Y el colmo de los colmos es que dicen (no se ría señorita) que pondrán condones aquí en el colegio... ¡para que los muchachos tengan el pecado al alcance de la mano!

DIRECTORA Así es, así es. Por favor, don Pedro. ¿De qué sirve la teoría si no ponemos al alcance de los muchachos los medios para cuidarse?

[...]

Disponible en: <http://www.radialistas.net/article/mil-millones-de-adolescentes/>. Acceso el 4 de abril de 2014.

b) Tras hacer la actividad, reflexiona: ¿Qué función tienen esos pronombres?

_____

_____

_____

_____

_____

_____

_____

_____

_____

_____

_____

_____

_____

_____

_____

_____

_____

Observa los pronombres de complemento directo e indirecto:

Pronombre personal	Complemento directo masculino	Complemento directo femenino	Complemento indirecto
Yo	me	me	me
Tú/Vos	te	te	te
Él, Ella, Usted	lo	la	le, se
Nosotros(as)	nos	nos	nos
Vosotros(as)	os	os	os
Ellos, Ellas, Ustedes	los	las	les, se

¡Ojo!

En algunas variedades del español, es frecuente el uso de **le** o **les** en lugar de **lo** y **los** cuando el objeto directo masculino se refiere a **personas o seres con rasgos de personificación**. La sustitución de **lo, la, los, las** por **le** y **les** se llama **leísmo**. Actualmente, el leísmo está admitido como correcto en el masculino, pero no en el femenino.

2. Lee las frases de abajo y escribe si los pronombres destacados son pronombre complemento directo masculino, complemento directo femenino o complemento indirecto, además de escribir a qué se refieren.

a) ¿Le has devuelto el libro a María?

No, no se **lo** he devuelto a María, sino a su hermana.

(_____)

No **le** he devuelto el libro todavía. (_____)

b) Tengo una falda muy bonita. **La** compré cerca de casa.

(_____)

c) He invitado a Juan y Paco. **Los** llamé ayer por la noche.

(_____)

d) **Les** he escrito un *e-mail* a Juan y Paco. **Les** dije que nos contaran sobre sus vacaciones.

(_____)

e) **Le** mostré unas fotos a mi mamá. (_____)

¡Ojo!

- Para saber si es complemento directo o indirecto es necesario observar los verbos. Observa:

¿Has devuelto el libro a María?

*No se **lo** he devuelto a María, sino a su hermana.*

*No **le** he devuelto el libro.*

Se pregunta a alguien si le ha devuelto **el libro** a María.

El libro es el complemento directo del verbo **devolver**.

A María es el complemento indirecto del verbo **devolver**.

- Ahora, cuando, en una frase, se usan los dos complementos (objeto directo e indirecto) de tercera persona, el pronombre **le** o **les** se transforma en **se**. El indirecto siempre aparece primero. Ejemplo:

Se lo devolví.

Se: pronombre indirecto; se refiere a María.

Lo: pronombre complemento directo; se refiere a libro.

3. Has notado que el pronombre complemento de primera persona tanto directo como indirecto es **me**. Ahora vas a reflexionar sobre los ejemplos presentes en el texto y algunos más.

a) Pero díga**me**, ¿cuál es el problema?

- ¿Qué se dice?

_____

- ¿A quién se dice?

_____

- ¿El pronombre **me** es complemento directo o indirecto?

_____

b) Y **me** di la gran sorpresa: ¡penes, vulvas, anticonceptivos, condones!

- ¿Qué se dio?

_____

- ¿A quién se dio?

_____

- ¿El pronombre **me** es complemento directo o indirecto?

_____

c) Así **me** dicen... jajaja...

- ¿Qué le dicen?

_____

- ¿A quién?

_____

- ¿El pronombre **me** es complemento directo o indirecto?

_____

> **¡Ojo!**
>
> Los pronombres complemento objeto directo de tercera persona (**lo**, **la**) pueden referirse a cosas y a personas. Ejemplos:
> - *Compré el último libro de Fabián Sevilla. **Lo** compré ayer.*
> - *El autor del libro es Fabián Sevilla. **Lo** vi en la librería.*

d) Concha **me** ayudó con sus tareas.

- ¿A quién ayudó Concha? _____
- ¿El pronombre **me** es complemento directo o indirecto?

_____

_____

4. En la frase "Ya veo por qué **la** llaman a usted 'señorita Condón'...", el pronombre complemento refiere a la señorita Consuelo. Si se la reemplazara por "señor Condón", ¿qué pronombre usarías? Escríbelo en el lugar adecuado:

Ya veo por qué_____ llaman a usted "señor Condón".

> En la *Chuleta Lingüística*, p. 350, se proponen más actividades para practicar los pronombres complemento directo e indirecto, específicamente de tercera persona.

> Oído perspicaz: el español suena de maneras diferentes

Los sonidos de la *x*

1. ⊚**44** En el audio, escuchaste la palabra **sexo**. Escúchala nuevamente e intenta reproducir su sonido.

2. Ahora, lee en voz alta las siguientes palabras que también se escriben con la **x**, usando la pronunciación [ks].

> examen   sílex   exacto   tórax   éxito   auxilio   dúplex   taxi

a) ¿En qué palabras la **x** aparece entre vocales?

_____

_____

b) ¿En qué palabras la **x** aparece al final de palabra?

_____

_____

_____

3. ⊚**45** La **x** también aparece al inicio de palabra. Escucha las siguientes palabras y reproduce el sonido. ¿Es igual o distinto del de las palabras en que la **x** aparece en posición intervocálica y en final de palabra?

> xenofobia – xilófono – xenogamia

_____

_____

4. ⊚**46** Observa otras palabras en que aparece la letra **x** al final de sílaba y seguida de consonante. Escucharás dos pronunciaciones.

> extender – exceso – expía

¿Qué diferencias hay?

_____

_____

_____

_____

_____

_____

❯ Habla

❯ Lluvia de ideas

Cada uno a su tiempo, mujeres y varones presentan cambios en el cuerpo a lo largo de la vida. Escribe **M** para cambios en la adolescencia que ocurren en la mujer y **V** para los de los varones. Las informaciones siguientes están disponibles en un folleto de ESI, intitulado *Cambios que se sienten y se ven* (disponible en: <http://americaycarmina blogspot.com.br/2011/04/jueves-22-de-julio-de-2010-imagenes.html>; acceso el 4 de abril de 2014).

( ) Crecen de manera acelerada, sobre todo en la estatura.
( ) Crecen rápidamente en peso y altura. Crecen piernas y brazos en primer lugar; luego, el tronco.
( ) Se desarrolla el pene y se agrandan los testículos dentro del escroto. Se producen poluciones nocturnas.
( ) Se desarrollan los pechos y se producen secreciones vaginales transparentes o blanquecinas.
( ) Crece vello en el pubis, las axilas, la barba y el resto del cuerpo.
( ) Crece vello en el pubis, las axilas y las piernas.
( ) Cambia la voz y se desarrolla la nuez de Adán.
( ) Comienza la menstruación y la posibilidad biológica de procreación.
( ) Comienzan las eyaculaciones y la posibilidad biológica de la procreación.

- **Género textual:** Presentación oral y relato
- **Objetivo de habla:** Relatar los cambios en la adolescencia
- **Tema:** Cambios físicos y en el estado de ánimo
- **Tipo de producción:** 8 grupos
- **Oyentes:** Adolescentes

Vocabulario en contexto

Observa las imágenes del cuerpo humano a continuación. En los huecos, escribe el nombre de las partes del cuerpo que faltan.

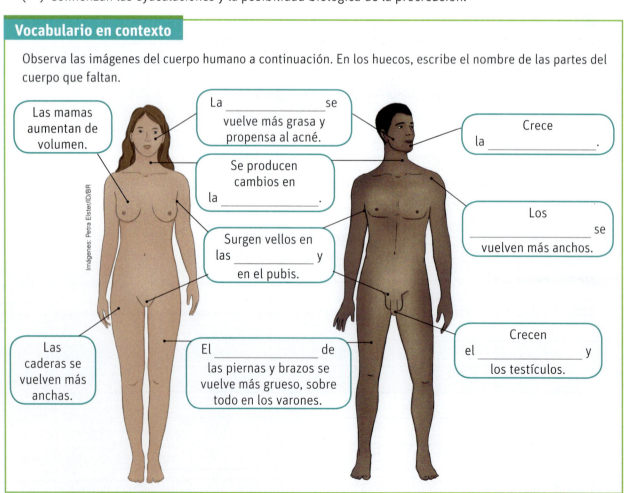

- Las mamas aumentan de volumen.
- La _____ se vuelve más grasa y propensa al acné.
- Crece la _____.
- Se producen cambios en la _____.
- Los _____ se vuelven más anchos.
- Surgen vellos en las _____ y en el pubis.
- Las caderas se vuelven más anchas.
- El _____ de las piernas y brazos se vuelve más grueso, sobre todo en los varones.
- Crecen el _____ y los testículos.

Gramática en uso

En lengua española, hay algunos verbos que expresan cambio, ya sea voluntario o involuntario, que pueden afectar el objeto temporal o permanentemente. **Ponerse**, **quedarse**, **hacerse** y **volverse**, por ejemplo, indican transformaciones en el estado de ánimo o en una situación. Observa su formación, transformación y los ejemplos:

Formación	Transformación/Cambio	Ejemplos
Ponerse + adjetivo o adverbio	Es una transformación momentánea y rápida y expresa un cambio en el aspecto de estado de ánimo o físico de la persona.	*Juan se puso triste tras la mala noticia.* **Nos hemos puesto furiosos** con el resultado del partido.
Quedarse + adjetivo o participio	Es una transformación que resulta de una acción anterior y se utiliza también para expresar deficiencias físicas.	*Se quedó paralizada tras el accidente.* *Se quedó ciego.*
Hacerse + adjetivo o sustantivo	Es una transformación de carácter generalmente voluntario y expresa un cambio decidido por el individuo.	*Ana ha estudiado mucho para hacerse médica genetista.* *Se hizo diputado. Lo quería mucho.*
Volverse + adjetivo o sustantivo	Es una transformación rápida y expresa un cambio generalmente duradero o definitivo. Normalmente se usa para cambios negativos.	*Se volvió antipática en la empresa con la promoción.* *Se ha vuelto insoportable. No sé qué le habrá pasado...*

¡Ojo!

Muchas veces, los verbos **ponerse**, **volverse** y **quedarse** pueden expresarse, en portugués, mediante el verbo *ficar*, y el verbo hacerse, *virar*. Ejemplos:

Mis padres se pusieron contentos cuando vieron a sus nietos. (ficaram)

Se volvió loca después del accidente. (ficou)

Se quedó preocupada con lo que le dijiste. (ficou)

Nos hicimos personas románticas. (viramos, tornamo-nos)

1. En la adolescencia ocurren muchos cambios. Recuerda el tiempo en que empezaste a dejar de ser niño(a) y entraste en el periodo de la adolescencia.

a) En la tabla a continuación, escribe cuatro adjetivos, sustantivos o expresiones que indiquen los cambios que has sufrido a lo largo de la adolescencia.

b) Con las palabras o expresiones que has elegido, escribe los cambios por los que pasa el cuerpo humano. Elige el mejor verbo de cambio para cada contexto: ¿ponerse, volverse, quedarse o hacerse?

_____

_____

_____

2. Algunas expresiones con verbos de cambio se usan con colores. Lee las descripciones de las fotos e identifica qué significa "ponerse morado", "ponerse colorado" o "ponerse rojo" y "quedarse en blanco".

Ya veo que hoy me voy a poner morado. ¡Están buenísimas!

Siempre que me elogian me pongo colorada.

Me quedé en blanco justo a la hora del examen.

En la *Chuleta Lingüística*, p. 351, se amplía esta sección con explicaciones sobre la diferencia entre estilos directo e indirecto. En tu habla, podrás reproducir el discurso de otras personas.

> Rueda viva: comunicándose

Organícense en 8 grupos. Cada grupo elegirá una o más temáticas entre las que se proponen a continuación y tratará de contestar oralmente las preguntas relacionadas con ellas. Luego les presentará los relatos más interesantes a los demás grupos:

1. **Queremos ser parte del grupo.**
   ¿Por qué es importante para nosotros/as formar parte de un grupo? ¿Qué características creemos necesarias para ello (cortes de pelo, formas de vestir, tipo de música...)? ¿Qué lugar tienen los sentimientos, la solidaridad, el respeto y la aceptación de las diferencias de grupo?
2. **Cambiamos de ánimo con facilidad.**
   Contamos alguna anécdota sobre cambios repentinos de ánimo que recordamos haber vivido. ¿A los varones y a las mujeres nos pasa lo mismo con los cambios de ánimo?
3. **Nos enamoramos.**
   ¿Cómo expresamos nuestro amor a las personas que nos gustan? ¿Qué sentimos cuando hablamos de estas cosas? Sentir amor por otro es maravilloso, aunque a veces nos puede causar tristeza, porque no somos correspondidos/as. ¿Cómo reaccionamos cuando eso nos pasa?
4. **A veces, no estamos conformes con el cuerpo que tenemos.**
   Nuestros cuerpos no son iguales, porque nuestro cuerpo es único. ¿Nos preocupa parecernos a los cuerpos que vemos en los medios de comunicación (tele, revistas, videojuegos, internet, etc.)? ¿Por qué? ¿Qué "ideales de belleza" transmiten estos medios? ¿Qué influencia pueden tener esos "ideales de belleza" en nuestra manera de ser, de sentir, de actuar y de vernos a nosotros/as mismos/as?
5. **Sentimos que los grandes no nos van a entender.**
   ¿Qué cosas les contamos a los adultos? ¿Qué no queremos contarles? ¿Cómo podemos hacer para que nos entiendan? Y ellos, ¿qué pueden hacer para entendernos?

Fuente: Ministerio de Educación. Disponible en: <http://www.bnm.me.gov.ar/giga1/documentos/EL003249.pdf>. Acceso el 4 de abril de 2014.

En la presentación, podrán relatar los cambios físicos y de estado de ánimo por los que cada componente del grupo ha pasado en su adolescencia en conexión con la temática que le toque al grupo. Elijan los temas y preparen la presentación. Procuren hacer uso de los verbos de cambio y de las partes del cuerpo que han aprendido.

> ¡A concluir!

Hubo ocho grupos de presentación. ¿Has aprendido algo nuevo de lo que comentaron tus compañeros? ¿Qué relato te llamó más la atención? ¿Por qué?

La lectura en las selectividades

¿Sabías que la temática del cuerpo humano y de la sexualidad se hace presente en textos de selectividades diversas en Brasil? Así que tener este conocimiento previo es importante para comprender bien los textos y leerlos con más destreza.

> Cómo prepararse para exámenes de selección

"Una de las formas más eficientes de preparar selectividad es practicar durante las semanas anteriores con ejercicios propuestos en otras convocatorias. Estos se emplean para realizar simulacros de examen. Con ellos, los estudiantes se entrenan en los modelos de preguntas más frecuentes de las pruebas de acceso a la universidad, divididas por materias, a la vez que controlan los tiempos límites establecidos para cumplimentar los ejercicios. Extenderse en preguntas de desarrollo o resumir demasiado supone malgastar el tiempo o responder de manera insuficiente, si no se es consciente del tiempo disponible."

Disponible en: <http://www.consumer.es/web/es/educacion/escolar/2010/04/30/192756.php>. Acceso el 4 de abril de 2014.

A continuación siguen cinco modelos de pruebas sobre el asunto.

Modelo de Prueba 1

Universidade Federal do Tocantins (UFT-TO), 2011.

Disponible en: <http://www.uft.edu.br/catecnologica/satuf/provas_vest_uft/2011_2_manha.pdf>. Acceso el 4 de abril de 2014.

Últimos avances para la cura del VIH Sida

Caro Dr. Steve Natterstad:

Reciba un fraternal saludo y mil bendiciones por su magnífica labor. Quisiera saber qué información a la fecha tiene sobre una posible cura del VIH. Tengo entendido que luego del encuentro realizado en México quedó bien claro que uno de los retos es detener lo más pronto posible esta pandemia que nos afecta a millones de personas confirmadas, sin que se tengan en realidad datos de los millones quizás de portadores que aún no asumen la responsabilidad de hacerse la prueba y cuyo temor es comprensible.

Doctor, sé que su información se convertirá en una voz de esperanza para muchos de nosotros que esperamos ansiosos ese día que espero no sea lejano. Estoy seguro que los desafíos a la Ciencia no pueden ser en vano y más cuando existen seres con mucha capacidad e inteligencia para lograrlo.

Un abrazo y muchas gracias de nuevo por su dedicación a acompañarnos, Je

Respuesta del Dr. Natterstad

Querido Je,

Tu pregunta es de lo más oportuna. Creo que el año 2010 señaló un momento decisivo para la búsqueda de la erradicación (una cura) del VIH. Fue un ano en el que la discusión de una cura realmente previsible desempeña un papel más importante que nunca en muchas conferencias y publicaciones científicas. De hecho apareció en una revista médica en diciembre un informe de seguimiento que trata de un hombre (el paciente de Berlín) que llevaría más de tres años curado.

Hay más buenas noticias: ¡Un grupo internacional de investigadores se ha fijado una meta de encontrar una cura en la próxima década! ¿Qué te parece esa voz de esperanza?

Un abrazo fuerte,

Dr. Steve Natterstad

Disponible en: <www.thebody.com> (con adaptaciones). Acceso el 14 de marzo 2011.

1. Considerando el texto, es **incorrecto** decir que:

a) "...portadores que aún no asumen la responsabilidad de hacerse la prueba" se refiere a las personas que posiblemente tienen VIH, pero sin confirmación.

b) el Dr. Natterstad, en su respuesta a Je, considerando hechos como la cura del "paciente de Berlín", argumenta que en 2010 se encontró una solución definitiva para el SIDA.

c) en la frase "lo más pronto posible" la palabra **pronto** tiene la idea de brevedad,

d) la palabra **lejano** es sinónimo de "distante".

e) la palabra **retos**, en "quedó bien claro que uno de los retos es detener lo más pronto posible", podría ser sustituida por "desafío" sin cambiar el significado general de la frase.

301

La lectura en las selectividades

Modelo de Prueba 2

Instituto Federal de Educação, Ciência e Tecnologia do Sul de Minas Gerais (IFSULDEMINAS), 2013.

Disponible en: <http://www.ifsuldeminas.edu.br/~vestibular/attachments/article/145/SUPERIOR%20-%20ESPANHOL.pdf>. Acceso el 4 de abril de 2014.

Los hombres ven distinto que las mujeres

La visión masculina es más sensible a los pequeños detalles y a los objetos que se mueven a gran velocidad, mientras que la femenina es mejor a la hora de distinguir colores.

Si usted llega a su casa recién salida de la peluquería, con un tono de pelirrojo que nunca antes se había atrevido a usar y su pareja la recibe con un: "¡Qué lindo te quedan esos pendientes nuevos!", en referencia a unos aretes diminutos que le regaló su prima y que sólo se los puso por no dejar, recapacite antes de mirarlo con odio y pegarle un par de gritos.

No se trata en este caso al menos de falta de interés, atención y mucho menos de cariño. Según un estudio llevado a cabo por investigadores en Estados Unidos, los ojos de los hombres son más sensibles a los pequeños detalles y a los objetos que se mueven a gran velocidad, mientras que las mujeres son mejores a la hora de distinguir colores.

Fonte: <http://www.lanacion.com.ar/en> (adaptado). Acesso em: 21 de setembro de 2012.

2. Segundo as informações do texto "Los hombres ven distinto que las mujeres", podemos afirmar que:

a) a visão dos homens é melhor que a das mulheres.

b) a visão dos homens tem maior sensibilidade que a das mulheres.

c) a visão dos homens é mais detalhista que a das mulheres.

d) a visão dos homens é mais sensível a cores que a das mulheres.

3. "'¡Qué lindo te quedan esos pendientes nuevos!' en referencia a unos aretes diminutos que le regaló su prima y que solo se los puso [...]."
No trecho acima, o pronome complemento **los** substitui uma palavra mencionada anteriormente. Sendo assim, podemos afirmar que este pronome refere-se a:

a) pendientes

b) esos

c) nuevos

d) unos

4. "Según un estudio llevado a cabo por investigadores en los Estados Unidos [...]."
No fragmento acima, a expressão "llevado a cabo" refere-se a um estudo que foi:

a) organizado

b) realizado

c) encontrado

d) divulgado

Modelo de Prueba 3

Exame Nacional do Ensino Médio (Enem), 2012.

Disponible en: <http://veja.abril.com.br/educacao/enem-resolvido-2012/QE94.pdf>. Acceso el 4 de abril de 2014.

QUINO. Disponível em: <http://mafalda.dreamers.com>. Acesso em: 27 fev. 2012.

5. A personagem Susanita, no último quadro, inventa o vocábulo **mujerez**, utilizando um recurso de formação de palavra existente na língua espanhola. Na concepção da personagem, o sentido do vocábulo **mujerez** remete à:

a) falta de feminilidade das mulheres que não se dedicam às tarefas domésticas.

b) valorização das mulheres que realizam todas as tarefas domésticas.

c) inferioridade das mulheres que praticam as tarefas domésticas.

d) relevância social das mulheres que possuem empregados para realizar as tarefas domésticas.

e) independência das mulheres que não se prendem apenas às tarefas domésticas.

Modelo de Prueba 4
Universidade Federal do Tocantins (UFT-TO), 2011.
Disponible en: <http://www.vestibulandoweb.com.br/gabaritos/prova-uft-2011-manha.pdf>. Acceso el 4 de abril de 2014.

Baldo

6. La palabra **despistados**, de acuerdo con la viñeta arriba, se refiere a las personas:

a) que tienen o muestran pavor.

b) que no se dan cuenta de lo que hacen o de lo que pasa a su alrededor.

c) que dejan a uno atónito, generalmente por la belleza o el atractivo físico.

d) que no se adaptan a las circunstancias que las rodean.

e) que se presentan aisladas o separadas.

Modelo de Prueba 5
Universidade Federal de Goiás (UFG-GO), 2012.
Disponible en: <http://www.vestibular.ufg.br/estatisticas/2012-1/1%20etapa/cadernoquestao_tipo1.pdf>. Acceso el 4 de abril de 2014.

No hay necesidad de aquella charla de los pajaritos y las avecitas, papás; ya lo sé todo, lo vi en sus páginas marcadas como favoritas en internet.

Disponível em: <http://www.spe.fotolog.com>. Acesso em: 22 set. 2011. [Adaptado.]

7. Lo que genera la expresión, mostrada en la viñeta, de los padres ante su hijo es el:

a) deseo, comunicado por el chaval, de conocer el comportamiento de las aves.

b) rechazo, expuesto por su hijo, al control de las entradas de él a internet.

c) acceso, conseguido por el pibe, a las páginas favoritas de sus compañeros de clase.

d) descubrimiento, hecho por el niño, del contenido de las páginas vistas por ellos.

e) archivo, reunido por el chico, con imágenes impropias para menores.

303

PROYECTO 3

Literatura, teatro y cine: un lugar al sol en la selva de piedra

Tema: Los jóvenes y el mundo del trabajo.

Etapas: El proyecto se organizará en 7 etapas: sensibilización, contextualización, lectura, reflexión, investigación, planeamiento y acción.

Textos: La obra teatral *El método Grönholm*, escrita por Jordi Galcerán, de Cataluña, España. Tráiler de la película *El método*, dirigida por Marcelo Piñeyro, de Argentina.

Objetivos: Conocer la obra teatral *El método Grönholm*, de Jordi Galcerán, y la obra cinematográfica *El método*, dirigida por Marcelo Piñeyro, y reflexionar sobre la temática del mercado del trabajo.

Interdisciplinaridad: Este proyecto une el Español a las asignaturas Literatura, Geografía y Sociología.

Países: Relacionaremos Brasil con Argentina y España.

Sensibilización

1. Fíjate en las siguientes campañas: ¿qué significan las expresiones: "derechos sociolaborales" y "trabajo decente"?

_____
_____
_____

304

2. ¿Qué esperas del mundo del trabajo? ¿Qué tipo de trabajo quisieras tener?
_____
_____

3. ¿Has participado alguna vez en dinámicas de selección o de entrevistas de trabajo? ¿Qué tal fue la experiencia?
_____
_____

Contextualización

1. Observa los siguientes carteles de teatro y de cine:

a) Plantea hipótesis sobre los títulos de la obra teatral y la película: ¿a qué clase de método se refieren?

(   ) Capacitación psicológica y emocional.

(   ) Análisis intelectual y cognitivo.

(   ) Selección laboral y empresarial.

(   ) Análisis físico y corporal.

b) Según tus observaciones, completa el siguiente párrafo:

_____ es un texto dramático escrito por el escritor catalán _____ . La trama teatral trata de cuatro candidatos al puesto de ejecutivo de una multinacional que poco a poco van a descubrir quién realmente es cada uno.

Por todo el mundo, varios grupos teatrales han puesto en escena esa gran obra teatral.

El director argentino _____ adaptó la obra al cine. En el enredo de la película _____ son siete aspirantes al tan soñado cargo.

c) ¿Cuál es la frase de promoción de la obra teatral? ¿Y la de la película?

_____

_____

d) ¿A qué situación específica del mundo del trabajo remiten esas frases?

(   ) A la elección de una profesión.

(   ) A la búsqueda por un empleo.

(   ) A la dimisión de un puesto de trabajo.

(   ) A la selección para una vacante laboral.

e) Reflexiona sobre cuál sería tu respuesta a las indagaciones de las frases de los carteles. ¿Hasta dónde llegarías por un empleo? ¿Hasta dónde estarías dispuesto a llegar para ser el elegido?

_____

_____

Lectura

1. Lee ahora la primera parte del texto teatral *El método Grönholm*. Luego, tendrás que intentar solucionar un misterio.

Sala de reuniones de una empresa. Mobiliario de calidad. Parqué. Paredes forradas de madera. Una mesa de juntas con ocho sillas. Sobre la mesa, botellas de agua y cuatro vasos. Un tapiz mironiano en la pared.

Al fondo, una puerta doble. En un lateral, una puerta más pequeña. Un gran ventanal deja entrar la última luz de un atardecer. A través del ventanal, el cielo. Intuimos que la sala se encuentra en un piso alto. En una de las sillas está sentado Fernando Augé, un hombre de unos treinta y ocho años. Atractivo. Traje elegante y moderno. Delante de él, sobre la mesa, un maletín de ejecutivo.

Después de unos segundos, Fernando mira el reloj, saca del maletín un diario de información económica y comienza a hojearlo. Suena un móvil. Fernando lo saca del bolsillo y lo conecta.

FERNANDO (hablando por el móvil): ¿Sí?... Hola, chico. Ya estoy aquí. Estoy esperando... (Por la puerta doble, entra Enrique Font. Fernando parece que no le ve.) Hostia, ¿esta noche a cenar?... ¿Y por qué quedas sin decirme nada? No, no vendré. No lo sé, tú mismo... Paso de lamer el trasero a estos tipos por cuatro duros. Si hoy me va bien esto, se pueden ir a tomar por el culo... Si no me va bien, me suicido... Que no, que no vendré.

Fernando ve a Enrique.

FERNANDO (hablando por el móvil): Te tengo que dejar.

Fernando guarda el móvil. Enrique es un hombre regordete, que supera la cuarentena. También viste traje, pero no tan moderno como Fernando. Maletín de ejecutivo en la mano, un maletín más usado que el de Fernando.

ENRIQUE: Buenas tardes.
FERNANDO: Buenas tardes.
ENRIQUE: Me han dicho que la entrevista es aquí...
FERNANDO: Sí, a mí también.
ENRIQUE: ¿Usted es de la empresa...?
FERNANDO: No, no. Soy un candidato al...
ENRIQUE: Ah, yo también.
FERNANDO: Encantado.
ENRIQUE: Igualmente.

Se estrechan la mano. Enrique deja su maletín en la mesa. Hay unos segundos de silencio.

ENRIQUE: ¿Te han explicado alguna cosa?
FERNANDO: No. Nada.
ENRIQUE: Curioso, todo, ¿no?
FERNANDO: Sí.
ENRIQUE: Técnicas no convencionales.
FERNANDO: Eso parece.
ENRIQUE: Cuando me lo propusieron... No sé. No es... habitual. ¿Qué seremos, nosotros dos?
FERNANDO: No lo sé. Hay cuatro vasos.
ENRIQUE: Quizá son para los que nos entrevistarán.
FERNANDO: Quizá.
ENRIQUE: Eso de la entrevista conjunta es un poco... Como mínimo, original. Y más para un puesto de este nivel. Normalmente, es todo más confidencial.
FERNANDO: A mí, eso...
ENRIQUE: No, a mí también, sin embargo, vaya... Tú y yo no nos conocemos. Pero sería fácil que nos encontrásemos algún conocido.
FERNANDO: ¿Y qué?

ENRIQUE: Hombre, sería un poco violento.

Enrique se sienta. Unos instantes de silencio.

ENRIQUE: ¿Has venido en coche?
FERNANDO: Sí.
ENRIQUE: Yo también. Menudo tráfico, ¿no?
FERNANDO: Como cada día.
ENRIQUE: Yo ya he hecho tres entrevistas. No sé qué más quieren saber de mí. Y tú, ¿cuántas llevas?
FERNANDO: Tres.
ENRIQUE: Como yo. (Enrique saca una cajita de caramelos.) ¿Un mentolín?
FERNANDO: No, gracias.
ENRIQUE: No tenía muchas esperanzas de llegar hasta aquí. Vengo de una empresa pequeña, y eso es... Bueno, en eso de los muebles y el bricolaje, es la segunda del mundo.
FERNANDO: Una empresa es una empresa.
ENRIQUE: Sí, pero yo no he trabajado nunca en una multinacional. ¿Y tú?
FERNANDO: Yo he trabajado en muchos sitios.
ENRIQUE: Y las condiciones son increíbles. El sueldo es... Bueno, no sé qué debes ganar tú, pero yo casi doblaría... Tenía miedo de llegar tarde. Estaba en la Diagonal, atascado, y pensaba, ahora llegarás tarde y quedarás fatal. Estas cosas son importantes. A veces son los pequeños detalles los que hacen tomar una decisión. Yo he tenido que contratar gente y, al final, lo que me lleva a decidir son los pequeños detalles. La manera de vestir, cómo me han dado la mano... Y el coche. Siempre que puedo les acompaño hasta su coche. Un coche dice mucho de su propietario. A veces te encuentras un tipo que parece muy aseado y tiene el coche hecho una mierda.
FERNANDO: Tranquilo. No has llegado tarde.

Por la puerta doble entran Mercedes Degás y Carlos Bueno. Treinta y pocos. Mercedes viste un elegante traje chaqueta. Carlos, más informal, pantalones y americana sport, sin corbata. Pendiente en una oreja.

CARLOS (a Mercedes): Pasa, pasa.
MERCEDES: No, pasa tú.
CARLOS: Por favor.
MERCEDES (sonriente): ¿Por qué? ¿Porque soy una mujer?
CARLOS: Sí, porque eres una mujer.
MERCEDES: De acuerdo, paso. Pero no porque sea una mujer.
(A los otros.) Buenas tardes.
FERNANDO y ENRIQUE: Buenas tardes.
CARLOS: Buenas tardes. (Presentándose.) Carlos Bueno.

Carlos ofrece la mano a Fernando.

FERNANDO: Fernando Augé.

Todos se estrechan la mano cuando se presentan.

MERCEDES: Mercedes Degás.

ENRIQUE: Enrique Font.

Todos se dan la mano con todos.

CARLOS: ¿Son ustedes quiénes nos harán la entrevista?

ENRIQUE: No, no, somos... entrevistados, también.

CARLOS: ¿Los dos? Nosotros también.

MERCEDES: ¿Y quién nos entrevista?

ENRIQUE: No lo sabemos, aún.

Mercedes y Carlos dejan las cosas.

MERCEDES: Tres hombres y una mujer. Como siempre.

CARLOS: El veinticinco por ciento. Políticamente correcto.

MERCEDES: Siempre tan gracioso, él.

ENRIQUE: ¿Os conocéis?

CARLOS: Estudiamos juntos.

MERCEDES: Bueno, yo estudié un poco más que él.

CARLOS: "La matrículas", la llamábamos. Lo tenemos crudo con ella.

ENRIQUE: Te lo dije. Era lógico que alguien se conociera.

CARLOS: ¿Y qué hemos de hacer, ahora?

FERNANDO: Esperar, supongo.

MERCEDES: ¿Nos harán la entrevista a los cuatro juntos?

CARLOS: Eso me dijeron a mí. Una entrevista conjunta con todos los candidatos.

Pausa.

ENRIQUE: ¿Habéis venido en coche?

CARLOS: Yo sí.

ENRIQUE: Menudo tránsito, ¿no?

CARLOS: Horroroso.

ENRIQUE: Suerte que tienen párquing, porque si no...

CARLOS: Sí, aquí, está imposible aparcar.

ENRIQUE: ¿También habéis hecho tres entrevistas, vosotros?

CARLOS: Yo sí.

MERCEDES: Yo también.

ENRIQUE: Y esta es la cuarta. Ya he pasado algunas veces por esto, pero nunca me habían hecho cuatro entrevistas. No sé qué más quieren saber de mí...

En una de las paredes laterales se abre una pequeña puerta. Se abre de arriba hacia abajo y se detiene al llegar a los cuarenta y cinco grados. Es como un buzón que, hasta ahora, había permanecido disimulado en la pared. Mercedes es quien se encuentra más próxima.

MERCEDES: Eh. Se ha abierto eso.

Un momento de silencio.

CARLOS: Pues mira a ver qué hay.

Mercedes lo mira.

MERCEDES: Un sobre y un cronómetro.

FERNANDO: ¿Un cronómetro?

MERCEDES: Digital.

CARLOS: ¿Pone algo, en el sobre?

MERCEDES: No. ¿Lo abro?

FERNANDO: ¿Y a mí qué me explicas? No lo sé.

Mercedes abre el sobre.

MERCEDES *(leyendo)*: "Buenos días y bienvenidos. Como ya les avanzamos, esta es la última fase del proceso de selección para acceder al cargo de director comercial de Dekia. Ustedes son los últimos aspirantes. Sabemos que esta no es una prueba habitual. Seguimos el protocolo establecido por nuestra central de Suecia. Si en algún momento consideran que alguna de las propuestas que les haremos no es aceptable para ustedes, pueden abandonar el proceso. La puerta está abierta. Sin embargo, si salen de esta sala, sea por el motivo que sea, entenderemos que renuncian a continuar aspirando al cargo. La primera prueba es la siguiente. Les hemos dicho que son los últimos aspirantes, pero no son los últimos cuatro aspirantes. Solo hay tres auténticos aspirantes. Uno de ustedes es un miembro de nuestro departamento de selección de personal. Junto con el sobre han encontrado un cronómetro. Tienen diez minutos para averiguar quién de ustedes no es un auténtico candidato. Por favor, pongan en funcionamiento el cronómetro. Es el botón de la derecha." Y ya está.

Disponible en: <http://www.winniekrapp.it/testi/Jordi%20 Galceran%20-%20El%20m%C3%A9todo%20Gr%C3%B6nholm. pdf>. Acceso el 4 de abril de 2014.

2. ¡A pensar sobre el enigma del intruso! Elabora hipótesis: ¿cuál de los personajes es el miembro del departamento personal y no un candidato a la vacante? Justifica tu sospecha.

El falso candidato es _____.

Motivos: _____

3. Lee las siguientes reseñas sobre la obra teatral *El método Grönholm*.

TEATRO CONTEMPORÁNEO

El método Grönholm

La lucha despiadada por conseguir un trabajo es vista con humor y muchas sorpresas en esta obra de teatro

Pedro Casanova & Guillermo Romero / Enkidu / Ciudad de México, Noviembre 2005.

"No buscamos una buena persona que parezca un hijo de puta, lo que necesitamos es un hijo de puta que parezca buena persona"

Ya cumplió sus primeras 200 representaciones esta interesante obra teatral cuyo título en principio no dice gran cosa acerca de lo que trata, pero que poco a poco ha ido ganando la preferencia del público gracias a lo original de su tema, a un buen reparto y una adecuada dirección de actores que al final de la representación, deja al espectador con un buen sabor de boca, a pesar del tema que es bastante cruel y doloroso.

La acción se desarrolla en una funcional oficina de una empresa, donde cuatro aspirantes a un puesto deberán pasar las últimas pruebas para finalmente, uno de ellos quedarse con el puesto. Son tres hombres y una mujer quienes se enfrentan ferozmente entre sí para poder obtener el trabajo anhelado. Sin embargo, la primera vuelta de tuerca de las muchas que contiene la obra, es cuando se sabe que uno de los cuatro en realidad es un empleado de la compañía y al cual tendrán que descubrir.

Cada uno de los personajes se encuentra muy bien construido, pero cuando aparentemente sabemos todo sobre ellos, aparecen nuevas revelaciones que van complicando la trama hasta entrar en un extraño delirio en el cual todos sospechan de todos, para finalmente llegar a un insólito final que nadie se imagina, dejando sorprendido a todo el mundo.

Roberto Blandón, Emilio Guerrero, Martín Altomaro y Ana Karina Guevara son los histriones de esta puesta en escena bien dirigida por Tony Castro, quien últimamente se ha anotado varios triunfos entre los cuales podemos destacar *Las obras completas de Shakespeare* y *1822, el año que fuimos imperio*.

El director ha sabido dar el ritmo exacto que la obra requiere, además de permitir el lucimiento de cada uno de los actores, todos los cuales tienen su momento para emocionar o de plano hacer que el público suelte la carcajada. Una obra que por sus muchos méritos, no hay que perderse y que recomendamos ampliamente.

Disponible en: <http://www.recorri2.com/portal/index.php/es/component/k2/item/289-el-método-gronholm.html>. Acceso el 4 de abril de 2014.

Festeja 200 representaciones
El método Grönholm

Héctor Bonilla y Tiaré Scanda, padrinos de la celebración
OOEOA / Enkidu / Ciudad de México, Noviembre 2005.

"Buenísima... y no cuentes el final", se ha convertido en la frase con la que se recomienda de boca en boca *El método Grönholm*, que poco a poco ha ido ganando público hasta convertirse en uno de los montajes más exitosos de la cartelera teatral. Tanto, que ha celebrado en grande sus primeras 200 representaciones. Y para

una puesta en escena inteligente, profunda y con un gran sentido del humor, que mejor que unos padrinos a la altura: Héctor Bonilla y Tiaré Scanda.

El método Grönholm es una obra que habla del mundo de hoy, de la sociedad de hoy y por ello es una puesta en escena en la que cualquier persona puede verse reflejada. Escrita por Jordi Galcerán, *El método Grönholm* habla de la crueldad de las relaciones laborales. Y lo hace tomando como excusa uno de los procesos más duros que se viven en ese ámbito, y al que casi todo mundo, en algún momento, se ha visto sometido: una selección de personal. Seguramente por el tema, la empatía que la obra logra con el público es absoluta, y prueba de ello es la gran aceptación que ha tenido en diversas partes del mundo, lo que la ha convertido en el mayor éxito de los últimos años.

La anécdota de *El método Grönholm* es simple: los últimos cuatro candidatos a obtener una plaza de alto ejecutivo en una importante empresa multinacional son reunidos para ser sometidos a las pruebas finales del proceso de selección. Unas pruebas que, rayando en lo absurdo, nada parecen tener que ver con el puesto de trabajo en sí. Las situaciones, que empiezan siendo cómicas, poco a poco van tomando un matiz diferente, hasta convertirse en una prueba de resistencia, dominio, poder y supervivencia, en la que ningún ser humano quiere perder.

La idea de *El método Grönholm* nació de una anécdota real: en un bote de basura en Barcelona, se encontraron una serie de documentos en los que un empleado del departamento de personal de una cadena de supermercados había anotado sus impresiones sobre las aspirantes a un puesto de cajera. Los comentarios, totalmente ajenos al ámbito laboral, estaban llenos de frases machistas, xenófobas y crueles, como: "gorda, tetuda", "naca, no sabe ni dar la mano", "parece idiota". El hecho de tener en sus manos el poder para darles o no un empleo, parecía otorgar a ese ejecutivo el derecho de juzgar y calificar, en todos los aspectos, a las aspirantes. Lo mismo ocurre en todos los lugares.

Bajo el aspecto de una comedia, *El método Grönholm* es una obra fuerte, llena de ironía, acidez y de humor negro, en la que cuatro personajes se enfrentan sin piedad por derrotar a sus contrincantes. En la relación que se establece entre ellos, no hay el más mínimo espacio o concesión para el sentimentalismo. Roberto Blandón, Ana Karina Guevara, Anilú Pardo, Emilio Guerrero, Miguel Rodarte y Martín Altomaro, quienes alternan funciones, dan vida a este cuarteto dispuesto a hacer lo que sea, LO QUE SEA, por conseguir un empleo. Se trata de cuatro actores con una sólida y versátil carrera que abarca todos los medios (teatro, cine y televisión) y los más diversos géneros (comedia, melodrama, tragedia, pieza, musical).

No por nada fueron seleccionados para esta puesta en escena, que exige de sus intérpretes una maleabilidad asombrosa, pues los lleva de un sentimiento a otro, de una actitud a su opuesta, de un tono dramático al contrario en cuestión de segundos. Y para proyectarlo como la obra lo requiere, la dirección de escena está a cargo de Antonio Castro, quien tiene en su haber importantes montajes de la cartelera mexicana de los últimos años: *Las obras completas de William Shakespeare* (abreviadas), *1822, el año que fuimos imperio*, *Las bodas del cielo y el infierno o El capote*; además de otros múltiples, variados y siempre reconocidos trabajos. El diseño de la escenografía y la iluminación son de Sergio Villegas, quien es también el diseñador de la escenografía y la iluminación en *Orgasmos, la comedia* y *De Madres*, también producidas por esta misma empresa; la adaptación del texto es de Álvaro Cerviño.

El *método Grönholm* es un espejo en el que todo el mundo puede verse, pues ya sea en el trabajo, en la escuela, en la calle, e incluso en la "tranquilidad" de la vida familiar, los seres humanos ejercemos algo de lo instintivo, de lo animal que por naturaleza tenemos, para lograr lo que queremos, para vencer a los demás, para ganar, para sobrevivir... para vivir en este mundo salvaje.

Disponible en: <http://www.recorri2.com/portal/index.php/es/component/k2/item/289-el-método-gronholm.html>. Acceso el 4 de abril de 2014.

Reflexión 1

1. ¡A reflexionar sobre la obra teatral *El método Grönholm*, escrita por Jordi Galcerán! Observa los siguientes elementos en la primera parte del texto dramático *El método* y en las reseñas que acabas de leer:

   a) ¿Cuántos son y quiénes son los personajes?
   _____
   _____

   b) ¿Qué acción ocurre en la trama? ¿Qué desean estos personajes?
   _____
   _____

   c) ¿Qué conflictos se puede identificar en el nudo de la trama?
   _____

   d) ¿Dónde ocurre la acción? ¿En qué espacio en específico?
   _____

   e) ¿Cuál es el desenlace de la obra? Investígalo.
   _____
   _____
   _____

Escenas de la película *El método*, dirigida por Marcelo Piñeyro.

2. Se puede considerar que la obra es una crítica al individualismo capitalista y el modo como se configura el mercado laboral. ¿Por qué?

_____

_____

_____

3. Lee el siguiente comentario de Daniel Veronese, director que también ha puesto en escena la obra de Jordi Galcerán:

"¿Hasta dónde puede llegar el esfuerzo de un candidato para obtener un puesto de trabajo soñado? Y por otro lado ¿cuáles son los verdaderos límites del proceso de selección seriamente propuesto por una empresa líder? El juego entre los aspirantes se irá convirtiendo a lo largo de la obra en un combate de sentimientos, ambiciones y envidias, siempre en los límites entre la realidad y la ficción, entre la verdad y la mentira. Ese es el juego Grönholm. Un juego que nos hace saber que, allí dentro, no importa quiénes somos ni cómo somos, sino lo que aparentamos ser. Nuestra auténtica identidad no le importa a nadie, quizás ni a nosotros mismos."

Disponible en: <http://www.alternativateatral.com/obra4406-el-metodo-grnholm>. Acceso el 10 de diciembre de 2013.

a) En tu opinión, ¿hasta dónde puede llegar el esfuerzo de un candidato para obtener un puesto de trabajo soñado?

_____

_____

_____

b) ¿Qué opinas sobre el método de selección que usa la empresa para elegir al mejor candidato? Esto es, ¿cuáles son los verdaderos límites del proceso de selección seriamente propuesto por una empresa líder?

_____

_____

_____

_____

c) ¿Cómo interpretas la siguiente afirmación del director: "allí dentro, no importa quiénes somos ni cómo somos, sino lo que aparentamos ser"? ¿Se puede ser feliz viviendo exclusivamente de la apariencia?

_____

_____

_____

_____

4. Lee los siguientes textos sobre la película *El método*.

TEXTO 1

Dirección: Marcelo Piñeyro.
Países: España, Argentina e Italia.
Año: 2005.
Duración: 120 min.
Género: Drama.
Interpretación: Eduardo Noriega (Carlos), Najwa Nimri (Nieves), Eduard Fernández (Fernando), Pablo Echarri (Ricardo), Ernesto Alterio (Enrique), Carmelo Gómez (Julio), Adriana Ozores (Ana), Natalia Verbeke (Montse).
Guion: Mateo Gil y Marcelo Piñeyro; basado en la obra *El método Grönholm*, de Jordi Galcerán Ferrer.
Producción: Gerardo Herrero y Francisco Ramos.
Fotografía: Alfredo Mayo.
Montaje: Iván Aledo.
Dirección artística: Verónica Toledo.
Vestuario: Verónica Toledo.

Sinopsis

Madrid. Paseo de la Castellana. Manifestación de miles de personas. Fuerzas de seguridad antidisturbios en las calles. Siete aspirantes a un alto puesto ejecutivo se presentan a una prueba de selección de personal para una empresa multinacional en un rascacielos de oficinas del complejo Azca. Entre ellos, las personalidades más dispares: el triunfador, el agresivo, la mujer insegura, el crítico, el indeciso... Tras un laberinto de formularios, acreditaciones y demás burocracia empresarial, los siete participantes se encuentran juntos en una fría sala a la que les ha conducido una secretaria, esperando a que dé comienzo el proceso de selección... Desde ese instante, y en un clima de tensa competitividad, la inseguridad de los participantes se convertirá en miedo y dudas y estos a su vez en un estado de paranoia general. Tras presentarse con recelo los unos a los otros, se preguntarán si están siendo observados por cámaras o por qué la Compañía ha infiltrado un psicólogo entre ellos que les está ya examinando. Uno de los aspirantes hace alusión a un método de pruebas, similar al que sugieren, que se lleva en práctica en Estados Unidos. A partir de ese momento, los siete aspirantes al puesto serán sometidos a una serie de pruebas psicológicas con las que se pretende deducir cuál de ellos posee el perfil que mejor encaja con los requisitos del voraz mundo empresarial. A lo largo de un día, los aspirantes pasarán de las bromas y el juego inocente a las agitadas discusiones y las supuestas hipótesis y situaciones, donde se pondrá a prueba la personalidad de cada uno y la manera en que se relacionan con los demás. En este claustrofóbico clima de máxima desconfianza y absoluta falta de escrúpulos, se crearán alianzas, se producirán disputas, se revelarán secretos, se destaparán pasados... Y así, poco a poco, se irán eliminando participantes en lo que pasará a ser una mera y fría lucha por la supervivencia, nítido espejo del desalmado panorama laboral fuera de esas paredes de cristal y hormigón, en cualquier país capitalista partícipe en esta, nuestra economía global.

Disponible en: <http://www.labutaca.net/films/35/elmetodo.htm>. Acceso el 4 de abril de 2014.

TEXTO 2

Resumen

[...] *El método* es una película desarrollada en España, que consiste en las fases del proceso de selección de siete aspirantes a un alto puesto ejecutivo. Comienza con la llegada de los personajes a una sala, recibidos por la secretaria que les pide que vuelvan a llenar un largo formulario. Todos los candidatos ya habían llenado dicho formulario, sin embargo uno de ellos se niega a hacerlo, su nombre es Ricardo Arces, quien luego sorprenderá a todos los asistentes. Una vez en la sala, se dan cuenta de que existen siete sillas, justo para los siete postulantes, por lo que se dan cuenta que nadie llegará a entrevistarlos. Dentro del formulario, viene un explicativo sobre el método Gronhölm.

313

La primera prueba consiste en descubrir quién de ellos es un falso postulante, miembro del departamento de selección. El objetivo es que todos se presenten y dar paso a la siguiente prueba. La segunda prueba es escoger un líder por consenso. El nominado, sin embargo, luego de la elección, es criticado por unos ocurridos años atrás donde denunció a la empresa a la que pertenecía por contaminar el medio ambiente. Luego de esto, el grupo tuvo que votar su estancia en la sala, siendo excluido del proceso. La tercera prueba consiste en fundamentar la permanencia de cada uno de los postulantes en un supuesto refugio, donde cada uno de ellos dio a conocer sus fortalezas y estrategias. Uno de ellos fue eliminado por no convencer al resto de sus aptitudes personales.

Durante la hora de almuerzo, la secretaria trae un desagradable almuerzo para cada uno de ellos. En esta etapa, Ricardo le comenta a Enrique su pasado sindical en Argentina, y éste último lo delata en un momento de presión por parte de Monce, la secretaria. Enrique fue eliminado por no contener la presión, los valores y ética profesional. Fue en este mismo momento donde Ricardo reconoce ser el "topo".

Comienza la etapa final, quedando tres postulantes y con esto el juego que perjudicará a Fernando de Monada por no poseer habilidades y conocimientos sobre el acontecer diario. Quedan solo dos finalistas, Carlos y Nieves, quienes ya se conocían por un pasado amoroso que los unía. Monce, la secretaria, junto con Ricardo Arces "el topo", emplean la última gran prueba: contarle a cada uno de ellos que las posibilidades de que gane su rival son altas, por lo que debe convencerlo para que deserte del proceso. Solo cuentan con quince minutos para aprovechar al máximo su capacidad de negociación.

Ambos caminan hacia al ascensor, dónde se dan cuenta que han formado parte de otra prueba y en ellos está el seguir o no con el proceso. Nieves baja del ascensor, declinando su participación, y deja el camino libre a Carlos, quien gana el proceso de selección de personal en aquella prestigiosa organización. [...]

Disponible en: <http://www.buenastareas.com/ensayos/Resumen-Pelicula-El-Metodo/2209400.html>. Acceso el 10 de diciembre de 2013.

TEXTO 3

Reseña

[...] Un grupo de personas se presentan en una oficina para conseguir un puesto de trabajo en una gran multinacional de Madrid, hasta ahí todo bien. Los miembros, que representan diferentes arquetipos sociales (el inseguro, el serio competente, el niño de papá triunfador y atractivo, la mujer calculadora y fría con un matiz de erotismo, el macho ibérico que tiende a pensar que el pez grande siempre se comerá al pequeño, una madre madura y frágil... y cada uno de ellos con su respectiva manera de entender el éxito o aceptar el fracaso) se dan cuenta que les han dejado encerrados en la sala de entrevistas para ser sometidos a un experimento llamado el método Grönholm. Serán aislados como peces dentro de una pecera fría y blanca, observados detalladamente por cámaras, mientras les hacen pruebas para debatir quien tiene que abandonar al grupo hasta quedar un candidato final. Realizan argumentos y numerosos enfrentamientos para comprobar su personalidad, capacidad de trabajo en equipo y demás aspectos que no pueden comprobarse en una entrevista cualquiera. El desconcierto, el humor y la colaboración se va transformando en desconfianza, tensión y traición.

Esta peculiar forma de selección de personal resulta ser un juego sucio y sin escrúpulos en el que ponen todo lo que esté en su mano para eliminar a sus adversarios con el fin de una victoria que creen merecerse, quedando finalmente un candidato con la medalla del más preparado para humillar y dejarse humillar. Esta idea es inevitable compararse con *reality shows* como Gran Hermano: esa visión del hombre enchaquetado que se comporta como un animal, del candidato desorientado que se esconde de sus rivales tras un disfraz para conseguir un objetivo. Y efectivamente, tal y como refleja *El método*, estos personajes dejan atrás sus propios sentimientos y no dudan en traicionarse los unos a los otros con tal de conseguir el ansiado puesto de trabajo e introducirse en el mundo laboral. [...]

Najwa Nimri (que interpreta a Nieves, la inteligente ejecutiva) me pone en ocasiones de los nervios por su tono de voz (habla como susurrando), pero a pesar de ello me parece el personaje más conseguido, ya que nos deja ver claramente esa transformación de loba calculadora capaz de renunciar al puesto por amor a su compañero Carlos, hecho que no termina siendo recíproco. Este compañero (intrerpretado por Eduardo Noriega) simboliza a esta civilización tan poco humana, que se ha olvidado de las más elementales normas para encontrar la felicidad. Y este es al fin y al cabo el perfecto perfil para el método, un egoísta que abandona a los suyos únicamente por conseguir el objetivo inicialmente propuesto. [...]

Disponible en: <http://enclavedeanclaje.blogspot.com.br/2011/06/el-metodo-gronholm-como-la-vida-misma.html>. Acceso el 4 de abril de 2014.

Ahora, completa la tabla. Para ello, identifica cuáles fueron las tres primeras pruebas del Método Gronhölm e infiere por medio de los textos el objetivo cada una.

- Dejar a cada uno de los postulantes en un supuesto refugio.
- Escoger un líder para el grupo por consenso.
- Eliminar a los candidatos por medio de pruebas psicológicas, desnudar las aptitudes, fortalezas, estrategias, habilidades personales y analizar si los escrúpulos, las personalidades y las elecciones éticas de los participantes están en consonancia con los objetivos de la empresa.
- Hacer que todos se presentaran, medir su capacidad de trabajo en equipo y sembrar el clima de desconfianza entre los componentes del grupo de candidatos.
- Deducir cuál de ellos tiene el perfil que mejor se encaja con los requisitos del mundo empresarial y verificar por qué el grupo eliminaría a su líder.
- Descubrir cuál de los candidatos era un falso postulante, miembro del departamento de personal de la empresa.

Primera prueba	Segunda prueba	Tercera prueba
Objetivos	Objetivos	Objetivos

Reflexión 2

1. Mira el tráiler de la película *El método*, dirigida por Marcelo Piñeyro, disponible en <http://www.youtube.com/watch?feature=player_embedded&v=2TwoJeuKAdk> (acceso el 4 de abril de 2014). Con base en el tráiler y en las reseñas, contesta:

a) ¿Qué acontecimientos ocurren simultáneamente al proceso de selección de la empresa?

_____

_____

b) ¿Qué contraste existe en la película entre lo que pasa en la oficina de la multinacional y la acción que transcurre en las calles cercanas al edificio de la empresa?

_____

_____

_____

2. ¿Qué diferencias y semejanzas existen entre la obra dramática escrita por Jordi Galcerán y la obra cinematográfica dirigida por Marcelo Piñeyro?

Investigación

Para saber más sobre la obra de teatro y la película se puede acceder a los siguientes enlaces:

- <http://www.resad.es/acotaciones/acotaciones28/escalada_metodogroholm.pdf>
  Análisis de la obra teatral con énfasis en el desenlace final. Título: "Un éxito español. Acción, tiempo y lugar. *El método Grönholm*, de Jordi Galcerán". Autor: Julio Escalada. Fecha: enero-junio de 2012.

  "Galcerán estructura *El método Grönholm* en una serie de escenas sucesivas en las que a modo de *rounds* los púgiles-candidatos (reales o falsos) golpearán sin piedad a sus contrincantes para alcanzar el preciado primer puesto o por la estrategia del fingimiento."

- <http://wfnode01.nacion.com/2010-07-29/Entretenimiento/NotasDestacadas/Entretenimiento2463951.aspx>
  Reseña sobre la pieza teatral. Título: "Con engaños *El método Grönholm* humillará al hombre". Autor: Elvin Molina. Fecha: 29 de julio de 2010.

  "Para el espectador, la situación planteada será como una oferta a usar su capacidad de análisis y, en complicidad con los protagonistas, descubrir al farsante. También será inevitable para el público reírse de ciertas situaciones, no porque se trate de algo divertido, sino por el humor negro que muchas circunstancias ofrecen [...]. Pero no le será tan sencillo, ni al público o a los protagonistas, porque con cada nueva prueba todo indica que están jugando con ellos y que no les dicen toda la verdad. Algunos no soportan y se alejan, transformando la sala en un campo para un duelo final entre quienes soportaron todas las humillaciones a las que los someten."

- <http://www.winniekrapp.it/testi/Jordi%20Galceran%20-%20El%20m%C3%A9todo%20Gr%C3%B6nholm.pdf>
  La obra teatral *El método Grönholm*, escrita por Jordi Galcerán. Texto integral.

- <http://www.youtube.com/watch?feature=player_embedded&v=2TwoJeuKAdk>
  Tráiler de la película *El método*, dirigida por Marcelo Piñeyro.

  (Accesos el 4 de abril de 2014.)

Planeamiento

Ahora te toca a ti. Vas a producir una dramatización de la escena de la obra teatral *El método Grönholm*.

Los productos que se confeccionarán: una dramatización.

Los materiales que se necesitarán: papel, bolígrafo y/o computadora para producir el texto; objetos decorativos para el escenario; ropa y complementos para el vestuario.

Paso a paso

Primer paso: lee el texto dramático de Jordi Galcerán.

Segundo paso: mira el tráiler de la película *El método*, dirigida por Marcelo Piñeyro.

Tercer paso: accede a los enlaces de la etapa de investigación.

Cuarto paso: define en conjunto con el grupo quien será el director (el responsable de las orientaciones a los actores sobre qué debe hacer durante la escena) y quien será cada personaje (los alumnos-actores deberán asumir las características físicas y psicológicas de cada personaje, tales como modos de hablar, sentir, vestir, moverse y portarse).

Quinto paso: imagina una situación de la obra descrita en las reseñas que leíste y crea los diálogos de los personajes, adaptándolos a la realidad del mercado laboral de tu ciudad.

¡Ojo! Los elementos que debes contemplar en tu texto dramático son: los personajes, el conflicto/tema/argumento, el espacio y el tiempo.

Sexto paso: monta la escenografía y el vestuario. Para hacer la dramatización, debes tener en cuenta que la decoración del escenario y la caracterización del vestuario deben ser coherentes con el tema y el contexto de la trama.

Séptimo paso: ensaya con el grupo la dramatización de la escena cuantas veces sean necesarias, tratando de hablar de forma natural y espontánea. Asegúrate de que el público entienda con claridad lo que dice el grupo.

Octavo paso: presenta la dramatización al público de tu escuela (los alumnos de otras salas, los profesores, funcionarios, etc.).

Lenguaje

Nuestro proyecto se basará en la dramatización de una escena teatral. Debes poner en acto a tu personaje, dándole vida y presencia. Para eso, debes hablar de manera natural, utilizando un tono de voz más alto y claro para que todos los espectadores te escuchen. ¡No exageres en la entonación! Usa correctamente los recursos expresivos corporales, tales como gestos, movimientos, expresiones faciales, énfasis, interrupciones y pausas.

Repaso

Antes del gran día de la presentación, verifica junto con tu profesor(a) y los compañeros del grupo los siguientes puntos de la dramatización de la escena:

- ¿han quedado bonitos y creativos la escenografía y el vestuario?
- ¿los alumnos-actores presentan fluidez al decir el texto teatral?
- ¿existe coherencia entre expresión corporal y las hablas del texto dramático?
- ¿despierta interés y atención en el público espectador?

Acción

¡A presentar la dramatización! El día de estreno de la puesta en escena puede ser definido según el calendario escolar: una feria cultural, una fiesta comunitaria, etc.

Chuleta lingüística: ¡no te van a pillar!

Pronombres personales sujeto

- Funcionan como sujeto:
  - **Él** trabaja en un hospital.
- Los pronombres personales **nosotros(as)** y **vosotros(as)** presentan distinción de género.
- Siempre concuerdan con el verbo:
  - **Nosotros tenemos** muchos amigos.

Singular	Plural
Yo	Nosotros(as)
Tú/Vos	Vosotros(as)
Él, Ella, Usted	Ellos, Ellas, Ustedes

- Quienes hablan: yo y nosotros(as).
- Con quienes se habla: tú, vos, usted (singular); vosotros(as), ustedes.
- De quienes se habla: él, ellos, ella, ellas.

Las formas referentes a **usted** y **ustedes** van dirigidas al oyente, es decir, a la segunda persona, aunque asumen formas de tercera. En casi toda España, ambas se utilizan en contextos formales. Sin embargo, **ustedes** se utiliza tanto en contextos formales como informales en todo el continente americano (y en algunas regiones del sur de España y de las Islas Canarias). De hecho, **ustedes** constituye en las variedades hispanoamericanas la única forma de segunda persona del plural de uso corriente.

- Observa el uso diferenciado de las formas de tratamiento en el universo hispanohablante.

	España	América Latina
En relaciones informales	Tú Vosotros(as) (En la mayoría de las zonas)	Tú o vos (según el país o zona) Ustedes No se suele utilizar **vosotros(as)**
En relaciones formales	Usted Ustedes	Usted Ustedes

Recuerda:

- En español, a diferencia del portugués, hay una tendencia predominante a **omitir el pronombre sujeto**. Las terminaciones del verbo señalan de qué persona gramatical se trata:
  - Estudio música. (Yo)
  - Vivimos en Lima. (Nosotros/as)
- Se suele utilizar el pronombre sujeto cuando se hace el contraste entre informaciones y opiniones:
  - **Él** estudia español para leer autores latinoamericanos y **yo**, para comunicarme.
  - **Ella** toca el piano y **vos**, la guitarra.

- Completa los siguientes diálogos con los pronombres personales sujeto:

—¿_____ son fans de Los Coyotes?

—Sí, _____ tenemos todos sus discos.

—¿De dónde son _____?

—Son puertorriqueños, de San Juan.

—Y _____, ¿de dónde sois?

—Somos andaluces. _____ soy de Sevilla y _____ es de Málaga.

—Bueno, _____ dice que es de Mendoza, pero, en realidad es de un pueblito del interior.

—Pues yo pienso como _____. El documento dice que _____ sos de tal lugar, pero el lugar geográfico a veces no coincide con el anímico. _____ sos de donde te sentís.

—_____ tenemos que terminar el trabajo y entregárselo al profesor mañana.

—Por Dios, no puede ser: ¡_____ no puedes estar hablando en serio!

—_____ tienen una colección muy interesante de cómics.

—_____ también tienes una, ¿verdad?

Artículos

- Los artículos pueden ser determinados e indeterminados.
- Siempre vienen antes del sustantivo:
  - **La** diversidad es muy importante.

	Artículos determinados	
	Singular	Plural
Masculino	el	los
Femenino	la	las

Los artículos determinados se usan para señalar algo identificable por el hablante y el oyente entre un conjunto:

- Julia es **la** única prima de Pedro. (conjunto familia)
- Todos **los** lunes estudio español. (conjunto días de la semana)
- Son **las** tres de la tarde. (conjunto 24 horas)

318

Antes de fórmulas de tratamiento en tercera persona:
- **El** señor Ríos trabaja en el Teatro Colón, en Buenos Aires.

Recuerda:
- No se utilizan antes de nombre propio de persona:
  - Ana es guapa.

	Artículos indeterminados	
	Singular	**Plural**
Masculino	un	unos
Femenino	una	unas

Los artículos indeterminados se usan para señalar algo no identificable entre un conjunto:
- Estamos hablando de **un** amigo de Ana.
- Quiero **una** camiseta bonita.

Reglas de eufonía
- Delante de sustantivos femeninos en singular que inician con **a** o **ha** tónica se debe usar el artículo masculino: **el** águila, **un** hada, **el** aula, **un** hacha. Esta regla no se aplica a los dos nombres de letras que comienzan con **a** tónica: **la** a, **la** hache. Tampoco se aplica cuando el artículo precede un adjetivo: **la** alta mujer, **la** alba mañana.

Contracciones
- a + el = al
- de + el = del

En español, estas son las únicas contracciones posibles entre preposiciones y artículos.

Recuerda:
A diferencia del portugués, en español se separan:
- la preposición y el artículo:
  - Vivo **en la** calle Paraíso.
  - Prefiero ir **por la** avenida de la playa.
- la preposición y el demostrativo:
  - Quiero vivir **en este** país.
  - No me gustan los videoclips **de esta** cantante.

▌ Completa este correo electrónico que vas a enviar a un amigo español usando los artículos y las contracciones:

Querido amigo:

Tenemos unos amigos que viven en Buenos Aires. Para ellos, su ciudad es _____ de _____ mejores _____ mundo. En _____ ciudad de Buenos Aires hay muchos museos y actividades culturales. Además, _____ chicas son muy lindas. Les encanta pasear por _____ parques y quedarse leyendo en las cafeterías. Puedes ir _____ teatro todos _____ días de _____ semana y, si es verano, allá por _____ meses de enero y febrero, puedes ir también al mar, pero para ir a _____ playa, tendrás que ir _____ norte o al Uruguay, donde hace más calor. Mis amigos son hinchas _____ equipo San Lorenzo de Almagro. Si quieres podrás también ir _____ estadio con ellos _____ domingo, no está demasiado lejos _____ centro de la ciudad. En este momento no se encuentran en la ciudad, pero estarán esperando tu llegada.

_____ argentinos son muy amables y simpáticos y les encanta hablar de _____ atractivos de su gran país.

Bueno, espero que puedas disfrutar de _____ ciudad y de _____ amabilidad de _____ porteños.

Cuídate, un abrazo.

Numerales cardinales y ordinales
Los cardinales

Los cardinales del 1 al 15		
1 – uno	6 – seis	11 – once
2 – dos	7 – siete	12 – doce
3 – tres	8 – ocho	13 – trece
4 – cuatro	9 – nueve	14 – catorce
5 – cinco	10 – diez	15 – quince

Los cardinales del 16 al 29		
16 – dieci**séis**	21 – veinti**uno**	26 – veinti**séis**
17 – dieci**siete**	22 – veinti**dós**	27 – veinti**siete**
18 – dieci**ocho**	23 – veinti**trés**	28 – veinti**ocho**
19 – dieci**nueve**	24 – veinti**cuatro**	29 – veinti**nueve**
20 – veinte	25 – veinti**cinco**	

Decenas	+	Unidades
30 – treinta		uno
40 – cuarenta		dos
50 – cincuenta		tres
60 – sesenta	y	cuatro
70 – setenta		cinco
80 – ochenta		seis
90 – noventa		siete
		ocho
		nueve

Centenas	Más números
100 – cien (ciento)	1 000 – mil
200 – doscientos	1 000 000 – un millón
300 – trescientos	
400 – cuatrocientos	
500 – quinientos	
600 – seiscientos	
700 – setecientos	
800 – ochocientos	
900 – novecientos	

Chuleta lingüística: ¡no te van a pillar!

Recuerda:

- de 16 a 19 – dieci + numeral
- de 21 a 29 – veinti + numeral
- de 30 a 99 – (decena) + y + numeral
- El numeral masculino **uno** y sus compuestos sufren la pérdida de la vocal final antes de sustantivo masculino singular:
  - En **un** año vamos a concluir este curso.
  - Tiene **treinta y un** años.
- Únicamente se utiliza la **y** entre decenas y unidades:
  - **3 555**: Tres mil quinientos cincuenta **y** cinco.

Actualmente, también está admitido escribir en una sola palabra los numerales a partir del treinta, uniendo la decena y la unidad con **i**: treinta**i**uno, cuarenta**i**dós, ochenta**i**trés...

- Las centenas varían en género y número.
  - Tres mil quinient**as** cincuenta y cinco cas**as**.

▌ Escribe con letras la fecha de nacimiento y la edad actual de estos personajes famosos del mundo hispano:

a) Lionel Messi: 24 de junio de 1987, Rosario, Argentina.

Nació _____.

Tiene _____ años.

b) Shakira: 2 de febrero de 1977, Barranquilla, Colombia.

Nació _____.

Tiene _____ años.

c) Isabel Allende: 2 de agosto de 1942, Lima, Perú.

Nació _____.

Tiene _____ años.

d) Juan Luis Guerra: 7 de junio de 1957, Santo Domingo, República Dominicana.

Nació _____.

Tiene _____ años.

e) Rosa Montero: 3 de enero de 1951, Madrid, España.

Nació _____.

Tiene _____ años.

f) Neymar da Silva Santos, Mogi das Cruzes, Brasil, 5 de febrero de 1992.

Nació _____.

Tiene _____ años.

Los ordinales

- Indican orden en una serie.
- Pueden funcionar como adjetivos o sustantivos:
  - Es su **primer** hijo. Es el **primero**.
  - Marzo es el **tercer** mes del año. Es el **tercero**, no el cuarto.

En español, **primero** y **tercero** pierden la **-o** final antes de palabras masculinas en singular.

1º - primer(o)(a)	5º - quinto(a)	9º - noveno(a)
2º - segundo(a)	6º - sexto(a)	10º - décimo(a)
3º - tercer(o)(a)	7º - séptimo(a)	11º - undécimo(a)
4º - cuarto(a)	8º - octavo(a)	12º - duodécimo(a)

13º - decimotercer(o)(a)	15º - decimoquinto(a)	18º - decimoctavo(a)
14º - decimocuarto(a)	16º - decimosexto(a)	19º - decimonoveno(a)
	17º - decimoséptimo(a)	

20º - vigésimo(a)	50º - quincuagésimo(a)	80º - octogésimo(a)
30º - trigésimo(a)	60º - sexagésimo(a)	90º - nonagésimo(a)
40º - cuadragésimo(a)	70º - septuagésimo(a)	

1. Observa a continuación la clasificación mundial de selecciones de fútbol en 2013, identifica los países hispanohablantes y escribe la posición que ocupaban en la tabla, como en el siguiente ejemplo:

*Argentina ocupaba la **tercera** posición.*

Pos.	Equipo	Pts.	+/-	Pos
1	España	1538	0	
2	Alemania	1428	0	
3	Argentina	1292	0	
4	Croacia	1191	5	▲
5	Portugal	1163	2	▲
6	Colombia	1154	0	
7	Inglaterra	1135	-3	▼
8	Italia	1117	-3	▼
9	Países Bajos	1093	-1	▼
10	Ecuador	1056	1	▲
11	Rusia	1052	-1	▼
12	Costa de Marfil	1008	1	▲
13	Grecia	986	-1	▼
14	México	971	1	▲
15	Suiza	967	-1	▼
16	Bélgica	953	3	▲
17	Uruguay	932	-1	▼
18	Francia	914	-1	▼
19	Brasil	909	-1	▼
20	Dinamarca	900	5	▲

Disponible en: <http://es.fifa.com/worldranking/rankingtable/index.html>. Acceso el 4 de abril de 2013.

2. Observa el siguiente cuadro y, a continuación, responde a las preguntas:

América Latina: porcentaje de población menor de 15 años, por países (1970-2050)									
Países	1970	1975	1980	1985	1990	1995	2000	2005	2010
América Latina	42,4	41,3	39,7	38,0	36,1	33,8	31,6	29,6	27,8
Argentina	29,4	29,2	30,5	31,0	30,6	28,9	27,7	26,7	25,7
Bolivia	43,0	43,0	42,6	42,2	41,2	40,6	39,6	38,2	36,0
Brasil	42,4	40,3	38,1	36,6	34,7	31,7	28,8	26,6	25,2
Chile	39,2	36,8	33,5	31,2	30,1	29,5	28,5	26,6	24,9
Colombia	45,7	43,4	40,7	37,8	36,0	34,4	32,7	31,0	28,8
Costa Rica	46,1	42,2	38,9	36,9	36,5	34,6	32,4	30,1	28,5
Cuba	37,0	37,3	31,9	26,6	23,1	22,3	21,2	18,8	17,3
Ecuador	44,4	43,8	42,8	41,2	38,9	36,4	33,8	31,5	29,2
El Salvador	46,4	45,6	44,9	43,6	40,8	37,4	35,6	34,0	31,9
Guatemala	45,8	45,7	46,0	46,3	45,9	45,1	43,6	42,0	39,8
Haití	40,9	41,1	41,8	43,1	44,2	42,8	40,2	37,2	35,8
Honduras	48,2	48,0	47,2	46,2	45,2	43,8	41,6	39,1	36,1
México	46,5	46,5	45,1	42,3	38,6	35,5	33,1	30,8	28,4
Nicaragua	48,3	47,9	47,5	47,5	46,3	45,0	42,7	41,1	38,3
Panamá	43,9	42,9	40,5	37,6	35,3	33,4	31,3	29,0	26,8
Paraguay	44,7	43,6	42,2	42,1	42,0	41,6	39,5	37,4	35,6
Perú	44,0	43,2	41,9	40,2	38,3	35,9	33,4	30,8	28,6
República Dominicana	47,3	45,3	42,2	39,1	37,0	35,1	33,0	30,5	28,2
Uruguay	27,9	27,7	26,9	26,8	26,0	25,1	24,8	24,3	23,5
Venezuela	45,6	43,3	40,7	39,2	38,2	36,2	34,0	31,6	29,5

Fuente: Comisión Económica para América Latina. Disponible en: <http://www.eclac.cl/Celade/publica/bol62/BD6209.html>. Acceso el 10 de diciembre de 2013.

a) ¿En qué posición se muestra Brasil en el cuadro?

_____

b) ¿En qué país había más jóvenes menores de 15 años en 2010?

_____

c) ¿Dónde se ubica ese país?

( ) América del Sur

( ) Centroamérica

( ) América del Norte

d) ¿Qué país tiene el porcentaje más próximo al de la media de América Latina?

_____

_____

e) ¿Cuál tiene el porcentaje más bajo de población menor de 15 años?

_____

f) ¿Por qué crees que la población de jóvenes de los países de América disminuye cada vez más?

_____

_____

_____

_____

_____

_____

g) Un ejercicio de futurología. ¿Cuál crees que será el porcentaje de población menor de 15 años de América Latina en el año de 2045?

_____

_____

Chuleta lingüística: ¡no te van a pillar!

Presente de indicativo

- En español hay tres grupos de verbos según su terminación.

-ar	-er	-ir
hablar escuchar viajar	aprender entender conocer	escribir vivir descubrir

Los regulares

Pronombres \ Verbos	Amar	Beber	Vivir
Yo	am-**o**	beb-**o**	viv-**o**
Tú/Vos	am-**as**/am-**ás**	beb-**es**/beb-**és**	viv-**es**/viv-**ís**
Él, Ella, Usted	am-**a**	beb-**e**	viv-**e**
Nosotros(as)	am-**amos**	beb-**emos**	viv-**imos**
Vosotros(as)	am-**áis**	beb-**éis**	viv-**ís**
Ellos, Ellas, Ustedes	am-**an**	beb-**en**	viv-**en**

▌ Rellena los huecos con la forma correcta de los verbos:

a) Yo _____ (escribir) en el periódico del cole.

b) Nosotros _____ (vivir) en una casa y vosotros, ¿dónde _____ (vivir)?

c) Mis padres _____ (hablar) inglés y español.

d) Mis hermanos _____ (leer) mucho.

e) Tú _____ (cocinar) muy bien, _____ (preparar) platos deliciosos.

f) Mi prima _____ (comprar) muchos libros.

g) Mis amigos _____ (ver) muchas pelis en el cine.

h) Mis abuelos siempre me _____ (esperar) en la puerta de casa.

i) La profe _____ (dar) explicaciones muy buenas.

j) Vos siempre _____ (comer) pasta los domingos.

k) Ustedes _____ (gritar) mucho en los partidos de fútbol.

Los irregulares

- Algunos verbos se modifican cuando los conjugamos.

Pronombres \ Verbos	e → ie Preferir	o → ue Poder
Yo	pref**ie**ro	p**ue**do
Tú/Vos	pref**ie**res/pref**e**rís	p**ue**des/p**o**dés
Él, Ella, Usted	pref**ie**re	p**ue**de
Nosotros(as)	pref**e**rimos	p**o**demos
Vosotros(as)	pref**e**rís	p**o**déis
Ellos, Ellas, Ustedes	pref**ie**ren	p**ue**den
Querer – qu**ie**ro Entender – ent**ie**ndo Sentir – s**ie**nto Calentar – cal**ie**nto	Volver – v**ue**lvo Dormir – d**ue**rmo Recordar – rec**ue**rdo Encontrar – enc**ue**ntro	

Pronombres \ Verbos	u → ue Jugar	e → i Pedir
Yo	j**ue**go	p**i**do
Tú/Vos	j**ue**gas/jugás	p**i**des/pedís
Él, Ella, Usted	j**ue**ga	p**i**de
Nosotros(as)	jugamos	pedimos
Vosotros(as)	jugáis	pedís
Ellos, Ellas, Ustedes	j**ue**gan	p**i**den
		seguir – s**i**go conseguir – cons**i**go repetir – rep**i**to reír – r**í**o

Recuerda:

- La terminación de los verbos es la misma que la de los regulares.
- La transformación no ocurre en **vos**, **nosotros(as)** y **vosotros(as).**
- Irregularidad en la primera persona de singular.

Pronombres \ Verbos	a → aig Traer	c → g Hacer
Yo	tr**aig**o	ha**g**o
Tú/Vos	traes/traés	haces/hacés
Él, Ella, Usted	trae	hace
Nosotros(as)	traemos	hacemos
Vosotros(as)	traéis	hacéis
Ellos, Ellas, Ustedes	traen	hacen

Pronombres \ Verbos	n → ng Poner	l → lg Salir	cer /cir → zco
Yo	po**ng**o	sa**lg**o	nacer – na**zco**
Tú/Vos	pones/ponés	sales/salís	parecer – pare**zco**
Él, Ella, Usted	pone	sale	conocer – cono**zco**
Nosotros(as)	ponemos	salimos	conducir – condu**zco**
Vosotros(as)	ponéis	salís	
Ellos, Ellas, Ustedes	ponen	salen	

Recuerda:

- Estos verbos son irregulares únicamente en la primera persona de singular.
- Dos irregularidades: vocálica y en la primera persona de singular.

Pronombres \ Verbos	Tener	Venir	Decir	Oír
Yo	ten**g**o	ven**g**o	di**g**o	oi**g**o
Tú/Vos	t**ie**nes	v**ie**nes	d**i**ces	oyes
Él, Ella, Usted	t**ie**ne	v**ie**ne	d**i**ce	oye
Nosotros(as)	tenemos	venimos	decimos	oímos
Vosotros(as)	tenéis	venís	decís	oís
Ellos, Ellas, Ustedes	t**ie**nen	v**ie**nen	d**i**cen	oyen

Verbos pronominales

- Se conjugan con los pronombres reflexivos: **me/te/se/nos/os/se**.
  - Yo **me** acuesto a las diez de la noche.
  - Yo **me** levanto a las siete de la mañana.
  - Él **se** llama Felipe.

Pronombre sujeto	Pronombre reflexivo	Verbo
Yo	me	llamo
Tú/Vos	te	llamas/llamás
Él, Ella, Usted	se	llama
Nosotros(as)	nos	llamamos
Vosotros(as)	os	llamáis
Ellos, Ellas, Ustedes	se	llaman

1. Completa los espacios con la forma conjugada de los verbos que tienes entre paréntesis:

a) Por la mañana, mi padre _____ (levantarse) a las 6:00.

b) Los lunes y miércoles, mi hermano _____ (soler) jugar al fútbol.

c) Los domingos, después de comer, _____ (acostarse) un par de horas.

d) Mi madre _____ (volver) a casa después de mi padre.

e) Los lunes _____ (despertarse) tarde, por eso siempre _____ (vestirse) muy deprisa.

f) Yo _____ (conocer) pocos países de América, quiero ir a Colombia.

g) ¿Por qué no _____ (encender) la luz? Casi no se puede ver nada.

h) Nosotros _____ (preferir) ver películas en casa, pero mis amigos _____ (preferir) ir al cine.

2. Conjuga las formas verbales entre paréntesis del siguiente diálogo sobre acciones habituales:

—¿_____ (despertarse) muy temprano todas las mañanas?

—Sí, porque el cole _____ (empezar) a las 7:00, y ¿tú?

—Yo _____ (levantarse) un poco más tarde, porque el mío _____ (empezar) a la una.

—Y entonces, ¿a qué hora _____ (almorzar)?

—Antes del mediodía, _____ (cepillarse) los dientes, _____ (vestirse) con el uniforme del colegio, le _____ (dar) un beso a mi abuela y _____ (salir) corriendo al cole.

—¿_____ (tomar) el colectivo escolar?

—No, me _____ (llevar) mi abuelo. Es un poco cascarrabias, si _____ (encender) el móvil y _____ (ponerse) los auriculares para escuchar canciones, _____ (enfadarse). Yo lo quiero mucho, pero no _____ (parecerse) nada a él.

—Yo no _____ (conocer) todavía a mis abuelos, ellos viven en otro país. Pero, creo que _____ (volver) pronto. _____ (querer) comprar una casa en la playa.

—La verdad, no sé qué sería mi vida sin mis abuelos. Mis padres _____ (salir) por la mañana temprano para trabajar y no _____ (volver) hasta la noche.

—Bueno, ya _____ (sonar) la sirena del fin de recreo, me _____ (volver) a clase, hasta luego.

3. Relaciona cada acción con el objeto que más le corresponde. A continuación, elige un verbo de cada objeto y conjúgalo en todas sus personas. Fíjate que hay algunos irregulares también.

sentarse	levantarse	peinarse	tumbarse
acostarse	mirarse	reflejarse	vestirse
dormirse	despertarse	bañarse	secarse

cama	ducha	espejo
toalla	sofá	silla

Ejemplo:

SILLA: Yo me siento en la silla

Yo me siento
Tú te sientas/Vos te sentás
Él se sienta
Nosotros nos sentamos
Vosotros os sentáis
Ellos se sientan

Chuleta lingüística: ¡no te van a pillar!

Por qué / por que / porqué / porque

- **Por qué**: Es la unión entre la preposición **por** y el pronombre interrogativo **qué**. Se debe usar únicamente para hacer preguntas directas o indirectas.
  - ¿**Por qué** tenemos que beber líquidos?
  - No entiendo **por qué** tenemos que beber líquidos.
- **Por que**: Es la unión entre la preposición **por** y el pronombre relativo **que**, que no debe acentuarse. Entre estos dos elementos pueden ir los artículos determinados **el**, **la**, **los**, **las** y el neutro **lo**:
  - Este es el motivo **por** (el) **que** desistió del negocio.
- **Porqué**: Es sustantivo, por lo que tiene singular y plural. Se asemeja a "motivo", "razón":
  - El **porqué** de su decisión todavía no está claro.
  - Siempre tratan los temas superficialmente, sin pensar en los **porqués**.
- **Porque**: Se utiliza para explicar la causa de una idea principal.
  - ¿Por qué tenemos que beber líquidos?
  - **Porque** son fundamentales para la vida.

Dónde / donde / adónde / adonde

- **Donde** o **dónde**: En qué lugar. Va con tilde en frases exhortativas y en preguntas directas e indirectas.
  - ¿**Dónde** es la fiesta? = ¿En qué lugar es la fiesta?
- **Adonde** o **adónde**: El lugar al que se va. Al igual que **donde**, también va con tilde en frases exhortativas y en preguntas directas e indirectas.
  - ¿**Adónde** vas a ir en vacaciones? = ¿A qué lugar vas a ir en vacaciones?

▌ Subraya la forma correcta en cada una de las siguientes oraciones:

  a) ¿*Dónde/Adónde* están las gafas?

  b) El restaurante *adonde/donde* nos dirigimos siempre está lleno a estas horas.

  c) Nunca sé *dónde/adónde* dejas las cosas.

  d) ¿*Adónde/Dónde* fueron tus amigos? Si estaban acá ahora mismo...

  e) ¿*Por qué/Porque* quieres ir a Colombia?

  f) El profesor no nos dejó entrar *porque/por qué* llegamos muy tarde.

  g) *Porque/Por qué* te quiero te regalo estas flores.

  h) ¿*Por qué/Porque* discute tanto la gente por cosas tan tontas?

Los pasados (1)

- Vas a conocer tres formas distintas para expresar nuestra historia y nuestros recuerdos:

Pretérito perfecto compuesto		
Pronombre sujeto	**Verbo *haber* +**	**Participio pasado**
Yo	he	cantado
Tú/Vos	has	bailado
Él, Ella, Usted	ha	comido
Nosotros(as)	hemos	bebido
Vosotros(as)	habéis	dormido
Ellos, Ellas, Ustedes	han	vivido
Formación del participio regular: cantar + **ado** = cant**ado** comer + **ido** = com**ido** vivir + **ido** = viv**ido**		

- El pretérito perfecto compuesto se utiliza para contar hechos en el pasado.
- Para el hablante, estos hechos tienen relación con el momento actual.
- Este tiempo se utiliza con más frecuencia en las variedades del español peninsular que en las variedades americanas.
- Generalmente viene asociado a unidades de tiempo **no acabadas** o con **tiempo indeterminado**:
  - **Hoy** he jugado al fútbol.
  - **Este año** he conocido a mi mejor amigo.
  - **Esta semana** he empezado a escribir un *blog*.
  - **Siempre** he sido bueno en fútbol.

Pretérito perfecto simple			
Pronombres / **Verbos**	**Cantar**	**Comer**	**Escribir**
Yo	cant**é**	com**í**	escrib**í**
Tú/Vos	cant**aste**	com**iste**	escrib**iste**
Él, Ella, Usted	cant**ó**	com**ió**	escrib**ió**
Nosotros(as)	cant**amos**	com**imos**	escrib**imos**
Vosotros(as)	cant**asteis**	com**isteis**	escrib**isteis**
Ellos, Ellas, Ustedes	cant**aron**	com**ieron**	escrib**ieron**

- El pretérito perfecto simple se utiliza para narrar hechos en el pasado, generalmente asociados a unidades de tiempo acabadas:
  - **Ayer** jugué al fútbol.
  - **El año pasado** conocí a mi mejor amigo.
  - **La semana pasada** empecé a escribir un *blog*.
  - **En abril** nadé en un campeonato.
  - **Nací** en el año 2000.
- En gran parte de las variedades del español de América y en algunas del español peninsular, puede sustituir al pretérito perfecto compuesto.

324

Pretérito imperfecto			
Pronombres / Verbos	Cantar	Comer	Escribir
Yo	cant**aba**	com**ía**	escrib**ía**
Tú/Vos	cant**abas**	com**ías**	escrib**ías**
Él, Ella, Usted	cant**aba**	com**ía**	escrib**ía**
Nosotros(as)	cant**ábamos**	com**íamos**	escrib**íamos**
Vosotros(as)	cant**abais**	com**íais**	escrib**íais**
Ellos, Ellas, Ustedes	cant**aban**	com**ían**	escrib**ían**

- El pretérito imperfecto se utiliza para describir en el pasado:
  - Él **era** muy inteligente.
  - La casa **tenía** tres dormitorios.
  - José **cantaba** fatal.
  - Yo siempre **era** la que más corría.

1. Completa la biografía de Simón Bolívar con los tiempos del pasado que aparecen a continuación:

> pudo – resistían – cruzó – estalló – contactó – dio – se hallaba – obtuvo – nació – venció – soñaba – tenía – se unió – conoció – llegó

Simón Bolívar _____ en Caracas, Venezuela, en 1783. En París _____ con las ideas de la Revolución y _____ personalmente a Napoleón y Humboldt. Aunque no _____ formación militar, Simón Bolívar _____ a convertirse en el principal dirigente de la guerra por la independencia de las colonias hispanoamericanas. En 1810 _____ a la revolución independentista que _____ en Venezuela (aprovechando que la metrópoli _____ ocupada por el ejército francés). Bolívar _____ con formar una gran confederación que uniera a todas las antiguas colonias españolas de América, inspirada en el modelo de Estados Unidos. Por ello, _____ los Andes y _____ a las tropas realistas españolas en la batalla de Boyacá (1819), que _____ la independencia al Virreinato de Nueva Granada (la actual Colombia). Bolívar _____ entonces ponerse al frente de la insurrección del Perú, último bastión del continente en el que _____ los españoles, aprovechando las disensiones internas de los rebeldes del país (1823). En 1824 _____ la más decisiva de sus victorias en la batalla de Ayacucho, logrando el fin de la presencia española en Perú y en toda Sudamérica.

Fuente: Publispain. Disponible en: <http://publispain.com/biografias/biografias/Simon_Bolivar.htm>. Acceso el 10 de diciembre de 2013.

2. Elige la forma más adecuada en las siguientes oraciones teniendo en cuenta la distinción entre los tiempos del pasado:

a) Messi _____ fichado por el Barcelona cuando _____ 13 años.
  - ( ) fue – tuvo
  - ( ) ha sido – tenía
  - ( ) fue – tenía

b) En los últimos meses Marina _____ mucho.
  - ( ) ha entrenado ( ) entrenó ( ) entrenaba

c) Che Guevara _____ en 1969.
  - ( ) moría ( ) murió ( ) ha muerto

d) Anoche _____ muy tarde.
  - ( ) nos hemos acostado
  - ( ) nos acostábamos
  - ( ) nos acostamos

e) Antes _____ en un apartamento pequeño, pero ahora ya no.
  - ( ) viví ( ) vivía ( ) he vivido

f) Este año _____ muchas actividades deportivas.
  - ( ) practiqué ( ) he practicado ( ) practicaba

g) Ayer no _____ porque no _____ nada en la nevera.
  - ( ) desayunaba – había
  - ( ) desayuné – hubo
  - ( ) desayuné – había

h) Maradona _____ el campeonato mundial de fútbol en 1986, sin embargo, Messi aún no _____ ganar ese torneo.
  - ( ) ganó – ha logrado
  - ( ) ha ganado – logró
  - ( ) ganó – lograba

i) Hasta ahora lo más bonito que me _____ en mi vida fue cuando _____ mi hijo.
  - ( ) pasó – nacía
  - ( ) pasó – ha nacido
  - ( ) ha pasado – nació

j) Siempre _____ que el deporte es el mejor antídoto contra las drogas.
  - ( ) he dicho ( ) dije ( ) dijera

325

Signos de puntuación

- Los signos de puntuación son fundamentales para expresar y organizar con claridad las ideas.

Coma	,
Dos puntos	:
Exclamación o admiración	¡!
Raya	—
Punto final	.
Punto y coma	;
Puntos suspensivos	...
Interrogación	¿?

1. A continuación están las definiciones para los signos de puntuación. Relaciona:

a) Coma (,)

b) Dos puntos (:)

c) Exclamación (¡ !)

d) Raya (—)

e) Punto final (.)

f) Punto y coma (;)

g) Puntos suspensivos (...)

h) Interrogación (¿?)

( ) Indican frase en que se refleja una emoción, sea de alegría, pena, indignación, etc.

( ) Indica el fin del sentido gramatical y lógico de un período o de una sola oración. Se pone también después de toda abreviatura.

( ) Denota quedar incompleto el sentido de una oración. Indicar temor o duda, o lo inesperado y extraño de lo que ha de expresarse después.

( ) Sirve para indicar la división de las frases o miembros más cortos de la oración o del período, y que también se emplea en aritmética para separar los enteros de las fracciones decimales.

( ) Signo de puntuación representado por un trazo horizontal (—) de mayor longitud que el correspondiente al guion (-).

( ) Indica haber terminado completamente el sentido gramatical, pero no el sentido lógico. Se pone también antes de toda cita de palabras ajenas intercaladas en el texto.

( ) Indica pausa mayor que en la coma, y menor que con los dos puntos.

( ) Indican la entonación interrogativa de un enunciado.

Fuente: Real Academia Española. Disponible en: <http://www.rae.es>. Acceso el 4 de abril de 2013.

2. En este correo electrónico se han borrado todos los signos de puntuación. Colócalos para que podamos comprender el mensaje en su totalidad, hasta la última coma:

Querido amigo

Qué bueno recibir noticias tuyas   Te cuento que mi viaje a Argentina fue fantástico   Lo primero que quiero decirte es que me pasó algo increíble   no me puedo contener   a qué no sabes a quién conocí en Buenos Aires   Piensa en alguien muy importante, alguien divino un verdadero mito   Aún no sabes quién es   No es muy difícil, no es ni Messi   ni el Papa   así que es   Sí   el gran Diego Armando Maradona   Estaba visitando el estadio de la Bombonera   donde juega Boca   el equipo de toda la vida de Diego   cuando vi un revuelo de periodistas con cámaras y micrófonos   me acerqué para ver qué pasaba y entonces lo vi   bueno   la verdad es que me costó un poquito verlo   porque es bastante bajito   Me acerqué para pedirle un autógrafo   pero el personal de seguridad me apartó   De todas formas   conseguí apretarle la mano   Te das cuenta   La mano de Dios   En fin   esto es lo que quería contarte   en realidad   no me lo podía guardar   Mañana te escribo más   o mejor hablamos por la computadora.

Hasta mañana   Un abrazo

Los pasados (2)

- El pluscuamperfecto de indicativo indica una acción anterior a otra acción del pasado.

Pretérito pluscuamperfecto		
Pronombre	**Verbo *haber* +**	**Participio pasado**
Yo	había	cantado
Tú/Vos	habías	bailado
Él, Ella, Usted	había	comido
Nosotros(as)	habíamos	bebido
Vosotros(as)	habíais	dormido
Ellos, Ellas, Ustedes	habían	vivido

Recuerda:

Formación del participio regular:

cantar + **ado** = cant**ado**

comer + **ido** = com**ido**

vivir + **ido** = viv**ido**

- El pluscuamperfecto (**había cantado**) muchas veces se utiliza con el pretérito perfecto simple (**canté**).
- Se utiliza cuando el hablante quiere afirmar que hay una sucesión de acciones en el tiempo pasado.
  - Ya me **había duchado** cuando **llegó** Mariana.
  - Como no **había entendido** la explicación del profesor, Lucas **volvió** a explicármelo.
  - Antes de estudiar Física **había estudiado** Historia.

▌ Relaciona las dos columnas adecuadamente y, a continuación, forma oraciones como en el siguiente ejemplo:

LLEGAR -> HUIR:
Cuando la policía **llegó** los ladrones ya **habían huido**.

No ir al cine	el arquero parar otro antes
Llegar a la taquilla	aprender español
Ir a Nicaragua	haber salido de casa
Llamar	agotarse las entradas
(El delantero) No querer lanzar el penal	ver la película

Las horas

13:00 – Es la una.	18:00 – Son las seis.
13:15 – Es la una y cuarto.	18:20 – Son las seis y veinte.
13:30 – Es la una y media.	18:30 – Son las seis y media.
13:45 – Son las dos menos cuarto.	18:50 – Son las siete menos diez.
14:00 – Son las dos.	19:00 – Son las siete.

12:00 – Son las doce.	0:00 – Son las doce.
12:30 – Son las doce y media.	0:30 – Son las doce y media.

Observa:
- ¿Qué hora es?
- **Es la** una.
- **Son las** tres y media.
- ¿A qué hora te levantas?
- **A las** ocho de la mañana.
- ¿A qué hora estudias?
- **De** ocho **a** doce.

Estar + gerundio

- La forma **estar + gerundio** se utiliza para expresar un hecho en curso, un proceso en desarrollo.
- El verbo **estar** se debe conjugar en el tiempo que mejor se ajuste al desarrollo de la acción.
  - No te encontraba, ¿dónde estabas ayer por la tarde?
  - Estuve nadando de cuatro a seis.

Estar + gerundio		
Pronombre sujeto	**Estar**	**Gerundio**
Yo	estoy/estaba	cantando
Tú/Vos	estás/estabas	bailando
Él, Ella, Usted	está/estaba	comiendo
Nosotros(as)	estamos/estábamos	bebiendo
Vosotros(as)	estáis/estabais	escribiendo
Ellos, Ellas, Ustedes	están/estaban	viviendo
Formación del gerundio: cantar + ando = cantando		
	comer + iendo = comiendo	
	escribir + iendo = escribiendo	

▌ Relaciona con flechas las horas con las actividades de los miembros de la familia Peláez. Escríbelas usando **estar + gerundio**, como en el siguiente ejemplo:

A las 08:15, **están tomando** el desayuno.

08:15	Dormir
12:00	Tomar el desayuno
18:15	Volver a casa
20:45	Preparar el almuerzo
22:20	Ver el noticiario nocturno de la tele
03:00	Animar a su equipo en el partido de la Copa de Libertadores

Futuro imperfecto de indicativo

- El futuro imperfecto se utiliza para indicar una suposición o predicción de lo que va a suceder.

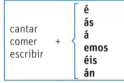

Pronombre	Verbos		
Yo	cantar**é**	comer**é**	escribir**é**
Tú/Vos	cantar**ás**	comer**ás**	escribir**ás**
Él, Ella, Usted	cantar**á**	comer**á**	escribir**á**
Nosotros(as)	cantar**emos**	comer**emos**	escribir**emos**
Vosotros(as)	cantar**éis**	comer**éis**	escribir**éis**
Ellos, Ellas, Ustedes	cantar**án**	comer**án**	escribir**án**

- Algunos verbos irregulares:

querer	querr-	
saber	sabr-	
caber	cabr-	-é
tener	tendr-	-ás
poder	podr-	-á
poner	pondr- +	-emos
venir	vendr-	-éis
decir	dir-	-án
salir	saldr-	
hacer	har-	
valer	valdr-	

1. Relaciona los verbos de la columna de la izquierda con los elementos de la columna de la derecha y, a continuación, escribe las frases utilizando el futuro imperfecto de indicativo, como en el siguiente ejemplo.

Conocerás a los padres de tu pareja.

volver	A los padres de tu pareja
tener	De tu actual empleo
salir	Un familiar a visitarte
venir	Un viaje lejano
hacer	A enamorarte
conocer	Tres hijos

327

Chuleta lingüística: ¡no te van a pillar!

2. Predicciones. Horóscopo. Completa los espacios con los verbos en el futuro imperfecto de indicativo.

> **PISCIS**
>
> Hoy (disfrutar) _____ de un día magnífico. (Valer) _____ la pena salir a la calle y aprovechar el buen tiempo que hace esta primavera (Poner) _____ tus cosas en orden y (poder) _____ hacer las actividades de ocio que te gustan. No (querer) _____ que el día se acabe. Buen provecho.

Ir + a + infinitivo

- Para indicar intención de realizar algo en el futuro, utilizamos:
  - **Voy a terminar** el trabajo hoy por la noche.
  - **Vamos a ir** al cine el domingo.

Pronombres / Verbos		Verbo *ir* + preposición + infinitivo	
Yo	voy		cantar
Tú/Vos	vas		estudiar
Él, Ella, Usted	va		comer
Nosotros(as)	vamos	a	leer
Vosotros(as)	vais		dormir
Ellos, Ellas, Ustedes	van		vivir

Observa:

- Voy a comprar**te** un helado. (El pronombre va después del verbo en infinitivo)
- ¿Vas a lavar**te** las manos?
- **Te** voy a comprar un helado. (El pronombre viene antes del verbo **ir**, en presente de indicativo)
- ¿**Te** vas a lavar las manos?

1. Señala la(s) oración(ones) correcta(s) en los siguientes ejemplos:

a) (   ) Mañana voy a levantarme temprano.
   (   ) Voy a me levantar temprano.
   (   ) Voyme a levantar temprano.

b) (   ) Nosotros vamos a nos quedar más tiempo.
   (   ) Nosotros vamos a quedarnos más tiempo.
   (   ) Nosotros nos vamos a quedar más tiempo.

c) (   ) Ellos te van a ver mañana.
   (   ) Ellos van a te ver mañana.
   (   ) Ellos mañana van a verte.

d) (   ) Tú vas a vernos el domingo.
   (   ) Tú vas a ver nos el domingo.
   (   ) Tú vas a nos ver el domingo.

e) (   ) Ustedes van a cansarse si siguen así.
   (   ) Ustedes se van cansar si siguen así.
   (   ) Ustedes se van a cansar si siguen así.

2. A continuación, coloca el pronombre correspondiente en la posición correcta. Dos alternativas pueden ser correctas para los verbos **levantarse**, **verse**, **quedarse**, **marcharse** y **bañarse**.

a) Ustedes _____ van a _____ levantar _____ muy tarde.

b) Vosotros _____ vais a _____ ver _____ dentro de poco.

c) Ellos _____ van a _____ quedar _____ en casa _____ hoy.

d) ¿Tú _____ vas a marchar _____ o, por el contrario, _____ vas a _____ quedar _____?

e) Nosotros _____ vamos a _____ bañar _____ en la piscina.

Apócope

- Algunas palabras en lengua española sufren una alteración o la pérdida de un sonido al final de una palabra. Este proceso se llama **apócope**.

Mucho/muy

Cuando la palabra **mucho** está antes de un **adjetivo** o de un **adverbio** se convierte en **muy**:

muy +	adjetivo adverbio	Mi dormitorio es **muy bonito**. Mi casa está **muy lejos** de aquí.

Recuerda:

- Se utiliza **mucho** en las combinaciones **mucho más**, **mucho menos**, **mucho antes**, **mucho después**, **mucho mejor** y **mucho peor**. En frases comparativas, también se utilizan **mucho mayor** y **mucho menor**.

Tanto/tan

Cuando la palabra **tanto** está antes de un **adjetivo** o de un **adverbio** se convierte en **tan**:

tan +	adjetivo adverbio	Mi dormitorio es **tan bonito**. Mi casa está **tan lejos** de aquí.

Grande/gran

Cuando la palabra **grande** está antes de un **sustantivo masculino** o **femenino singular** se convierte en **gran**.

gran +	sustantivo masculino singular sustantivo femenino singular	Picasso es un **gran pintor**. Isabel Allende es una **gran escritora**.

Más casos

uno		Tengo **un perro**.
algun**o**		¿Hay **algún mensaje**?
ningun**o**	sustantivo	No hay **ningún mensaje**.
buen**o** +	masculino	Este es **un buen** libro.
mal**o**	singular	Es **un mal** ejemplo.
primer**o**		Es el **primer abrazo** del día.
tercer**o**		Se ha quedado con el **tercer lugar**.

Recuerda:
- Estas siete palabras únicamente sufren apócope si están antes de un sustantivo masculino singular.
- Estas siete palabras tienen masculino y femenino, plural y singular:
  - **Un** coche – **Unos** coches
  - **Una** casa – **Unas** casas
- Al perder la **-o** final, **alguno** y **ninguno** pasan a llevar tilde (**ningún, algún**).

1. Completa con **muy** o **mucho**:

a) Mi padre viaja _____ y siempre va _____ lejos.

b) Hoy te quiero _____ más que ayer pero _____ menos que mañana.

c) Estos helados están _____ buenos, me gustan _____.

d) Habla _____, pero siempre _____ bien.

e) _____ veces iba a hacer la compra con mi abuelo, yo lo quería _____.

f) Mi hermano es _____ alto, _____ más alto que yo.

2. Subraya la palabra escrita en la forma correcta:

a) *Ninguna/Ningún* mujer merece sufrir violencia de género.

b) *Alguno/Algún* día tendremos que conversar sobre este asunto.

c) Mi madre es una *grande/gran* mujer.

d) *Algunas/Algún* veces he pensado cambiar de país.

e) Mañana creo que hará *bueno/buen* tiempo.

f) Me encanta la *tercera/tercer* sinfonía de Mozart.

g) El equipo quedó en *segundo/según* lugar.

h) No es un *malo/mal* chico.

i) A veces tiene *mala/mal* suerte, pero qué se le va a hacer…

j) Mi *primero/primer* auto fue un SEAT.

k) Este auto es *tanto/tan* rápido como el otro.

l) En el rugby los jugadores celebran el *tercero/tercer* tiempo.

m) *Cualquiera/Cualquier* persona puede responder a esa pregunta.

n) Pasamos *algunos/algún* momentos muy buenos juntos.

ñ) No sé si me acordaré, hace *tanto/tan* tiempo que no lo veo.

o) Un *grande/gran* momento como este merece una *grande/gran* fiesta.

p) Se enfadó y le dio una *mala/mal* respuesta.

q) En *ninguno/ningún* caso aceptaremos inscripciones fuera de plazo.

r) *Primero/Primer* fuimos al cine y después cenamos.

Adverbios de tiempo

- Los adverbios de tiempo nos ayudan a organizar el tiempo.

1. Identifica tres adverbios de tiempo que se refieran al pasado:

ahora	ayer	hoy	mañana	antes
anoche	aún	cuando	después	entonces
luego	mientras	nunca	primero	
siempre	tarde	todavía	ya	

2. Conecta mediante flechas cada adverbio de tiempo con el que tiene más relación:

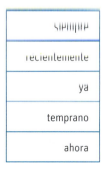

siempre		después
recientemente		tarde
ya		antiguamente
temprano		nunca
ahora		aún

Chuleta lingüística: ¡no te van a pillar!

3. Señala la palabra intrusa:

a) ayer – mañana – anteayer – anoche

b) ocasionalmente – nunca – frecuentemente – jamás

c) mientras – aún – entretanto – simultáneamente

d) luego – después – enseguida – antes

Los comparativos

- Para comparar dos cosas utilizamos:

1.

verbo + { más / menos	adjetivo sustantivo	que	Brasil es más grande que Venezuela. Argentina tiene menos habitantes que México.

2.

verbo + { más / menos	adjetivo adverbio	que	Para mí, el color verde es más bonito que el azul. El calor es menos agresivo que el frío.

3.

verbo + { tan	adjetivo adverbio	como	Esa chica es tan alta como su hermana. Habla tan bien como tú.

4.

verbo + { tanto como	Estudian tanto como nosotras. Trabajan tanto como estudian.

5.

verbo + { tanto(a)(s)	sustantivo	como	Ha leído tantos libros como yo. Tienen tantas clases de inglés como nosotros. Aquí hace tanto calor como en el Caribe.

Los superlativos

- Para intensificar el valor de algo, utilizamos:

adjetivo adverbio	+	ísimo(a)(os)(as)	Ella es alt**ísima**. Él vive lej**ísimos**.

Observa:
- alto   – alt**ísimo**
- ágil   – agil**ísimo**
- amable   – amabil**ísimo**

Recuerda:
- Adjetivos que indican mucha intensidad no se utilizan con -**ísimo**: horrible, terrible, espantoso, alucinante, magnífico, estupendo, etc.

1. Escribe el superlativo de las palabras a continuación:

Terminados en **consonante**	hábil común vulgar
Terminados en **vocal**	competente raro leve
Terminados en **-ue/-uo**	tenue
Terminados en **-io** (diptongo sin acento)	necesario limpio amplio
Terminados en **-io** (diptongo con acento)	frío vacío

2. Comparativos y Superlativos. Colombia vs. Panamá

Colombia

Superficie: 1.141,748 km²
Población: 45 millones aproximadamente
Densidad: 39,5 personas por km²
75% de las personas viven en ciudades
25% de las personas viven en el campo
Montaña más alta: Pico Cristóbal Colón; 5.800 metros
Temperatura media en Cartagena de Indias: 27,8 ºC
PIB per cápita: US$ 11.218

Panamá

Superficie: 78.200 km²
Población: 3.500.000 aproximadamente
Densidad: 47,6 personas por km²
73% de las personas viven en ciudades
28% en el campo
Montaña más alta: Volcán Chiriquí; 3.475 metros
Temperatura media en Panamá: 27,1 ºC
PIB per cápita: US$ 16.329

Fuentes: Colombia-SA. Disponible en: <http://www.colombia-sa.com/datos/datos.html>. Camara de Comercio, Industrias y Agricultura de Panamá. Disponible en: <http://www.panacamara.com/index.php/haga-negocios/invierta-en-panama/informacion-general>. Panamá (República). Disponible en: <http://www.oocities.org/m_a_c_m/Panama.htm>. Accesos el 10 de diciembre de 2013.

Compara los datos de Colombia y Panamá, según el siguiente ejemplo:

*Colombia tiene muchos **más** habitantes **que** Panamá.*

_____

_____

_____

_____

_____

_____

_____

Los demostrativos

Entre las funciones de los demostrativos están los usos anafóricos y catafóricos.

Anáfora

- Se refiere a algo que ya ha sido mencionado:
  - El guaraní se habla en Paraguay. Ese país lo tiene como lengua oficial.

Catáfora

Se refiere a la anticipación de algo que todavía se dirá o se escribirá.

- Estas son las últimas noticias: "El paro de los transportes empieza mañana".

Recuerda:

- Los demostrativos sirven para indicar, señalar cosas, personas y acontecimientos.
- Pueden servir, también, para situar algo en el tiempo.
  - **Este** curso es el mejor de mi vida. (presente)
  - Durante **ese** tiempo pude aprender bastante. (pasado)
  - Durante **este** año ganaré experiencia. (futuro)
  - **Aquel** año fue emocionante. (pasado lejano)

▮ Completa los espacios con los demostrativos adecuados:

a) Buenos días, _____ son Vicente y Luis, los nuevos pasantes del departamento jurídico.

Y _____ es el señor Martínez, director del departamento comercial.

b) _____ que están sentados allá afuera son Pedro y Ana, mis primos.

c) _____ vestido que acabo de probarme sí me queda bien, pero _____ que me probé el otro día era horrible.

d) _____ amigos tuyos que me presentaste el otro día eran muy simpáticos.

e) _____ últimos años han sido especialmente duros, pero la época de la facultad... ¡_____ sí que fueron buenos años!

f) ¿Me alcanzas _____ libro que está a tu lado, por favor?

g) ¿Querés _____ chocolate que dejó Marcos?

h) Mi abuela me contaba que en _____ tiempos no podía salir con su novio sola.

i) La vista desde _____ montaña que escalamos juntos cuando nos conocimos era magnífica.

j) _____ chicos siguen haciendo lo mismo, no aprenden.

Las preposiciones *de* y *a*

Son muchos los usos de las preposiciones **de** y **a** en español. En esta sección, destacamos los siguientes:

- Para indicar el punto de partida o de origen se utiliza la preposición **de**. La preposición **a** indica desplazamiento o destino:
  - Hay un tren de alta velocidad que va de Madrid a Barcelona en menos de tres horas.
- Las preposiciones **de** y **a** pueden formar locuciones que indican localización o puntos de referencia, tales como a la derecha (de), a la izquierda (de), cerca (de), lejos (de), al lado (de), dentro (de), encima (de), debajo (de), junto (a), al fondo (de)...

Recuerda:

- En conjunto con el artículo **el**, las preposiciones **a** y **de** se convierten en **al** y **del**:
  - Hay un buen restaurante al lado del cine.
    (a + el lado = al lado; de + el cine = del cine)

1. Completa adecuadamente utilizando todas las locuciones del recuadro sin repetir ninguna:

> junto a – debajo del – lejos de – a la derecha – cerca de – al fondo del

a) Para ir al centro, hay que girar _____ en el próximo cruce.

b) No soporto a esa chica. Por eso quiero sentarme muy _____ ella.

c) Mi casa está muy _____ la escuela, por eso vengo siempre a pie.

d) Perdí dos libros míos. Creo que los dejé _____ pupitre en la escuela.

e) El consultorio del dentista está _____ pasillo, _____ la escalera y los ascensores.

2. Completa con **de**, **a** o con las contracciones **del** y **al**:

a) Es la primera vez que vengo _____ este restaurante. ¡Me gustó muchísimo!

331

Chuleta lingüística: ¡no te van a pillar!

b) No nos gusta salir _____ la calle cuando llueve. Preferimos quedarnos en casa sin hacer nada.

c) Salimos _____ São Paulo en auto por la mañana temprano y llegamos _____ Florianópolis al final de la tarde.

d) El aeropuerto esta a pocos minutos _____ centro.

e) No sabemos si ir _____ teatro o _____ la discoteca.

El plural

Formación de plural de los sustantivos

En español, como en portugués, todos los sustantivos tienen género (masculino o femenino) y número (singular o plural). Para formar el plural de sustantivos:

- El singular terminado en vocal átona o en **-á**, **-é**, **-ó** – se añade la **-s**.

casa	*casa***s**
perro	*perro***s**
sofá	*sofá***s**

  Algunas excepciones: no/no**es**, albalá/albala**es**.

- El singular terminado en consonante – se añade **-es**:

reloj	*reloj***es**
carnaval	*carnaval***es**

- Palabras de origen español terminadas en **-y** – se añade **-es**.

ley	*ley***es**
rey	*rey***es**

- Palabras extranjeras que terminan en **-y** incorporadas al español – normalmente, la **-y** se convierte en **-i** y se añade **-s**.

jersey	*jers***éis**

- El singular terminado en **-z** – la **-z** se convierte en **-c** y se añade **-es**.

luz	*lu***ces**
voz	*vo***ces**
lápiz	*lápi***ces**

- Palabras terminadas en **-í** o **-u** acentuadas – se añade **-s** o **-es**.

esquí	*esquí***s** o *esquí***es**
iglú	*iglú***s** o *iglú***es**

  Algunas excepciones: sí/sí**es**, menú/menú**s**.

Formación de plural de los adjetivos

- Los adjetivos siguen las mismas reglas de formación de plural que los sustantivos:

*content***o** – *content***os**	*bonit***a** – *bonit***as**
*interesant***e** – *interesant***es**	*feli***z** – *feli***ces**

- Los adjetivos deben tener el mismo género y el mismo numero que los sustantivos a los cuales se refieren:
  - El niñ**o** está content**o**.
  - Los niñ**os** están content**os**.
  - El tem**a** es interesant**e**.
  - Los tem**as** son interesant**es**.

▮ Escribe el plural de las siguientes oraciones:

a) La luz de este camión es muy fuerte.

_____

b) Aquel reloj es azul.

_____

c) El jersey gris no me gusta.

_____

d) ¿Quién es este?

_____

e) Aquella mujer lucha por su libertad.

_____

f) Tu prima está muy feliz en la nueva casa.

_____

Los heterogenéricos

- Heterogenéricos son palabras semejantes en la forma que tienen género distinto en dos idiomas:

Español	Portugués
la nariz	**o** *nariz*
el color	**a** *cor*
el dolor	**a** *dor*
la sal	**o** *sal*
la leche	**o** *leite*
la sangre	**o** *sangue*

Recuerda:

- Las palabras que terminan en **-aje** son masculinas en español:

Español	Portugués
el viaje	**a** *viagem*
el equipaje	**a** *bagagem*
el paisaje	**a** *paisagem*

- Las palabras que terminan en **-umbre** son femeninas en español:

Español	Portugués
la costumbre	**o** costume
la legumbre	**o** legume

1. Descubre los siete errores presentes en el siguiente texto. Fíjate en la concordancia de género para encontrarlos:

Me encanta viajar. Prefiero viajar en auto con mis amigos. Puedo ver paisajes bonitas desde la ventanilla. Los viajes solemos prepararlas con mucha antelación. Vamos casi siempre en la misma época. El fin de las lluvias es el señal de partida. Nuestro costumbre coincide con la temporada baja. Tomamos el camino sin amargas dolores de cabeza. Colores vivas enmarcan nuestra jornada. Ligeras equipajes nos acompañan.

2. Sustituye los espacios con las palabras que te ofrecemos a continuación.

> hipertensión – síndrome – sal – dolor – color – pasaje – costumbres – leche – legumbres – huesos – señales

Alimentos saludables para una dieta sana

Una de las principales causas de muerte es, paradójicamente, una de las más difíciles de prevenir, hablamos de la _____. No presenta síntomas y el _____ le es ajeno. Es un _____ sin las _____ evidentes. La _____, que en muchos casos es la salsa que aporta el condimento y el _____ a muchos alimentos, es el elemento que más contribuye a su incremento. Es fundamental moderar su consumo. El calcio, presente en el queso, la _____ y sus derivados, ayuda decisivamente a fortalecer los _____ y prolongar nuestra calidad de vida. Las _____, los cereales y las fibras son los pilares de una dieta equilibrada. Estas _____ culinarias son el mejor _____ para una larga vida.

El imperativo

- El imperativo se usa para pedir, dar instrucciones, ordenar, aconsejar, ofrecer... algo a alguien:
  - Escribe tu nombre completo en el recuadro. (dar instrucciones)

- **No grites**. (ordenar)
- **No me digas** eso, por favor. (rogar)
- **Sé** bueno con tu madre, es mejor. (aconsejar)
- **Come, come**, está buenísimo. (ofrecer)

Recuerda:
- Antes de usar el imperativo, tienes que estar seguro de que es la forma más adecuada para la situación comunicativa en la que te encuentras.
- Para pedir, muchas veces hay que utilizar fórmulas de cortesía.

El imperativo afirmativo: verbos irregulares

- El imperativo afirmativo tiene únicamente ocho verbos irregulares que corresponden a la forma **tú**:

Ser	Sé
Ir	Ve
Hacer	Haz
Decir	Di
Tener	Ten
Poner	Pon
Venir	Ven
Salir	Sal

- El pronombre siempre se pone después del imperativo afirmativo y forma con este una única palabra:

Acordarse	Acuérdate (tú) Acuérdese (usted) Acordate (vos)
Irse	Vete (tú) Váyase (usted) Andate (vos)
Despertarse	Despiértate (tú) Despiértese (usted) Despertate (vos)

Recuerda:
- Al formarse una sola palabra, en algunos casos, esta se convierte en una palabra esdrújula. En español, como en portugués, todas las esdrújulas llevan tilde.
  - Acu**é**rdate
  - V**á**yase
  - Desp**ié**rtate
- Se suele utilizar la forma **andá**, del verbo **andar**, como imperativo de **ir**.

333

Chuleta lingüística: ¡no te van a pillar!

El imperativo negativo: verbos irregulares

- El imperativo negativo corresponde a las formas del presente de subjuntivo, pero sin la primera persona del singular.

que	(tú/vos)	seas
que	(él/ella/usted)	sea
que	(nosotros[as])	seamos
que	(vosotros[as])	seáis
que	(ellos/ellas/ustedes)	sean

no	seas	(tú/vos)
no	sea	(usted)
no	seamos	(nosotros[as])
no	seáis	(vosotros[as])
no	sean	(ustedes)

Recuerda:

- El presente del subjuntivo tiene algunos verbos con irregularidades específicas, además de conservar irregularidades sistemáticas, como diptongaciones (**e > ie / o > ue / u > ue / i > ie**) y cambios vocálicos (**e > i / o > u**):

Ser	sea, seas, sea, seamos, seáis, sean
Ir	vaya, vayas, vaya, vayamos, vayáis, vayan
Saber	sepa, sepas, sepa, sepamos, sepáis, sepan
Haber	haya, hayan, haya, hayamos, hayáis, hayan
Estar	esté, estés, esté, estemos, estéis, estén
Contar	cuente, cuentes, cuente, contemos, contéis, cuenten
Pensar	piense, pienses, piense, pensemos, penséis, piensen
Jugar	juegue, juegues, juegue, juguemos, juguéis, jueguen
Adquirir	adquiera, adquieras, adquiera, adquiramos, adquiráis, adquieran
Dormir	duerma, duermas, duerma, durmamos, durmáis, duerman

1. Escribe la forma correcta del imperativo de los siguientes verbos:

a) _____ (salir, vos) para poder tomar el colectivo de las ocho.

b) _____ (seguir, ustedes) todo recto por esta calle y _____ (doblar) la primera a la derecha.

c) Por favor, _____ (regar, tú) las plantas y _____ (alimentar) a mis peces.

d) El consejo que os daría: _____ (alquilar, vosotros) un coche y _____ (recorrer) toda la costa parando en los pueblos.

e) _____ (comprobar, usted) sus datos y _____ (firmar) aquí, si es tan amable.

f) Si quieres vivir 100 años _____ (despertarse, tú) temprano, _____ (hacer) ejercicio y no _____ (salir) tanto por las noches y, sobre todo, si bebes no _____ (conducir).

g) _____ (irse, tú) y no _____ (volver) más.

h) _____ (callarse, vos) un poco y _____ (decir) por qué te preocupás tanto.

i) _____ (volver, vosotros) temprano y no _____ (hacer) tonterías.

j) _____ (añadir, tú) la sal en ese instante, pero _____ (pasarse) porque si no te va a quedar muy salado.

k) _____ (salir, ustedes) por esa puerta y _____ (esperar) el autobús, que va a pasar enseguida.

l) _____ (ser, tú) bueno con tu abuelo, _____ (acordarse) que fue él quien te educó.

m) _____ (tener, tú) paciencia y no _____ (ir) a caer en la trampa, _____ (decir) lo que piensas, pero con calma.

ñ) No _____ (ser, tú) ingenuo y no _____ (pedir) las vacaciones ahora.

n) _____ (poner, tú) la olla en el fuego y _____ (controlar) el tiempo.

o) _____ (agarrar, vos) la correspondencia y _____ (llevarla) a la oficina.

p) _____ (mirar, vosotros) el video, pero no _____ (reírse) delante de ellos.

q) _____ (divertirse, ustedes) y _____ (escribir).

334

r) _____ (venir, tú) y hablamos.

No _____ (tardar).

s) _____ (vestirse, tú) deprisa y no

_____ (olvidarse) las llaves.

2. Completa los huecos con las formas adecuadas:

Campaña para el ahorro y el uso racional del agua

El agua se convertirá en pocos años en un codiciado elemento. Para poder seguir disfrutando de este bien el mayor tiempo posible, _____ (seguir) estas recomendaciones y consejos.

_____ (cerrar) el grifo al cepillarte los dientes. Tampoco _____ (olvidarse) de hacerlo mientras _____ (enjabonarse) en la ducha. _____ (mantener) hábitos higiénicos sin despilfarro. Con los bienes materiales, _____ (actuar) de la misma manera. No _____ (lavar) el coche con agua potable. Si tu situación económica lo permite, _____ (instalar) un sistema de reutilización del agua desechable en tu residencia. _____ (Pedir) al presidente de tu comunidad que implante campañas de ahorro de energía y de agua. En tu casa nunca _____ (dejar) grifos goteando. No _____ (tirar) de la cisterna si no es estrictamente necesario. En la playa, _____ (divertirse) con conciencia. A pesar del calor, no _____ (abusar) del baño y de la ducha. _____ (preferir) usar la misma toalla durante un par de días. _____ (Cumplir) estas recomendaciones. _____ (dar) estos pequeños pasos, y el mundo, que, al fin y al cabo, es nuestra casa, te lo agradecerá.

Acentuación

Recuerda:

- Las palabras tienen siempre un acento, la sílaba tónica, aquella que se pronuncia con más intensidad.
- En español existe únicamente un símbolo gráfico para indicar acento (´). Se escribe sobre las vocales – **á, é, í, ó, ú** – cuando la palabra lo requiere.
- Se puede acentuar en español la cuarta, la tercera, la segunda y la última sílaba de una palabra.

- Las palabras monosílabas generalmente no reciben tilde, excepto para diferenciar dos palabras iguales con significados diferentes. Algunos ejemplos:
  - **Mi** casa es bonita – A **mí** me gusta cantar.
  - **Tu** amigo es buena gente – **Tú** eres buena gente.
  - **Él** es inglés y no habla español, pero **el** italiano lo entiende perfectamente.

LA SÍLADA TÓNICA RECIDE LA TILDE			
Cuando es la última de la palabra y termina en **vocal, -n o -s**	Cuando es la penúltima de la palabra y esta no termina en **vocal, -n o -s**	Siempre cuando es la antepenúltima sílaba de la palabra	Siempre cuando es la sílaba anterior a la antepenúltima de la palabra
Com**í** Cant**é** Sal**ón** Mel**ón** Quiz**ás**	**Cés**ped **Lá**piz **Di**fícil **Fá**cil	**Sí**laba **Úl**timo Econó**mi**co Sin**fó**nico **Dá**melo	**Pá**saselo En**sé**ñamelo **Bús**catelo

▌ En cada grupo de estos hay una palabra cuya acentuación está equivocada. Encuéntrala y corrígela.

a) Menú, aqui, hacer, marrón, detrás.

b) Palabra, mapas, examen, dificil.

c) Próximo, centésimo, minimo, físico.

d) Armário, serio, millonario, diccionario.

e) Mi, mí, tu, tú, el, él, es, és.

f) Dígamelo, dimelo, enséñamelo, piénsalo, ayudame.

Verbos con el pronombre *se*

- Una de las funciones de **se** es indicar que una misma palabra tiene significados distintos:

Sin pronombre	Con pronombre
Quedar: sobrar, concertar una cita. *Solo queda una naranja y necesitamos más.* *Quedé con Marco a las tres.*	**Quedarse**: permanecer en un sitio. *Me quedé en casa.*
Creer: pensar, tener como cierto algo. *Creo en la amistad.*	**Creerse**: presumir. *Él se cree muy guapo.*
Aplicar: poner algo sobre otra cosa, suministrar. *Quiero aplicar una capa de tinta en los muebles.*	**Aplicarse**: esmerarse, concentrarse, perseverar. *Él siempre se ha aplicado en los estudios.*
Acordar: Determinar de común acuerdo. *Acordamos no vernos más.*	**Acordarse**: recordar *Me acuerdo de ti.*
Despedir: soltar, desprender, difundir. *La estrella despedía mucha luz.*	**Despedirse**: partir, marcharse, irse. *Me voy a despedir de mis padres.*

Chuleta lingüística: ¡no te van a pillar!

Ocupar: tomar posesión, llenar un espacio. *La mesa ocupaba todo el salón.*	**Ocuparse**: cuidar, dedicarse. *No te preocupes, yo me ocupo de ella.*
Pasar: llevar, conducir de un lado a otro, cruzar; ocurrir. *Vamos a pasar el puente.* *Tranquilo, que no va a pasar nada.*	**Pasarse**: exagerar, excederse. *Me pasé con la comida. ¡Estaba tan buena!*
Ir: desplazarse de un lugar hacia otro. *Voy a dar una vuelta.*	**Irse**: partir, marcharse. *Me voy a mi casa.*
Salir: Pasar de dentro afuera. *Sal de aquí ahora mismo.*	**Salirse**: desbordarse, rebosar, destacar. *El pastel se salió del molde.*

- El pronombre **se** también se utiliza para destacar cantidades en verbos que indican consumo y actividad intelectual. Es necesario que el verbo esté seguido de un complemento directo cuantificado:

Sin pronombre	Con pronombre
Comer: *Comí mucho.*	**Comerse**: *Me comí **tres** bocadillos.*
Beber: *Él bebe agua todos los días.*	**Beberse**: *Se bebió **dos** litros de agua.*
Leer: *Lee mucho desde chico.*	**Leerse**: *Se leyó **toda** la obra de García Márquez.*

▌ Elige el verbo y conjúgalo en la forma correcta. Puedes consultar el diccionario.

a) Hasta ahora no _____ nada, pero si la situación no cambia, ellos pueden perder el control. (Pasar/pasarse)

b) Voy a salir esta noche con Luís. _____ con él en la puerta del cine. (Quedar/quedarse)

c) No _____ de nada de lo que pasó esa noche. (Acordar/acordarse)

d) Mi hermano acaba de _____ de Alemania. (Volver/volverse)

e) Chicos, yo ya _____, hasta mañana. (Ir/irse)

f) Siempre que _____ guapo y lleva perfume, todos lo notan. (Poner/ponerse)

g) Lewandowsky _____ en el partido: marcó 4 goles. (Salir/salirse)

h) ¡Qué presumido es! _____ el ombligo del mundo. (Creer/creerse)

i) Últimamente está cansado: _____ en la parada y ha perdido el autobús. (Dormir/dormirse)

j) Cuando mi hermano tiene hambre _____ una pizza entera. (Comer/comerse)

Verbos para expresar gustos y disgustos

- Algunos verbos que expresan gusto e interés (**gustar**, **interesar**, **encantar** y **apetecer**, por ejemplo) tienen un funcionamiento especial:

(a mí)	me	interesa → el teatro.
(a ti/a vos)	te	interesan → las matemáticas.
(a él, a ella, a usted)	le	apetece → dormir.
(a nosotros[as])	nos	apetecen → los helados.
(a vosotros[as])	os	
(a ellos, a ellas, a ustedes)	les	fastidia → el malhumor.
		fastidian → los atascos.
		gusta → cantar/el canto.
		gustan → estas fotos.
		da pena → su dolor.
		dan miedo → esas cosas.
		tristeza
		lástima
		alegría
		igual

Recuerda:

- **Agrada/desagrada/parece** + infinitivo o sustantivo singular.
- **Agradan/desagradan/parecen** + sustantivo plural.

▌ Completa los espacios con los verbos adecuados:

a) Yo odio las corridas de toros. No _____ (gustar) que maltraten a los animales.

b) _____ (encantar, a mí) los musicales, pero mis padres prefieren las películas de suspenso.

c) Mi hermana no sabe qué estudiar: _____ (interesar) el arte y la música. También _____ (gustar) el teatro, pero a mis padres _____ (desagradar) esa idea.

d) Mi abuelo no soporta la idea de pasar sus últimos años en un asilo. No _____ (apetecer) nada abandonar su casa.

e) No sé qué beber… La verdad es que no _____ (apetecer) ninguna de las dos opciones. No _____ (gustar) nada las bebidas alcohólicas.

f) Al llegar a casa, a mis amigos y a mí _____ (encantar) merendar y jugar con la videoconsola. Y a vosotros, ¿qué _____ (gustar) hacer al llegar del colegio?

g) A nosotros _____ (gustar) el teatro, pero a los señores Martínez no. Tendremos que llegar a un acuerdo para organizar el paseo.

h) —Señores, ¿qué desean tomar de primer plato: trucha a la plancha o filete de ternera?
—Preferimos el filete. No _____ (gustar) demasiado el pescado.

i) A mis tíos _____ (encantar) la tele, pero _____ (disgustar) los programas de cotilleos.

j) El alcalde quiere hacer calles peatonales, pero a los comerciantes _____ (parecer) muy utópicos sus proyectos.

k) A los grandes supermercados no _____ (interesar) que continúen las pequeñas tiendas de barrio. _____ (parecer) anticuadas.

l) A mí _____ (encantar) el cine de Almodóvar. He visto varias películas suyas y casi todas (gustar).

Pronombres de complemento directo

- Los pronombres de complemento directo se pueden utilizar para referirnos a cosas que se puedan identificar.

Los pronombres para la tercera persona	
(Él) lo	(Ella) la
(Ellos) los	(Ellas) las

Observa:
- ¿Has visto **el cinturón** de Lucas? (sustantivo masculino singular)
No, no **lo** he visto. (lo = el cinturón)
- ¿Dónde están **los zapatos**? (sustantivo masculino plural)
Los tengo yo. (los = los zapatos)
- ¡Qué **pulsera** más bonita! (sustantivo femenino singular)
Tengo varias, ¿**la** quieres? (la = la pulsera)
- **Las bufandas** están de moda. (sustantivo femenino plural)
Sí, mucha gente **las** está usando. (las = las bufandas)

Recuerda:
- El pronombre suele venir antes del verbo, excepto cuando este está en infinitivo (acordarse), gerundio (acordándose) o imperativo afirmativo (acuérdate).

1. Relaciona cada uno de estos objetos con las oraciones que tienes a continuación:

> corbatas – pendientes – pañuelos – medias – sellos – cinturón – diadema – reloj

a) Puedes usarlos tanto por razones higiénicas como estéticas. _____

b) Normalmente los compramos en Correos. _____

c) Las usan sobre todo los ejecutivos. _____

d) Lo usas para que los pantalones no se te caigan. _____

e) Casi todo el mundo lo coloca en la muñeca izquierda. _____

f) Mucha gente los conoce también como aretes. _____

g) Las reinas de la belleza suelen llevarla en la cabeza como corona. _____

h) Las chicas suelen entrar en pánico cuando las ven con un pequeño desgarro. _____

2. Sustituye los objetos destacados por los pronombres correspondientes:

—Es que hay una oferta muy buena en un centro comercial, hay **descuentos** de hasta el 90%. ¿Qué te parece si nos acercamos y _____ aprovechamos?

337

–Yo necesito unos **deportivos** nuevos. Siempre uso los de mi hermano. Cuando él llega a casa y ve que _____ he cogido se vuelve loco. Voy a comprar_____ de color rojo.

–Yo voy a ver si encuentro unas **remeras**. _____ que tengo están pasadas de moda.

–¿Sigues con tanto interés **la moda**?

–No, no _____ sigo tanto. Me gusta vestirme bien. **La ropa** que me gusta _____ compro en las mismas tiendas desde hace un montón de tiempo.

–Y **los zapatos**, ¿dónde _____ sueles comprar?

–En ningún lugar especial. **Los accesorios** sí _____ suelo comprar en una joyería en el centro.

–Bueno, ¿vamos o no al centro comercial? **Las ofertas** nos esperan, y no me _____ quiero perder.

Organizadores del texto o marcadores textuales

Sino/sino que

La lengua española dispone de algunos recursos para corregir información y añadir nueva información:
- Corregir y sustituir la información incorrecta por la correcta:
  - No _____, sino _____.
  Brasil tiene 34 estados.
  *Brasil **no** tiene 34 estados, **sino** 27.*

  Jorge Amado Nunes es chileno.
  *Jorge Amado Nunes **no** es chileno, **sino** argentino.*

- Corregir y añadir información:
  - No (solo) _____, sino que _____.
  *Si quieres entrar en una buena universidad, **no solo** tienes que aprobar las asignaturas, **sino que** debes estudiar sistemáticamente todos los días.*

Recuerda:
- **Sino** se utiliza para sustituir la información incorrecta por la correcta.
- **Sino que** siempre viene con verbo conjugado.

1. Corrige las siguientes informaciones equivocadas sobre Brasil:

a) La capital de Brasil es Río de Janeiro.

_____

b) La ciudad más poblada del país es Brasilia.

_____

c) La selección brasileña de fútbol ha ganado el campeonato mundial tres veces.

_____

d) La lengua oficial del país es el español.

_____

e) La forma actual de gobierno es la monarquía parlamentaria.

_____

_____

2. Elige la forma correcta entre **sino** o **sino que**:

a) No ha sido Luis quien te ha llamado, _____ Juan.

b) No solo ha llegado tarde, _____ además no ha pedido disculpas.

c) No fue en Rio donde nos conocimos, _____ en Belo Horizonte.

d) No ha viajado a la playa, _____ a la montaña.

e) El museo no está a la izquierda del monumento, _____ a la derecha.

f) No está cansado, _____ enfermo.

g) No habla alemán, _____ inglés.

h) La casa no solo no está ocupada, _____ ni siquiera piensan arreglarla para alquilarla.

i) No va a pedir carne, _____ pescado.

j) No es que él no pueda ir, _____ tiene mucha pereza.

Aunque y sin embargo

- **Aunque** puede expresar una objeción que no impide la realización de la acción principal.
  - **Aunque** no quieras, vas a ir a la boda de tu hermana.
- Puede indicar coordinación de dos acciones opuestas o más (semejante a **pero**).
  - Tengo las camisetas de los principales equipos de Brasil, **aunque** me gustaría tener también las de los principales equipos argentinos.

- **Sin embargo** presenta una conclusión contraria a otra mencionada anteriormente.
  - Es un buen muchacho. **Sin embargo**, cometió un error muy grave y no podemos decir que no.
- Al contrario de **aunque**, únicamente acepta verbos en indicativo.

3. Escoge entre **aunque** y **sin embargo** para completar correctamente las siguientes oraciones:

   a) Prefiero el coche antes que el autobús, _____ gaste mucho más.

   b) _____ insistas mucho, no va a querer salir contigo.

   c) _____ tenía dinero no quiso prestarle nada.

   d) No creo que vaya, _____, tengo muchas ganas.

   e) Yo no debía quererte y, _____, te quiero.

   f) Le advirtieron mucho y, _____, lo hizo.

Y

- Se utiliza para unir dos palabras:
  - Voy a comer **y** beber.

- Si se coordinan varias palabras, aparecerá antes de la última palabra:
  - Quiero hablar, pasear, comer **y** beber.

- Se puede usar al principio para darle fuerza a lo que se dice:
  - ¿**Y** si no lo consigo?

- Puede dar la idea de repetición indefinida, entre dos palabras iguales:
  - ¿Qué vamos a hacer? Dormir **y** dormir.

U

- Indica diferencia, separación o alternativa entre dos o más personas, cosas o ideas:
  - Podemos cantar **o** bailar.

- Se utiliza para indicar dos términos contrapuestos o más:
  - Tienes que elegir las clases de fútbol **o** las de teatro.

Pero

- Se utiliza para contraponer dos conceptos:
  - Él entiende francés, **pero** no lo habla.

- Se puede utilizar para ampliar el concepto anterior:
  - La casa no es muy grande, **pero** se le puede construir una habitación más.

Recuerda:
- Cuando la **y** está antes de palabras que empiecen con sonido vocálico de **i** (escritas con **i** o **hi**) se convierte en **e**:
  - Español **e** inglés. (pero inglés y español)
  - Geografía **e** Historia. (pero Historia y Geografía)
- Cuando la **o** está antes de palabras que empiecen con sonido vocálico de **o** (escritas con **o** u **ho**), se convierte en **u**:
  - Uno **u** otro.
  - Cocina **u** horno de microondas.

4. Enlaza las siguientes oraciones con el conector adecuado. Tendrás que elegir entre las siguientes opciones:

   > y – e – o – u – pero

   a) Me encanta ir al cine, _____ no me gustan los musicales.

   b) Puedes hacer la ensalada con lechuga _____ hojas de aguacate.

   c) Yo estudio portugués _____ italiano.

   d) Por las noches suelo tomar un tazón de leche _____, para acompañar, unas galletas.

   e) No me importa quien lo haga. Uno _____ otro son muy buenos.

   f) Las asignaturas que más me gustan en el colegio son Geografía _____ Historia.

   g) Me encantan las gaseosas, _____ nunca las tomo antes del mediodía.

   h) En el centro comercial podemos dar un paseo _____, además, comer algo antes de ver la película.

5. Coloca los siguientes organizadores textuales en los lugares adecuados:

   > pero – sin embargo – por lo tanto – no hay que olvidar – es por este motivo – aunque – sino – por eso

Chuleta lingüística: ¡no te van a pillar!

Está claro que la publicidad nos seduce con imágenes atractivas. _____, no todo es oro lo que reluce en los anuncios que salpican las revistas. _____ que tenemos que estar atentos y saber identificar de manera crítica y autónoma las informaciones que nos interesan especialmente y que son realmente significativas. _____ que la principal razón de ser de la publicidad no es informar objetivamente de las ventajas de un determinado producto, _____ inducirnos a comprarlo, _____ no lo necesitemos verdaderamente. Es difícil no sucumbir a los cantos de sirena de la publicidad porque las campañas cada vez cuentan con más recursos dinámicos, _____, precisamente debemos estar cada vez más alertas. No estamos en contra de la publicidad o a favor de censurar determinados anuncios, _____ sí defendemos la necesidad de fomentar campañas educativas que permitan desvelar las claves principales del lenguaje publicitario en aras de estimular el consumo consciente. Debemos concluir, _____, que la publicidad es necesaria e interesante cuando tenemos las claves y el conocimiento crítico para interpretarla.

Si + presente de indicativo

A diferencia del portugués, si viene seguida de verbo conjugado en presente de indicativo, para indicar posibilidad emplazada en el ámbito del presente y del futuro.

- **Si** cantas en el festival el martes que viene, por favor, mándame dos invitaciones.
- **Si** llamas a la abuela hoy, dile que llego a su casa sobre las seis.
- **Si** preparas el pastel, no le pongas jengibre. Tengo alergia.
- **Si** vamos a la playa el domingo, tengo que comprarme un bañador nuevo.

▌ Conjuga los verbos que están entre paréntesis en la forma adecuada.

a) Si _____ (respetar) estos consejos, colaborarás para un mundo mejor y más limpio.

b) Si _____ (ver) un escape de agua en la vía pública, tienes que avisar inmediatamente al ayuntamiento.

c) Si vos _____ (querer), vos _____ (poder).

d) Verás la puerta del museo si _____ (tomar) la primera calle.

e) Escríbeme si tú _____ (ir) a venir.

f) Si _____ (perseguir) una idea con fe, al final conseguirás tu objetivo.

Marcadores conversacionales

Algunas expresiones se utilizan para empezar, continuar y terminar una conversación. Estas fórmulas lingüísticas suelen ser fijas y de uso rutinario.

▌ Completa los siguientes espacios con los siguientes marcadores del discurso oral:

¿eh?	¿vale?	¿entiendes?
¿no?	¡Hombre!	Okey
Fíjate	¡Oye!	

—Esto está escrito en ruso, _____

—Déjame ver… Creo que no, _____ en estos signos gráficos que parecen acentos circunflejos invertidos, creo que deben de ser de húngaro o checo.

—_____ Ahora resulta que eres experto en lenguas eslavas…

—_____, has sido tú el que me has preguntado, yo estaba aquí muy tranquilo leyendo mi libro, así que no me molestes más, _____

—_____, perdona, tienes razón, no te lo tomes a mal, _____

—Es que siempre haces lo mismo, ya estoy un poco harto, _____

—No te preocupes, perdóname, no volverá a ocurrir.

340

Condicional simple

- Se utiliza para indicar una suposición en el pasado o hipótesis respecto al futuro.

cantar comer + escribir	-ía -ías -ía -íamos -íais -ían	Pronombre sujeto	Cantar	Comer	Escribir
		Yo	cantaría	comería	escribiría
		Tú, Vos	cantarías	comerías	escribirías
		Él, Ella, Usted	cantaría	comería	escribiría
		Nosotros(as)	cantaríamos	comeríamos	escribiríamos
		Vosotros(as)	cantaríais	comeríais	escribiríais
		Ellos, Ellas, Ustedes	cantarían	comerían	escribirían

- Algunos verbos en el condicional simple son irregulares. Observa que las raíces irregulares coinciden con las del futuro imperfecto:

querer	querr-	
saber	sabr-	
caber	cabr-	-ía
tener	tendr-	-ías
poder	podr- +	-ía
poner	pondr-	-íamos
venir	vendr-	-íais
decir	dir-	-ían
salir	saldr-	
hacer	har-	

▌ Conjuga los siguientes consejos con las formas adecuadas del condicional simple.

a) "No sé qué carrera estudiar".

Yo que tú _____ (ir) a un psicólogo especializado en orientación vocacional. Le _____ (pedir) consejos a mi familia. _____ (intentar) conocer a profesionales que trabajen en esa área para conocer sus opiniones.

b) "Somos un grupo de alumnos que queremos implantar un programa de reciclaje en la escuela".

Yo que ustedes _____ (hablar) en primer lugar con los profesores y la dirección de la escuela para buscar apoyo. Ustedes _____ (deber) ir también al ayuntamiento para tener más información. Yo también _____ (hacer) una campaña informativa en toda la escuela.

c) "Quiero hacer un intercambio en un país de habla hispana, ¿vale la pena la inversión?"

¿Si _____ (valer) la pena? Seguro que sí. Yo que tú _____ (buscar) una escuela de reconocido prestigio. Y si tuviera tiempo _____ (viajar) por todo el país.

Condicional compuesto

El condicional compuesto se forma con el verbo **haber** en condicional simple seguido del participio pasado del verbo principal.

Condicional compuesto		
Pronombre sujeto	Verbo *haber* +	Participio Pasado
Yo	habría	puesto
Tú, Vos	habrías	hecho
Él, Ella, Usted	habría	visto
Nosotros(as)	habríamos	escrito
Vosotros(as)	habríais	vuelto
Ellos, Ellas, Ustedes	habrían	dicho

Recuerda:
Formación del participio regular:

cantar + **ado** = cant**ado**
comer + **ido** = com**ido**
vivir + **ido** = viv**ido**

Se puede utilizar para hacer suposiciones referentes al pasado del pasado:

- —¿Estaba tu hermano Rodrigo en tu casa el día que fui a devolverte el libro? Hace tiempo que no lo veo.
  —**Habría salido** un rato a comprar algo para la cena cuando llegaste, pero sí que estaba en casa ese día.

- Lo podemos utilizar para hacer hipótesis referentes al pasado del presente. Recuerda que dicha hipótesis no se puede realizar:
  - Eres muy observadora. **Habrías sido** una investigadora excelente.

- Se puede asociar al imperfecto del subjuntivo o al pluscuamperfecto de subjuntivo para expresar una hipótesis que no se puede realizar:
  - Tu primo **habría tenido** mucho éxito si no fuera tan terco.
  - Tu primo **habría tenido** mucho éxito si se hubiera dedicado más a los estudios.

341

Chuleta lingüística: ¡no te van a pillar!

1. Imagina que estás jubilado y que haces un repaso de tu vida laboral. ¿Qué habrías hecho si hubieras sido...? Completa los espacios usando el condicional compuesto y, a continuación, elige la profesión que se relaciona con cada una de las actividades:

> mecánico – ingeniero – diseñador gráfico – azafata o asistente de vuelo – periodista

a) _____ (tener) que trabajar en un taller. _____ (reparar) autos y motos. _____ (trabajar) con muchas herramientas. Yo habría sido _____.

b) _____ (hacer) puentes y carreteras. _____ (poner) en práctica planos y cálculos. _____ (saber) trabajar muy bien con números. Yo habría sido _____.

c) _____ (pasar) mucho tiempo frente a la pantalla de la computadora. _____ (poder) trabajar en editoriales y agencias de publicidad. _____ (experimentar) muchas formas y colores. Yo habría sido _____.

d) _____ (dormir) en muchos sitios diferentes. _____ (salir) de viaje constantemente. _____ (dar) información y ayuda a los pasajeros. Yo habría sido _____.

e) _____ (escribir) en periódicos y revistas. _____ (redactar) noticias y editoriales. _____ (leer) muchas informaciones. _____ (romper) muchas hojas en blanco hasta encontrar la inspiración. Yo habría sido _____.

2. Completa los espacios con la forma correcta del condicional compuesto:

a) Lo _____ (hacer) de otro modo de si lo hubiera sabido antes.

b) Si hubiéramos ido a la cama pronto no _____ (despertarse, nosotros) tarde hoy.

c) Yo te _____ (escribir) si tuviera tu dirección.

d) Si de verdad hubiese visto algo extraño nos lo _____ (decir).

e) Si hubiera recibido el aviso _____ (volver) enseguida.

Artículo neutro *lo*

En español el artículo neutro **lo** se utiliza para atribuir valor de sustantivo a adjetivos, adverbios y posesivos entre otros:

- **Lo + adjetivo**:
  - **Lo bueno** es que vamos a conseguir terminar el trabajo hoy.

- **Lo + adverbio**:
  - Es realmente impresionante **lo lejos** que vive Jorge.

- **Lo + posesivo**:
  - **Lo suyo** es la música.

- **Lo + que** (pronombre relativo):
  - Eso es **lo que** queríamos saber desde el principio.

- **Lo + adjetivo + que** (función superlativa):
  - Hay que ver **lo listo que** es.

Recuerda:

- **El + sustantivo**:
  - **El** amor es importante.
  - **El** coche es rojo.
  - **El** misterio es muy divertido.

1. Elige la forma correcta entre **lo** y **el**:

a) Todos esos cambios son _____ que más les preocupa a los jóvenes.

b) _____ mejor equipo de fútbol que he visto jugar es el Brasil de los 70.

c) _____ mejor que puedes hacer es salir cuanto antes.

d) Que vayamos al cine, eso es _____ que prefiero.

e) _____ periodo de recreo del cole es el momento preferido del día.

f) _____ importante es amar.

g) Este es _____ chico del que te hablé.

h) Entrégame _____ informe _____ más rápido posible.

i) Ese chico se cree _____ más listo del mundo.

j) Mi padre es alguien que siempre dice _____ que necesito escuchar.

2. Completa primero los espacios eligiendo entre **el** y **lo** y, a continuación, relaciona cada definición con su objeto correspondiente:

> cafetera – paraguas – plancha – computadora/ordenador – nevera/heladera

a) Es un utensilio doméstico sin _____ que es imposible mantener los alimentos fríos.

_____

b) Es _____ objeto con _____ que nos protegemos de la lluvia. _____

c) Es algo con _____ que hacemos el café.

_____

d) Para muchos, es _____ equipo más importante de una casa, con _____ que organizamos nuestros archivos y nos relacionamos con _____ mundo. _____

e) Es _____ que hace que la ropa esté bonita y sin arrugas. _____

Adjetivos calificativos

Los **adjetivos calificativos** describen y caracterizan al sustantivo que acompañan. Entre los tipos de adjetivos, se encuentran:

- **Especificativos**: hablan de un objeto en particular y de lo que lo diferencia de otros:
  - Tenemos un coche **negro**.
    (Se especifica que es negro, no de otro color.)
  - Vivo en una casa **grande**.
    (Se especifica que la casa es grande, no pequeña.)

- **Explicativos**: indican una calidad ya informada por el objeto. Suelen preceder al sustantivo o ir entre comas:
  - La **blanca** nieve cubría las montañas.
  - Tu hermana, **amable**, me trajo una taza de café.

A este editorial se le han sacado algunos adjetivos. Selecciónalos y colócalos en su lugar correspondiente.

> nuevo – descabellado – genial – malos – destacados – extraña – decorosa

Editorial: El _____ **estigma del lanzamiento de las consolas**

13/04/2013 por: Rodrigo Cortés

Últimamente la industria de los **videojuegos** pasa por una especie de _____ crisis que al parecer no tiene remedio alguno: _____ lanzamientos.

Esto suena tal vez un poco _____, pero es verdad. Desde el 3DS, ninguna consola nueva ha logrado tener una salida _____ en el mercado.

En el segundo intento para las nuevas consolas, el PS Vita tuvo todo para poder iniciar en grande y no pasó absolutamente nada.

Cuando la tercera parecía ser la vencida, a más o menos seis meses de haber salido a la venta, al Wii U ya lo rematan en tiendas para que se venda más rápido.

¿Qué está pasando? ¿Quién no hace bien su trabajo?

En un principio todo parece miel sobre hojuelas: _____ desarrolladores hablando maravillas de la consola, prensa que alimenta el *hype* de los *fanboys*, y ejecutivos de cuello blanco enviando comunicados y armando eventos para que los fans estén felices con luces de colores y proyecciones de *gameplay* en pantallas gigantes. Todo se ve _____ en estos momentos, pero a la hora de la verdad, no pasa absolutamente nada. Si se fijan, todos tienen un común denominador. No están los juegos que deben y que todo mundo quisiera.

Disponible en: <http://www.gamemaster.com.mx/editorial-el-nuevo-estigma-del-lanzamiento-de-las-consolas/>. Acceso el 7 de abril de 2014.

Ahora coloca el antónimo de algunos de los adjetivos presentes en este editorial:

a) Nuevo: _____

b) Extraño: _____

c) Malos: _____

343

Chuleta lingüística: ¡no te van a pillar!

Contestar el teléfono: entonación

- Para contestar el teléfono, generalmente utilizamos algunas expresiones con entonación interrogativa.
- Es muy importante que la entonación sea amable.

▮ Completa los siguientes espacios extraídos de una conversación telefónica con las formas correctas.

> Muchas gracias, buenas tardes – ¿Dígame? – ¿Puede ponerse [...]? – Hasta luego – ¿Sí? – Un momento – Soy – ¿De parte de quién?

MARTA: ¿_____?

LUIS: Oiga, ¿_____

Antonio, por favor?

MARTA: ¿_____?

LUIS: _____ Luis, un

compañero del colegio.

MARTA: _____, ahora se

pone.

[...]

MARTA: ¿Luis?

LUIS: _____

MARTA: Mira, estoy en su habitación pero parece que se ha quedado dormido, es que ha estado estudiando mucho tiempo para el examen de mañana.

LUIS: Sí, yo también, por eso mismo lo llamo, es que tengo una duda en Geografía.

MARTA: ¿Qué te parece si lo dejamos descansar una media hora más?

LUIS: Sí, claro, no hay prisa. Lo llamo después.

MARTA: _____.

LUIS: _____.

Irregularidades del presente de subjuntivo y otros usos

- El presente del subjuntivo tiene algunos verbos con irregularidades específicas, además de conservar irregularidades sistemáticas, como diptongaciones (**e > ie**; **o > ue**; **u > ue**; **i > ie**) y cambios vocálicos (**e > i**; **o > u**):

Ser	sea, seas, sea, seamos, seáis, sean
Ir	vaya, vayas, vaya, vayamos, vayáis, vayan
Saber	sepa, sepas, sepa, sepamos, sepáis, sepan
Haber	haya, hayan, haya, hayamos, hayáis, hayan
Estar	esté, estés, esté, estemos, estéis, estén
Contar	c**ue**nte, c**ue**ntes, c**ue**nte, c**o**ntemos, c**o**ntéis, c**ue**nten
Pensar	p**ie**nse, p**ie**nses, p**ie**nse, p**e**nsemos, p**e**nséis, p**ie**nsen
Jugar	j**ue**gue, j**ue**gues, j**ue**gue, j**u**guemos, j**u**guéis, j**ue**guen
Adquirir	adqu**ie**ra, adqu**ie**ras, adqu**ie**ra, adqu**i**ramos, adqu**i**ráis, adqu**ie**ran
Dormir	d**ue**rma, d**ue**rmas, d**ue**rma, d**u**rmamos, d**u**rmáis, d**ue**rman

Recuerda:

- La mayoría de los verbos del presente de subjuntivo se forma a partir de la primera persona del presente de indicativo:
  - Yo pued**o** / Que yo pued**a**
    (las diptongaciones, en este caso, se mantienen)
- Algunas expresiones se utilizan con el modo subjuntivo para indicar incertidumbre, deseo, duda, petición, probabilidad, consejos y otros.

1. Completa las siguientes oraciones con la forma correcta del presente de subjuntivo y subraya las expresiones que indican la subjetividad en el ejercicio a continuación:

a) La carretera está en obras: es aconsejable que no _____ (conducir, vos) muy deprisa.

b) Tal vez mañana _____ (ir, nosotros) a la playa.

c) Es posible que no _____ (haber) nadie hoy en casa.

d) Ojalá esta noche no _____. (llover)

e) Quiero que _____ (venir, vosotros) a mi cumpleaños.

f) Espero que ella me _____. (reconocer)

g) Deseo que tú _____ (saber) que tienes un lugar guardado en mi corazón.

344

h) Quizás _____ (ser) demasiado tarde para arreglarlo.

i) No creo que _____ (salir, nosotros) esta noche, hace mucho frío.

j) Os ruego que _____ (dar, vosotros) máxima prioridad a este asunto y que _____ (hacer, vosotros) las gestiones eficazmente.

2. Completa el cuadro con lo que hayas subrayado en el ejercicio anterior:

Incertidumbre	Deseo	Petición	Consejo

3. Completa los siguientes mensajes con los verbos en el presente de subjuntivo:

a) Chicos, espero que _____ (estar, ustedes) bien y que _____ (verse, nosotros) muy pronto. Un abrazo.

b) Deseo de todo corazón que _____ (ser, vosotros) muy felices y que _____ (pasar, vosotros) muchísimos años juntos. Mis más sinceros votos para que vuestra luna de miel _____ (resultar) inolvidable.

c) Enhorabuena, papás. Espero que el bebé _____ (parecerse) a la madre y que _____ (traer) un pan debajo del brazo.

d) Felicidades por el examen. Espero que _____ (seguir, tú) por ese camino y que _____ (lograr) entrar en la universidad enseguida. Un abrazo.

e) Enhorabuena por el premio. No hay nadie que lo _____ (merecer) más que tú. Ojalá _____ (venir) más reconocimientos, pero, ojo, que no se te _____ (subir) a la cabeza.

Pretéritos del subjuntivo

Pretérito imperfecto

- El pretérito imperfecto de subjuntivo suele utilizarse para hablar de un pasado normalmente hipotético, aunque también podemos referirnos a un presente o a un futuro (normalmente de difícil realización) según el contexto comunicativo.
- Se forma con la tercera persona del plural del pretérito perfecto simple de indicativo (cant**aron**/beb**ieron**/part**ieron**): se corta la terminación y se añaden las terminaciones correspondientes al imperfecto.
- El pretérito imperfecto de subjuntivo tiene dos terminaciones posibles.

cant**ara**/cant**ase**	beb**iera**/beb**iese**
cant**aras**/cant**ases**	beb**ieras**/beb**ieses**
cant**ara**/cant**ase**	beb**iera**/beb**iese**
cant**áramos**/cant**ásemos**	beb**iéramos**/beb**iésemos**
cant**arais**/cant**aseis**	beb**ierais**/beb**ieseis**
cant**aran** / cant**asen**	beb**ieran**/beb**iesen**

Recuerda:
- Algunos verbos irregulares:

Pretérito perfecto simple (modo indicativo) 3ª pers. plural	Pretérito imperfecto (modo subjuntivo)
pud**ieron**	pud**iera** o pud**iese**, pud**ieras** o pud**ieses**, etc.
vin**ieron**	vin**iera** o vin**iese**, vin**ieras** o vin**ieses**, etc.
quis**ieron**	quis**iera** o quis**iese**, quis**ieras** o quis**ieses**, etc.
tuv**ieron**	tuv**iera** o tuv**iese**, tuv**ieras** o tuv**ieses**, etc.
hic**ieron**	hic**iera** o hic**iese**, hic**ieras** o hic**ieses**, etc.
anduv**ieron**	anduv**iera** o anduv**iese**, anduv**ieras** o anduv**ieses**, etc.
dij**eron**	dij**era** o dij**ese**, dij**eras** o dij**eses**, etc.
pid**ieron**	pid**iera** o pid**iese**, pid**ieras** o pid**ieses**, etc.

345

Chuleta lingüística: ¡no te van a pillar!

Pretérito perfecto de subjuntivo

- Suele utilizarse para hablar de un pasado que tiene relación con el presente o de un evento futuro que concluye antes de otro marco temporal en el futuro. Como los demás tiempos del subjuntivo, suele estar anclado a alguna expresión que condicione su uso.

  - ¡Me parece genial que me **hayas escrito** un mensaje tan bonito en este momento!

  - No creo que hasta la semana que viene **hayamos terminado** este trabajo...

- Se forma con el presente de subjuntivo del verbo **haber** y el participio del verbo principal:

Pretérito perfecto de subjuntivo		
Pronombre sujeto	Verbo *haber* +	Participio pasado
Yo	haya	cantado
Tú, Vos	hayas	bebido
Él, Ella, Usted	haya	visto
Nosotros(as)	hayamos	vuelto
Vosotros(as)	hayáis	puesto
Ellos, Ellas, Ustedes	hayan	roto

Pretérito pluscuamperfecto de subjuntivo

- El pretérito pluscuamperfecto de subjuntivo suele utilizarse para expresar anterioridad respecto a otro momento del pasado o una hipótesis irreal, de imposible realización. Como los demás tiempos del subjuntivo, suele estar anclado a alguna expresión que condicione su uso:

  - ¡Me pareció extraño que **hubieran tardado** tanto en darte aquella noticia!

  - Si la **hubieran llevado** al hospital, le habrían salvado la vida.

- Sustituye frecuentemente al condicional compuesto:

  - Si la hubieran llevado al hospital, le **hubieran salvado** la vida.

- Se forma con el pretérito imperfecto de subjuntivo del verbo **haber** y el participio del verbo principal:

Pretérito pluscuamperfecto de subjuntivo		
Pronombre sujeto	Verbo *haber* +	Participio Pasado
Yo	hubiera	cantado
Tú, Vos	hubieras	bebido
Él, Ella, Usted	hubiera	dicho
Nosotros(as)	hubiéramos	resuelto
Vosotros(as)	hubierais	puesto
Ellos, Ellas, Ustedes	hubieran	abierto

■ Completa los espacios usando la forma correcta del pretérito perfecto, del pretérito imperfecto o del pretérito pluscuamperfecto de subjuntivo:

a) Me resulta increíble que ellos no _____ (decir) nada.

b) Me gustaría que _____ (haber) más incentivo para los deportistas.

c) Temo que _____ (hacer/él) un disparate.

d) Si _____ (tener) tiempo, sí que iría.

e) Aún no han llegado. Es posible que _____ (sufrir) un contratiempo.

f) No creía que _____ (ser, él) el culpable de la situación.

g) Aquel día no pude entender que tú _____ (huir) de aquella manera.

h) Lamento que tú _____ (pasar) por toda esta situación.

i) No estoy de acuerdo contigo, dudo que ellos _____ (actuar) de forma consciente en este asunto.

j) No te llamarían la atención si tú _____ (despertarse) temprano.

k) Espero que ya _____ (volver, él), necesito el auto.

l) No podés salir hasta que no _____ (acabar, vos) el trabajo.

m) Me dijo que me llamaría si _____.

   (poder, él)

n) Deseo que vosotros _____ (decir) la

   verdad por vuestro bien.

ñ) Me ordenó que _____ (poner) las

   cosas en orden.

o) Si tus amigos _____ (venir) junto

   contigo no se habrían perdido en el camino.

Adverbios de modo

- Los adverbios de modo se usan para expresar la manera como se realiza la acción del verbo.

- Aunque la mayor parte de los adverbios de modo se construyen con el sufijo **-mente**, utilizamos frecuentemente una serie que prescinde del sufijo:

  mejor – peor

  bien – regular – mal

  rápido – despacio

  adrede/aposta

  así

  como – conforme

- Para identificar el adverbio de modo se le debe preguntar al verbo: **¿cómo?**

1. Identifica el adverbio de modo en las siguientes oraciones:

1. a) Lo hizo muy deprisa.

   b) Aún no lo hizo.

   c) Lo hizo ayer.

2. a) Ha jugado bastante.

   b) Ha jugado peor.

   c) Ha jugado dinero.

3. a) Le golpeó adrede.

   b) Le golpeó mucho.

   c) Le golpeó en la cara.

4. a) Se marchó en coche.

   b) Se marchó a su casa.

   c) Se marchó despacio.

2. Coloca el adverbio de modo que corresponde a cada uno de estos sustantivos. Luego, utiliza el adverbio apropiado en las oraciones siguientes:

a) Razón: _____

b) Velocidad: _____

c) Lentitud: _____

d) Debilidad: _____

e) (Sin) cansacio: _____

f) (Sin) duda: _____

g) Voluntad: _____

I. Lo hizo _____ bien.

II. Brasil es _____ el favorito
para ganar el título.

III. Tiene una capacidad de trabajo digna de una
hormiga, _____ lucha
para conseguir sus objetivos y los alcanza tarde o
temprano.

IV. Tiene una habilidad increíble con la bici, se
desplaza _____ sin poner
en peligro su propia seguridad ni la de los demás.

V. No creo que lo haya hecho
_____, creo que las
circunstancias lo han empujado a hacerlo.

VI. A veces es exasperante, se mueve
_____ como si fuera una
tortuga.

VII. El sonido llegaba _____
como si las fuerzas se hubieran acabado
de repente.

Oraciones concesivas: indicativo o subjuntivo

Recuerda:

- Los siguientes conectores se pueden utilizar tanto con indicativo como con subjuntivo:

  aunque

  a pesar de (que)

  por más/mucho que

  aun cuando

- Normalmente, las oraciones que introducen van en indicativo cuando se presenta algo que el hablante considera información nueva, desconocida por el oyente. Se trata de un hecho real que el hablante quiere dar a conocer.

Chuleta lingüística: ¡no te van a pillar!

- Por otra parte, el verbo que los sigue va en subjuntivo cuando se presenta algo que el hablante considera que el oyente ya conoce. También va en subjuntivo cuando el hablante desconoce el hecho (muchas veces enmarcado en el futuro) o cree que lo que se expresa no es cierto, sino posible o de difícil realización.
- En definitiva, el uso de un modo verbal u otro modifica el significado de lo que se dice.

1. Explica qué diferencia hay entre las frases:

a) Aunque pueda hacerlo, no lo intentaré.
Aun cuando puedo hacerlo, no lo intento.

_____

_____

_____

_____

_____

_____

b) Por más que lo intente, no me da oportunidades.
Por mucho que lo intento, no me da oportunidades.

_____

_____

_____

_____

_____

_____

2. Selecciona el conector más adecuado en cada caso:

a) Llevo mucho tiempo intentando hablar con él, pero no lo consigo: (*por más que/aunque*) lo intento, el teléfono no hace más que comunicar.

b) (*A pesar de/Aunque*) que ha estudiado muchos años todavía no domina el alemán.

c) (*Por mucho/Aunque*) que lo intentes, no conseguirás terminar el libro hasta el sábado.

d) (*Aunque/A pesar de*) esté cansado voy a salir por la noche.

e) (*Aun cuando/Por mucho que*) no había sido invitado apareció en la fiesta.

Sufijos aumentativo, diminutivo y otros sufijos

- Relaciona las dos columnas y observa la tabla siguiente:

Aumentativo	Dicho de una palabra o de un sufijo que manifiesta idea de menosprecio en la significación del positivo del que procede; por ejemplo, carca, libraco, villorrio, poetastro, calducho.
Diminutivo	Se dice del sufijo que aumenta la magnitud del significado del vocablo al que se une. Frecuentemente se limita a añadir al concepto intenciones emotivas muy diversas propias del hablante.
Despectivo	Dicho de un sufijo que denota disminución de tamaño en el objeto asignado o que lo presenta con intención emotiva o apelativa.

Fuente: Real Academia Española. Disponible en: <http://www.rae.es>. Acceso el 4 de abril de 2014.

Sufijos		
Aumentativos	**Diminutivos**	**Despectivos**
-ote, -ota	-ito, -ita	-orro, -orra
-on, -ona	-cito, -cita	-ucho, -ucha
-azo, -aza,	-ico, -ica	-azo, -aza
-tazo, -taza	-illo, -illa	-uza

1. Escribe el sustantivo del que derivan estas palabras en diminutivo o en aumentativo:

a) _____: codazo/codito

b) _____: muchachote/muchachito/muchachillo

c) _____: grandote/grandecito

d) _____: guapetón/guapito/guapillo

e) _____: cochazo/cochecito

f) _____: lagrimón/lagrimita

g) _____: jugadón/jugadita

h) _____: pelotazo/pelotita

i) _____: gordote/gordito

2. A continuación, elige entre el diminutivo y el aumentativo de las siguientes palabras de este perfil guiándote por el contexto.

Ronaldo, el Fenómeno

Pocas veces se ha visto en un terreno de juego a un jugador con mayor olfato de gol. Ronaldo, el Fenómeno es el mayor goleador de Brasil en los mundiales de fútbol. Y eso que, al comienzo de su carrera, pocos pensaban que llegaría tan lejos. En efecto, en sus tiempos del Cruzeiro, Ronaldo era un _____ (muchacho) delgado y algo desgarbado que parecía no tener mucha habilidad con el balón. Con el tiempo su cuerpo cada vez fue ganando masa muscular y sus piernas magia y una especie de imán para atraer la pelota y todas las miradas. Nunca fue un jugador de fuertes _____ (pelotas), sino de inteligencia, astucia y determinación de cara a la portería. Hay momentos especialmente inolvidables en su dilatada carrera. Uno de ellos, aquel _____ (jugada) cuando estaba en el Barcelona en el que marcó un gol espectacular tras haber regateado a casi todo el equipo rival, sorteando los _____ (codos) y toda clase de golpes. Otros momentos inolvidables por dolorosos fueron sus gravísimas lesiones que casi lo retiraron del fútbol. A muchos aficionados se les escapó un _____ (lágrima) viendo el sufrimiento del ídolo. Sin embargo, tras una esforzada recuperación, regresó de la mejor manera posible, en el campeonato mundial de fútbol de 2002, el cual conquistó, proclamándose, además, máximo goleador del torneo. Amante de los _____ (coches) italianos y de los buenos placeres de la vida, fue famoso por su ajetreada vida sentimental. Sus problemas de sobrepeso lo llevaron en sus últimos años de carrera a ser conocido como el _____ (gordo). No obstante, sin ser especialmente _____ (guapo) ni atractivo, su don de gentes, su saber estar y su simpatía le han permitido seguir siendo una figura respetada y querida una vez retirado del fútbol.

Oraciones de relativo

- Las oraciones de relativo se forman con pronombres relativos que las une.
- Utilizan los siguientes pronombres para formarse:

1. **Que** (se puede sustituir por **el cual/la cual/los cuales/las cuales**):
- El chico **que** conocí ayer era muy inteligente.

2. **El que**, **los que**, **la que**, **las que** (se usan para evitar la repetición de un sustantivo que haya sido mencionado anteriormente):
- ¿Tienes un lápiz?
  Lo siento, **el que** usé se ha roto.

3. **Lo que** se usa para indicar conceptos, ideas y acciones:
- **Lo que** quiero es que me permitas ser feliz.

4. **Quien, quienes** (se utiliza únicamente para personas):
- **Quien** me ayudó fue aquella señora tan amable que vive aquí cerca.
- Son ellos **quienes** lo han hecho.

5. **El cual, los cuales, la cual, las cuales** (generalmente, indican un lenguaje más formal):
- Las calles por **las cuales** pasó eran las más bonitas de París.

6. **Cuyo, cuya, cuyos, cuyas** suelen indicar posesión:
- La chica **cuyos** padres se fueron está allí.

7. **Donde** indica lugar. Se puede sustituir por **en (el) que/en (la) que/en (los) que/en (las) que**:
- La casa **donde** crecí era muy bonita.

1. Utiliza el relativo correcto en las siguientes oraciones:

a) Este es el chico _____ padres estudiaron con los míos.

b) Fueron Marcelo y Luis _____ lo hicieron.

c) Son recuerdos de _____ no quiero hablar.

d) Estos son los asuntos _____ quería comentarte.

e) Un poco de descanso es únicamente _____ necesito.

f) Lamento mucho _____ hice.

Chuleta lingüística: ¡no te van a pillar!

g) Fue Pedro _____ alcanzó el mejor resultado.

h) Ha sido el libro de Borges _____ he perdido, no el de Cortázar.

i) La ley _____ me refiero fue aprobada en 2006.

j) Fue en Rio de Janeiro _____ pasamos nuestra luna de miel.

k) Esta es Fernanda, la chica de _____ te hablé.

l) Salió mucho antes de terminar la clase, _____ me parece inadmisible.

m) He leído una crónica de García Márquez, _____ libro más conocido es *Cien años de soledad*.

n) Son los padres _____ compran los juguetes, no los hijos.

ñ) La calle a _____ tienes que dirigirte está señalada en rojo.

o) Son tus amigos con _____ siempre estás _____ van a estar cerca de ti cuando los necesites.

2. Seguro que conoces estas palabras que están en tu libro de Español. Coloca, en primer lugar, un relativo para completar la definición y, a continuación, relaciónala con la palabra que le corresponde:

> beso – crónica – juguetes – folleto – prejuicios

a) Es un género en _____ se mezcla la información y la opinión. _____

b) Es todo _____ necesitas para mostrar tu afecto a una persona querida. _____

c) Es el soporte mediante _____ colocamos datos, informaciones o productos para su divulgación. _____

d) Son amigos no humanos con _____ jugamos en la infancia. _____

e) Son imágenes _____ nos impiden conocer realmente a las personas con _____ convivimos.

Pronombres de complemento directo y de complemento indirecto

En español, algunos verbos van acompañados de complemento y se suelen sustituir por pronombres.

- Los pronombres **lo**, **la**, **los**, **las** se refieren al complemento directo.
- Los pronombres **le**, **les** se refieren al complemento indirecto.
- **Le** y **les** se convierten en **se** cuando se combinan con **lo**, **la**, **los** y **las**.
- Se considera correcto el uso de **le** y **les** en lugar de **lo** y **los** para referirse a personas y, a veces, a animales.

1. ¿Cómo te referirías a los complementos directos destacados utilizando un pronombre? Reescribe las oraciones haciéndoles las adaptaciones necesarias:

a) Ana lee **el periódico** todos los días.

_____

_____

b) Vimos **la última película de Almodóvar** este fin de semana.

_____

_____

c) Preparé **las medialunas** anteayer.

_____

_____

d) Compramos **los libros de Gabriel García Márquez**.

_____

_____

_____

_____

350

2. Reconstruye las oraciones reemplazando adecuadamente las repeticiones por pronombres de complemento indirecto:

a) Vi a Juan ayer y dije a Juan que no podía comprar el coche.

_____

_____

_____

_____

b) Prometí a mis padres mandar a mis padres una postal desde Madrid.

_____

_____

_____

_____

c) En mi trabajo han ofrecido una nueva plaza a mi amigo y han prometido a mi amigo subir el sueldo a mi amigo.

_____

_____

_____

_____

d) Siempre que veo a mi mamá cuento a mi mamá mis secretos.

_____

_____

_____

_____

3. Elige la opción correcta: ¿pronombre complemento directo o indirecto?

a) **Le/Lo** dije a mi abuelo todo lo que quería en las vacaciones pasadas.

b) ¡Compré un vestido lindo! **Le/Lo** vestí en el cumple de Tomás.

c) Siempre leo los periódicos. **Les/Los** compro todos los días.

d) Esta es mi profesora. ¿**Le/La** conoces?

Estilo directo y estilo indirecto

Estilo directo	Estilo indirecto
Si se dice con las propias palabras	**Si se cuentan las palabras de otras personas**
Yo **estoy** cansado. Yo **pensaba** dormir.	Él dice que **está** cansado. Él dice que **pensaba** dormir.
Yo **he estado** con mis padres esta semana. Yo no **estuve** allí. Yo **había estado** enfermo.	Ella dice que **ha estado** con sus padres esta semana. Ella dice que no **estuvo** aquí. Ella dice que **había estado** enferma.
Estaré todo el mes en Buenos Aires. Yo **iría** al cine si no **tuviera** que hacer el examen.	Julia dice que **estará** todo el mes en Buenos Aires. Carlos dice que **iría** al cine si no **tuviera** que hacer el examen.
No sé qué **habré hecho** mal con este niño. ¡Yo **habría ido**!	León dice que no sabe que **habrá hecho** mal con ese niño. Lucía dice que **habría ido**.
Espero que **estés** bien. Si te **sintieras** mal, **deberías** dejarlo.	Marta dice que espera que **esté** bien. Jorge dice que si me **sintiera** mal, **debería** dejarlo.
No creo que **haya sacado** buena nota.	Ricardo no cree que **haya sacado** buena nota.
Tráeme dos bocadillos, por favor.	Ignacio me pide que le **lleve** dos bocadillos.

Observa que:
- Nuestras palabras originales se dicen como se dicen.
- Cuando se cuentan cosas que hemos oído o sabido pueden cambiar:
  - el pronombre sujeto;
  - las personas de los verbos;
  - los posesivos;
  - los demostrativos;
  - los adverbios y locuciones adverbiales.

1. Transmite estos mensajes a sus destinatarios. Ellos conviven contigo:

a) "Antonio, soy Julia, llévame mañana el libro de ciencias que te presté, lo necesito para el examen, gracias."

_____

_____

_____

Chuleta lingüística: ¡no te van a pillar!

b) "Pilar, soy mamá, te extraño mucho, llámame, tenemos que organizar la fiesta sorpresa de papá. Besitos."

_____

_____

_____

_____

c) "Papi, no te olvides de traerme mis patines, hasta la tarde, muac, muac."

_____

_____

_____

_____

d) "Hola, guapos, somos Marcelo y Eduardo, ¿les apetece cenar en casa este sábado? Haremos nuestro plato estrella."

_____

_____

_____

_____

e) "Soy Luisa, no voy a poder ir a tu casa. Me ha surgido un compromiso de última hora."

_____

_____

_____

_____

2. Realiza ahora el camino inverso y escribe el mensaje directo:

a) Gabriela, dice Enrique que eres una santa y que a ver cuándo vuelves a invitarlo al chalet de la playa.

Enrique: "_____

_____

_____

_____"

b) He visto a Antonio y me ha sugerido que haga un curso de inglés.

Antonio: "_____

_____

_____

_____"

c) Ha llamado Pedro para invitarnos a cenar el sábado en su casa.

Pedro: "_____

_____

_____

_____"

d) Me ha llamado María, quiere que vayamos a su casa el domingo para el cumpleaños de su mamá. También nos pide que llevemos la tarta de nueces que nos sale tan bien.

María: "_____

_____

_____

_____"

e) Me he encontrado a Anselmo en el metro, me ha preguntado si puedo prestarle el coche el domingo porque tiene que buscar a su hija en el aeropuerto.

Anselmo: "_____

_____

_____

_____"

f) Luis me ha contado que ha enviado su cuento a un concurso, aunque dice que no tiene muchas esperanzas. Su madre confía en él pero él no lo ve muy claro.

Luis: "_____

_____

_____

_____"

Glosario

A

a menudo: frequentemente

abanico: leque

abogado/a: advogado/a

aborigen: aborígene; morador primitivo de um país

abrigo: casaco; lugar protegido

abuelo/a: avô; avó

abundar: existir em grande quantidade

acceder: ter acesso, acessar

acento: sotaque

aclarar: esclarecer

acordarse: lembrar-se

acoso: assédio

acreditación: credenciamento

actuar: agir

acudir: ir; recorrer

adelgazante: emagrecedor

además: além disso

adicción: vício

adivinar: adivinhar

afeitado: barbeado

aficionado: torcedor

agregar: adicionar

aguacate: abacate

águila: águia

ahorrar: economizar; poupar

ahorro: economia

aislado/a: isolado/a

ajeno/a: alheio/a

ajo: alho

ala: asa

alameda: lugar arborizado para passeio; alameda

alarido: falatório; gritaria

alboroto: alvoroço; agitação

aldea: aldeia

aldeano: aldeão

alfombra: tapete

aliento: fôlego

almacén: armazém

alojarse: hospedar-se

alrededor: ao redor

alucinante: impressionante

alunado: mal-humorado (Arg.)

alzarse: levantar-se

ama de casa: dona de casa

amapola: papoula

amargado/a: amargurado/a

ambientado: adaptado

amenaza: ameaça

amenazar: ameaçar

amistad: amizade

amonestación: advertência

análisis: análise; exame

ancho/a: largo/a

andadura: caminhada; trajetória

anhelar: desejar

anhelo: desejo veemente; intenso

anillo: anel

antelación: antecipação

antiguo/a: antigo/a

anuncio: *spot*; comercial; publicidade; propaganda; anúncio

anzuelo: anzol

añadir: acrescentar

añorar: sentir saudade

apabullar: confundir; intimidar alguém

apagar: desligar

aparadores: vitrines

aparato: aparelho

aparcar: estacionar

apellido: sobrenome

apenas: dificilmente; escassamente; assim que

apetecer: ter vontade

apiñado/a: abarrotado/a; repleto/a; cheio/a

apisonar: aplanar; aplainar

apodo: apelido

aprendizaje: aprendizagem; aprendizado

árbol: árvore

archivo: arquivo

arcilla: argila

arraigado/a: enraizado/a

arreglar: arrumar

arreglarse: arrumar-se

arriesgado/a: arriscado

artesanía: artesanato

artículo: artigo

asado: churrasco

asemejar: ser semelhante

asequible: acessível

asido/a: pego/a; preso/a; apreendido/a

asiento: assento

asignado: designado

asignatura: matéria

asimismo: também (registro formal)

asomar: aparecer; mostrar-se

aspiradora: aspirador de pó

aspirante: candidato; aspirante

aspirar: desejar; almejar; pretender; querer; aspirar

ataúd: caixão

atestiguar: declarar

atractivo: atraente

atraer: atrair

atrapar: pegar

atrincherado: entrincheirado

atrincherar: entrincheirar; fortificar

353

Glosario

aún: ainda

aunque: ainda que; mesmo que

auspiciado: favorecido

autobús: ônibus

autopartes: autopeças

auxiliar de vuelo / azafato/a: comissário/a de bordo

avasallar: submeter à obediência; aproveitar-se

avispa: vespa

ayer: ontem

ayuntamiento: prefeitura

azafata: aeromoça

azúcar: açúcar

B

babero: babador

bala: bala (de arma de fogo)

bajo: sob; baixo

bajo/a: baixo/a

balcón: varanda

ballena: baleia

balón: bola

baloncesto: basquete

barra: balcão; filão (de pão)

barrio: bairro

basarse: basear-se

basura: lixo

basurero/a: lixeiro/a

batalla: batalha

batidora: batedeira

biberón: mamadeira

bienestar: bem-estar

bigote: bigode

bioseguridad: biossegurança

boda: casamento

bolígrafo: caneta

bolsillo: bolso

bombilla: lâmpada

borracho/a: bêbado/a

borrado: apagado

borde: beira, beirada

botella de gaseosa: garrafa de refrigerante

bragas: calcinha

brindar: dar; oferecer

bromear: gracejar; zombar; brincar

brujería: bruxaria

bufanda: cachecol

burlón: brincalhão

búsqueda: busca; procura

buzón: correio; caixa de correio

C

caballero: cavaleiro; cavalheiro

caballo: cavalo

cable: cabo

cadena: cadeia; corrente

caída: queda

caja: caixa

calcetín: meia

calcinados: calcinados; completamente queimados

calentamiento: aquecimento

calidad: qualidade

calidez: calor; aconchego

callar: calar; não falar

calle: rua

callejera: de rua

calzoncillos: cueca

camarero/a: garçom; garçonete

cambiar: mudar; trocar

camioneta: caminhonete

campera: jaqueta

campesino/a: camponês/esa

cancha: quadra

canciller: chanceler

canicas: bolinhas de gude

cantante: cantor/a

cantautor: autor e intérprete de canções

cantera: divisões de base

carantoña: careta

carcajada: gargalhada

cargarse: estragar

carrera: corrida; curso universitário; carreira

carretera: estrada

carta del lector: carta do leitor

carta-menú: cardápio

cartel: cartaz

cascada: cachoeira

casi: quase

cautivar: cativar

cautiverio: cativeiro

caza: caça

cazuela: panela

celos: ciúmes

cemento: cimento

cena: jantar

cerca: perto

cercanía: proximidade

cerro: morro

césped: grama

chapuza: bico; biscate

chaqueta de cuero: casaco de couro

charlar: conversar

chatarra: sucata

chaval: menino; garoto

chisme: fofoca

chivo expiatório: bode expiatório

choclo: milho

chuchería: guloseima

chupete: chupeta

cielo: céu

científico: cientista

ciervo: cervo

cifrar: pôr preço; quantificar

cinta: fita

ciudad: cidade

claridad: clareza; claridade

clave: fundamental, chave; senha

coche: carro

cocina: fogão; cozinha

cocinero/a: cozinheiro/a

cocodrilo: crocodilo

codearse: ter trato habitual com alguém

col: couve

colectivo: coletivo

colgar: desligar o telefone

collar: colar

color: cor

colorear: colorir

colorete: ruge

columpio: balanço

cometa: pipa

compartir: compartilhar; dividir

competencia: concorrência; competência

competir: concorrer

complacer: satisfazer

complejo/a: complexo/a

cómplice: cúmplice

comunidad: comunidade

condena: pena judicial

conductor/a: motorista

conjuro: invocação mágica

consejo: conselho

consuelo: consolo

contenido: conteúdo

contraer: contrair

contraportada: contracapa

contrincante: adversário/a

copa: taça

corbata: gravata

corriente: comum; cotidiano

corto/a: curto/a; abreviação de cortometraje (curta-metragem)

cosa: coisa

cosechar: colher; obter

cosquillas: cócegas

costumbre: costume

cotilleo: fofoca

cotizar: contribuir (impostos)

coyote: coiote

crucigrama: palavras cruzadas

cubierto/a: coberto/a

cubito de playa: balde de areia

cucharada: colherada

cuchilla suiza: canivete suíço

cuchillo: faca

cuenca hidrográfica: bacia hidrográfica

cuento: conto

culebra: cobra

cumpleaños: aniversário

cuna: berço

currar: trabalhar (informal)

cursi: piegas; brega

curtido/a: experimentado/a

cuyo/a: cujo/a

D

dato: dado (estatística)

de lucho: de faro

deambular: perambular

debilitamiento: enfraquecimento

defunción: morte

delante: diante

delantero: atacante

deletrear: soletrar

delfín: golfinho

delgada: magra

dependienta: atendente de loja

deporte: esporte

deportista: esportista

deportivo/a: esportivo/a

derecho: direito

desaforado/a: desmedido/a

desarrolar: desenvolver

desarrollo: desenvolvimento

desayuno: café da manhã

desbordarse: ir além das forças; vazar

descargar: descarregar

descremado/a: desnatado/a

descubrimiento: descoberta

deseo: desejo

deshecho/a: desfeito/a

desmesura: sem moderação; desmedido

desnudo/a: nu/a

desocupado/a: desempregado/a

desparpajo: desembaraço na fala ou nas ações

desplegar: pôr em prática

desplomar: cair; arruinar-se

destrozado/a: destruído/a

detener: deter

deuda: dívida

devaluar: desvalorizar

diadema: tiara

dibujante: desenhista

dibujo: desenho

dicha: felicidade; fortuna

dicho/a: dito/a; falado/a

dios: deus

Glosario

dirección: endereço

discapacidad: deficiência

disentir: discordar

diseño: design; projeto

disfrazado/a: fantasiado/a

disfrutar: aproveitar

dispensado/a: dado/a

disponer: dispor

distinto/a: diferente

distorsionar: distorcer

DNI: Documento Nacional de Identidade; RG

docena: dúzia

documental: documentário

dolencia: doença

dolor: dor

donar: doar

duda: dúvida

dueño/a: dono/a; proprietário/a

dulce: doce

durazno: pêssego

E

echar: jogar; arremessar

echar de menos: sentir saudade

edad: idade

edificio: prédio

editorial: editorial; editora

elegido/a: escolhido/a

elegir: escolher; eleger

embarazada: grávida

embarazo: gravidez

embutidos: embutidos; frios

empezar: começar

empleado/a: trabalhador/a; empregado/a; usado/a (particípio do verbo usar)

emplear: usar

empleo: emprego

emular: imitar

enamoramiento: paixão

encajar: encaixar

encargar: encomendar; encarregar

encauzar: encaminhar

encina: tipo de árvore

endulzante: adoçante

enemistad: inimizade

enfermedad: doença

enfundar: encapar

engreída/o: convencida/o

engreimiento: convencimento

enorgullecerse: ter orgulho de; orgulhar-se

enredar: embaraçar

ensalada: salada

enseguida: imediatamente

entretenido/a: divertido/a

enseñanza: ensino

ensombrecido/a: encoberto/a

enterarse: informar-se

entreacto: entreato

entrenador/a: treinador/a

entrenarse: treinar

entuerto: confusão

envidia: inveja

envidiado: invejado

epopeya: epopeia; poema narrativo extenso, com personagens heroicos, nos quais intervêm elementos sobrenaturais ou mágicos.

equipo: equipe

equivocarse: errar

escalón: degrau escaparate: vitrine

escaparatista: vitrinista

escatimar: poupar; economizar

escena: cena

escenario: cenário

escenografía: cenário

escoger: escolher

escollo: escolho (recife à flor da água); dificuldade

escondite: esconde-esconde

escritura: escrita

escudar: proteger

escudero: escudeiro

espacio: espaço

espantable: que causa espanto

espejo: espelho

espina: espinho; espinha

espuela: espora

estampilla: selo

estar en lo más alto: estar no topo

estorbo: empecilho

estrafalario: desalinhado; extravagante

estrella: estrela

estrenarse: estrear

estreno: estreia

estrujar: espremer

evaluación: avaliação

evaluar: avaliar

examen: prova

éxito: sucesso

experto: especialista

explotación: exploração

explotar: explorar

exquisito/a: delicioso/a

extrañar: sentir saudade

F

falda: saia

fallar: decidir; determinar; falhar; errar

fallo: falha

farándula: espetáculo; entretenimento

fatal: péssimo/a; fatal

fecha: data

felonía: deslealdade; traição

fiar: vender a crédito

fijador: fixador

fijarse: prestar atenção

firma: assinatura

firmar: firmar; assinar

flaco/a: magro/a

flujo: fluxo

folleto: panfleto

fomentar: estimular

frac: fraque

fraile: frei

franqueo: quantidade que se paga em selos; envio; frete

fréjol: feijão

fresa: morango

frutilla: morango

futbolero: torcedor de futebol

futbolista: jogador de futebol

G

galardón: prêmio

ganado: gado

ganar: ganhar

ganas: vontade

garantizar: garantir

gaseosa: refrigerante

gatear: engatinhar

generado/a: gerado/a

general: geral

gimnasia deportiva: ginástica esportiva

glotón: guloso

golpear: bater

goma: borracha

grado: grau

grasa: gordura

gris: cinza

gruñón/ona: ranzinza

guantes: luvas

guapo/a: bonito/a

guion: roteiro

guiso: cozido; comida cozida

H

hacia: em direção a

hada madrina: fada madrinha

hallar: encontrar

hallarse: encontrar-se

harina de maíz: farinha de milho

hazaña: façanha

hecho: feito; fato

helado: sorvete

hembra: fêmea

heredar: herdar

hermano/a: irmão; irmã

hermoso/a: formoso/a; bonito/a

hermosura: formosura

herramienta: ferramenta

hidalgo/a: fidalgo/a; de ânimo generoso e nobre

hijo/a: filho/a

hincapié: ênfase

hincha: torcedor

hinchada: torcida

historieta: quadrinhos

hocico: focinho

hogar: lar

hoja: folha

hojear: folhear

hongo: fungo

honor: honra

honras fúnebres: funeral

hormigón: concreto

horno: forno

horquilla: grampo

hoy: hoje

hueco: buraco; espaço vazio

huérfano/a: órfão; órfã **huerto:** horta

hueso: osso

huevo: ovo

huir: fugir

hula-hula: bambolê

huraño/a: esquivo/a; intratável; isolador/a

I

iglesia: igreja

ignominioso: desonroso; que provoca horror/vergonha

imán: ímã

implementar: implementar; implantar

imponer: impor

inalcanzable: inatingível

incluso: inclusive; até mesmo

incorporación: inclusão

incremento: aumento

inestabilidad: instabilidade

informe: relatório

infortunado: desafortunado

ingeniería: engenharia

ingeniero/a: engenheiro/a

ingreso: entrada

insólito/a: insólito/a; raro/a; incomum

insultar: xingar

intentar: tentar

intento: tentativa

Glosario

inverosímil: inacreditável; improvável

inversión: investimento

investigación: pesquisa; investigação

invitación: convite

invitado: convidado

invitar: convidar

involucrado/a: envolvido/a

involucrarse: envolver-se; incluir-se

irrefutable: incontestável; irrefutável

isla: ilha

inalámbrico/a: sem fio

J

jamón: presunto

jerárquico/a: hierárquico/a

jerga: gíria

jubilación: aposentadoria

judíos asquenazí: judeus ashkenazi

juegos: jogos

juez/a: juiz/juíza

jugar: jogar

jugo: suco

juguete: brinquedo

juzgar: julgar

L

labor: trabalho

lacio: liso

laico: leigo; laico (não religioso)

lana: lã

largo: comprido; longo

largometraje: longa-metragem

lavavajillas: lava-louças

lealtad: lealdade

leche: leite

lechuga: alface

legumbre: legume

lejano: longínquo

lejos: longe

ley: lei

leyenda: lenda

librar una guerra: travar um combate

librería: livraria

licuadora: liquidificador

lienzo: tela (pintura)

limón: limão

lío: confusão

llamada: ligação; chamada telefônica

llamar: chamar; telefonar

llave: chave

lleno: cheio

llevarse bien: ter boa relação com alguém

llorar: chorar

llorona: chorona

llovizna: garoa

lluvia: chuva

loción: loção

lograr: conseguir

logro: feito

loro: loro; papagaio

lucha: luta

lucir: brilhar; sobressair

lujo: luxo

lujoso/a: luxuoso/a

luna llena: lua cheia

M

machete: facão

madrastra: madrasta

madre: mãe

madurez: maturidade

magistral: perfeito

maíz: milho

maleta: mala

maltrecho/a: maltratado/a

manejar: dirigir veículos

manicura: manicure

maniquí: manequim

mantel: toalha de mesa

mañana: amanhã; manhã

maquinilla eléctrica: máquina de barbear elétrica

marca: resultado

marcha atrás: volta atrás

mariscos: frutos do mar **más allá:** além

mármol: mármore

máscara de pestañas: rímel

mascota: mascote

matiz: matiz; detalhe

mayas: maias, indivíduo das tribos indígenas que habitam o Yucatán

medio ambiente: meio ambiente

melena: cabeleira

menear: mover

menospreciar: menosprezar

mensajero: motoboy

mercadería: mercadoria

mercadillo de pulgas: brechó ao ar livre

mercadillo sostenible: feira de produtos sustentáveis

mesero/a: garçom/garçonete

mezcla: mistura

mezclar: misturar

miel: mel

mientras: enquanto

milagro: milagre

mileurista: trabalhador cujo salário mensal não ultrapassa os mil euros

minifalda: minissaia

mirada: olhar

miscelánea: miscelânea; mistura

mitigar: diminuir; suavizar

modista: costureira

molde: fôrma

moldeador: modelador

molestar: incomodar

molino: moinho

morado/a: roxo/a

moraleja: moral da história

morrocotudo: enorme

mostaza: mostarda

móvil: celular

multitud: multidão

municipalidad: prefeitura

muñeco/a: boneco/a

murciélago: morcego

N

nada: nada

nadie: ninguém

naranja: laranja

naturaleza: natureza

navaja: navalha

nena: menina; garota

nevera: geladeira

nieto/a: neto/a

niñera: babá

noble: nobre

nombrar: nomear

novela: romance; obra literária

novelista: romancista

noviazgo: namoro

novio: namorado

nuera: nora

O

obra: peça (de teatro); obra

obrero/a: operário/a; trabalhador/a

obsolescencia: processo de tornar-se obsoleto

ocio: lazer

ocurrir: acontecer

oficina: escritório

ojalá: tomara

ola: onda

olla: panela

olla a presión: panela de pressão

olor: cheiro

olvidarse: esquecer

olvido: esquecimento

ordenador: computador

orgullo: orgulho

oriundo: originário de

oveja: ovelha

oyente: ouvinte

P

padrastro: padrasto

padre: pai

paisaje: paisagem

palabrotas: palavrão

palomitas: pipoca

panadería: padaria

panadero/a: padeiro/a

pantalla: tela (de computador, de cinema...)

pantalón: calça

pantalón vaquero: calça jeans

pañuelo: lenço

papa: batata

paquete: pacote

paraguas: guarda-chuva

pareja: par; companheiro/a; casal; dupla; namorado/a

paro: desemprego; greve

párrafo: parágrafo

pasado mañana: depois de amanhã

pasillo: corredor

pasión: paixão

pasta: massa, macarrão

pastel: bolo

patrón: padrão

pecho: peito

pegado: encostado; grudado

pegar: bater

peinado: penteado

pelado: careca

pelaje: pelagem

peleado: brigado

película: filme

pelirrojo/a: ruivo/a

pelo: cabelo; pelo

pelota: bola

peluquero: cabeleireiro

pendientes: brincos

pensión: aposentadoria

pérdida: perda

perforante: perfurante

periódico: jornal

periodista: jornalista

perjudicado/a: prejudicado/a

pernoctar: pernoitar

persona mayor: idoso

pescado: peixe

pese a: apesar de

pez: peixe

picar: coçar

piedra: pedra

piel: pele

359

Glosario

píldora: pílula, geralmente anticoncepcional

pillar: pegar (informal)

pin: senha

pintalabios: batom

pintar: pintar; ter influência em algo

pintura: tinta; pintura

pinza: pinça

piña: abacaxi

piso: apartamento; andar

pitido: apito do juiz; vaia da torcida

pizarra: lousa

plaga: praga

plancha: ferro

planificación: planejamento

plantilla: quadro de funcionários

platicar: conversar; papear; falar

playa: praia

plaza: praça

plomo: chumbo

pluma: pena

plumaje: plumagem

población: povoado

pochoclo: milho

polillas: traças

póliza: apólice

pollo: frango

pololo/a: namorado/a

polvo: pó

ponencia: apresentação; comunicação (em um congresso)

poner: pôr; ligar

por supuesto: com certeza

poroto: feijão

portada: frente; anverso; capa

portería: gol

portero: goleiro

poseer: possuir

posesión: posse

postergar: adiar; postergar

postulante: candidato

pradera: prado

precoz: precoce

predecir: predizer

pregonar: publicar; dizer em voz alta para conhecimento público

prejuicio: preconceito

prejuicioso/a: preconceituoso/a

prenda: peça de roupa

prensa: imprensa

prescindir: renunciar a; dispensar

prestar: emprestar

presumir: gabar-se

presuponer: pressupor

pronóstico: indicação de acontecimentos futuros

pronto: cedo

protesta: protesto

proyecto: projeto

prueba: prova publicista: publicitário

pueblo: povoado; povo

puente: ponte

puesto: banca; posto; vaga; cargo

pulpa: polpa

pundonoroso: brioso; altivo; esforçado

Q

quedar: acordar; fazer um acordo; marcar um encontro

quejarse: reclamar

queso: queijo

quiosco de prensa: banca de jornal

quitar: tirar; retirar

quizá: talvez

R

rabia: raiva

ración: porção

rallado: ralado

rama: galho

rana: rã

rango: categoria profissional ou social

raro/a: pouco comum; estranho/a; extraordinário/a

rascacielo: arranha-céu

rasgo: traço; característica

rasgos de carácter: características de personalidade

rata: ratazana

rato: espaço de tempo curto

raya: travessão; arraia

rayas: listras

rayuela: jogo da amarelinha

rebatir: rebater

recalcar: enfatizar; ressaltar

recaudar: arrecadar

recelo: receio

receta: receita

rechazado: recusado

rechazar: recusar; rejeitar

rechazo: recusa; rejeição

recibirse: formar-se

recorrer: percorrer

recorrido: percurso

recorrida/o: percorrida/o

recortar: cortar orçamento

red: rede

redondear: terminar algo de modo satisfatório

reflejar: refletir (a luz, a imagem, etc.)

refresco: refrigerante

regalar: presentear

regalo: presente

regañar: repreender

regir: dirigir; governar; mandar

reglamento: regulamento

rellenar: preencher

relleno: recheio

reloj: relógio

relucir: brilhar; resplandecer

remera: camiseta

remolacha: beterraba

remover: remover; revirar; remexer

renta: renda

repasar: revisar

reportaje: reportagem

rescatar: resgatar

resoluciones: decretos

resorte: mola

restar: subtrair

reto: desafio

rezongar: fazer de má vontade

rico/a: gostoso/a; saboroso/a; rico/a

riesgo: risco

rincón: canto

rizado: encaracolado; crespo

roble: carvalho

rocín: cavalo de trabalho

rocío: orvalho

rodaje: filmagem

rodar: filmar

rojo/a: vermelho/a

rompecabezas: quebra cabeça

romper: quebrar

romper el molde: ser diferente

roto: quebrado; rasgado

rotundo/a: categórico/a

rubio/a: loiro/a

rueda: roda

ruina: ruína

rulos: cachos

rumbo: rumo

ruta: percurso; rota

rutina: rotina

S

sábanas: lençóis

saber estar: saber comportar-se

salado/a: salgado/a

salero: graça

salpimentado: temperado

salsa: molho

saltar la cuerda: pular corda

salud: saúde

saludar: cumprimentar

salvaguardar: proteger

salvaje: selvagem

sandía: melancia

sangre: sangue

sano/a: são/sã

sastre: alfaiate

sedición: revolta; motim

segar: ceifar, cortar

según: conforme

seguridad alimentaria: segurança alimentar

selectividad: vestibular

sello: selo

semejanza: semelhança

semilla: semente

sencillo: simples

sentirse afortunado: sentir-se privilegiado; com sorte

señalar: indicar; mostrar; apontar

sibarita: sibarita; que ou quem é dado aos prazeres físicos

SIDA: aids

siglo: século

silla: cadeira

simiente: semente

sin embargo: porém; contudo; entretanto

sirena: sereia

sitio: lugar

sobre: envelope; sobre

sobrino/a: sobrinho/a

sojuzgar: subjugar

soleado: ensolarado

soledad: solidão

soler: costumar

solicitud: solicitação; pedido

sollozar: soluçar (de choro)

solo/a: só; sozinho/a

sombrero: chapéu

someter: submeter

sonar: soar (som)

sonido: som

sonreír: sorrir

sonrisa: sorriso

soporte: suporte

sostenerse: sustentar-se

sotana: batina

subrayado: sublinhado

subrayar: sublinhar; destacar

sueldo: salário

suelo: chão

sueño: sonho; sono

suéter: suéter; agasalho

sufragio: voto

sugerencia: sugestão

sumar: somar

suspenso (cine): suspense (gênero cinematográfico)

Glosario

T

taberna: taberna; lugar público, popular, no qual se servem bebidas; boteco

tabla: tábula; prancha

tácito/a: tácito/a; suposto/a; inferido/a

talla: tamanho

taller: oficina

tallo: haste; estrutura que sustenta uma planta

tarjeta: cartão

tarjeta postal: cartão-postal

tarta: bolo; torta

tasa: taxa

té: chá

techo: teto

tejer: tecer

tela: tecido

teléfono móvil: celular

telúrico: relativo à terra ou ao solo

tenaza: alicate; pinça

tenedor: garfo

tener: ter

tener ganas: ter vontade

tener los papeles: ter a documentação

teñido/a: tingido/a

tertulia: tertúlia; reunião

testigo: testemunha

testimonio: testemunho; depoimento

tibio: morno

tiburón: tubarão

tienda: loja

tiendita: lojinha

tijera: tesoura

tira/tebeo: gibi

tirar: jogar; arremessar

tiro: disparo; chute

titular: título; manchete

todavía: ainda

tontería: besteira

tormenta: tempestade

tortuga: tartaruga

tostadora: torradeira

tráfico: tráfego de veículos

tragaperras: caça-níqueis

tragar: engolir

traje: terno; traje

trama policiaca: enredo policial

tramposo: trapaceiro

trapo: pano

tras: depois de; atrás de

trasladarse: mudar-se; ir de um lugar a outro; deslocar-se

trenzado: trançado

trozo: pedaço

tuerca: porca (de parafuso)

V

vacaciones: férias

vago/a: preguiçoso/a

valla publicitaria: *outdoor*; painel publicitário

valorar: reconhecer; valorizar

vanidad: vaidade

vano: vão

varón: varão; homem

vaso: copo

vecino/a: vizinho/a

velar: proteger; cuidar

ventana: janela

ventura: ventura; felicidade; sorte

vereda: caminho estreito; senda; sendeiro

vértigo: vertigem

viajero: viajante

videojuego: videogame

viejo/a: velho/a

Viejo Continente: Velho Continente; Europa

vino: vinho

viñeta: charge; quadrinhos

violín: violino

vistazo: olhada

vivienda: moradia; habitação

volcarse: envolver-se totalmente

volver: voltar

vuelta de tuerca: reviravolta

Y

yema: gema

yogur: iogurte

Z

zanahoria: cenoura

zorro: raposa

zurdo: canhoto

Sitios electrónicos

Sitios electrónicos para información, estudio e investigación

Diccionarios (accesos el 7 de abril de 2014)

<http://www.rae.es>
<http://www.wordreference.com>
<http://clave.librosvivos.net>
<http://etimologias.dechile.net>

Periódicos y revistas (accesos el 7 de abril de 2014)

Argentina: <http://www.lanacion.com.ar>; <http://www.parateens.com.ar>

Bolivia: <http://www.eldia.com.bo>; <http://www.la-razon.com>

Chile: <http://www.tu.cl>; <http://www.latercera.com/>

Colombia: <http://www.elcolombiano.com>; <http://www.eltiempo.com>

Costa Rica: <http://www.aldia.cr>; <http://www.elpais.cr>

Cuba: <http://www.diariodecuba.com>; <http://www.cubadebate.cu/noticias/2011/01/09/se-multiplica-por-dos-periodico-el-habanero/>

Ecuador: <http://www.laonda.com.ec/>; <http://www.hoy.com.ec/>

El Salvador: <http://www.lapagina.com.sv>; <http://elmundo.com.sv>

España: <http://www.elmundo.es; <http://www.elpais.com>; <http://www.quo.es>

Guatemala: <http://www.elperiodico.com.gt>; <http://www.s21.com.gt>

Guinea Ecuatorial: <http://www.lagacetadeguinea.com>; <http://www.guineaecuatorialpress.com>

Honduras: <http://www.elheraldo.hn>; <http://www.laprensa.hn>

México: <http://www.vanguardia.com.mx>; <http://www.eluniversal.com.mx>

Nicaragua: <http://www.elnuevodiario.com.ni>; <http://www.laprensa.com.ni>

Panamá: <http://www.laestrella.com.pa>; <http://www.critica.com.pa>

Paraguay: <http://www.abc.com.py>; <http://www.ultimahora.com>

Perú: <http://www.elcomercio.pe>; <http://peru21.pe>

Puerto Rico: <http://www.vocero.com>; <http://www.elnuevodia.com>

República Dominicana: <http://www.listin.com.do/>; <http://www.diariolibre.com/index.php?l=1>

Uruguay: <http://www.elpais.uy>; <http://www.elobservador.com.uy>

Venezuela: <http://www.eluniversal.com>; <http://www.el nacional.com>

Bibliotecas y textos literarios (accesos el 7 de abril de 2014)

<http://cervantesvirtual.com/>

<http://www.trazegnies.arrakis.es/>

<http://www.poesi.as/>

<http://www.poesia-castellana.com/>

Sitios electrónicos

12 universidades públicas brasileñas entre las 500 mejores del mundo, según el *Ranking Web of Universities* o *Webometrics* <http://www.webometrics.info/en/world> (accesos el 7 de abril de 2014)

<http://www.usp.br> Universidade de São Paulo (USP)

<http://www.ufrgs.br> Universidade Federal do Rio Grande do Sul (UFRGS-RS)

<http://www.unicamp.br> Universidade Estadual de Campinas (Unicamp-SP)

<http://www.unb.br> Universidade de Brasília (UnB-DF)

<http://ufsc.br> Universidade Federal de Santa Catarina (UFSC)

<http://www.ufrj.br> Universidade Federal do Rio de Janeiro (UFRJ)

<http://www.ufmg.br> Universidade Federal de Minas Gerais (UFMG)

<http://www.unesp.br> Universidade Estadual Paulista Júlio de Mesquita Filho (Unesp)

<http://www.uff.br/> Universidade Federal Fluminense (UFF-RJ)

<http://www.ufpr.br/> Universidade Federal do Paraná (UFPR)

<http://www.ufba.br> Universidade Federal da Bahia (UFBA)

<http://www.ufc.br> Universidade Federal do Ceará (UFC-CE)

Referencias bibliográficas

ALMEYDA, C. *Los legados de Salvador Allende*. Cuadernos de orientación socialista. 1983. Disponible en: <http://www.salvador-allende.cl/biografia/testimonios/Los%20legados%20de%20SAG.pdf>. Acceso el 4 de abril de 2013.

ARJONILLA, E. O. *Lengua y cultura en la clase de E/LE*: el uso de la publicidad. Actas del III Congreso Nacional de ASELE (1991). Málaga: 1993. Disponible en: <http://cvc.cervantes.es/ensenanza/biblioteca_ele/asele/pdf/03/03_0261.pdf>. Acceso el 23 de febrero de 2012.

BARROS, C. S. de; MARINS COSTA, E. G. de (Org.). *Espanhol*: ensino médio. Brasília: Ministério da Educação, Secretaria de Educação Básica, 2010. v. 16 (Col. Explorando o Ensino).

BENNETT, M. T. P. *Los marcadores discursivo-conversacionales en la construcción del texto oral*. Disponible en: <http://www.onomazein.net/2/marcadores.pdf>. Acceso el 21 de mayo de 2013.

BRASIL. *Constituição da República Federativa do Brasil de 1988*. Disponible en: <www.presidencia.gov.br>. Acceso el 4 de abril de 2013.

_____. *Leis de Diretrizes e Bases da Educação Nacional (LDB)*. Lei n. 9 394, 20 de dezembro de 1996. Disponible en: <http://www.presidencia.gov.br>. Acceso el 4 de abril de 2013.

_____. Ministério da Educação e Cultura. Secretaria de Educação Básica. *Orientações curriculares para o Ensino Médio*: linguagens, códigos e suas tecnologias. Brasília, 2008.

_____. Ministério da Educação e Cultura. Secretaria da Educação Fundamental. *Parâmetros Curriculares Nacionais (PCN+) Ensino Médio. Orientações curriculares complementares aos Parâmetros Curriculares Nacionais*: língua estrangeira moderna. Brasília, 2002.

_____. Ministério da Educação e Cultura. Secretaria da Educação Fundamental. *Eixos cognitivos do ENEM*. Brasília, 2002.

_____. Ministério da Educação e Cultura. Secretaria de Educação Fundamental. *Parâmetros curriculares nacionais*: terceiro e quarto ciclos do Ensino Fundamental – apresentação dos temas transversais. Brasília, 1998.

_____. Ministério da Educação e Cultura. Secretaria de Educação Fundamental. *Parâmetros curriculares nacionais*: terceiro e quarto ciclos do Ensino Fundamental – língua estrangeira. Brasília, 1998.

BRASILIA. Embajada de España en Brasil – Consejería de Educación, Ministerio de Educación de España, 2011. *Actas del XVIII Seminario de Dificultades Específicas a la Enseñanza del Español a Lusohablantes: ELE y Temas Transversales*. São Paulo, 18 de septiembre de 2010.

_____. Embajada de España en Brasil – Consejería de Educación, Ministerio de Educación de España, 2015. *Actas del XIII Seminario de Dificultades Específicas a la Enseñanza del Español a Lusohablantes*: Nuevos enfoques de la gramática en la enseñanza del español como lengua extranjera. São Paulo, 29 de octubre de 2005.

BRIZ, A. Los conectores pragmáticos en español coloquial: su papel argumentativo. *Contextos*. León: Centro de Estudios Metodológicos e Interdisciplinares de la Universidad de León, n. 22-23, p. 145-188, 1993.

CASADO VELARDE, M. *Introducción a la gramática del texto del español*. Madrid: Arco Libros, 1993.

CASSANY, D. *Tras las líneas*: sobre la lectura contemporánea. Barcelona: Anagrama, 2006.

_____; LUNA, M; SANZ, G. *Enseñar lengua*. Barcelona: Graó, 2007.

COSTA VAL, M. G. A gramática do texto, no texto. *Revista de Estudos da Linguagem*. Belo Horizonte: Faculdade de Letras da UFMG, v. 10, n. 2, p. 107-133, jul/dez 2002.

_____. Repensando a textualidade. In: AZEREDO, J. C. (Org.). *Língua Portuguesa em debate*: conhecimento e ensino. Petrópolis: Vozes, 2000.

ERES FERNÁNDEZ, G. Língua e cultura: integração na aula de língua estrangeira. *Horizontes de Linguística Aplicada*. Brasília: UnB, 2002. v. 1, n. 1, p. 39-44.

Referencias bibliográficas

ESTEVES, A. L. En torno a la oposición perfecto/indefinido: sugerencias para el tratamiento didáctico del tema en entornos lusohablantes de aprendizaje de ELE. In: *Actas del Seminario de Dificultades Específicas de la Enseñanza del Español a Lusohablantes*: nuevos enfoques de la gramática en la enseñanza del español como lengua extranjera. São Paulo: Consejería de Educación - Embajada de España, 2005.

FAZENDA, I. *Interdisciplinaridade*: um projeto em parceria. São Paulo: Loyola, 1991.

FREIRE, P. *Pedagogia da autonomia*: saberes necessários à prática educativa. São Paulo: Paz e Terra, 2007.

GARCÍA MARTÍNEZ, A; ESCARBAJAL FRUTOS, A; ESCARBAJAL DE HARO, A. *La interculturalidad*. Desafío para la educación. Madrid: Dykinson, 2007.

GOETTENAUER, E. M. C. *El tratamiento de los géneros discursivos en el aula de E/LE*. Belo Horizonte: Ed. da UFMG, 2006. Disponible en: <http://www.letras.ufmg.br/espanhol/Anais/anais_paginas%20_2502-3078/El%20tratamiento.pdf>. Acceso el 4 de abril de 2013.

GÓMEZ TORREGO, L. *Gramática didáctica del español*. Madrid: SM, 2007.

_____. *Análisis morfológico*. Teoría y práctica. Madrid: SM, 2007.

_____. *Análisis sintáctico*. Teoría y práctica. Madrid: SM, 2007.

GONZÁLEZ, N. La utilización del texto literario en las clases de lengua extranjera. In: SILVA, P. C. da. (Org.). *Língua, literatura e a integração hispano-americana*. Porto Alegre: UFRGS, 1990.

GUTIERREZ, S. *Discurso político y argumentación*. Disponible en: <http://webdav.sistemas.pucminas.br:8080/webdav/sistemas/sga/20112/470518_81996_discurso%20pol%C3%ADtico_argumentacao.pdf>. Acceso el 4 de abril de 2013.

GUZZO, E. de A. La web 2.0 y las posibilidades didácticas para la enseñanza del español. In: *Anais do V Congresso Brasileiro de Hispanistas [e] I Congresso Internacional da Associação Brasileira de Hispanistas*. Belo Horizonte: Faculdade de Letras/UFMG, 2008.

HALPERÍN, Jorge. *La entrevista periodística*: intimidades de la conversación pública. Buenos Aires: Aguilar, 2007.

INSTITUTO CERVANTES. El español: una lengua viva. Informe 2012. Disponible en: <http://eldiae.es/wp-content/uploads/2012/07/2012_el_espanol_en_el_mundo.pdf>. Acceso el 4 de abril de 2013.

KARWOSKI, A. M.; BONI, V. C. V. (Org.). *Tendências contemporâneas no ensino de línguas*. Paraná: Kaygangue, 2006.

KLEIMAN, A.; MATENCIO, M. L. M. *Letramento e formação do professor*. Campinas: Mercado de Letras, 2005.

MAGALHÃES, M. C. (Org.). *A formação do professor como um profissional crítico*. Campinas: Mercado de Letras, 2004.

MAIA GONZÁLEZ, N. Portugués brasileño y español: lenguas inversamente asimétricas. In: CELADA, M. T.; MAIA GONZÁLEZ, N. (Coord.). Gestos trazan distinciones entre la lengua española y el portugués brasileño. *Signos ELE*, año 2, n. 2, 2008. Disponible en: <http://www.salvador.edu.ar/sitio/signosele/aanterior.asp>. Acceso el 4 de abril de 2013.

MARCUSCHI, L. A. Gêneros textuais: definição e funcionalidade. In: DIONISIO, A. P.; MACHADO, A. R.; BEZERRA, M. A. (Org.). *Gêneros textuais e ensino*. 2. ed. Rio de Janeiro: Lucerna, 2002.

_____. *Da fala para a escrita*: atividades de retextualização. São Paulo: Cortez, 2004.

MATTE BON, F. *Gramática comunicativa del español*. Barcelona: Difusión, 1996.

MORENO FERNÁNDEZ, F. et al (Coord.). *Lengua, variación y contexto*. Estudios dedicados a Humberto López Morales. Madrid: Arco/Libros, 2003.

MOTA, K.; SCHEYERL, D. (Ed.). *Recortes interculturais na sala de aula de línguas estrangeiras*. Salvador: Eufba. 2006.

PARAQUETT, M. La interculturalidad en el aprendizaje de español en Brasil. In: IV Congreso Internacional de la FIAPE (Federación Internacional de Asociaciones de Profesores de Español): *La enseñanza del español en un mundo intercultural*. Jornadas pedagógicas. Santiago de Compostela, 17-20/04-2011. Disponible en: <http://www.educacion.gob.es/dctm/redele/Material-RedEle/Numeros%20Especiales/2012_ESP_13_IVCongreso%20FIAPE/2012_ESP_128Paraquett.pdf?documentId=0901e72b812f4d88>. Acceso el 7 de abril de 2014.

_____; MENDES, E. O diálogo intercultural entre o português e o espanhol na América Latina. In: *Diálogos interculturais*: ensino e formação em português língua estrangeira. São Paulo: Pontes, 2011. v. 1, p. 49-70.

PELTZER. F. Léxico de fútbol. In: *La academia y la lengua del pueblo*. Buenos Aires: Editorial Bunken, 2007.

PORTOLÉS, J. *Marcadores del discurso*. Barcelona: Ariel, 1998.

QUILIZ, A. *Principios de fonología y fonética españolas*. Madrid: Arco/Libros, 1998.

REAL ACADEMIA ESPAÑOLA. *Ortografía de la lengua española*. Madrid: Espasa Libros, 2012.

_____. *Nueva gramática de la lengua española*. Manual de fonética y fonología. Madrid: Espasa Libros, 2010.

RICHARDS, J. *Diccionario de lingüística aplicada y enseñanza de lengua*. Madrid: Ariel, 1997.

SANTOS GARGALLO, I. *Lingüística aplicada a la enseñanza aprendizaje del español como lengua extranjera*. Madrid: Arco/Libros, 2004.

SEDYCIAS, J. Por que os brasileiros devem aprender espanhol? In: SEDYCIAS, João (Org.). Trad. Gonzalo Abio. *O ensino de espanhol no Brasil*: passado, presente, futuro. São Paulo: Parábola, 2005.

SOARES, M. *Letramento*: um tema em três gêneros. 2. ed. Belo Horizonte: Autêntica, 2005.

VICENTIN, V. F. *E quando surge a adolescência...* uma reflexão sobre o papel do educador na resolução de conflitos entre adolescentes. Campinas: Mercado de Letras, 2009.

WHIGHAM, T. *La guerra de la Triple Alianza*. Asunción: Editorial Taurus, s/d. v. 1.